사령운 사혜련 시
謝靈運 謝惠連

사령운 사혜련 시
謝靈運 謝惠連

사령운·사혜련 지음
주기평·임도현·이지운·서용준
김수희·정세진·김하늬 역해

學古房

일러두기

1 이 책에 수록된 사령운의 시는 황절黃節의 ≪사강락시주謝康樂詩注≫(중화서국, 2008)를 1차 저본으로 하고, 고소백顧紹柏의 ≪사령운집교주謝靈運集校注≫(중주고적출판사, 1987)에서 누락된 시를 추가 보충하였다. 사혜련의 시는 녹흠립逯欽立의 ≪선진한위진남북조시先秦漢魏晉南北朝詩≫(중화서국, 1983)를 저본으로 하였다.
2 사령운 시 작품의 편차는 1번~77번까지는 편년체에 근거한 황절 본의 편차를 그대로 따랐으며 78번~98번은 고소백 본의 편차를 따라 추가하였다. 사혜련 시는 녹흠립 본의 편차를 따랐다. 수록 시의 원문은 각각 해당 판본을 저본으로 하였으며, 저본과 다른 글자가 있을 경우 주석을 통해 밝히고 그 출전은 필요에 따라 밝혔다.
3 매 작품은 한 사람이 맡아 번역과 주해를 하는 책임번역의 방식을 취하였고 해설 말미에 역해자의 이름을 밝혔다.
4 주석의 표제음은 두음법칙을 적용하여 표기하였으며, 한 글자인 경우 이를 적용하지 않고 원음을 표기하였다.
5 이 책에 사용된 부호는 다음과 같다.
　　≪ ≫ : 서명.
　　〈 〉 : 편명 또는 작품명.
　　( ) : 한자 독음 및 인용문의 원문.
　　[ ] : 한글표기와 한자표기의 음이 다른 경우.
　　" " : 인용문.
　　' ' : 강조.

※ 이 책의 출판은 2014년 서울대학교 인문대학 인문학 총서 출간 지원사업의 지원을 받았음.

역자 서문

 중국 고전시는 중국 고전문학을 대표하는 문학양식으로서 수천 년의 역사적 전통을 지니고 있다. 그러나 몇몇 대표적인 시인들을 제외하고는 그 문학사적 의의나 가치에도 불구하고 아직까지 역대 개별 시인들의 시에 대한 완역은 거의 이루어져 있지 않고 있다. 이는 물론 상대적으로 적은 독자 수요층과 그로 인한 열악한 출판환경, 연구 성과에 있어 번역을 중시하지 않는 학문풍토 등 여러 가지 외부적인 현실적 제약으로 말미암은 것이기도 하지만, 또한 내부적으로 중국 고전시를 전공하고 연구하는 우리들의 목적의식적인 노력이 상대적으로 부족했던 결과라고도 할 수 있다.
 현재 서울대학교 중어중문학과에는 석박사과정생과 수료자 및 박사학위자를 포함하여 총10여명의 전공자가 중국고전시가를 연구하고 있는데, 중국 고전시 번역의 의의와 필요성을 절감하고 공동의 연구역량을 모아 역대 시인들의 시를 순차적으로 완역하는 데 뜻을 함께 하였다. 이에 지난 2012년부터 2014년까지 고려와 조선에 걸쳐 우리 선조들이 선록하고 주석을 달아 그 학술적 가치가 높으면서도 우리의 국문학 연구에도 도움이 될 수 있는 ≪협주명현십초시夾注明賢十抄詩≫를 우선적으로 완역하고 주해를 달아 출간하였다. 이어 중국 산수시의 대가로 꼽히는 남조 송나라의 사령운(謝靈運, 385~433)과 그의 친척동생인 사혜련(謝惠蓮, 397~433)의 시를 대상으로 하여 2014년부터 2015년까지 2년에 걸친 공동 작업을 통해 완역과 주해를 달아 그 두 번째 결과물을 출간하게 되었다.
 사령운과 사혜련의 시는 완정한 문집의 형태로 남아있지 않으며, 전하는 판본에 따라 수록된 시의 종류와 수가 많은 차이가 있다. 본 역해서에서는 각 판본을 비교 검토하고 선본을 뽑아 하나로 취합하여 사령운의 시를 총107수, 사혜련의 시를 잔구를 포함하여 총40수를 수록함으로써 명실상부한 전집의 형식을 갖추었다. 이 책에 수록된 사령운의 시는 황절黃節의 ≪사강락시주謝康樂詩注≫(중화서국, 2008)를 1차 저본으로 하였는데, 이는 명明 만력萬曆 연간에 초횡焦竑이 교감 편찬한 ≪사강락집謝康樂集≫ 4권본에서 시부분만을 따로 떼어 편년으로 다시 편차하고 주를 단 것이다. 비록 편년으로 편차하여 사령운의 시를 시대의 흐름에 따라 볼 수 있는 장점은 있지만, 본래 ≪사강락집謝康樂集≫에 사령운의 시가 많이 누락되어 있었던 까닭에 황절 본은 사령운 시의 전집본으로는 한계가 있을 수밖에 없었다. 이에 본 역해서에서는 고소백顧紹柏의 ≪사령운집교주謝靈運集校注≫(중주고적출판사, 1987)를 2차 저본으로 삼아 황절 본에서 누락된 시를 추가 보충하였으며, 추가된 시는 고소백 본에서의 편차를 따라 별도로 시기 구분을 하지 않고 황절 본의 뒤에 이어 수록하였다. 사혜련의 시는 녹흠립逯欽立의 ≪선진한위진남북조시先秦漢魏晉南北朝詩≫(중화서국, 1983)를 저본으로 하였으며 그 편차 또한 이를 따랐다. 수록 시의 원문은 각각 해당 판본을 저본으로 하였으며, 저본과 다른 글자가 있을 경우 주석을 통해 밝히고 그 출전은 필요에 따라 밝혔다. 아울러 ≪송서≫에 실린 사령운과 사혜련의 전기를 원문과 함께 부록으로 달아 이들의 생애에 따른 시의 내용과 풍격의 변화를 알 수 있게 하였다.

 사령운과 사혜련의 시는 산수시, 은일시, 악부시 등 개별 장르에 있어 문학사적인 높은 평가와 의의를 지니고 있다. 이번에 이들 시에 대한 완역이 이루어짐으로써 이들의 전체 시세계 속에서의 개별 장르적 특성과 이들 상호간의 유사성과 차이성 및 그 분포 비율 등을 보다 명확하게 파악할 수 있게 되었다고 할 수 있다. 아울러 이들의 시는 후대의 많은 시인들이 모방하고 학습하였으며 그들의 시 속에 의도적이면서 또한 적극적으로 활용되곤 하였으니, 후대 작품에의 영향과 그 연원관계를 파악함에 있어서도 이들 시의 완역이 가지는 의의는 적지 않다고 할 수 있다. 그동안 사령운과 사혜련의 시가 여러 전적들을 통해 다양하게 전하며 하나로 종합 정리되어 있지 못했는데 이번의 이러한 완역의 성과가 다만 다른 연구자들의 연구뿐 아니라 관심이 있는 일반 독자들에게도 중국 고전문학에 대한 이해를 넓힐 수 있는 좋은 길잡이가 될 수 있기를 바란다.

본 역해서에서는 매 작품을 한 사람이 맡아 번역과 주해를 하는 책임번역의 방식을 취하였고 해설 말미에 역해자의 이름을 밝혔다. 다만 모든 번역과 주석 및 해설들은 공동의 검토와 논의를 거쳐 수정 보완하였다. 따라서 혹 이에 대한 오류나 잘못이 있다고 한다면 이는 전적으로 역해작업에 참여한 모두의 공동 책임임을 밝힌다. 이전 ≪협주명현십초시≫의 역해 작업에 참여했던 김지현 선생, 이욱진 선생이 개인 사정으로 이번 역해 작업에는 참여하지 못한 것이 아쉽다. 다음 작업에는 함께 할 수 있기를 기대하며, 또한 따로 사령운 시 두 수를 맡아 역해 작업에 힘을 더해준 김현녀 선생에게 감사드린다.

사령운과 사혜련의 시를 마무리하자마자 2016년 새해 벽두부터 당대唐代 진자앙陳子昂의 시를 대상으로 역해작업을 시작하였다. 앞으로도 계속될 우리의 후속 연구에 독자들의 많은 관심과 격려를 기대한다.

2016. 4.
역해자를 대표하여
주 기 평 삼가 씀

작가소개 및 작품 세계

사령운(謝靈運, 385~433)은 남조南朝 송宋의 시인으로, 조적祖籍은 진군陳郡 양하(陽夏, 지금의 하남성 태강현太康縣)이며, 동진東晉 태원太元 10년(385) 회계會稽 시녕(始寧, 지금의 절강성 상우현上虞縣)에서 출생하였다.

조부 사현謝玄은 진晉의 거기장군車騎將軍을 지내고 부친 사환謝瑍은 비서랑祕書郎을 지내어 대대로 강락공康樂公에 세습되어 봉해졌다. 처음에 원외산기시랑員外散騎侍郎에 제수되었으나 나아가지 않았으며, 의희義熙 원년(405) 낭야왕琅邪王 사마덕문司馬德文이 대사마에 임명되면서 그의 막부에 행군참군行軍參軍으로 부임하며 관직생활을 시작했다. 이어 의희 8년(412) 형주자사荊州刺史 유의劉毅의 군중에서 기실참군記室參軍을 맡았으며, 유의의 사후 유유劉裕의 송宋에서 자의참군諮議參軍, 중서시랑中書侍郎, 황문시랑黃門侍郎, 세자좌위솔世子左衛率 등을 역임하였다. 유유가 송 무제武帝로 즉위한 후에는 산기상시散騎常侍로 발탁되어 태자좌위솔太子左衛率을 지냈다. 평소 무제의 차남인 여릉왕廬陵王 유의진劉義眞과 친분이 있었는데, 이로 인해 무제 사후 장자인 유의부劉義符가 소제少帝로 추대된 후 서선지徐羨之 등에 의해 경평景平 원년(423)에 영가태수永嘉太守로 좌천되었고 산수를 유람하며 다니다 이듬해 병을 핑계로 사직하고 시녕으로 돌아왔다.

원가元嘉 3년(426) 문제文帝가 즉위한 후 비서감祕書監이 되어 비각祕閣의 문서를 정리하고 ≪진서晉書≫를 집필하였다. 그러나 문제의 신임과 중용을 받지 못해 불만을 지녔고 자유분방한 언행으로 공무를 소홀히 하였던 탓에 탄핵을 받아, 원가 5년(428) 다시 병을 핑계로 사직하고 시녕으로 돌아왔다. 이후 사혜련謝惠連, 하장유何長瑜, 순옹荀雍, 양선지羊璿之 등 이른바 사령운의 '사우四友'들과 함께 산수를 유람하며 즐겼으나, 반역을 모의한다는 무고를 받아 원가 8년(431) 임천내사臨川內史로 부임하였다. 임천에서도 영가태수 때와 마찬가지로 종일 유람하며 정무를 돌보지 않다가 이로 인해 탄핵되어 체포를 당하게 되자 반란을 일으켰으며, 광주廣州로 유배되었다가 농민군과 내통하여 반란을 꾀했다는 죄목으로 처형당해 원가 10년(433) 49세로 세상을 떠났다.

사혜련(謝惠蓮, 397~433)은 남조 송의 시인으로, 조적祖籍은 진군 양하이며, 동진東晉 융안隆安 원년(397) 회계 시녕에서 출생하였다. 사령운의 족제族弟로서, 어려서부터 문재가 뛰어나 사령운과 더불어 '대소사大小謝'로 병칭되었다. 원가 7년(430)에 팽성왕彭城王 유의강劉義康의 법조참군法曹參軍을 지냈으며, 원가 10년(433) 37세로 세상을 떠났다.

사령운과 사혜련은 중국 남북조南北朝 시기 남조 송의 시인으로, 중국 고전시가의 형성과 발전과정에 있어 중요한 지위를 차지하고 있다. 중국 문학사에서 남조 시기는 동한 무렵 발생한 오언시가 본격적으로 쓰이기 시작한 시기이다. 특히 그 형식적인 면에 있어 격률과 대구 등을 비롯한 형식수사미를 고도로 추구함으로써 시가 창작의 예술성이 한층 고양된 시기였으니, 이들은 그러한 발전의 중심에 서 있었던 인물이다. 특히 사령운은 그의 예술적 성취를 인정받아 남조 시기까지의 문학 작품 중 우수한 것만 선정한 ≪문선文選≫에 그의 작품이 가장 많은 편수로 수록되었다. 중국 문인의 문학 학습의 중심에 ≪문선≫이 있었다는 것을 상기한다면, 표면적으로 드러난 이러한 사실만으로도 사령운의 시가 이후 중국 문인들의 시가 창작에 얼마나 많은 영향을 미쳤을지 미루어 짐작할 수 있다. 실제 중국의 최고 시인이라 할 수 있는 이백, 두보, 소식 등을 비롯한 수많은 문인들의 시 작품에는 어렵지 않게 사령운 시의 흔적을 찾아볼 수 있으니, 이는 이들이 사령운의 시를 추숭하였으며 나아가 그의 시풍을 학습하고 자신들의 시가 창작의 모범으로 삼았음을 보여주는 것이라 할 수 있다. 북송北宋의 대표적인 비평가인 오가吳可는 ≪장해시화藏海詩話≫에서 "시를 배우려면 먼저 사령운의 시를 보아야 한다.(學詩, 當先看謝靈運詩)"라고 하였으며, 청淸의 방동수方東樹 또한 ≪소매첨언昭昧詹言≫에서 "사령운의 시상은 심오하고 기상이 침착하며, 풍격은 중후하고 조어가 빼어나서 흥상이 완연히 드러나는 점에 있어서는 다른 사람이 능히 미칠 수 없다.(其思深氣沈, 風格凝重, 造語工妙, 興象宛然, 人自不能及)"라고 하며 사령운 시를 높이 인정하여 배우고자 하였다. 사령운과 사혜련 시의 문학적 성취에 대해서는 다음과 같은 점을 들 수 있다.

1) 남조 시기의 대표적인 시인으로 오언시 창작에 있어 도약을 이루었다.

중국문학사에서 남조 시기는 상당히 중요한 시기였다. 한漢과 위진魏晉 시기를 거치면서 문인들은 집단이 아닌 개별적인 창작의 주체로서 보편적인 감정이 아닌 자신만의 감정을 토로하기 시작하였으며, 당시 새로이 형성되고 유행하였던 오언시의 양식을 통해 이를 보다 전면적이고 다양한 방식으로 드러내었다. 이후 남조 시기에 들어서는 문학작품 속에서 자신의 감정을 보다 잘 표현할 수 있는 기법들에 대한 탐구가 본격화되었으니, 이러한 과정에서 형식적인 기교가 발전하였으며 경물 묘사와 감정 표현의 결합관계가 중요시되었다. 뿐만 아니라 시의 구조가 보다 정교화 되어 문학 작품의 예술적 성취가 한 단계 성장하게 되었다.

사령운이 남조 시기의 대표적인 시인이라는 것은 중국의 대표적인 시문선집인 ≪문선≫에 실린 작품의 통계에서도 쉽게 파악할 수 있다. ≪문선≫에는 선진先秦 시기부터 제량齊梁 시기까지 총 130여 문인의 작품 761편이 수록되어 있는데, 시의 경우 총64명 시인의 작품 총251수가 수록되어 있다. 이중 사령운의 시는 32편 40수로, 가장 많은 시가 수록된 육기陸機의 19편 52수에 비해 전체 작품 수는 뒤지지만 편수는 가장 많은 분량을 차지하고 있다. 이는 사령운이 남조 시대 때 이미 우수한 시인으로서 인정을 받았으며, 많은 사람들이 그의 작품들을 감상하고 또한 중요시하였음을 보여주는 것이라 할 수 있다. 실제 남조 시기까지 여러 시인의 품격을 평가한 종영鍾嶸의 ≪시품詩品≫에서는 그를 상품上品에 포함시켰으며, ≪송서宋書·사령운전謝靈運傳≫에서는 "매번 그의 시가 도성에 이르면 귀한 자나 천한 자나 누구도 다투어 베껴 쓰지 않은 자가 없었으며, 하룻밤 사이에 모든 백성들이 두루 보았다. 먼 곳의 사람이나 가까운 곳의 사람이나 모두 흠모하였으니 그 이름이 수도를 뒤흔들었다.(每有一詩至都邑, 貴賤莫不竟寫, 宿昔之間, 士庶皆遍, 遠近欽慕, 名動京師)"라 하였으니, 당시 그의 시의 위상과 영향력이 어떠했었는지를 가히 짐작할 수 있다.

사령운과 사혜련은 남조 시기 대표적인 시인으로 자리매김하면서 시가의 대표적인 형식인 오언시의 발전을 선도하였다. 동한 시기 발생하기 시작한 오언시가 위진 시기를 지나면서 많은 문인들이 자신의 감정을 표현하기 위해 다량 창작되었다. 문인들이 오언시를 창작함에 있어서 기존에 자신의 감개를 직접적으로 서술하는 방식을 탈피하여 경물에 빗대어 자신의 감정을 표현하기 시작하였으며, 형식적으로도 대구나 격률 등을 중시하며 예술적 완성도를 높여나갔다. 이러한 경향을 주도적으로 개척한 이가 바로 사령운과 사혜련이며, 이들의 시가를 통해서 그 과정과 내용을 정확하게 이해할 수 있을 것이다.

2) 사령운의 산수시山水詩는 중국 산수시의 전형이 되었다.

사령운 시 중에서 가장 성취도가 높은 분야는 산수시이다. 비록 그 이전에도 산수시가 전혀 없었던 것은 아니었지만 이전의 산수시들이 다만 객관적인 산수의 외관만을 묘사하는 것에 치중하였다고 한다면, 사령운에 이르러서는 산수 풍광의 묘사에 있어 자신의 감정을 융합시키기 시작하였으며 세부적인 묘사방식에 있어서도 핍진함과 생동감을 더함으로써 그 예술적 성취를 한층 더 높였다고 할 수 있다. 따라서 청淸 왕부지王夫之는 ≪고시평선古詩評選≫에서 다음과 같이 사령운의 산수시를 평가하였다.

> 감정과 경치를 함께 들이면서 경계를 나누지 않고, 옛 일을 떨치면서 현재의 흥취를 다 펼친 것은 오직 사령운만이 할 수 있다.(情景相入, 涯際不分, 振往古, 盡來今, 維康樂能之)
> 감정을 말할 때는 갔다 왔다 움직였다 멈췄다, 아득하니 있는 듯 없는 듯 하는 가운데서 오묘한 곳을 얻어 이를 붙잡아 형상을 담고, 경치를 취할 때는 눈으로

보고 마음을 거쳐 어지러이 흩뜨렸다 모았다 하는 사이에 고유의 형상을 묘사하면서, 이를 말함에 속이지 않는다. 그리하여 감정은 헛된 감정이 아니라 감정은 모두 경치가 될 수 있고, 경치는 경치에만 머무는 것이 아니라 경치가 모두 감정을 머금고 있다.(言情則於往來動止縹緲有無之中, 得靈飼而執之有象, 取象則於擊目經心絲分縷合之際, 貌固有而言之不欺. 而且情不虛情, 情皆可景, 景非滯景, 景總含情)

이러한 평가를 받는 사령운의 산수시는 이후 중국 문인들이 산수시를 창작함에 있어 모범이 되었고 많은 영향을 주었다. 특히 산수 경관의 시적 미화를 통한 인간과 자연과의 결합, 그리고 이에 의해 파생되는 직설적 표현의 절제 효과, 시 구절의 신중한 조탁과 균형미의 추구, 자연스러움이 배어 있는 풍격의 조성 등은 후대 시인들의 시 창작에 하나의 규범이 되었다고 할 수 있다. 예컨대 중국 최고의 시인 중 한 명으로 꼽히는 이백은 〈은좌명께서 오운구를 주신 것에 감사하다酬殷佐明見贈五雲裘歌〉 시에서 "친구가 내게 주니 내가 그 뜻을 어기지 못해서 그것을 입어 산과 물이 맑은 빛을 머금게 하니, 놀랍게도 사령운 시의 흥취가 나의 옷에서 생겨나는데, 옷깃 앞에서는 수풀 골짜기에 어두운 빛이 모이고 소매 위에는 구름노을에 저녁 빛이 모였네.(故人贈我我不違, 著令山水含淸暉. 頓驚謝康樂, 詩興生我衣. 襟前林壑斂暝色, 袖上雲霞收夕霏)"라고 하여 오운구에 그려진 산수를 묘사하였다. 여기서 이백은 직접 사령운의 이름을 거론했을 뿐만 아니라 사령운의 시 〈석벽정사에서 무호로 돌아와서 짓다石壁精舍還湖中作〉에 있는 "아침저녁으로 날씨가 변하는데 산과 물은 맑은 빛을 머금었네.(昏旦變氣候, 山水含淸暉)", "수풀 골짜기에는 어두운 빛이 모이고 구름노을에는 저녁의 빛이 모이네.(林壑斂暝色, 雲霞收夕霏)"라는 구절을 그대로 인용하였다. 어찌 보면 표절에 가까운 이러한 창작 행위는 후대 문인들에게 사령운의 시가 끼친 영향을 극단적으로 보여주는 것이라고 할 수 있다.

3) 사령운의 은일시는 중국 은일문화의 주요 내용을 마련하였다.

사령운과 사혜련은 도잠陶潛과 동시대 인물이다. 당시는 동진과 송이 교체하던 정치적 혼란기로 많은 문인들이 적극적으로 정치에 참여하지 않는 경향이 있었다. 도잠은 미관말직에 있다가 일찍 전원으로 돌아가서 자연의 은일생활을 읊었으며, 그 속에 자신의 삶에 대한 고민을 심도 깊게 토로하였다. 이러한 점은 사혜련과 비슷한 점이 있다. 하지만 사혜련은 일찍 세상을 떴기 때문에 은일에 대한 깊은 생각이 드러나지는 않았다.

이와 달리 사령운은 21세 때 이미 관직에 진출하여 중서시랑 및 황문시랑 등 고관을 지냈다. 하지만 혼란스런 조정의 상황으로 인해 38세가 되던 경평景平 원년(423) 관직을 그만 둔 뒤로 고향에 은거하거나 지방관으로 있으며 한적한 생활을 영위하였다. 당시에 그는 자신이 관직에서 쫓겨날 수밖에 없었던 상황, 다시는 돌아갈 수 없는 현실, 그리고 고향과 자연 속에서 은일하면서 자연의 이치에 순응하며 살아가고자 하는 마음 등을 자신의 시 속에 표현하였다. 도연명의 시가 단순히 자신의 심정을 담박하게 서술한 반면에, 사령운의 시는 자연 풍경의 묘사를 통해 자신의 심정을 기탁하였다. 이러한 기탁 방식은 도연명의 은일시보다 그 예술성이 뛰어난 것으로 평가받고 있다.

중국의 많은 문인들은 스스로 은자를 자처하거나 자연 속에서 안빈낙도하고자 하는 지향을 가지고 있었으니, 이는 관직에 있던 문인들에게서도 예외는 아니어서 그들 또한 공공연히 은일을 추구하고 지향하는 시를 짓곤 하였다. 이들의 은일시의 창작에 모범이 된 것은 바로 사령운의 시였다고 할 수 있으니, 사령운은 거의 모든 작품에서 자신의 눈에 보이는 자연 산수의 경물을 묘사하며 자신의 심경을 표출하였고 시어의 조탁에 있어 탁월하다는 평가를 받았기 때문이다. 특히 〈석문산에 새로 거처를 마련하였는데, 사방이 높은 산, 굽이치는 계곡, 여울물, 빽빽한 숲과 키 큰 대나무로 둘러싸여 있어石門新營所住四面高山迴溪石瀨茂林修竹〉, 〈석문산 정상에 올라登石門最高頂〉와 같은 작품들은 자연 속에서 은일의 즐거움을 만끽하면서 자연의 이치에 순응하며 살아가고자 하는 이치를 설파하였으며, 〈막 영가군을 떠나며初去郡〉, 〈막 석수성을 출발하며初發石首城〉와 같은 작품들은 아직 자연 속에 은일하지 않았지만 관직을 떠나 그곳을 향하면서 쓴 것으로 앞으로 보게 될 자연 경물을 묘사한 뒤 자신의 은일 생활에 대한 기대를 표현하였다. 이렇게 다양한 상황에서 은일에의 지향을 묘사하거나 경물 속에 자신의 은일 감정을 표출하는 기법은 모두 사령운에 의해서 시작되었다. 사령운의 시 속에는 도잠의 은일자연시와는 다른 면모를 가지고 있으며, 후대 중국 문인들의 은일시에 비추어보았을 때 그 영향력은 결코 도잠에 미치지 못한다고 할 수 없다.

4) 사령운과 사혜련의 악부시로 동한의 악부시는 자신의 감회가 어우러진 서정시로 발전하였다.

사령운의 악부시는 전체 107수 중 17수로 그다지 큰 비중을 차지하지는 않으며 다른 시에 비해 큰 주목받지도 못했다고 할 수 있으니, 사령운의 시가 40수 수록되어 있는 ≪문선≫에도 17수 중 〈회음행會吟行〉만 한 수 실려 있을 따름이다. 이에 반해 사혜련의 악부시는 전체 40수 중 12수를 차지하여 상당히 큰 비중을 차지하고 있지만, 그의 악부시 또한 사령운의 경우와 마찬가지로 아직까지는 널리 알려져 있지는 않은 편이다. 하지만 본 연구 작업 과정에서 사령운과 사혜련의 악부시가 다른 작가의 악부시에서는 발견할 수 없는 독창적인 면모를 가지고 있다는 것을 발견하였다. 이전의 악부시들은 악부고제에 있는 동일한 제목의 악부시가를 답습하면서 다만 서로 비슷한 형식과 내용을 표현하는 것에 그치곤 하였다. 그러나 이들의 악부시는 이를 교묘하게 변용하여 자신의 감정을 보다 적극적으로 표출하였으니, 악부고제의 주제로부터 크게 벗어나지는 않으면서도 해당 주제와 연관하여 자신의 감정 서술에 주력하였다. 예컨대 〈국가행鞠歌行〉의 경우 본래 악부고제는 축국蹴鞠 경기 때 부르는 노래였다는 설이 있으며, 동일한 제목의 악부시를 지은 육기는 자신이 등용되기를 바라는 마음을 표현하였다. 하지만 사령운의 〈국가행〉에서는 자신의 재능을 인정해줄 수 있는 지기가 없음을 한탄하며, 구체적으로는 그를 후원해주던 여릉왕廬陵王이 화를 입은 것을 염두에 두고 있다. 사혜련의 〈국가행〉 역시 비슷한 주제를 가지고 있다. 이들의 악부시는 다른 많은 악부시들이 예전의 작품을 답습하면서 표현하는 감정까지도 모방했던 것에서 벗어나 자신의 실제 현실로부터 해당 감정을 이끌어내어 표현한 것이었으니, 그 솔직한 감정 표현으로 인해 독자로 하여금 더욱 깊은 감동을 느끼게 한다. 이들로 인해 이후 〈국가행〉을 짓는 문인들은 대체로 이들의 서술방식을 따라 자신의 득의하지 못한 현실을 슬퍼하며 자신의 상황에 따른 구체적인 슬픔의 내용들을 작품 속에 담게 되었으니, 이 또한 사령운과 사혜련이 후인들에게 끼친 많은 영향 중의 하나로 꼽을 수 있을 것이다.

목 차

- 역자서문
- 작가 소개 및 작품 세계
- 사령운 시
  1. 선재행 善哉行 ·· 2
  2. 농서행 隴西行 ·· 6
  3. 비재행 悲哉行 ·· 9
  4. 장가행 長歌行 ·· 12
  5. 군자유소사행 君子有所思行 ·· 17
  6. 회음행 會吟行 ·· 21
  7. 절양류행 折楊柳行 ··· 28
  8. 절양류행 折楊柳行 ··· 30
  9. 완가행 緩歌行 ·· 32
  10. 일출동남우행 日出東南隅行 ··· 35
  11. 고한행 苦寒行 ··· 38
  12. 예장행 豫章行 ··· 40
  13. 연가행 燕歌行 ··· 42
  14. 상류전행 上留田行 ·· 45
  15. 국가행 鞠歌行 ··· 48
  16. 순동서문행 順東西門行 ··· 52
  17. 태산음 泰山吟 ··· 55

18. 할아버지의 덕을 서술하며 2수述祖德詩二首 ································ 58
19. 중양절에 송공을 따라 희마대에 모여 상서령 공정을 보내다
　　　　九日從宋公戲馬臺集送孔令 ································ 67
20. 팽성궁에서 모시며 세밑에 감회가 있어彭城宮中直感歲暮 ································ 72
21. 삼짇날 서지에서 시연하며三月三日侍宴西池 ································ 75
22. 영초 3년 7월 16일 영가군으로 가려고 막 도성을 떠나며
　　　　永初三年七月十六日之郡初發都 ································ 78
23. 이웃이 나를 전송하며 방산까지 오다鄰里相送至方山 ································ 83
24. 시녕의 별장에 들러過始寧墅 ································ 86
25. 부춘강가富春渚 ································ 90
26. 저녁에 서쪽 사당을 나와晚出西射堂 ································ 94
27. 연못가 누대에 오르다登池上樓 ································ 97
28. 남정에서 노닐며遊南亭 ································ 103
29. 백석암 아래 길에서 농사일을 순시하며白石巖下徑行田 ································ 106
30. 구계산에 들러 스님에게 공양드리다過瞿溪山飯僧 ································ 110
31. 백안정에 들러過白岸亭 ································ 113
32. 밭을 순시하고 바닷가 입구 반서산에 올라行田登海口盤嶼山 ································ 117
33. 상수의 석고산에 올라登上戍石鼓山 ································ 120
34. 동양계에서의 증답시 2수東陽溪中贈答二首 ································ 124
35. 적석산을 노닐다가 범해산으로 나아가다遊赤石進帆海 ································ 126
36. 영가강 고서산에 올라登江中孤嶼 ································ 131
37. 영가군 녹장산에 올라登永嘉綠嶂山 ································ 134
38. 영가군의 동산에서 바다를 바라보며郡東山望溟海 ································ 139
39. 영문산에서 노닐며遊嶺門山 ································ 142
40. 학사에게 경서를 강론할 것을 명하며命學士講書 ································ 146
41. 뽕나무를 심다種桑 ································ 150
42. 막 영가군을 떠나며初去郡 ································ 154

- xvii -

43. 밭 남쪽 나무 동산에 물길을 대고 울타리를 심다田南樹園激流植援 ················ 160
44. 석문산에 새로 거처를 마련하였는데, 사방이 높은 산, 굽이치는 계곡, 여울물, 빽빽한
　　숲과 키 큰 대나무로 둘러싸여 있어石門新營所住四面高山迴溪 石瀨茂林修竹 ···· 164
45. 석벽산에 초리와 정사를 세우고石壁立招提精舍 ······································ 168
46. 석벽정사에서 무호로 돌아와서 짓다石壁精舍還湖中作 ······························ 173
47. 남루 안에서 고대하던 손님을 바라보며南樓中望所遲客 ···························· 176
48. 여릉왕의 무덤가에서 쓰다廬陵王墓下作 ··· 180
49. 동쪽 길로 들어서다入東道路詩 ·· 186
50. 옛 동산으로 돌아와 안연지와 범태 두 중서시랑에게 써 보이다
　　　　還舊園作見顏范二中書 ·· 190
51. 석문산 정상에 올라登石門最高頂 ·· 197
52. 석문산의 바위 위에서 머물며石門巖上宿 ··· 201
53. 남산에서 북산으로 가며 호수를 지나는 중에 보니於南山往北山經湖中瞻眺 ······ 203
54. 근죽간을 따라 산을 넘고 물길로 가다從斤竹澗越嶺溪行 ·························· 207
55. 석실산石室山詩 ·· 211
56. 종제 사혜련에게 화답하여酬從弟惠連 ·· 215
57. 혜련에게 답하다答惠連 ·· 221
58. 임해의 산을 오르려 막 강중을 떠나며 종제 혜련에게 써 주면서 양선지와
　　하장유를 만나 함께 화답함登臨海嶠初發疆中作與從弟惠連 見羊何共和之 ······ 223
59. 막 석수성을 출발하며初發石首城 ·· 229
60. 길에서 산 속을 그리며道路憶山中 ·· 233
61. 팽려호의 입구로 들어서며入彭蠡湖口 ·· 237
62. 여산 꼭대기에 올라 뭇 산을 바라보며登廬山絶頂望諸嶠 ·························· 242
63. 막 출발하여 남성에 들어가며初發入南城 ··· 244
64. 화자강에 들어갔는데 이곳에 마산의 세 번째 골짜기가 있었다
　　　　入華子崗是麻源第三谷 ·· 246
65. 대림봉大林峰 ··· 250

66. 막 신안의 동려구로 가서初往新安桐廬口 ··· 252
67. 칠리뢰七里瀨 ·· 255
68. 밤에 석관정을 출발하며夜發石關亭 ·· 259
69. 귀뢰의 세 폭포를 출발하여 두 물줄기를 바라보며發歸瀨三瀑布望兩溪 ······ 261
70. 위 태자 조비의 ≪업중집≫을 모의하여 지은 시 여덟 수와
　　　서문擬魏太子鄴中集詩八首幷序 ·· 265
　　70-1. 위 태자 조비魏太子 ··· 268
　　70-2. 왕찬王粲 ··· 272
　　70-3. 진림陳琳 ··· 277
　　70-4. 서간徐幹 ··· 281
　　70-5. 유정劉楨 ··· 285
　　70-6. 응창應瑒 ··· 289
　　70-7. 완우阮瑀 ··· 293
　　70-8. 평원후 조식平原侯植 ·· 297
71. 정토를 읊다淨土咏 ··· 302
72. 겨울을 읊다咏冬 ··· 305
73. 세밑歲暮 ··· 308
74. 칠석날 견우와 직녀를 읊다七夕咏牛女 ·· 310
75. 떼었다 합치는 시離合詩 ·· 313
76. 임천에서 체포되어臨川被收 ·· 315
77. 임종시臨終詩 ·· 317
78. 독서재 안에서 책을 읽으며齋中讀書 ·· 321
79. 경구 북고산에서 천자를 모시고 노닐다 명을 받들어 쓰다從遊京口北固應詔 ········ 324
80. 중서에게 답하여答中書 ·· 329
81. 안성태수에게 주다 및 서문 7장贈安成幷序 七章 ······························ 338
82. 종제 사홍원에게 주다 및 서문 6장贈從弟弘元幷序 六章 ·················· 348
83. 종제 사홍원에게 주다. 이때 중군공조가 되어 경성에 머물렀다 5장

- xix -

贈從弟弘元 時爲中軍功曹住京 五章 ·················· 357
84. 자의 사씨에게 답하다 8장 答謝咨議 八章 ················ 363
85. 독서재讀書齋 ·· 372
86. 배를 타고 선암산으로 가 삼황정의 신선 자취를 찾다 舟向仙巖尋 三皇井仙迹 ············ 374
87. 북정에서 관리와 백성들과 헤어지며 北亭與吏民別 ········ 377
88. 막 도성에 이르러서 初至都 ·· 383
89. 왕수에게 주다 贈王琇 ·· 385
90. 산 속의 집 山家 ··· 387
91. 잔구殘句 ·· 388
92. 뇌차종을 보내며 送雷次宗 ··· 389
93. 고개 바깥 嶺表 ··· 391
94. 호산에 올라 登狐山 ·· 393
95. 송계에 들어와서 入竦溪 ··· 395
96. 동도행董逃行 ··· 397
97. 상봉행相逢行 ··· 398
98. 형산衡山 ·· 404

•사혜련 시

1. 추호행 2수 秋胡行 二首 ··· 408
2. 농서행 2수 隴西行 二首 ··· 411
3. 예장행 豫章行 ··· 416
4. 못가의 노래 塘上行 ··· 419
5. 각동서문행 却東西門行 ··· 422
6. 장안유협사행 長安有狹邪行 ······································· 424
7. 종군행 從軍行 ··· 427
8. 연가행 燕歌行 ··· 429
9. 맹호행 2수 猛虎行 二首 ··· 432

- xx -

10. 국가행鞠歌行 ··· 435
11. 전완성가前緩聲歌 ··· 438
12. 순동서문행順東西門行 ··· 441
13. 3월 3일 ≪곡수집≫三月三日曲水集詩 ··· 443
14. 남쪽 호수에 배를 띄워 석범산에 이르다泛南湖至石帆詩 ·························· 446
15. 서릉에서 바람을 만나 사령운께 드리다 5수西陵遇風獻康樂 ····················· 449
16. 고시를 본뜨다代古詩 ·· 454
17. 가을의 감회秋懷詩 ··· 457
18. 옷을 다듬이질하며擣衣詩 ·· 461
19. 호수에 배를 띄우고 돌아와서 누대에 나와 달을 바라보며泛湖歸出樓中望月詩 ········ 466
20. 칠석날 밤에 견우와 직녀를 읊다七月七日夜詠牛女詩 ······························ 469
21. 비를 기뻐하다喜雨詩 ·· 474
22. 겨울을 읊는 시詠冬詩 ··· 476
23. 독서讀書詩 ·· 477
24. 밤에 모여 어그러짐을 탄식하며夜集歎乖詩 ··· 479
25. 공곡아와 이별하며與孔曲阿別詩 ·· 481
26. 소라조개를 읊다詠螺蚌詩 ··· 483
27. 떼었다 합치는 시離合詩 ·· 485
28. 떼었다 합치는 시離合詩 ·· 486
29. 밤에 모여 떼었다 합치는 시를 짓다夜集作離合詩 ·································· 488
30. 삼짇날三日詩 ··· 490
31. 제목 미상 시 - 有客被褐前 ··· 491
32. 제목 미상 시 - 夕坐苦多慮 ··· 494
33. 제목 미상 시 - 挂鞍長林側 ··· 495

•부록 1 : 사령운 전기 ·· 496
•부록 2 : 사혜련 전기 ·· 509

- xxi -

사령운

善哉行[1]
선재행 01

暘谷躍升,[2]	해는 양곡에서 솟아올라
虞淵引落,[3]	우연으로 떨어지나니,
景曜東隅,[4]	빛이 동쪽에서 비치더니
晼晩西薄,[5]	저물어 서쪽에 걸려있네.
三春燠敷,[6]	봄날에는 세상에 온기 가득하다
九秋蕭索,[7]	가을 되면 쓸쓸하고 삭막해지나니,
涼來溫謝,[8]	서늘함이 찾아와 따스함은 떠나가고
寒往暑却,[9]	추위가 오고 더위가 물러가는구나.
居德斯頤,[10]	덕에 머물며 평안히 지내고
積善嬉謔,[11]	선을 행하며 즐기고 희롱하나니,
陰灌陽叢,[12]	그늘 속 꽃떨기나 볕 아래 꽃 숲이나
凋華墮萼,[13]	모두가 꽃잎 시들고 꽃받침도 진다네.
歡去易慘,	즐거움이 떠나가면 쉬이 참담해지고
悲至難鑠,[14]	서글픔이 다다르면 삭이지 못하나니,
激涕當歌,[15]	주체할 수 없는 눈물에는 마땅히 노래를 부르고
對酒當酌,[16]	술 마주하고는 응당 잔에 따라야 하리.
鄙哉愚人,	비루하도다, 어리석은 이여!
戚戚懷瘼,[17]	슬퍼하며 아픔만 간직하고 있구나.
善哉達士,[18]	뛰어나도다, 달관한 이여!

| 滔滔處樂.19 | 자유로이 즐거움 속에 살고 있구나. |

주석

1) 善哉行(선재행) : 악부의 곡조명으로, ≪악부시집樂府詩集·상화가사相和歌辭≫의 〈슬조곡瑟調曲〉에 실려 있다.
2) 暘谷(양곡) : 전설상 해가 떠오른다는 골짜기. '양곡陽谷' 혹은 '양곡暘谷', '탕곡湯谷'이라고도 한다. ≪산해경山海經·해외동경海外東經≫에 "아래에 탕곡이 있고 탕곡 위에 부상이 있는데, 열 개의 해가 목욕하는 곳이다. 흑치국 북쪽에 있으며, 물속에 커다란 나무가 있는데 아홉 개의 해는 아래쪽 가지에 있고 한 개의 해는 위쪽 가지에 있다.(下有湯谷, 湯谷上有扶桑, 十日所浴. 在黑齒北. 居水中有大木, 九日居下枝, 一日居上枝)"라 하였다.
3) 虞淵(우연) : 전설상 해가 가라앉는다는 연못. ≪회남자淮南子·천문天文≫에 "해는 양곡에서 나오는데, 함지에서 목욕하고 부상에서 솟아오르니 이를 아침이라 한다. 우연에 이르게 되면 이를 황혼이라 한다.(日出于暘谷, 浴于咸池, 拂于扶桑, 是謂晨明. 至于虞淵, 是謂黃昏)"라 하였다.
4) 景曜(경요) : 햇빛이 비치다.
   東隅(동우) : 동쪽.
5) 晼晚(원만) : 해가 지다, 날이 저물다.
   西薄(서박) : 해가 서쪽 하늘에 가까이 있는 모습.
6) 三春(삼춘) : 3개월의 봄.
   燠敷(욱부) : 따뜻한 기운이 널리 퍼지다.
7) 九秋(구추) : 90일의 가을.
   蕭索(소삭) : 쓸쓸하고 생기가 없는 모습.
8) 謝(사) : 작별하다.
9) 往(왕) : 오다. 앞 구의 '래來'와 호응하여 같은 의미를 나타낸다.
10) 斯(사) : 어조사.
    頤(이) : ≪易≫의 이괘頤卦. 편안하게 거하며 양생養生의 도를 추구하는 것을 의미한다. 황절黃節은 ≪사강락시주謝康樂詩注≫에서 "≪易≫에서 '이頤괘의 육오효六五爻는 법도에서 어긋나니 올바름에 머물러야 길하다.'라 하였다. 육오이六五頤의 시기에 군왕의 자리에 있으며 천하를 기를 수 없음을 말한 것이니, 이는 일상의 법도에서 어긋난 것이다. 반드시 머물러 올바름을 굳게 지키고 믿고 맡김에 독실해야 길한 것이다. 덕에 거한다는 것은 올바른 덕에 머문다는 것이다.(易, 頤六五, 拂經, 居貞吉. 謂六五頤之時居君位, 而不能養天下, 是違拂於經常也. 必居守貞固, 篤於委信, 則吉也. 居德, 居貞之德也)"라 하였다.

11) 積善(적선) : 선한 덕을 쌓다.

嬉謔(희학) : 즐기고 희롱하다. ≪시경詩經·위풍衛風·기수 물굽이淇奧≫에 "저 기수 물굽이를 바라보니 푸른 대나무가 쌓여 있는 듯하네.… 즐기고 희롱하는 것도 잘하지만 지나치지는 않다네.(瞻彼淇奧, 綠竹如簀. … 善戱謔兮, 不爲虐兮)"라 하였는데, ≪모전毛傳≫에 "책은 쌓여 있는 것이다.(簀, 積也)"라 하였고, 정현鄭玄의 전箋에서는 "군자의 덕은 조임도 있고 느슨함도 있으니, 항상 엄숙하지만 않고 때로 즐기고 희롱한다.(君子之德, 有張有弛. 故不常矜莊, 而時戱謔)"라 하였다. 이 두 구절에 대해 황절黃節은 ≪사강락시주謝康樂詩注≫에서 "올바른 것인 양 반어적으로 말한 것이니, 모두가 진과 송의 임금의 덕이 쇠약한 것을 탄식한 것이다.(反言若正, 皆歎晉宋君德之衰也)"라 하였는데, 운명에 대한 순응과 인생에 대한 달관의 심경을 나타낸 것으로 보는 것이 좋을 듯하다.

12) 陰灌陽叢(음관양총) : 그늘진 곳에 있거나 볕이 잘 드는 곳에 있는 꽃떨기. '관灌'과 '총叢'은 모두 꽃무더기를 의미한다.

13) 華萼(화악) : 꽃과 꽃받침.

14) 鑠(삭) : 녹다, 녹이다.

15) 激涕(격체) : 격한 감정으로 눈물을 쏟다. '격절擊節'로 되어 있는 판본도 있으며 이 경우 뜻은 '박자에 맞추어 두드리다'이다.

16) 當酌(당작) : 응당 술을 따라야 한다. 조조曹操의 〈단가행短歌行〉에 "술 마주하고 응당 노래하리니, 인생은 얼마나 되나. 비유컨대 아침이슬과 같나니, 지나간 날은 너무나도 많구나.(對酒當歌, 人生幾何. 譬如朝露, 去日苦多)"라 하였다.

17) 戚戚(척척) : 슬퍼 탄식하는 모양.

懷痗(회막) : 질병을 가슴에 품다. 근심하고 걱정하는 마음의 병을 지니고 있음을 말한다.

18) 達士(달사) : 인생의 생사와 부귀화복에 달관한 사람.

19) 滔滔(도도) : 넓고 아득한 모양. 어느 것에도 구애됨이 없는 자유롭고 편안한 상태를 의미한다.

해설

이 시는 인생의 유한함과 덧없음을 자각하고 이에 대한 달관의 심경을 노래한 것이다. 인생의 유한함과 죽음의 불가역성은 무한히 반복되는 천지자연의 순환과 대비되었을 때 더욱 커다란 비애와 안타까움으로 다가오게 되며, 현실의 삶에 대한 무의미함과 극복할 수 없는 절망감의 원인이 될 수밖에 없다. 그러나 이 시에서는 천지자연의 변화 또한 영속의 순환이 아닌 시작과 끝이 있는 유한의 과정임을 말함으로써 유한한 인생과의 동일성을 말하고 있다.

먼저 제1~4구에서는 아침에서 저녁에 이르는 하루의 변화를 태양의 생성과 소멸의 과정으로 말하고, 이어 제5~8구에서는 봄이 가고 가을이 오는 계절의 변화를 역시 온기의 탄생과 소멸의 과정으로 여기고 있다. 이는 인생의 시작과 종결 또한 우주만물의 공통의 법칙에 따른 것임을 자각하는 것이니, 이와 같은 인식은 다음 제9~12구에서 운명에 순응하며 덕을 쌓고 편안히 즐기는 여유로운 모습과, 인생의 현달과 불우함에서 초월한 달관의 태도로 나타나고 있다. 이어 제13~16구에서는 삶에 희비에 연연해하는 사람들의 모습을 말하며 삶에 대한 긍정과 운명에 대한 순응으로 비애감에서 벗어날 것을 요구하고, 마지막 제17~20구에서는 비애감에 젖어 있는 이들을 비루한 사람이라 칭하며 달관한 사람은 생을 즐기며 자유로이 살아가는 것임을 말하고 있다. 시인의 이와 같은 인식과 태도는 왕희지王羲之의 〈난정집서蘭亭集序〉에서 이른바 "생의 길고 짧음 또한 천지자연의 조화를 따라 마침내는 다하는 것으로 기약되어 있다.(脩短隨化, 終期於盡)"라 했던 것과 동일한 것이라 할 수 있다. (주기평)

隴西行[1]
농서행　02

昔在老子,[2]	옛날 노자가
至理成篇.[3]	지극한 이치로 책을 이루었네.
柱小傾大,	기둥이 작으면 기우는 것이 크고
綆短絶泉.[4]	두레박줄이 짧으면 샘물을 긷지 못한다네.
鳥之棲遊,	새가 머물고 노니는 것은
林檀是閒.[5]	숲이 한가로워서인데,
韶樂牢膳,[6]	구소의 음악과 고기 음식을
豈伊攸便.[7]	어찌 편하게 여길까?
胡爲乖枉,[8]	어찌하여 일그러짐을 행하여
從表方圓.[9]	겉모습으로 동그란 것을 네모나게 만드는가?
耿耿僚志,[10]	응의료의 굳은 의지가 마음에 걸리니
慊慊丘園.[11]	전원에 있어도 불만스러우리.
善歌以咏,	노래를 잘하니 이를 읊조려서
言理成篇.	이치를 말해 책을 이루리라.

주석

1) 隴西行(농서행) : ≪악부시집樂府詩集·상화가사相和歌辭≫의 〈슬조곡瑟調曲〉에 실려 있다. ≪악부해제≫에 따르면 주로 아름다운 여인이 손님을 잘 응대하고 접대하는데 예의가 있음을 노래한다고 하였다. 사령운의 이 시는 이와 달리 철리를 이야기하였다.

'농서'는 전국시대 진秦의 군郡 이름으로 지금의 감숙성 임조현臨洮縣 농산隴山 서쪽이다.

2) 老子(노자) : 춘추시대 초나라 사람으로 ≪도덕경道德經≫을 지었다. 아래 구절의 내용은 대부분 ≪장자莊子≫에 나오는 것인데, 여기서 노자를 언급한 것은 육조시대 때 노장老莊을 병칭한 것과 관련 있어 보인다.

3) 至理(지리) : 지극한 이치. '지리志理'로 되어 있는 판본도 있으며, 이 경우 뜻은 '뜻과 이치'이다.

4) 綆(경) : 두레박줄.
   絶泉(절천) : 샘물에 닿지 않다. 샘물을 긷지 못하다.
   이상 두 구는 ≪장자莊子·지락至樂≫에 나오는 "옷이 작은 것은 큰 것을 품을 수 없으며, 두레박줄이 짧은 것은 깊은 곳의 물을 길 수 없다.(褚小者不可以懷大, 綆短者不可以汲深)"라는 구절을 인용한 것이다. 자신의 재능이 모자라면 큰 임무를 수행할 수 없다는 뜻으로, 자신의 재능에 맞춰 살아야 한다는 것을 의미한다.

5) 林檀(임단) : 숲. '단檀'을 '선墠'의 잘못으로 보는 설이 있다. '선墠'은 정원이다.

6) 韶(소) : 순임금 때의 음악으로 여기서는 아름다운 음악을 가리킨다.
   牢膳(뇌선) : 쇠고기, 돼지고기, 양고기 등으로 갖춘 음식으로 여기서는 좋은 음식을 가리킨다.

7) 伊(이) : 그것. 새를 가리킨다. 또는 뜻이 없는 조사로 볼 수도 있다.
   攸便(유편) : 편하게 여기는 바. '유攸'는 '소所'와 같다.
   이상 네 구는 ≪장자·지락≫의 고사를 인용하였다. 옛날에 바닷새가 노나라 성 밖에 내려앉으니 임금이 신통하게 여기고는 종묘에 모시고 술과 음악으로 대접하였지만, 새는 도리어 눈이 어질어질하여 근심하다가 죽었다고 한다. 여기서는 자신의 본분이나 역량에 맞도록 살아야 한다는 뜻이다.

8) 乖枉(괴왕) : 일그러지는 것과 굽히는 것. 자신의 본분에 맞지 않게 행동하는 것을 말한다.

9) 從表(종표) : 겉모습으로는.
   方圓(방원) : 둥근 것을 네모나게 바꾸다. ≪초사楚辭·구변九辯≫에서 "둥그런 구멍에 네모난 자루는 맞지 않아 집어넣기 어렵다는 것을 내가 진실로 알고 있다.(圜鑿而方枘兮,

吾固知其鉏鋙而難入)"라 하였다. 여기서는 자신의 본분에 맞지 않는 일을 억지로 끼워 맞춰 하는 것을 비유한다.

10) 耿耿(경경) : 마음에 걸려 불안한 모습.
僚志(요지) : 웅의료熊宜僚의 굳은 의지. 웅의료는 춘추시대 초나라의 용사인데, 백공승白公勝이 난리를 일으키면서 웅의료가 따르도록 협박을 하였다. 웅의료가 따르지 않자, 백공승은 그의 목에 칼을 들이대었으나 결국 움직이지 않았다.(≪좌전左傳·애공哀公 16년≫ 참조) 이후 '요지'는 굳은 의지를 뜻하게 되었다.

11) 慊慊(겸겸) : 불만스러운 모습.
丘園(구원) : 언덕과 정원. 대체로 은자의 거처를 상징한다.
이상 두 구는 자신의 능력이나 분수에 맞춰 살아야한다는 것을 알지만, 웅의료 같은 굳센 의지를 가지고 있어야 한다는 것이 마음에 걸려 전원에 은거해 있어도 마음이 편하지 않고 불만스러울 것이라는 뜻이다.

해설

이 시는 사령운의 철리시哲理詩로 자신의 본분이나 역량에 맞지 않는 일을 해서는 안 된다는 뜻을 표현하였다.

제1~2구에서는 노자가 지극한 도리를 펴냈다고 하면서 자신의 이야기가 노장사상에 근거해있음을 말하였다. 제3~6구에서는 장자에 나오는 고사를 인용하여 그 구체적인 이야기를 요약하여 언급하였다. 제7~8구에서는 이러한 고사로부터 깨달은 이치를 말하였다. 제9~12구에서는 이러한 이치에도 불구하고 그렇게 살지 못하는 자신을 한탄하고는 자신이 잘하는 노래로서 이러한 이치를 말하며 살겠다는 의지를 표현하였다. 세속에서 부귀와 영화를 누리려고 억지로 애쓰는 것보다는 자신의 본분에 맞춰 살려는 의지가 반영된 것인데, 그 이면에는 자신의 뜻대로 행동하지 못하는 안타까움이 담겨있다. (임도현)

悲哉行[1]
비재행

03

萋萋春草生,[2]	무성하게 봄풀이 자라고
王孫遊有情.[3]	왕손이 떠나가니 어떤 정이 생겨나네.
差池燕始飛,[4]	제비가 위아래로 날기 시작하고
夭裊桃始榮.[5]	복숭아나무 한들한들 꽃을 피우기 시작하는데,
灼灼桃悅色,[6]	복사꽃 활짝 피어 낯빛이 기쁘고
飛飛燕弄聲.[7]	제비는 훨훨 날며 즐거이 지저귀네.
檐上雲結陰,	처마 위로 구름은 그림자를 드리우고
澗下風吹淸.	시냇물 가로 바람은 맑은 기운 불어오네.
幽樹雖改觀,[8]	무성한 나무는 비록 그 모습 바뀌었지만
終始在初生.	늘 막 피어난 듯한 상태에 있는데,
松蔦歡蔓延,[9]	소나무겨우살이는 널리 뻗는 것 좋아하고
樛葛欣藟縈.[10]	덩굴 감게 되는 것 기뻐하네.
眇然遊宦子,[11]	아득히 떠도는 벼슬아치라
悟言時未幷.[12]	마주하여 터놓고 이야기한 적 없었네.
鼻感改朔氣,	코로는 추운 기운이 가신 것을 느끼고
眼傷變節榮.[13]	눈으로는 꽃피는 봄을 보고 마음 상하였네.
侘傺豈徒然,[14]	실의하다고 어찌 공연히 그랬겠는가.
澶漫絶音形.[15]	아득하여 소식과 모습이 끊어진 것이겠지.
風來不可託,	바람이 불어도 마음 기탁할 수 없고

鳥去豈爲聽.　　　새는 떠나가 버렸으니 어찌 내 소식 들려줄 수 있으랴.

주석

1) 悲哉行(비재행) : ≪사강락집謝康樂集≫에는 〈비재행 2수〉로 되어 있는데, 제2수는 ≪악부시집≫에 사혜련謝惠連이 지은 것으로 되어 있고, 남조 송나라 포조鮑照의 시문집에는 〈대비재행代悲哉行〉으로 실려 있기도 하다. ≪악부시집樂府詩集·잡곡가사雜曲歌辭≫에 있다. ≪가록歌錄≫에는 위魏 명제明帝 조예曹睿가 지은 것이라 되어 있는데 가사는 전하지 않는다. ≪악부해제乐府解題≫에 따르면 진晉나라 육기陸機와 송나라 사혜련의 작품은 나그네가 느낀 경물에 대한 감회와 근심, 그리움에 관한 내용이라 하였다.
2) 萋萋(처처) : 무성하다, 우거지다.
3) 王孫(왕손) : 귀족자제. 사람에 대한 존칭으로, 여기서는 떠나간 사람을 가리킨다. ≪초사楚辭·은사를 부르다招隱士≫에 "그대는 멀리 가 돌아오지 않는데, 봄풀은 자라 우거져 있네.(王孫遊兮不歸, 春草生兮萋萋)"라 하였다.
4) 差池(치지) : 모양이나 시세 따위가 들쭉날쭉하여 일정하지 아니함.
5) 夭裊(요뇨) : 흔들리는 모양.
6) 灼灼(작작) : 붉은 꽃, 특히 복사꽃이 활짝 핀 모양.
7) 飛飛(비비) : 훨훨 나는 모양.
8) 幽樹(유수) : 푸른 잎이 무성하여 그늘이 드리워진 나무.
9) 松蔦(송조) : 송라松蘿, 즉 소나무겨우살이. 안개가 잘 끼는 고산지역의 나무줄기와 가지에 붙어 실처럼 주렁주렁 달린다.
10) 樛葛(규갈) : 휘어진 가지와 덩굴.
    蔂(류) : 기어오르다, 타고 오르다.
    縈(영) : 얽히다, 감다.
11) 眇然(묘연) : 아득한 모양.
12) 悟言(오언) : 마주 대하여 터놓고 이야기하다. '오언晤言'과 같다.
13) 節榮(절영) : 꽃피는 계절의 봄. 이 두 구는 비록 겨울 가고 봄이 와 계절이 바뀌어도 마음 속 슬픔은 줄지 않음을 이른 것이다.

14) 侘傺(차제) : 실의한 모양, 낙망하여 멍한 모양.
　　徒然(도연) : 이유 없이, 우연히.
15) 澶漫(단만) : 요원한 모양.

해설

　이 시는 봄풍경에 상심한 시인의 슬픔을 담은 작품이다. 아름답고 생명이 충만한 봄의 여러 모습과 시인의 외로움과 슬픔을 대조시킴으로써 실의의 우울함을 부각시키고 있다.
　제1~2구에서는 무성하게 자란 봄풀을 보고 떠나간 님을 그리워함을 말하였다. 이 두 구는 시 전체를 이끄는 구절로, 시 전반부에서는 봄 풍경을 묘사하고 있고 후반부에서는 정을 펴내고 있다.
　제3~6구에서는 제비와 복사꽃을 통해 아름답고 역동적인 봄을 묘사하였다. 제비는 날개를 펴고 날아다니며 지저귀고 복사꽃은 환하게 피어 있다고 하였는데, 쌍성자나 첩자로 형용하여 생동적인 어감을 주고 있다. 제7~12구에서도 봄풍경은 계속되고 있다. 처마 위와 시냇물가의 구름과 바람을 묘사하여 맑은 봄의 정경을 그려 내면서, 나무가 늘 막 피어난 듯한 상태의 원초적 생명력을 지니고 있다고 하였다. 이 생명력은 소나무겨우살이 같이 나무에 의지하는 식물에도 미쳐 봄은 생기가 충만하다고 하였다.
　후반부에서는 시인의 정회를 담고 있다. 제13~14구에서는 시인이 정처 없이 떠도는 벼슬아치라 왕손과 마주하고 터놓고 얘기할 수 없다고 하여 안타까움을 드러내었고, 제15~16구에서는 계절이 바뀌어 봄이 한창인 것에 마음 상한다고 하였다. 새와 화초는 때를 얻어 생기발랄하나, 나그네는 때를 얻지 못해 의기소침하여 봄빛을 보고도 도리어 슬픈 것이다. 제17~18구에서는 실의하여 낙망한 것은 왕손과 만날 수도 소식도 전할 수도 없는 처지이기 때문이라 하였다. 제19~20구에서는 바람에 마음을 전하고자 하나 그럴 수 없고 소식 전해줄 새를 기다려 보지만, 지금은 그것도 불가능하니 더욱 우울하다 하였다. (이지운)

長歌行[1]
장가행

倏爍夕星流,[2]	번득 아스라이 저녁별이 지나갔고
昱奕朝露團.[3]	환하고 크게 아침 이슬이 둥그네.
粲粲烏有停,[4]	반짝이는 별이 어떻게 멈춤이 있고
泫泫豈暫安.[5]	영롱한 이슬이 어찌 잠시 머물겠는가.
徂齡速飛電,[6]	가는 세월은 나는 번개처럼 빠르고
頹節騖驚湍.[7]	흐르는 시절은 거센 물결처럼 달린다네.
覽物起悲緖,	자연 만물을 살피니 슬픈 마음 일어나고
顧己識憂端.	스스로를 돌아보니 근심의 실마리를 깨달았네.
朽貌改鮮色,	곱던 미색은 썩은 모습으로 달라졌고
悴容變柔顔.	부드럽던 낯빛은 초췌한 얼굴로 바뀌었구나.
變改苟催促,	바뀌고 달라지는 것이 정말로 촉급하니
容色烏盤桓.[8]	얼굴의 미색이 어찌 남을 수 있겠는가.
亹亹衰期迫,[9]	끊임없이 늙음의 시기가 닥쳐오니
靡靡壯志闌.[10]	차츰차츰 굳셌던 의지가 사그라져 가는구나.
旣慚臧孫慨,[11]	이미 장손흘의 개탄에 부끄러운데
復愧楊子歎.[12]	다시 양주의 탄식에 창피하구나.
寸陰果有逝,	이 짧은 시간이 정말로 지나가버리는 것은
尺素竟無觀.[13]	한 척 시계 침으로도 끝내 볼 수 없으리라.
幸賒道念戚,[14]	바라는 것은 길고 긴 인생길이 슬프지만

且取長歌歡.　　잠깐이라도 긴 노래로 즐거워할 수 있기를.

주석

1) 長歌行(장가행) : ≪악부시집樂府詩集·상화가사相和歌辭≫의 〈평조곡平調曲〉에 실려 있다. 장가長歌는 '긴 노래'라는 의미로 단가短歌와 구별된다. ≪악부해제樂府解題≫에 따르면 〈장가행〉의 내용은 대체로 인생의 유한함과 쇠락함을 슬퍼하는 나이든 사람의 탄식이 주를 이루며, 급시행락及時行樂이나 선도仙道 추구의 내용이 들어가기도 하였다. 청淸 오여륜吳汝綸은 사령운의 〈장가행〉을 보고 "죽음이 멀지 않았다는 감개가 있다.(有死喪無日之感)"라 하였다.

2) 倏爍(숙삭) : 섬광이 번득이는 모양. 빛이 번쩍하고 지나간 다음 남은 여운.

3) 昱奕(욱혁) : 밝고 성한 모양.

4) 粲粲(찬찬) : 선명한 모양. 밝다
　烏(오) : 어찌. 반어사.

5) 泫泫(현현) : 이슬이 영롱하게 빛나는 모양.

6) 徂齡(조령) : 가는 세월. 흐르는 시간.

7) 頹節(퇴절) : 흘러가는 시절. 가는 세월.

8) 盤桓(반환) : 머물다. 배회하다.

9) 亹亹(미미) : 쉬지 않고 열심히. 나아가는 모습. 끊이지 않는 모양.
　衰期(쇠기) : 쇠약해지는 시기. 늙음.

10) 靡靡(미미) : 느리게. 차츰차츰.
　闌(란) : 끝나다. 쇠약해지다. 사라지다.

11) 臧孫慨(장손개) : 춘추시대 노魯나라의 대부 장손흘臧孫紇의 탄식. ≪춘추좌전春秋左傳≫에 따르면 노나라 양공襄公 23년에 장손씨의 수장이었던 장손흘은 노나라의 대부大夫 계손씨季孫氏의 수장인 계무자季武子가 재능에 근거하여 장자를 내치고 다른 아들을 후계자로 삼는 것을 지지하였다. 이에 장손흘에게 원한을 가진 장자 공서公鉏는 다른 유력 대부인 맹손씨孟孫氏의 맹장자孟莊子의 서자인 갈羯이 가문을 계승하는 것을 돕고 장손흘에게 복수하는 도움을 받기로 약속했다. 계무자가 장손흘을 좋아한 것과 달리

맹장자는 장손흘을 싫어했는데 맹장자가 죽자 장손흘은 "계손씨가 나를 좋아하는 것은 질병과 같고 맹손씨가 나를 싫어한 것은 약과 같다. 해가 많은 입에 맞는 병보다는 나를 살리는 쓴 약이 낫다. 맹장자가 죽었으니 내가 망할 날도 멀지 않았다"고 말하고 슬피 울었다. 맹손씨를 계승한 갈은 계손씨에게 장손씨가 맹손씨의 안장을 방해하려 한다고 모함하였으나 계무자가 듣지를 않았다. 갈은 다시 장손씨에게 무덤으로 가는 길을 파는 것을 돕도록 부탁하고 장손씨가 보낸 인부로 성의 동문을 헐고 길을 파게 하여 그것을 장손흘이 감독했다고 계무자에게 알리니 계무자가 대노하여 장손씨를 공격하려 하였고 장손흘은 성문을 부수고 탈출했다. 자신의 봉읍으로 도망간 장손흘은 다시 제齊나라로 이동하여 그곳에서 여생을 마쳤다. 제나라로 가기 전에 자신의 배다른 형들에게 연락을 해서 가문의 뒤를 잇도록 부탁했다. 또한 노나라에도 연락해서 모두 자신의 책임인 것으로 인정하였고 자신의 형인 장손위臧孫爲가 뒤를 잇는 것으로 공인받아 가문을 보전시켰다. 최종 승인을 위해 계무자가 장손씨와 맹세를 하였는데, 계무자가 장손흘의 잘못이 대단하지 않아서 맹세를 하기에 부족하다 여기자 맹초孟椒가 성문을 헐고 부순 것을 쓰자고 조언하였고, 이에 따라 "장손흘이 국가의 기강을 침범하여 성문을 헐고 부순 짓을 하지 말라"고 맹세를 하였다. 장손흘이 이것을 듣고 "나라에 인재가 있구나, 누구인가? 맹초로구나!"라 하였다고 한다.

이 시에서 '장손흘의 탄식'이 정확히 가리키는 바는 분명하지 않다. 황절黃節은 ≪사강락시주謝康樂詩注≫에서 장손흘이 계무자를 피해 도망간 다음 이복형과 조정에 편지를 쓰면서 모두 자기 탓이라고 자책한 탄식을 가리키는 것으로 보았다. 따라서 사령운이 광주廣州로 유배된 원가元嘉 10년(433년) 무렵에 이 시를 썼으며 이 장손흘의 탄식이 사령운의 마음을 나타낸다고 보았다. 그러나 ≪좌전≫의 내용을 보면 장손흘이 울거나 탄식한 부분이 여러 곳이고 모두 이 시와 대응할 수 있다. 그래서 시의 흐름에 근거해 판단하자면, 장손흘의 마지막 탄식("맹초가 잘난 거구나!")을 가리키는 것으로 보이며, 과거의 공적이나 재주에도 불구하고 결국 화를 입어 몰락한 자신에 대한 탄식으로 이해된다. 또한 이 시에서 '장손흘의 탄식에 대한 부끄러움'은 그러한 장손흘과 같은 업적도 이루지 못하고 늙어서 과거에 대한 탄식도 할 수 없는 것에 대한 부끄러움을 의미한다.

12) 楊子歎(양자탄) : 전국시대 위魏나라의 철학가 양주楊朱의 탄식. ≪열자列子·설부說符≫에 따르면 양주의 이웃 사람이 양을 잃어버렸는데 갈림길이 많아 일손이 부족해서 양을 찾기 위해 양주의 하인을 빌렸다. 그러나 끝내 양을 찾지 못했는데, 양주가 하인에게 그 이유를 묻자 하인이 대답하길 갈림길에 또 갈림길이 나오고 또 갈림길이 나와서 돌아왔다고 하였다. 양주가 이 말을 듣고 여러 날 우울했다고 한다.
    이 시에서 '양주의 탄식'은 정답도 없고 탐색할 수도 없는 인생의 갈림길에 대한 탄식을 의미하며 이러한 '양주의 탄식에 대한 부끄러움'은 시인 자신은 인생에 대한 양주와 같은 깊은 성찰 없이 늙어버린 것에 대한 부끄러움을 의미한다.
13) 尺素(척소) : 천체관측기의 표지. 그림자를 통해 관측기의 각도를 측량한다. 척표尺表와 같다. ≪세설신어世說新語·언어言語≫에서 "한 척 표지로 능히 선기옥형璇璣玉衡의 각도를 살필 수 있고, 한 촌 관대로 능히 오가는 구름을 잴 수 있다.(尺表能審璣衡之度, 寸管能測往復之氣)"라 하였다.
14) 賒道(사도) : 먼 길. 인생을 의미한다.
    念戚(염척) : 슬퍼하다.

해설

이 시는 악부시 〈장가행長歌行〉의 전통적인 주제인 '쇠락한 인생의 덧없음에 대한 탄식'을 그대로 적용해서 시인 자신의 슬픔에 대입한 작품이다. 연구에 따라서 이 시의 작성 연대를 서기 433년경으로 추정하기도 하지만 시의 내용에서 구체적인 근거를 제시하긴 힘들다.

제1~4구는 시의 도입부로 밤하늘의 찬란한 별이나 아침 햇살 속의 영롱한 이슬은 오래갈 수 없으며 단지 찰나의 아름다움을 가질 뿐이라고 말한다. 가장 아름다웠던 시간은 아주 잠깐에 불과할 뿐이며 이것은 누구라도 마찬가지이다. 그래서 제5~8구에서 자연 만물의 시간의 법칙을 깨닫는 순간 시인 자신의 슬픔 역시 거침없이 빠르게 지나가 버리는 시간의 흐름에서 연유하였음을 깨달았다.

이러한 깨달음이 시인의 고민을 해결해주지는 않았는데 제9~12구에서 시인은 자신의 외모가 이미 늙게 변하였음을 인정하였다. 늙어버린 외모적 변화는 시간 변화의 자연적 법칙에 따르는 당연한 결과이기 때문에 이것을 시인이 회복할 방법은 없다. 여기에 더해서 제13~16구에서 시인은 단지 외모만이 아니라 시인의 정신적 의지 역시 노쇠하게 변했다고 고백하는데 시의 전반부(제1~8구)에서 시간의 흐름이 '너무나 빠르다'는 생각은 시인의 나약해진 정신에서 연유한 인식인 것이다. 그래서 시인은 자신이 젊어서 쌓은 업적도 없으며 탐구했던 사색도 없었다고 부끄러워한다.

제17~20구에서 시인은 급격히 흘러가는 자연 시간의 법칙을 정확히 파악할 수 없듯이 스스로 노쇠해버린 인생의 알 수 없는 여정 또한 파악할 수 없다고 인정하였다. 그래서 결국 그는 단지 그의 노래를 통해서 작은 위로라도 받을 수 있기를 희망하며 시를 마쳤다. (서용준)

君子有所思行[1]
군자유소사행

總駕越鐘陵,[2]	수레 몰아 종릉을 넘어가며
還顧望京畿,[3]	고개 돌려 도성부근을 바라보나니,
躑躅周名都,[4]	머뭇대며 이름난 도성을 돌아다니고
遊目倦忘歸.[5]	둘러보다 피곤해져 돌아갈 일을 잊었었지.
市廛無陿室,[6]	시장 상점은 좁은 곳이 없고
世族有高闈.[7]	세족들은 높은 문의 건물이 있으며,
密親麗華苑,[8]	황제의 친척은 꽃동산을 아름답게 만들었고
軒甍飾通逵.[9]	추녀와 용마루 건물은 사통팔달 대로를 장식했네.
孰是金張樂,[10]	무엇이 김씨와 장가의 즐거움일까
諒由燕趙詩.[11]	진실로 연조 땅의 미인 읊은 시에서 보면,
長夜恣酣飮,[12]	밤새도록 술자리를 멋대로 열고
窮年弄音徽.[13]	한해 내내 악기를 연주하는 것일세.
盛往速露墜,	성세가 때 이른 이슬지듯 지나가고
衰來疾風飛.	쇠함이 질풍이 불어오듯 닥쳐오면,
餘生不歡娛,	남은 인생 기쁘고 즐겁지 못할 텐데
何以竟暮歸.[14]	결국 만년에는 무엇에 귀의할까.
寂寥曲肱子,[15]	적막한 가난한 유생은
瓢飮療朝饑.[16]	표주박에 물마시며 아침 허기 달래는데,
所秉自天性,[17]	지향하는 바는 천성에서 비롯되나니

17

貧富豈相譏.18   가난하고 부유한 것을 어찌 비난하랴.

주석

1) ≪악부시집樂府詩集・잡곡가사雜曲歌辭≫에 실려 있다. ≪악부해제樂府解題≫에 따르면 작품주제가 가옥의 화려함과 아름다움을 말하여 오래 즐기기에 부족하고 마땅히 삼가고 경계해야 한다고 했으며, 옛 작품이 남아있지 않아 육기陸機의 작품을 본받은 것이라고 한다.

2) 總駕(총가) : 수레를 몰다.
   鐘陵(종릉) : 종산鐘山. 지금의 강소성江蘇省 남경시南京市 동쪽에 있다.

3) 還顧(환고) : 고개 돌려 보다. 돌아보다.
   京畿(경기) : 수도와 그 부근을 가리킨다. 남조南朝 송宋의 수도는 건강建康으로, 지금의 남경南京이다.

4) 躑躅(척촉) : 머뭇거리다.
   名都(명도) : 이름난 도성. 여기서는 남경을 가리킨다.

5) 遊目(유목) : 둘러보다. 남경을 이리저리 둘러보며 감상하는 것을 말한다.

6) 市廛(시전) : 시장의 상점.
   阨室(액실) : 협소한 곳. '액阨'은 '협夾'으로, '협狹'의 의미이다. 이 구는 수도 남경의 상점이 모두 크다는 것을 가리킨다.

7) 世族(세족) : 세족. 대대로 정치 경제상의 특권을 누린 귀족을 가리킨다.
   高闈(고위) : 높은 문의 건물. 높은 누대나 큰 건물을 가리킨다.

8) 密親(밀친) : 황제의 친척.

9) 軒甍(헌맹) : 추녀와 용마루 건물. 높이 솟은 건물의 지붕으로 큰 건물을 가리킨다.
   通逵(통규) : 사통팔달의 대로.

10) 金張(김장) : 김씨와 장씨. 한대漢代의 김일제金日磾과 장안세張安世 및 그 후손을 가리킨다. 김일제는 본래 흉노 사람이지만 한漢 무제武帝에게 등용되어 한 왕실에 충성을 다한 인물로서 그의 집안은 칠세七世에 걸쳐 내시內侍를 지냈다. 장안세는 어사대부史大夫 장탕張湯의 아들로 무제 때 상서령尙書令을 지냈으며, 소제昭帝 때 우장군광록훈(將軍

光祿勛, 선제宣帝 때 거기장군광록훈車騎將軍光祿勛이 되는 등 그 부유함이 곽광霍光보다 심했다.

11) 燕趙詩(연조시) : 전국 시기 연나라와 조나라의 미인을 읊은 시. 연나라와 조나라는 미인이 많이 나는 지역으로 알려졌으며 여기서는 미인을 가리킨다.

12) 長夜(장야) : 밤새도록.
    酣飮(감음) : 술자리. 취하도록 술 마시는 것을 가리킨다.

13) 弄音徽(농음휘) : 악기를 연주하다.

14) 竟暮歸(경모귀) : 결국 만년에 귀의하다. '모暮'는 만년을 가리킨다.

15) 曲肱子(곡굉자) : 가난한 유생儒生. 작자 자신을 가리킨다. ≪論語·술이述而≫에 "거친 밥 먹고 물 마신 후 팔을 굽혀 베나니 즐거움 또한 그 가운데 있도다. 의롭지 못하고서 부유한 것은 나에게 뜬 구름과 같다.(飯疏食飮水, 曲肱而枕之, 樂亦在其中矣. 不義而富且貴, 于我如浮雲)"라 하였다.

16) 瓢飮(표음) : 표주박으로 물을 마시다. 일단사일표음一簞食一瓢飮. ≪논어·옹야雍也≫에서 "한 대바구니의 밥을 먹고 한 호리병의 물을 마시며 누추한 마을에 사는 것은 남들은 그 근심을 견디지 못하지만 안회는 그 즐거움을 바꾸지 않는다.(一簞食, 一瓢飮, 在陋巷, 人不堪其憂, 回也不改其樂)"라고 하였다. '적료寂廖' 이하의 두 구는 물질적으로 가난해도 정신적으로 즐기며 사는 것을 가리킨다.

17) 所秉(소병) : 지향하는 바. 이는 평소 지향하는 바를 가리킨다.

18) 譏(기) : 비난하다. 마지막 두 구는 부자가 부유함을 편안히 여기고 가난한 선비가 가난함을 편안히 여기는 것은 각자의 본성에서 비롯된 바로서 서로 비난할 필요가 없음을 의미한다.

해설

이 시는 수도 건강健康의 번화한 모습과 부호들의 사치향락을 노래한 뒤, 자신은 가난한 선비의 안빈낙도를 추구하는 것을 노래하였다. 이 시를 지은 시기는 분명하지 않다. 원가 9년(432) 임천내사臨川內史에 임명되어 건강으로 돌아올 때 지은 것이라는 설도 있고 원가元嘉 5년(428) 건강을 떠나 고향인 시녕始寧으로 돌아가면서 지은 것이라는 설도 있다.

제4구의 '돌아갈 일을 잊었네[忘歸]'의 표현과 안빈낙도를 표방하는 것으로 볼 때 고향에서의 은거를 지향하는 것으로 추정된다.

 제1~4구는 종릉을 넘어가며 도성부근을 돌아보는 과정을 서술하였는데 도성과 그곳 생활에 대한 아쉬움이 느껴진다. 제5~8구는 건강의 변화함을 묘사하였고 제9~12구는 부호들의 사치와 향락 생활을 노래하였는데 자신의 경험담이라고 할 만큼 그 묘사가 구체적이다. 제13~16구는 흥망성쇠의 순환을 제시하여 앞서 말한 사치와 향락이 인생의 귀결점이 되지 못함을 말하였으며, 제17~20구는 자신은 천성적으로 안빈낙도를 추구한다고 말하여 건강을 떠난 이후 은거할 것을 암시하였다. (김수희)

會吟行[1]
회음행

六引緩清唱,[2]	여섯 악곡의 맑은 노래 잠시 멈추고
三調佇繁音,[3]	세 음조의 화려한 소리 잠시 멈추시게.
列筵皆靜寂,[4]	청중들은 모두 조용히 하고
咸共聆會吟,[5]	다 함께 이 노래 들어주시게.
會吟自有初,[6]	회계를 노래할 때는 자연히 처음이 있는 법이니
請從文命敷,[7]	우임금이 예교를 반포한 때로부터 이야기하겠네.
敷績壺冀始,[8]	황하를 다스리는 공적이 기주의 호구산에서 시작되어
刊木至江汜,[9]	나무를 베어 구주를 나눈 업적이 장강과 지류에 이르렀지.
列宿炳天文,[10]	늘어선 별자리가 회계의 하늘에서 빛나고
負海橫地理,[11]	등진 바다가 회계의 땅 앞에 펼쳐졌네.
連峰競千仞,[12]	이어진 산봉우리는 천 길 높이를 다투고
背流各百里,[13]	이리저리 흐르는 강물은 각기 백 리를 가네.
滮池溉粳稻,[14]	못 물로 메벼에 콸콸 물을 대고
輕雲曖松杞,[15]	가벼운 구름은 소나무와 구기자나무에 드리우네.
兩京愧佳麗,[16]	두 수도도 그 아름다움에 부끄러워하거늘
三都豈能似,[17]	세 도읍이 어찌 비슷하기나 하겠는가!
層臺指中天,[18]	층층 누대가 하늘로 솟아 있고
高墉積崇雉,[19]	높다란 성벽에는 높다란 치가 포개졌네.
飛燕躍廣途,[20]	날랜 말은 너른 길을 뛰어다니고

鷁首戲淸沘, 21	뱃머리의 익조는 맑은 물을 희롱하네.
肆呈窈窕容, 22	가게마다 아름다운 얼굴들이 드러나고
路曜嬋娟子. 23	길에는 아리따운 여자들이 빛나지.
自來彌世代, 24	옛날부터 오래도록
賢達不可紀. 25	이곳의 현인과 달사는 다 기록하지 못할 정도네.
勾踐善廢興, 26	구천은 성패를 잘 다루었고
越叟識行止. 27	월나라 노인은 나아갈 때와 그칠 때를 알았지.
范蠡出江湖, 28	범려는 강호로 떠났고
梅福入城市. 29	매복은 도시로 들어갔네.
東方就旅逸, 30	동방삭은 나그네로서 자유롭게 살고자 했고
梁鴻去桑梓. 31	양홍은 고향을 떠났다네.
牽綴書土風, 32	시문을 지어 고향의 풍토와 인정을 적었나니
辭殫意未已. 33	말은 다하였는데 나의 뜻은 다하지 못했네.

주석

1) 會吟行(회음행) : ≪악부시집樂府詩集≫ 권6에 실려 있는 가행체 시로서 이때의 '회會'는 회계會稽를 말하므로 제목을 풀이하면 '회계를 노래하다'가 된다. ≪예문류취藝文類聚≫에는 제목이 〈오회행吳會行〉이라 되어 있는데 회계가 오 지방이므로 결국 의미는 같다. ≪악부해제乐府解題≫에서는 이 시가 진晉나라 육기陸機의 〈오추행吳趨行〉과 정취가 같다고 평했는데, 청중에게 이야기를 시작하는 도입부를 둔 형식과 오나라의 풍광과 인물을 자랑하는 내용으로 볼 때 두 시는 상당히 유사하다고 할 수 있다. 또한 이 시의 내용으로 보아 423년 즈음 그가 영가永嘉를 떠나 고향에 가 있을 때 쓴 것으로 보인다.

2) 六引(육인) : 옛 악곡명 중 하나. 현악기와 관악기가 어우러지는 가운데 박판拍板의 일종인 절節을 맡은 이가 노래하는 상화가相和歌를 말한다. ≪악부시집樂府詩集≫에 따르면 육인은 공후인箜篌引·궁인宮引·상인商引·각인角引·치인徵引·우인羽引인데 그 중

궁인과 각인은 일찍부터 전해지지 못했고 남조南朝 유송劉宋 때에 이르러 공후인에만 가사가 남고 상인, 치인, 우인에는 가사가 없어지게 되었다고 한다.

緩(완) : 잠시 예정된 시간을 늦추다, 즉 잠시 멈추다.

淸唱(청창) : 맑은 노래.

3) 三調(삼조) : 중국의 전통 조명調名. 평조平調·청조淸調·슬조瑟調를 말하는데 평조平調·청조淸調·측조側調를 가리킨다는 의견도 있다.

佇(저) : 우두커니 서 있는 것을 뜻하는데 여기서는 '정지하다'라는 의미로 쓰였다.

繁音(번음) : 화려한 소리.

4) 列筵(열연) : 여러 자리. 자리에 앉은 청중들을 가리킨다.

5) 聆(령) : 듣다.

6) 自有初(자유초) : 자연히 처음이 있다. 회계를 이야기함에 있어 먼저 이야기해야 할 것이 있다는 말이다.

7) 文命(문명) : 하夏나라 우禹 임금의 이름.

敷(부) : 반포하다. 우 임금이 황하의 범람을 다스린 후 당시 영토를 구주九州로 나누고 예교를 반포한 것을 가리킨다.

8) 績(적) : 공적. 우 임금이 치수治水한 공적을 가리킨다.

壺冀(호기) : 기주의 호구산. 기주(冀州, 현재 산서山西와 하남河南 북부를 비롯하여 하북河北 동부, 산동山東 서북부에 이르는 광대한 지역)에 위치한 호구(壺口, 현재 산서성에 위치)라는 산을 말한다. 황하가 가로지르는 이 산의 양쪽 절벽은 좁고 험해 병목(壺口) 현상이 일어나는데, 여기서 황하의 물살이 매우 빨라져 호구폭포가 생겼다. 우 임금은 기주에서부터 황하의 범람을 다스렸으므로 '호기'는 우 임금이 치수한 지역을 가리킨다고 볼 수 있다.

9) 刊木(간목) : 나무를 베다. '벌목伐木'과 같다. 우 임금이 황하의 범람을 다스리기 위해 나무를 베어 길을 내고 물꼬를 터서 바다로 흘러나가도록 하여 구주의 영역을 정리한 일을 말한다.

江汜(강범) : 장강과 지류. 강江은 장강長江을, 범汜은 그 지류를 가리킨다.

10) 列宿(열수) : 늘어선 별자리. 여기서는 회계의 하늘 위에서 빛나는 별자리를 가리킨다.

天文(천문) : 하늘의 현상. 여기서는 '하늘'로 풀었다.

11) 負海(부해) : 등진 바다. 회계 땅이 바다에 인접하여 펼쳐져 있음을 가리킨다.
    地理(지리) : 지형地形을 말한다. 여기서는 '땅'으로 풀었다.

12) 千仞(천인) : 천 길. 인仞은 한 길, 즉 어른의 키 정도 되는 높이나 길이를 말한다. 여기서는 매우 높은 산을 형용한다.

13) 背流(배류) : 이리저리 흐르다. 사마상여司馬相如의 〈상림부上林賦〉에 "출렁출렁 여덟 강물이 갈라져 흘러나와, 서로 등지고 서로 다른 모습으로 흘러가네.(蕩蕩乎八川分流, 相背而異態)"라 하였는데 여기서의 '배류' 역시 갈라져 나와 서로 다른 방향을 향해 각양각색의 모습으로 흘러가는 강물의 흐름을 이야기한 것이다.

14) 滮(퓨) : 물이 흐르는 모양.
    粳稻(갱도) : 메벼.

15) 曖(애) : 가리다.
    松杞(송기) : 소나무와 구기자나무.
    輕雲(경운) 구 : 가벼운 구름이 비옥한 회계 땅에 드리워진 모습을 표현한 것이다.

16) 兩京(양경) : 두 개의 수도. 동쪽에 위치한 낙양洛陽과 서쪽에 위치한 장안長安을 가리킨다.
    佳麗(가려) : 아름다움.

17) 三都(삼도) : 세 개의 도읍. 삼국시대에 위魏나라의 도읍인 업(鄴, 지금의 하북성에 위치), 오吳나라의 도읍인 건업(建業, 지금의 강소성에 위치), 촉蜀의 도읍인 성도(成都, 지금의 사천성에 위치)를 일컫는다.

18) 層臺(층대) : 층층의 누대樓臺.
    中天(중천) : 공중空中, 즉 하늘을 말한다.

19) 高墉(고용) : 성의 높은 담장.
    雉(치) : 성벽에 기어오르는 적을 쏘기 위하여 성벽 밖으로 내밀어 쌓아 놓았던 돌출부.

20) 飛燕(비연) : 나는 제비처럼 빠른 말. 한나라 문제文帝가 갖고 왔다는 준마 중 하나인 자연류紫燕騮를 가리킨다.

21) 鷁首(익수) : 옛날 뱃사람들은 '익鷁'이라는 새가 풍파를 잘 견디므로 이 새의 모양을 뱃머리에 그리거나 새기어 뱃길의 안전을 기원했다. 후에는 배를 가리키는 말로 쓰이

게 되었다.

　　淸沚(청지) : 맑은 물.
22) 肆(사) : 가게.

　　呈(정) : 드러내 보이다.

　　窈窕(요조) : 숙녀의 아름다운 모습.

　　容(용) : 얼굴. 손님이라는 뜻의 '객客'으로 되어 있는 판본도 있다.
23) 嬿娟子(변연자) : 아리따운 사람. '변嬿'이 '변便'으로 되어 있는 판본도 있으며 뜻은 같다.

　　이상 두 구는 오 땅에 미인이 많은 것을 표현하였다.
24) 自來(자래) : 옛날부터. '자고이래自古以來'의 준말이다.

　　彌世代(미세대) : 오랜 세월 동안.
25) 賢達(현달) : 현인賢人과 달사達士.

　　紀(기) : 기록하다.
26) 勾踐(구천) : 춘추시대 월越나라의 군주. 오나라 부차夫差에게 패하자 쓸개를 맛보며[嘗膽] 10년간의 굴욕을 참아내고 서시西施를 내세운 미인계를 이용해 오나라를 멸망시켰다. 구천이 부차에게 패한 후 10년 동안 곤궁함을 견뎠던 곳이 회계였기 때문에 여기서 언급한 것이다.

　　善廢興(선폐흥) : 성패成敗를 잘 다루다. 구천이 먼저 부차에게 패배한 후 다시 흥한 일을 가리킨다.
27) 越叟(월수) : 월나라 노인. 구체적으로 누구를 가리키는지 명확하지 않다.

　　識行止(식행지) : 나아갈 때와 그칠 때를 알다.
28) 范蠡(범려) : 범려는 구천의 신하로 오나라를 물리치는 데에 혁혁한 공을 세웠으나 즉시 월나라를 떠나 화를 면했다.

　　出江湖(출강호) : 강호로 나가다. 범려가 오호五湖에 배를 띄우고 월나라를 떠나 강호로 숨어든 일을 가리킨다.
29) 梅福(매복) : 한나라 때 사람으로 ≪상서尙書≫ 등에 통달하여 등용되었지만 성문에 관을 걸어놓고[掛冠] 관직을 그만둔 채 은거했다. 어떤 사람이 그를 회계에서 보았는데

이름을 바꾸고 신분을 숨긴 채 살고 있었다고 한다.

入城市(입성시) : 매복이 관직을 그만둔 후에 오나라 시장의 문지기가 된 일을 가리킨다.

30) 東方(동방) : 한나라 동방삭東方朔을 말한다.

旅逸(여일) : 나그네가 되어 매이지 않고 자유롭게 살다. 동방삭은 한나라 선제宣帝 때 정치적 혼란을 피해 관직을 그만두었는데 그 후 어떤 사람이 회계에서 약을 팔고 있는 그를 보았다고 한 일을 가리킨다.

31) 梁鴻(양홍) : 아내인 맹광孟光이 거안제미擧案齊眉하며 극진히 보필했다는 일화로 유명한 한나라 때의 학자이다.

去桑梓(거상재) : 고향을 떠나다. 상재桑梓는 '뽕나무와 가래나무'라는 뜻으로, ≪시경·소아小雅·갈가마귀小弁≫에 "뽕나무와 가래나무를 대해도 반드시 공경하나니, 눈에 보이는 것은 아버님이 아님이 없고 마음에 그리운 것은 어머님이 아님이 없기 때문이네.(維桑與梓, 必恭敬止, 靡瞻匪父, 靡依匪母)"라고 한 것에서 유래하여 '고향'을 가리키는 말로 쓰이게 되었다. 양홍과 맹광이 난리를 피해 고향을 떠나 오나라로 가서 남의 쌀을 찧어주는 일을 하며 살았다는 일을 말한다.

32) 牽綴(견철) : 시문을 짓다.

土風(토풍) : 지역의 풍토. 여기서는 회계를 가리킨다.

33) 殫(탄) : 다하다.

해설

이 시는 좌중의 사람들이 듣고 있는 가운데 시인이 고향인 회계, 즉 오 지방의 풍경과 인물을 자랑하는 내용으로 구성되어 있다.

제1~4구에서 시인은 주변의 악기 연주를 잠시 멈추고 좌중을 조용히 하도록 한 후 〈회음행〉을 낭송하는 상황을 설정했다. 이러한 도입부는 육기의 〈오추행〉를 그대로 따른 것이다. 제5~10구에서는 회계의 역사 중 먼저 우 임금을 이야기했다. 우 임금이 황하의 범람을 다스리기 시작한 지역이 바로 회계 지역이기 때문이다. 시인은 우 임금이 물을 다스리고 구주를 나눈 공적이 장강 유역까지 미쳤음을 이야기하여 자연스럽게 장강과 회계로 화제를 돌릴 수 있었다. 제11~14구에서는 앞 구의 내용을 이어받아 우 임금 이후에 회계 지역은 풍광이 아름답고 땅이 비옥하여 사람들이 살만한 곳이 되었음을 말했다. 제15~16구에서 시인은 낙양, 장안, 업성, 건업, 성도도 그 앞에서는 무색해질 정도로 회계가 아름다운 도시로 성장했음을 이야기했다. 제17~22구에서 시인은 앞의 두 구에 이어서 높은 누대, 튼튼한 성곽, 준마가 달리는 잘 닦인 길, 맑은 물을 유유히 오가는 배, 가게와 길에 다니는 아름다운 여자라는 소재를 통해 회계의 번화한 풍경을 묘사했다. 제23~30구에서는 회계를 빛냈거나 거쳐 갔던 역사 인물들을 나열하였다. 특히 주목할 점은 여기에 나열된 인물들이 모두 진퇴를 제때에 결단 내렸던 이들이라는 것이다. 쓸개를 맛보며 10년 동안 다시 나아갈 때를 계획했던 구천, 진퇴의 시기를 알았던 월나라 노인, 이름과 신분을 숨긴 채 새로운 삶을 살아갔던 범려·매복·동방삭과 남의 쌀을 찧으며 지내도 마음 편히 살아갔던 양홍과 같은 인물들은 사령운이 삶의 방향을 모색하는 중에 귀감이 되었던 인물들로 여겨진다. 마지막 두 구에서 사령운은 이 시를 여기에서 마무리하지만 하고자 했던 말은 미처 다하지 못하였다고 하여 시인의 흥이 채 가라앉지 않았음을 표현했다. 시 전체를 두고 볼 때 32구의 편폭 속에서 회계의 풍경과 인물들을 대구를 이용해 잘 묘사하여 고향에 대한 시인의 자부심을 드러냈다고 할 수 있겠다.
(정세진)

折楊柳行[1]
절양류행

鬱鬱河邊柳,	무성한 강가의 버들
靑靑野田草.	푸른 들의 풀.
舍我故鄕客,	우리 고향 떠나는 나그네가
將適萬里道.	장차 만 리 길을 가려하네.
妻妾牽衣袂,[2]	처가 소매를 부여잡는데
拭淚沾懷抱.[3]	눈물을 훔치니 품안이 젖는구나.
還拊幼童子,	또 아이를 어루만지며
顧託兄與嫂.[4]	형과 형수에게 돌봐 달라 부탁하네.
辭訣未及終,[5]	이별의 말을 다 끝내지도 못했는데
嚴駕一何早.[6]	떠날 차비는 왜 이리 빠른가.
負笮引文舟,[7]	대나무 밧줄을 짊어지고 화려한 배를 끄니
飢渴常不飽.	주리고 목말라 늘 배부르지 못하네.
誰令爾貧賤,	누가 너희를 가난하고 천하게 하였나,
咨嗟何所道.[8]	아아, 뭐라고 말을 할까.

주석

1) 折楊柳行(절양류행) : ≪악부시집樂府詩集·상화가사相和歌辭≫의 〈슬조곡瑟調曲〉에 실려 있다. 대체로 이별의 슬픔을 노래하였다.
2) 妻妾(처첩) : 아내와 첩을 아울러서 이르는 말. 여기서는 부인을 지칭한다.

衣袂(의몌) : 옷의 소매.
3) 抆淚(문루) : 눈물을 닦다.
4) 顧託(고탁) : 부탁하다.
5) 辭訣(사결) : 이별의 말.
6) 嚴駕(엄가) : 거마車馬를 정비하다. 떠날 채비를 하는 것이다.
7) 笮(작) : 배를 끄는데 쓰이는 대나무 밧줄.
　　文舟(문주) : 장식이 화려한 배.
8) 咨嗟(자차) : 탄식하는 모습.

해설

　이 시는 가족과 헤어지는 슬픈 광경과 쇠락한 처지 및 세상사에 대한 탄식을 적은 것이다.
　제1~2구에서는 초목이 무성해지는 봄이 온 자연환경을 묘사하고 있다. 제3~8구에서는 고향을 떠나는 나그네가 가족과 작별하는 모습이 나타나 있는데, 옷자락을 부여잡고 우는 부인과 아이들을 떼어 놓고 선뜻 돌아서지 못하는 나그네의 애달픈 심사를 표현하였다. 제7~8구에서는 떠나는 이가 형과 형수에게 부인과 아이들을 부탁하고 떠난다. 제9~10구에서는 가족과 작별을 하다가 떠날 시간이 너무 빨리 다가 온 것을 원망하는 마음을 표현하였다. 제11~14구는 자신이 탄 배를 끄는 인부들의 모습을 보고 탄식하는 말인데, 그들의 모습에 자신의 처지를 투영하였다. (김현녀)

折楊柳行
절양류행 08

騷屑出穴風,1	쏴쏴 동굴에서 찬바람이 일고
揮霍見日雪.2	휙휙 햇볕 아래 눈이 보이지만,
颾颾無久搖,3	부는 바람 오래 흔들지 못하고
皎皎幾時潔.4	하얀 눈은 얼마동안이나 깨끗하겠는가.
未覺泮春水,5	봄 강물이 녹는 것을 느끼지도 못했는데
已復謝秋節.	어느새 가을이 물러가네.
空對尺素遷,6	부질없이 해시계 움직이는 것을 마주하고
獨視寸陰滅.	홀로 시간이 사라지는 것을 바라보고 있네.
否桑未易繫,7	비괘의 뽕나무에 묶이기가 쉽지 않고
泰茅難重拔.8	태괘의 띠풀은 다시 뽑기 어렵네.
桑茅迭生運,9	뽕나무와 띠풀이 번갈아가며 운이 생기니
語默寄前哲.10	말하고 침묵하는 것을 옛 현인들에게 맡기리.

주석

1) 騷屑(소설) : 바람 소리.
2) 揮霍(휘곽) : 가볍고 빠른 모습.
3) 颾颾(수수) : 바람 소리나 빗소리. 혹은 빠르게 통과하는 소리.
   久搖(구요) : 오랫동안 나무를 흔들다.
4) 皎皎(교교) : 밝고 흰 모습. 눈을 가리키는 것으로 보인다.

5) 泮(반) : 흩어지다. 녹다.
   春水(춘수) : 봄 물결. '춘빙春冰'으로 되어 있는 판본도 있다.
6) 尺素(척소) : 해시계를 가리킨다.
7) 否桑(비상) 구 : 비괘否卦의 뽕나무에 묶이기가 쉽게 않다. 망할까 노심초사하여야 겨우 뽕나무에 묶여 안정을 취할 수 있는데, 자신의 처지는 이렇게 되기 어려움을 말한 것이다. ≪역易·비否≫의 구오九五에 "불운이 그치니 대인의 길함이로다. 망할까 망할까 걱정하여야 뽕나무에 묶인다.(休否, 大人吉. 其亡其亡, 繫於苞桑)"라 하였다.
8) 泰茅(태모) 구 : 태괘泰卦의 띠풀은 다시 뽑기 어렵다. 띠풀을 단번에 뽑아내듯 뜻이 맞는 이들과 함께 하는 길한 일은 다시 이루기가 실로 쉽지 않다는 의미로, 자신에게 많은 이와 함께 하는 운 좋은 일은 다시 있기 어려울 것이라는 뜻이다. ≪역易·태泰≫의 초구初九에 "뿌리째 띠풀을 뽑듯 어진 무리와 함께 가니 길하다.(拔茅茹, 以其彙征, 吉)"라 하였다.
9) 桑茅(상모) 구 : 비괘와 태괘가 번갈아 나타난다는 것을 말한다. 즉 길한 것과 길하지 않은 것이 번갈아 나오는 것을 말하는데, 인생에서 좋은 상황과 좋지 않은 상황들이 번갈아 나오는 것을 말한다.
10) 語黙(어묵) : 말하는 것과 침묵하는 것.

해설

이 시는 속절없이 흘러가는 시간 앞에서 자신의 뜻을 이루지 못하는 자신의 모습을 읊었다.

제1~4구는 동굴의 찬바람과 햇볕아래의 흰 눈이 곧 사라지게 되는 모습을 표현하였는데, 이를 통해 시간이 빨리 지나가는 것을 서글퍼 했다. 제5~8구는 덧없이 흐르는 시간을 홀로 바라보고 있는 모습이다. 제9~12구는 세상의 운이라는 것은 돌고 도는 것이라고 하면서 출사를 해야 할지 말아야 할지 옛 성인들에게 맡겨야 하겠다고 하였다. (김현녀)

緩歌行[1]
완가행 09

飛客結靈友,[2]	날아다니는 객이 신령스러운 벗을 사귀어
凌空萃丹丘,[3]	하늘에 올라 단구에 모이니,
習習融風起,[4]	산들산들 온화한 바람 일어나고
采采彤雲浮.[5]	뭉게뭉게 붉은 구름 떠있네.
娥皇發湘浦,[6]	아황이 상수 물가를 출발하고
宵明出河洲.[7]	소명이 황하의 모래섬을 나오니,
婉婉連螭轡,[8]	교룡의 고삐 구불구불 이어지고
裔裔振龍輈.[9]	용의 수레 끌채 줄줄이 나아가며 떨치는구나.

주석

1) 緩歌行(완가행) : ≪악부시집·잡곡가사雜曲歌辭≫에 〈완성가緩聲歌〉가 있는데, 〈완가행〉이 여기에서 나왔다고 한다. '완가緩歌'란 곡의 가락이 느릿한 것을 말한다. 진晉나라 육기陸機의 〈전완성가前緩聲歌〉가 신선들의 생활을 노래하였는데, 사령운의 이 시는 그것을 모방한 것으로 내용도 〈전완성가〉와 유사하다.

2) 飛客(비객) : 선인仙人을 말한다.
   靈友(영우) : 신령스러운 벗. 선인의 무리를 말한다.

3) 凌空(능공) : 하늘에 오르다. 여기서는 신선들이 공중을 날며 노는 것을 말한다.
   萃(췌) : 모이다. 이르다.
   丹丘(단구) : 전설 속에 나오는 신선이 사는 곳. 이곳은 밤낮으로 늘 밝다고 한다.

4) 習習(습습) : 가벼운 바람이 따스하고 부드럽게 부는 모양.
　龢風(화풍) : 부드러운 바람. '화풍和風'과 같다.
5) 采采(채채) : 많고 무성한 모양.
　彤雲(동운) : 붉은 구름. 채색구름.
6) 娥皇(아황) : 요堯임금의 큰딸이자 순舜임금의 아내. 요임금은 그의 딸 아황과 여영女英을 순에게 주어 사위 삼고 임금의 자리를 물려주었다. 여기서는 아황만을 이야기했지만, 실질적으로는 아황과 여영 두 사람을 모두 가리킨다.
　湘浦(상포) : 상수湘水의 물가. 전하는 말에 순임금이 창오蒼梧에서 죽자 두 왕비 아황과 여영이 상수 일대에서 죽어 상수의 신이 되니 세상에서 그들을 '상군湘君'이라 불렀다고 한다.
7) 宵明(소명) : 순임금과 그의 비빈인 등비씨登比氏 사이에서 태어난 딸. 순임금의 아내 등비씨가 소명과 촉광燭光 두 딸을 낳았는데 이들은 신비스러운 능력이 있어 사방에 빛을 비출 수 있었다고 한다. 이 시에서는 소명만을 언급했지만 실제적으로는 소명과 촉광 두 사람을 모두 가리킨다고 볼 수 있다.
　河洲(하주) : 황하 가운데의 섬. ≪회남자淮南子·지형훈墬形訓≫에 "소명과 촉광은 황하의 섬에 있었는데, 그들이 비추는 빛이 사방 천 리였다.(宵明燭光在河洲, 所照方千里)"라 하였다.
8) 婉婉(완완) : 구불구불 나아가는 모습.
　螭轡(이비) : 교룡 고삐. '리螭'는 전설 속에 등장하는 뿔이 없는 용을 말한다.
9) 裔裔(예예) : 가는 모습. 대오가 끊이지 않고 이어져 나아가는 모습.
　龍輈(용주) : 전설에 나오는 용이 끄는 수레. ≪초사楚辞·구가九歌·동군东君≫의 왕일王逸의 주에 "주輈는 수레의 끌채다. 해는 용을 수레 끌채로 삼고 번개를 타고 간다.(輈, 車轅也. 言日以龍爲車轅, 乘雷而行)"라 하였다. '용주龍輈'가 '용류龍旒'로 되어 있는 판본도 있으며 이 경우 뜻은 '용 깃발'이다. 이를 따를 경우 '예예裔裔'는 깃발이 날리는 모습으로 볼 수 있으며, 이 구는 "펄럭펄럭 용 깃발을 떨치네."로 해석된다.

해설

　이 작품은 선경仙境을 묘사한 유선시遊仙詩이다. 전반부 4구에서는 신선들이 짝을 이뤄 선계인 단구에 모이는 상황과 부드러운 바람이 불고 붉은 구름이 떠있는 단구의 풍경을 묘사하였다. 후반부 4구에서는 상수의 신이 되었다는 아황, 사방의 땅을 밝힐 수 있었다는 소명과 같은 전설의 인물들과 교룡, 용과 같은 신령스러운 동물을 등장시켜 신비스러운 신선세계를 묘사하였다. (김하늬)

日出東南隅行[1]
일출동남우행 10

柏梁冠南山,[2]　　백량대는 종남산보다 높고
桂宮耀北泉,[3]　　계궁은 북천산에 빛나네.
晨風拂幨幌,[4]　　새벽바람이 휘장을 스치더니
朝日照閨軒.[5]　　아침 해가 여인의 방을 비추네.
美人臥屛席,[6]　　미인이 병풍 두른 자리에 누워 있나니
懷蘭秀瑤璠.[7]　　난의 향기 품고서 옥처럼 아름답다네.
皎潔秋松氣,[8]　　희고 고결함은 가을 소나무의 기상이요,
淑德春景暄.[9]　　정숙하고 자애롭기는 봄날 해의 따스함이라네.

주석

1) 日出東南隅行(일출동남우행) : 악부의 곡조명으로, 고악부古樂府의 〈맥상상陌上桑〉에서 유래한 것이다. ≪악부시집樂府詩集·상화가사相和歌辭≫의 〈상화곡相和曲〉에 진晉 육기陸機의 〈일출동남우행日出東南隅行〉이 있는데, 〈맥상상陌上桑〉의 맨 첫 구절을 취하여 독립된 곡조명으로 삼은 것이다.

2) 柏梁(백량) : 누대 이름. 백량대柏梁臺를 가리킨다. ≪삼보황도三輔黃圖≫에 따르면 무제武帝 원정元鼎 2년(B.C.115) 봄에 건립하였고 장안성 북문 안에 있으며 높이가 20장丈이었다고 한다. 태초太初 원년(B.C.104) 겨울에 화재로 소실되었다.

冠(관) : 높이 솟다. 백량대가 종남산보다 높이 솟아 있음을 과장하여 표현한 것이다.

南山(남산) : 산 이름. 종남산終南山을 가리키는 것으로, 장안성 남쪽에 있다.

3) 桂宮(계궁) : 궁궐 이름. ≪삼보황도≫에 따르면 한 무제武帝 태초太初 4년(B.C.101) 봄에 건립하였고 미앙궁 북쪽에 있으며 회랑을 통해 서로 연결되어 있었다고 한다. 반고班固 〈서도부西都賦〉에 "미앙궁에서 시작되어 계궁에 이어진다.(自未央而連桂宮)"라 하였다.

   耀(휘) : 빛나다. '요耀'로 되어 있는 판본도 있으며 뜻은 같다.

   北泉(북천) : 산 이름. 감천산甘泉山을 가리키는 것으로, 장안성 북쪽에 있다. 앞 구의 남산과 대를 맞추기 위해 이와 같이 칭하였다. 반고 〈서도부〉에 "그 북쪽에는 아홉 개의 산이 솟아 있으며 감천산을 등지고 있다.(其陰則冠以九嵕, 倍以甘泉)"라 하였다.

4) 幨幌(첨황) : 휘장.
5) 閨軒(규헌) : 여인이 거처하는 방이나 별채.
6) 屛席(병석) : 병풍을 두른 침상.
7) 懷蘭(회란) : 난초의 향기를 품다. 미인의 향기로운 모습을 묘사한 것이다.

   瑤璠(요번) : 아름다운 옥. 미인의 아름다운 모습을 묘사한 것이다.

8) 皎潔(교결) : 희고 고결하다. 미인의 지조와 절개를 의미한다.
9) 淑德(숙덕) : 정숙하고 자애롭다. 미인의 심성과 품덕을 의미한다.

   景(경) : 해.

   暄(훤) : 따뜻하다.

> **해설**

이 시는 육기의 〈일출동남우행日出東南隅行〉에서와 같이 고악부古樂府 〈맥상상陌上桑〉의 앞 구절을 취하여 곡조명으로 삼아 모의模擬한 것으로, 그 내용은 육기나 고악부와는 다르다. 시에서는 궁궐 여인의 아름다운 모습을 묘사하며 절개와 품덕을 찬미하고 있는데, 시인은 이와 같은 미인의 비유를 통해 자신의 뛰어난 재능과 고아한 품성을 은연중에 드러내려 한 것으로 여겨진다.

제1~2구에서는 한 무제의 누대와 궁전인 백량대와 계궁을 각각 남북의 종남산과 감천산에 대비시켜 나타냄으로써 그 화려하고 웅장한 모습을 부각시키고 있으며, 이어 제3~4구에서는 궁궐 안 여인의 처소로 시상을 집중하여 새벽바람에 휘장이 펄럭이고 아침 햇살이 비추는 정경을 묘사하고 있다. 제5~6구에서는 다시 아직 잠자리에서 일어나지 않은 여인에게로 시상을 더욱 집중시켜 향기로운 난초와 아름다운 옥의 비유로 여인의 아름다움을 묘사하고 있으며, 마지막 제7~8구에서는 시상의 집중이 여인의 내면으로까지 이어져 여인이 다만 외모적인 아름다움 뿐 아니라 가을 소나무와 같은 희고 고결한 절개와 봄날의 햇살과 같은 자상하고 따스한 품성 또한 지녔음을 말하고 있다. (주기평)

苦寒行¹ 고한행 11

歲歲曾冰合,²	해마다 층층 얼음이 합쳐지고
紛紛霰雪落,³	어지러이 싸락눈이 날리는데,
浮陽減淸暉,⁴	떠있는 태양에는 맑은 햇살이 적고
寒禽叫悲壑,⁵	겨울 새는 슬픈 계곡에서 우네.
饑爨煙不興,⁶	굶주려서 불을 피우려 해도 연기는 일어나지 않고
渴汲水枯涸,⁷	목말라 물을 길으려 해도 샘은 말라버렸네.

주석

1) 苦寒行(고한행) : ≪악부시집樂府詩集≫의 〈청조곡淸調曲〉에 실려 있다. ≪악부해제≫에 따르면 진晉 악부에서 위 무제武帝의 〈북상北上〉 편을 연주했는데 주로 얼음과 눈이 있는 계곡에서의 고통을 노래하였으며, 그 후로 〈북상행北上行〉이라 칭하기도 하였고 대개 무제의 작품을 모방하여 지었다고 하였다. 사령운의 이 시 역시 추운 북쪽 지역에서의 고달픈 생활을 노래하였다. ≪초학기初學記≫에 동일한 제목의 시가 한 수 더 수록되어 있는데, "나무꾼이 평소 마실 물이 없어, 얼음을 깨서 아침밥을 짓네. 슬프도다, 〈채미〉 노래여, 고달프구나, 슬픔이 넘치네.(樵蘇無夙飮, 鑿冰貿朝飡. 悲矣採薇唱, 苦哉有餘酸)"라고 하였으며, 실전된 구절이 있는 것으로 보인다.

2) 曾(증) : '층層'과 통하여, 겹겹의 뜻이다.

3) 霰雪(산설) : 싸라기눈.

4) 浮陽(부양) : 햇빛.

清暉(청휘) : 맑은 빛.
5) 寒禽(한금) : 겨울 새.
6) 爨(찬) : 불을 때서 밥을 하다.
7) 枯涸(고학) : 물이 마르다.

해설

이 시는 북쪽 추운 지역에서의 고단한 삶을 노래하였다.

제1~4구에서는 추운 곳의 경관을 묘사하였다. 해마다 얼음이 층층으로 얼고 눈이 펄펄 날리는 추운 환경 속에서 태양빛도 다른 곳보다 적으며 새들도 추워 우는 모습을 형용하였다. 제5~6구에서는 그곳에서 사는 사람의 고통을 적었는데, 배가 고파 밥을 지으려 해도 추워서 불이 지펴지지 않고 목이 말라 물을 길으려 해도 추위로 물이 말라버린 상황을 표현하였다. 이러한 표현을 통해 힘들고 험난한 인생살이를 표현한 것으로 보인다. (임도현)

豫章行[1]
예장행 12

短生旅长世,[2]	짧은 삶으로 긴 세상에 더부살이 하다보니
恒觉白日欹,[3]	늘 흰 해가 지는 것을 의식하였네.
览镜睨颓容,[4]	거울을 보며 쇠한 얼굴 엿보니
华颜岂久期.[5]	꽃다운 얼굴 어찌 오래토록 기약하랴.
苟無迴戈术,[6]	만약 해를 돌리는 기술이 없다면
坐观落崦嵫.[7]	앉아서 엄자산으로 지는 것 바라볼 수밖에.

주석

1) 豫章行(예장행) : ≪악부시집樂府詩集·상화가사相和歌辭≫의 〈청조곡淸調曲〉에 실려 있다. ≪악부해제≫에 따르면 이별에 아파하면서 세월이 빨리 흘러 젊음이 길지 않음을 말한 내용이라 하였다. 예장은 고을 이름으로, 지금의 강서성 남창시南昌市이다.

2) 旅(여) : 기거寄居하다. 덧붙여 살다.

3) 欹(의) : 기울다. 여기서는 해가 서쪽으로 기우는 것을 의미한다.

4) 睨(예) : 곁눈질하다, 엿보다.
   頹容(퇴용) : 노쇠한 얼굴.

5) 华颜(화안) : 꽃다운 얼굴. 청춘 때의 젊고 아름다운 모습.

6) 迴戈(회과) : 창을 들어 해를 되돌리다. ≪회남자淮南子≫의 '노양지과魯陽之戈' 전고를 사용한 것이다. 전국시대에 초楚나라의 노양공魯陽公이 한나라와 격전 중 해가 넘어가려 하자 창을 들어 해를 부르니 해가 그의 명령대로 군대의 하룻길인 삼사三舍나 뒷걸음

질 쳤다 한다.
7) 崦嵫(엄자) : 감숙성 천수현天水縣에 있는 산으로 해가 지는 산이라 한다.

해설

이 시는 짧은 인생이라 젊음을 지속할 수 없는 것을 한탄하고 있다.

제1~2구에서는 유한한 삶을 살다보니 해가 지는 것에 마음을 썼다고 하였다. 제3~4구에서는 젊음이 사라지고 노쇠한 모습만이 남았다고 하였고, 제5~6구에서는 노양공처럼 세월을 거스를 수는 없으니 그저 순응할 수밖에 없다고 하였다. 이런 몰락의 정서는 정치상의 실의와도 연관 지어 파악할 수 있다. 청淸 오여륜吳汝綸은 이 시가 "진나라 왕실이 망하려 할 때(晉室將亡)" 지은 것이라 여겼으니, 몰락해가는 왕실을 보며 느꼈던 상실감을 담아낸 것으로 본 것이다. (이지운)

燕歌行[1]
연가행 13

孟冬初寒節氣成,[2]	초겨울 첫 추위의 절기가 되자
悲風入閨霜依庭.	슬픈 바람 규방으로 들어오고 서리는 뜰에 깔렸다네.
秋蟬噪柳燕棲楹,[3]	가을 매미 버드나무에서 울고 제비는 기둥에 머무는데
念君行役怨邊城.[4]	낭군이 행역 간 것 생각하며 변방의 성을 원망한다네.
君何崎嶇久徂征,[5]	낭군은 왜 험난한 곳으로 오래도록 멀리 떠나셨는지
豈無膏沐感鸛鳴.[6]	어찌 머리 기름이 없겠느냐만 황새 울음에 슬퍼한다네.
對君不樂淚沾纓,[7]	낭군을 향한 마음이 슬퍼서 눈물이 비단 띠에 스며들고
闢窗開幌弄秦箏,[8]	창을 열고 휘장 걷고 진 땅의 쟁을 탄다네.
調弦促柱多哀聲,	현을 고르면서 기러기발 당기니 슬픈 소리 많은데
遙夜明月鑒帷屏.	긴 밤 밝은 달이 휘장과 병풍에 비친다네.
誰知河漢淺且淸,[9]	누가 알리, 은하수가 얕고도 맑으나
展轉思服悲明星.[10]	이리저리 뒤척이며 그리워하다 새벽별에 슬퍼한다는 것을.

주석

1) 燕歌行(연가행) : ≪악부시집·상화가사相和歌辭≫의 〈평조곡平調曲〉에 실려 있다. ≪악부해제樂府解題≫에 따르면 위魏 문제文帝 조비曹丕의 〈가을바람秋風〉과 〈이별한 날別日〉이 최초의 작품이며 그 내용은 계절이 바뀌었으나 행역을 간 남편은 돌아오지 않고 부인의 이별의 원망은 하소연할 곳이 없는 것에 대해 노래하였다고 한다. ≪악부광제樂府廣題≫에서는 〈연가행〉의 연燕이 현재의 하북성 지역인 연 땅을 가리키며, 이곳으로

남편이 행역을 갔기 때문에 〈연가행〉을 지었다고 하였다.
2) 孟冬(맹동) : 초겨울. 음력 10월.
   節氣(절기) : 계절. 기후.
3) 秋蟬(추선) : 가을 매미. 이 시에선 쇠락한 상태를 의미한다.
   棲(서) : 살다. 머무르다. '사辭'로 되어 있는 판본도 있으며 이 경우 뜻은 '작별하다'이다.
4) 邊城(변성) : 국경에 가까운 변방의 성. 이 시에선 연 땅을 가리킨다.
5) 崎嶇(기구) : 지세나 길이 험한 모양. 또는 험난한 상황을 거치다.
   徂征(조정) : 멀리 떠나다. '조정祖征'으로 되어 있는 판본도 있으며 뜻은 같다.
6) 膏沐(고목) : 머리를 윤기 있게 하는 기름. ≪시경詩經·위풍衛風·내 님伯兮≫에 "어찌 머리를 윤기 있게 하는 기름이 없겠냐마는, 누구를 위해 단장을 할까?(豈無膏沐, 誰適爲容)"라 하였다.
   鸛鳴(관명) : 황새가 울다. ≪시경·빈풍豳風·동산東山≫에 "황새는 개미둔덕에서 울고 아내는 집에서 탄식한다.(鸛鳴于垤, 婦歎于室)"라 하였다.
7) 對君(대군) : 낭군을 향하다. '대주對酒'로 되어 있는 판본도 있으며 이 경우 뜻은 '술을 대하다'이다.
   纓(영) : 채색 띠. 여인이 장식용으로 찬다.
8) 秦箏(진쟁) : 진 땅의 쟁. 진나라의 장수 몽염蒙恬이 만들었다고 한다. 어쩌면 이 시의 아내가 있는 곳이 진 땅일 수 있다. 진과 연은 서로 매우 떨어져있다는 이미지로 악부시에서 자주 쓰였다.
9) 河漢淺且淸(하한천차청) : 은하수가 얕고 맑다. 이 구절은 〈고시십구수古詩十九首〉 기십其十에서 응용한 것이다. 견우牽牛와 직녀織女가 서로 그리워하는 것을 노래하면서 "은하수는 맑으면서 얕은데 서로 떨어진 것이 다시 얼마나 될까. 찰랑찰랑 맑은 한줄기 물 사이에서 바라보면서도 말을 하지 못하네.(河漢淸且淺, 相去復幾許, 盈盈一水間, 脈脈不得語)"라 하였다. 이 시에서도 그리워하지만 만날 수 없다는 것을 나타낸다.
10) 展轉(전전) : 이리저리 뒤척이다. '전전輾轉'과 같다.
    思服(사복) : 그리워하다.
    明星(명성) : 금성. 새벽에 뜨는 별. 시에서 이 별이 나오면 밤을 새웠다는 의미인 경우가 많다.

> **해설**

  널리 전해진 악부시 〈연가행〉은 멀리 길을 떠나서 돌아오지 않는 남편을 그리워하는 아내가 부르는 노래이다. 사령운의 〈연가행〉 역시 이러한 전통과 그 내용의 흐름을 같이 한다. 이 시의 대부분의 제재와 이야기의 흐름은 조비의 〈연가행〉과 대동소이하다.
  제1~4구는 쓸쓸한 계절적 배경을 바탕으로 낭군과의 슬픈 이별 사실을 알려준다. 제3구의 가을 매미와 돌아가지 않은 제비는 모두 적절한 때를 놓쳤다는 것을 나타낸다. 제6구에서 머릿기름이 없는 것은 아니라는 것은 화장품이 있어도 보여줄 사람이 없기 때문에 치장하지 않는다는 의미이다. 황새가 우는 것에 슬퍼한다는 것은 객관적으로 황새는 비가 와서 개미둑으로 올라오는 개미를 잡아먹으며 우는 것이지만 남편을 그리워하는 아내는 본인이 슬프기에 그 소리를 들으면서도 슬퍼서 운다는 것이다. 제9구에서 현을 고르며 기러기발을 당긴다는 것은 거문고의 소리를 촉급하게 만들어서 자신의 슬픔 감정을 드러낸다는 의미이다. 조비의 〈연가행〉에도 비슷한 표현이 나온다. 제11~12구 또한 조비의 〈연가행〉에도 비슷하게 나오는 결말이다. 서로 사랑하는 부부의 이별은 마치 견우와 직녀가 은하수에 가로막혀 만나지 못하는 것과 비슷하다. (서용준)

上留田行[1]
상류전행 14

薄遊出彼東道,[2]	上留田[3]	저 동쪽 길로 가는구나 상류전
薄遊出彼東道.	上留田	저 동쪽 길로 가는구나. 상류전
循聽一何矗矗,[4]	上留田	길 따라 가다보니 얼마나 가파른지 상류전
澄川一何皎皎.[5]	上留田	맑은 강물 얼마나 깨끗한지. 상류전
悠哉逖矣征夫,[6]	上留田	아득히 멀어졌구나 나그네여 상류전
悠哉逖矣征夫.	上留田	아득히 멀어졌구나 나그네여. 상류전
兩服上陂電遊,[7]	上留田	두 마리 말 번개 치듯 언덕에 올라갔고 상류전
舫舟下遊飇驅.[8]	上留田	나란한 배 회오리 몰아치듯 내려갔다. 상류전
此別既久無適,[9]	上留田	이번 떠남이 벌써 오래되어 울적하고 상류전
此別既久無適.	上留田	이번 떠남이 벌써 오래되어 울적하다. 상류전
寸心繫在萬里,	上留田[10]	마음 한 조각 만 리 먼 곳에 매었건만 상류전
尺素遵此千夕.[11]	上留田	해시계가 천일의 시간을 지났구나. 상류전
秋冬迭相去就,	上留田	가을과 겨울이 교대하여 가고 오니 상류전
秋冬迭相去就.	上留田	가을과 겨울이 교대하여 가고 온다. 상류전
素雪紛紛鶴委,[12]	上留田	흰 눈은 어지러이 학처럼 떨어지고 상류전
清風飇飇入袖.[13]	上留田	맑은 바람 횡횡 소매로 들어온다. 상류전
歲云暮矣增憂,[14]	上留田	한해 저무니 근심이 더하누나 상류전
歲云暮矣增憂.	上留田	한해 저무니 근심이 더하누나. 상류전
誠知運來詎抑,	上留田	오는 운명 막지 못함을 진실로 아나니 상류전

熟視年往莫留. 　　上留田　　　가는 세월 붙잡지 못함을 익히 보았노라. 상류전

주석

1) 上留田行(상류전행) : ≪악부시집樂府詩集·상화가사相和歌辭≫의 〈슬조곡瑟調曲〉에 실려 있다. 진晉 최표崔豹의 ≪고금주古今注·음악音樂≫에 "상류전은 지명이다. 그곳 사람 중에 부모가 죽었는데도 홀로 된 동생을 길러주지 않는 자가 있었는데, 이웃사람이 그 동생을 위해 슬픈 노래를 지음으로써 그 형을 풍자하였으므로 〈상류전〉곡이라고 한다.(上留田, 地名也. 其地人有父母死, 不字其孤弟者, 隣人爲其弟作悲歌, 以諷其兄, 故曰〈上留田〉曲)"라 하였다. 이 작품은 진晉 육기陸機의 〈상류전·차행인嗟行人〉을 본떠서 길 떠난 이의 감회를 노래하였다.
2) 薄(박) : 어조사.
　游(유) : 가다. '행行'과 같다.
3) 이 부분은 음악에 맞출 때 가미하는 부분으로 별다른 의미가 없다. 아래도 마찬가지다.
4) 循聽(순청) : 길 따라 맡겨두다. 가는대로 맡겨두다. '청聽'은 '임任'의 뜻이다.
　一何(일하) : 얼마나.
　矗矗(촉촉) : 가파르다. 산이 험준한 것을 형용한다.
5) 澄川(징천) : 맑은 강물.
　皎皎(교교) : 강물이 맑고 깨끗한 것을 형용한다.
6) 逖(적) : 멀다.
7) 兩服(양복) : 말이 끄는 수레. 네 필의 말이 수레를 끌었는데 가운데 두 마리 말을 일컫는다.
　陂(피) : 산비탈.
　電遊(전유) : 번개 치다. 수레가 번개처럼 빠르게 비탈을 올라가는 것을 비유한다.
8) 舫舟(방주) : 두 배를 나란히 하다.
　下游(하유) : 강물 따라 흘러가다.
　飆驅(표구) : 회오리바람 몰아치다. 배가 회오리바람처럼 빨리 내려가는 것을 비유한다.
9) 無適(무적) : 울적하다. 기분이 상쾌하지 못하다.

10) 繫在萬里(계재만리) : 만 리 먼 곳에 매여 있다. 머나먼 고향을 가리킨다.
11) 尺素(척소) : 해시계.
    遵(준) : 지나다. 해시계가 시간을 따르는 것으로 시간이 지나감을 의미한다.
    千夕(천석) : 천일千日. 길을 떠난 지 오래된 것을 가리킨다.
12) 鶴委(학위) : 흰 학처럼 땅에 떨어지다. '위委'는 '추락墜落'의 뜻이다.
13) 飈飈(표표) : 횡횡. 바람이 부는 모습을 형용한다.
14) 云(운) : 어조사.

해설

이 시는 고향을 떠난 나그네가 세모에 느끼는 감회를 노래한 작품이다. 의희義熙 13년(417) 팽성彭城에 가서 세모를 보내면서 지은 것이라는 설도 있다.

시에서는 네 구마다 운자韻字가 바뀌면서 다섯 개의 의미단락을 이루고 있다. 이는 다시 크게 세 부분으로 나뉘는데, 제1~8구는 동쪽으로 떠나는 여정을 그려내었고, 제9~16구는 계절이 가을에서 겨울로 바뀔 때까지 타향에서 많은 시간을 보냈음을 말하였고, 제17~20구는 세모의 감회를 서술하였다. 제1~4구는 동쪽으로 길을 떠나 가파른 산길과 맑은 강물을 지나왔음을 서술하였고, 제5~8구는 멀리 떠나오는 도중에 수레를 타고 언덕을 오르기도 하였고 배를 타고 물길을 내려가기도 하였음을 묘사하였다. 제9~12구는 떠나온 후 고향생각에 울적해하며 석 달이 넘는 긴 시간을 보냈음을 말하였고, 제13~16구는 가을에서 겨울로 계절이 바뀌면서 눈과 바람이 몰아치는 추위가 닥쳐왔음을 노래하였다. 제17~20구는 시간이 가는 것을 붙잡지 못하는 슬픔을 노래하여 세모의 감회를 전형적으로 서술하였다. (김수희)

鞠歌行[1]
국가행 15

德不孤兮必有鄰,[2]	덕 있는 자는 외롭지 않고 반드시 벗이 있는 법이라
唱和之契冥相因.[3]	창화로 의기투합하여 남몰래 서로 따랐네.
譬如虯虎兮來風雲,[4]	용에 구름 따르듯 호랑이에게 바람 따르듯
亦如形聲影響陳.[5]	또 형체에 그림자가 의지하고 소리에 메아리가 의지하는 듯했지.
心歡賞兮歲易淪,[6]	마음이 기쁘도록 완상하였으나 그 시절도 쉬이 지나가버려
隱玉藏彩疇識眞.[7]	광채를 숨긴 옥돌을 이제 누가 진짜라고 알아봐주랴?
叔牙顯,[8]	포숙아가 드러내주자
夷吾親.[9]	관중은 친하게 여겼고.
郢既歿,[10]	영 땅 사람이 먼저 죽자
匠寢斤.[11]	석수장이는 도끼질을 멈추었네.
覽古籍,	고적들을 살펴보니
信伊人,[12]	진실로 그러한 사람들과 같았나니
永言知己感良辰.[13]	지기를 길게 읊어 좋았던 시절을 느껴보노라.

주석

1) 鞠歌行(국가행) : ≪악부시집樂府詩集·상화가사相和歌辭≫의 〈평조곡平調曲〉에 실려 있다. 고악부의 〈국가鞠歌〉는 축국蹴鞠할 때 부르던 노래였다. 육기陸機의 〈국가행·조운朝雲〉에는 자신이 등용되기를 바라는 마음이 담겨 있고 사령운의 이 시에는 지기知己가

없어진 후의 상실감이 담겨 있다.
2) 德不孤(덕불고) 구 : ≪논어論語・이인里仁≫에 "덕이 있는 자는 외롭지 않고 반드시 이웃이 있다.(德不孤必有鄰)"라 하였다.
3) 唱和(창화) : 한 사람이 부르면 다른 한 사람이 답하며 서로 호응하는 것.
   契(계) : 의기투합하다.
   冥(명) : 남몰래.
   因(인) : 의지하다, 따르다.
4) 譬如(비여) : 비유하자면 ~와 같다.
   虯虎兮來風雲(규호혜래풍운) : 용에 구름 따르고 호랑이에게 바람 따르듯 하다. ≪역경易經≫에서 "구름은 용을 따르고, 바람은 호랑이를 따른다.(雲從龍, 風從虎)"라 한 것과 같은 맥락의 표현으로서 비슷한 품격과 처지를 가진 사람들이 서로 따르는 것을 의미한다.
5) 形聲影響(형성영향) : 형체에는 그림자가 따르고 소리에는 메아리가 따른다. 형체와 그림자, 소리와 메아리의 관계처럼 벗과 벗의 사이가 매우 돈독한 것을 의미한다.
   陳(진) : 서로 의지하다.
6) 心歡賞(심환상) : 마음이 기쁘도록 완상하다. 시인과 벗이 서로 창화하며 기뻐했다는 의미로 보았다.
   淪(륜) : 없어지다.
7) 隱玉藏彩(은옥장채) : 옥의 광채가 다듬어지지 않은 옥 원석에 감춰져 있다.
   疇(주) : 누구.
   疇識眞(주식진) : 누가 진짜를 알아봐주랴. ≪한비자≫에 나오는 '화씨지벽和氏之璧'의 이야기와 관련된 표현이다. 초나라 사람 변화卞和가 형산荊山에서 옥돌을 얻어서 여왕厲王에게 바쳤는데 옥장이가 감별해보니 가치 없는 돌이었다. 여왕은 화가 나서 화씨의 왼발을 잘랐다. 그 후 무왕武王이 즉위하자 화씨는 기대를 갖고 다시 옥돌을 바쳤다. 그러나 또다시 옥장이가 돌이라고 감정하니 무왕은 그의 오른발을 잘랐다. 문왕文王이 즉위하자 화씨는 옥을 안고 사흘 밤낮을 울다 피눈물을 흘릴 지경이 되었다. 이에 문왕이 사람을 시켜 옥돌을 다듬게 했더니 좋은 옥이었다. 이 이야기는 숨겨진 인재의 가치를 알아보는 안목을 뜻하는데 이 시에서는 시인의 벗이 시인의 숨겨진 가치를 알아봐주는 유일한 존재였음을 뜻하는 말로 쓰였다.

8) 叔牙(숙아) : 포숙鮑叔. 춘추시대 齊나라 사람인 포숙과 그의 친구인 관중管仲은 각기 모시는 주군이 달랐는데 마지막에 포숙의 주군인 소백小白이 승리하여 즉위했다. 다른 사람들은 관중이 자신의 주군을 따라 죽지 않는다고 손가락질 했지만 포숙은 관중의 능력과 가치를 알아보고 소백에게 추천해주었다. 그 결과 관중의 지략과 정책에 힘입은 소백, 즉 제나라 환공桓公이 춘추시대 패자霸者의 자리에 오를 수 있었다.
顯(현) : 드러내주다. 포숙이 소백에게 관중의 지혜와 책략을 드러내주며 추천했던 일을 가리킨다고 보았다.

9) 夷吾(이오) : 관중管仲.

10) 郢(영) : 춘추전국시대 때 초나라의 수도 사람을 가리킨다. 여기서는 상대방의 재주를 알아봐주는 인물을 가리킨다.
歿(몰) : 죽다. 시인의 벗이 사라지자 시인이 재주를 알아봐주는 사람이 없어졌음을 비유한다.

11) 寢(침) : 그만두다.
斤(근) : 도끼
이상 두 구는 ≪장자莊子・서무귀徐無鬼≫에 나오는 이야기와 관련되어 있다. 장자가 장례식에 다녀오다가 혜자惠子의 묘를 지나며 하인에게 옛날 초나라 수도 영郢 땅에 살았던 사람 이야기를 해주었다. 그 사람은 코끝에 백분을 아주 얇게 발라놓고 장석匠石에게 도끼를 휘둘러 그 백분을 깎아 내라고 말했다. 장석이 도끼를 휘두르자 백분은 깨끗이 없어졌는데 코는 전혀 다치지 않았다. 한편 장석이 도끼를 휘두르는 동안에도 백분을 바른 사람은 얼굴색 하나 변하지 않고 가만히 있었다. 이 이야기를 들은 송宋나라 원군元君은 장석을 불러 자기 코에도 똑같이 백분을 발라놓고 도끼를 휘둘러보라고 말했다. 그러자 장석은 "이전에는 그렇게 할 수 있었습니다. 그러나 제 기술의 바탕이 되는 사람이 이미 죽은 지 오래입니다."라고 말하여 거절했다. 장자는 이 이야기를 마친 후 자신과 논쟁을 벌였던 혜자의 죽음을 탄식하며 '더불어 말할 사람이 없어졌다' 라고 말했다고 한다. 시인은 이 이야기를 통해 자신과 벗이 장석과 백분을 바른 영

땅 사람처럼 서로의 진정한 상대가 되어주는 사이임을 말하고자 했다.
12) 伊人(이인) : 이러한 사람들. 위에서 나열한 인물들처럼 시인과 벗이 서로의 가치를 알아봐주는 지기 사이임을 말하는 것이다.
13) 永言(영언) : 길게 읊다.
良辰(양신) : 좋은 시절.

해설

이 시는 사령운이 자신의 가치를 알아주었던 지기를 그리며 쓴 것이다. 시의 내용으로 볼 때 그를 후원해주던 여릉왕廬陵王 유의진劉義眞이 화를 입은 이후 고향인 회계에 은거할 때에 쓴 것이라 여겨진다.

제1~2구에서는 덕이 있는 자는 결코 외롭지 않다고 한 공자의 말씀처럼 사령운과 지기가 시를 창화함으로써 의기투합하였다고 말했다. 제3~4구에서는 비유를 통해 시인과 벗의 사귐이 매우 돈독하였음을 이야기했다. 제5~6구에서 시인은 벗과 함께 창화하며 즐거운 시간을 보냈으나 벗이 사라져버렸다고 말했다. 이를 통해 아래에서 서로 지기로 지냈던 여러 인물들을 나열할 전제를 심어 두었다. 제7~10구에서는 위의 구를 이어받아, 벗의 진면목을 알아봐주었던 지기들을 나열했다. 관중과 포숙, 영 땅 사람과 석수장이는 서로에게 진정한 상대가 되어 주었던 인물들로서 사령운과 벗의 사귐을 비길 수 있는 인물들이었다. 마지막 세 구에서 사령운은 고적 속에 등장하는 역사 인물들과 마찬가지로 지기가 자신을 알아봐주었으나 그의 부재로 인하여 자신은 지기를 읊은 시를 지으며 좋은 시절을 떠올려 보는 수밖에 없다고 말했다. (정세진)

順東西門行[1]
순동서문행 16

出西門,	서문을 나서
眺雲間,	멀리 구름 사이를 바라보니
揮斤抶木隧虞泉.[2]	도끼 휘둘러 약목을 잘라 해를 우천에 떨어뜨리네.
信道人,[3]	도인을 믿고
鑒徂川,[4]	흘러가는 강물을 거울삼나니
思樂暫捨誓不旋.[5]	즐거운 생각 잠시 접어두면 맹세코 돌아오지 않네.
閔九九,[6]	온갖 재난에 가슴 아파하고
傷牛山,[7]	우산에서 슬퍼했나니,
宿心載違徒昔言.[8]	오랜 뜻은 어긋나 헛되이 옛말이 되고 말았네.
競落運,[9]	쇠락하는 기운에 맞서
務頹年,[10]	노년에 힘써
招命儔好相追牽.[11]	동년배의 친구들을 불러 함께 노니네.
酌芳酤,[12]	향기로운 술 따르고
奏繁弦[13]	화려한 곡조 연주하며,
惜寸陰,	촌음의 시간을 아끼나니
情固然.[14]	사람의 정이란 본래 이러하다네.

주석

1) 順東西門行(순동서문행) : ≪악부시집乐府诗集·상화가사相和歌辭≫의 〈슬곡조瑟调曲〉에

실려 있다. 가장 이른 것은 육기陸機의 시로, 때를 슬퍼한 시이다.
2) 抉木(결목) : 나무를 자르다. 약목若木을 자른다는 뜻으로, 약목은 해 뜨는 동쪽 바다에 있다는 상상 속의 신목神木이다. 부목扶木으로 되어 있는 판본도 있다.
虞泉(우천) : 우연虞淵이라고도 하며, 해가 져서 들어가는 곳이다. ≪회남자淮南子·문천훈文天訓≫에 "해가 우연에 이르면 황혼이라고 한다.(至於虞淵是謂黃昏)"라 하였다.
3) 道人(도인) : 도를 아는 사람.
4) 徂川(조천) : 흘러가는 강물. 여기서는 흘러가는 세월을 비유하였다.
5) 旋(선) : 돌아가다.
6) 閔(민) : 마음 아파하다, 가엾게 여기다.
九九(구구) : 양구지재陽九之災와 음구지재陰九之災. 인간세상에서 만날 수 있는 온갖 재난들을 가리킨다. 양구의 재난이 들면 9년 동안 가뭄이 들고, 음구의 재해가 들면 9년 동안 수해가 든다고 한다.
7) 牛山(우산) : 지금의 산동성 치박시淄博市 남쪽에 있다. 춘추시대의 제경공齊景公이 이 산에 올라 도성을 바라보며 눈물을 흘리면서 인생의 짧음을 슬퍼했다고 한다.
8) 宿心(숙심) : 일찍부터 품은 뜻.
載(재) : 어조사.
9) 落運(낙운) : 쇠락한 운명.
10) 頹年(퇴년) : 노년.
11) 儕好(제호) : 사이좋은 동년배의 사람들.
追牽(추견) : 함께 노닐다.
12) 芳酤(방고) : 향기로운 술.
13) 繁弦(번현) : 현악기의 화려하고 빠른 곡조.
14) 固然(고연) : 참으로 그러하다.

해설

이 시는 시간이 덧없이 흘러가는 것을 안타까워하고, 인생을 즐길 것을 권하였다. 제1~6구는 서문을 나와 해가 지고 있는 광경을 바라보며 세월의 흐름을 안타까워한 옛 사람들의 이야기와 이에 공감하는 자신의 생각을 투영하였다. 제7~9구는 반복되는 자연재해의 고통과 제경공齊景公의 슬픔을 통해 자연 앞에서 무기력할 수밖에 없는 인간의 나약함을 나타내었다. 제10~16구는 나이가 든 상태에서 쇠락한 기운에 맞서서 함께 모여 즐겁게 노닐 것을 제안하면서, 이것이야말로 사람들의 보편적인 정서임을 역설하였다. (김현녀)

泰山吟[1]
태산음 17

岱宗秀維岳,[2]	태산은 빼어난 산인데
崔崒刺雲天,[3]	높이 솟아 구름 낀 하늘을 찌르는구나.
岝崿既嶮巇,[4]	산세가 가파르고 험준한데다
觸石輒千眠,[5]	돌에 부딪쳐 나오는 운기(雲氣) 속에 늘 깊숙하게 있네.
登封瘞崇壇,[6]	산에 올라 봉제를 지낼 때는 높은 단에 제물을 묻었고
降禪藏肅然,[7]	내려와서 선제를 지낼 때는 숙연산에 묻었네.
石閭何晻藹,[8]	석려산은 어찌 그리 그윽한지
明堂秘靈篇,[9]	명당에 신령스러운 글이 간직되어 있구나.

주석

1) 泰山吟(태산음) : ≪악부시집乐府诗集·상화가사相和歌辞≫의 〈초조곡楚调曲〉에 실려 있다. ≪악부해제≫에 따르면 〈태산음〉은 사람이 죽고 나면 혼백이 태산으로 돌아가는 것을 말하는 것이라고 한다. 그러나 ≪악부정의乐府正义≫의 저자인 주건朱乾은 좌사左思의 〈제도부齊都賦〉의 주에서 "〈동무〉, 〈태산〉은 모두 제나라의 민요로 현악기 연주에 맞춰 노래하던 곡명이다.(東武泰山, 皆齊之土風, 弦歌調吟之曲名也)"라고 한 것을 근거로 〈태산음〉이 장가葬歌라는 ≪악부해제≫의 설명이 잘못되었다고 지적하였다. 사령운의 이 시는 태산을 노래하는 작품으로 장가는 아니다.

泰山(태산) : 오악五嶽 중 하나로, 동악東嶽이라 불린다. 산동성山东省 중부에 있다.

2) 岱宗(대종) : 태산. 오악 중 으뜸으로 꼽혀 이와 같이 불렸다.

維(유) : 어조사.

3) 崔崒(최줄) : 높고 험준한 모습.

4) 岝崿(작악) : 산세가 높고 험준한 모습.

嶮巇(험헌) : 산길이 험하고 고르지 못한 것을 말한다.

5) 觸石(촉석) : 산의 운기雲氣와 산봉우리가 서로 부딪쳐 구름을 토해내는 것을 말한다. ≪공양전公羊传·희공僖公 31년≫에 "(구름이) 돌에 부딪쳐서 나와 점점 합쳐져 아침이 다 끝나기도 전에 천하에 두루 비를 내리는 것은 오로지 태산뿐이다.(觸石而出, 膚寸而合, 不崇朝而徧雨乎天下者, 唯泰山爾)"라 하였다.

輒(첩) : 빈번히, 언제나.

千眠(천면) : 깊숙하고 그윽한 모습. '천면千眠'이 '천면芊眠'으로 되어 있는 판본도 있으며 뜻은 같다. '천면芊眠'을 '끊임없이 이어지는 모습'으로 볼 수도 있는데, 이를 따를 경우 '촉석觸石' 구는 "돌에 부딪쳐 나오는 운기雲氣가 늘 끊임없이 이어지는구나."라고 해석할 수 있다.

6) 登封(등봉) : 산에 올라 신에게 제사 지내는 것. 흙으로 단壇을 쌓고 하늘의 신에게 제사 지내는 것을 '봉封'이라고 한다. 고대에는 제왕이 태산에 올라 천지의 신에게 제사를 지냈다.

瘞(예) : 제물을 묻어서 제사 지내는 것을 말한다.

7) 降禪(강선) : 산에서 내려와서 제사 지내다. 산에서 내려와서 땅을 쓸어낸 뒤 지신地神에게 제사 지내는 것을 '선禪'이라 한다.

肅然(숙연) : 산 이름. 태산의 동쪽 기슭에 있다.

8) 石閭(석려) : 산 이름. 태산의 남쪽 기슭에 있다.

晻藹(엄애) : 수목이 우거져서 어두침침한 모습.

9) 明堂(명당) : 고대에 제왕이 정치와 교화를 드러내는 지역을 말한다. 주로 조회나 제사, 인재 선발 등 나라의 큰 의식이 거행되는 곳이다. 여기서는 제사를 지내기 위해 태산 아래에 만든 전당殿堂을 말한다.

靈篇(영편) : 신령스러운 글. 여기서는 황제가 봉선할 때 쓰는 문서를 말한다.

해설

이 시는 태산의 경관과 그곳에서 이루어지는 조정의 제사 의식에 대하여 읊은 것이다. ≪송서宋書・예지禮志≫에 의하면 남조 송나라의 태조가 즉위한지 오래되어 봉선封禪의 뜻이 있으니 사람을 보내 태산의 옛 도를 행하게 하고, 학사 산겸지山謙之에게 〈봉선의주封禪儀注〉의 초고를 쓰도록 명을 내렸다고 한다. 사령운의 〈태산음〉은 이 시기에 지어졌을 것으로 추정된다.

전반부 제1~4구에서는 태산의 경관을 묘사하고 있다. 태산은 빼어난 산으로 하늘을 찌를 정도로 높으며, 산세가 가파르고 늘 봉우리에서 운기雲氣를 뿜어내어 그윽한 경치를 이루고 있다. 후반부 제5~8구에서는 예로부터 태산에서 제왕이 천지의 신에게 제사 지내어 왔음을 이야기하고 있다. 태산에 올라서는 하늘의 신에게 인사드리는 봉封 제사를 지내고, 산 아래에서는 땅의 신에게 인사드리는 선禪 제사를 지낸 뒤 근처에 있는 숙연산에 제물을 묻어 신에게 바쳤다. 작자는 수목이 우거져 신비스러운 모습의 석려산에 봉선할 때 신에게 올렸던 신령스러운 글이 간직되어 있다고 말하며 작품을 마무리 하였다. 전체적으로 태산의 웅장한 경관과 신비스러운 면모를 잘 묘사한 작품이다. (김하늬)

述祖德詩二首
할아버지의 덕을 서술하며 2수
18

서(序)

태원 연간에 할아버지 사현께서는 회남을 평정하셨으며, 대대로 이어온 큰일을 맡아 왕을 받들고 백성을 융성하게 하셨다. 어진 재상이었던 사안께서 돌아가시어 군자의 도가 사라지니, 옷을 털고 임지에서 나와 점을 쳐 동산에 머무르셨다. 그의 일은 연나라 악의 때와 같았으며 그의 뜻은 월나라 범려와 같이 행동하고자 하셨다.

太元中,1) 王父龕定淮南.2) 負荷世業, 尊主隆人. 逮賢相徂謝, 君子道消, 拂衣蕃岳,3) 考卜東山, 事同樂生之時,4) 志期范蠡之擧.

제1수

達人貴自我,5	달인은 자신을 귀중하게 여기니
高情屬天雲.6	고상한 성정은 하늘의 구름에 닿으며,
兼抱濟物性,7	아울러 만물을 구하고자 하는 품성을 지녔지만
而不嬰垢氛.8	세속의 더러움과 섞이지는 않는다네.
段生藩魏國,9	단간목은 위나라를 지켰고
展季救魯人.10	유하혜는 노나라 사람들을 구했으며,
弦高犒晉師,11	현고는 진나라 군사를 위로했고
仲連却秦軍.12	노중련은 진나라 군사를 물리쳤네.
臨組乍不緤,13	인끈을 앞에 두고도 그만 두고 매지 않으니

對珪寧肯分,14	규옥을 대하고 어찌 나누어 가지려 했겠는가?
惠物辭所賞,15	상으로 내리신 은혜로운 물건을 사양하였으니
勵志故絶人.16	뜻을 지키려 힘씀이 다른 사람들보다 뛰어났기 때문이었네.
苕苕歷千載,17	아득히 천 년을 지나
遙遙播淸塵.18	멀리까지 맑은 먼지 전해졌으니,
淸塵竟誰嗣,	그 맑은 먼지를 마침내 누가 이었던가?
明哲垂經綸.19	밝고 현철한 이가 세상의 다스림을 펼치셨네.
委講輟道論,20	강론과 도론을 그만두고
改服康世屯.21	옷 바꿔 입고서 세상의 어려움을 평안하게 하셨나니,
屯難旣云康,22	어려움이 이미 다스려지고 나서는
尊主隆斯民.	임금을 높이고 백성을 융성하게 하셨네.

주석

1) 太元(태원) : 동진東晉 효무제孝武帝의 연호. 376~396년.
2) 龕定(감정) : 평정하다.
3) 蕃岳(번악) : 변방의 임지.
4) 樂生(악생) : 전국 시기 연燕 소왕昭王 때의 상장군上將軍인 악의樂毅를 가리킨다. 연燕, 조趙, 한韓, 위魏, 초楚 다섯 나라의 군대를 통솔하여 제齊를 공격하여 70여 성을 함락시켰다. 연燕 혜왕惠王이 즉위한 후 제齊 전단田單의 반간계反間計에 속아 기겁騎劫을 장군으로 대체하고 악의를 소환하자, 월越로 망명하였다.
5) 達人(달인) : 세상의 이치에 통달한 사람.
   貴自我(귀자아) : 자신을 귀하게 여기다. 천하를 가벼이 여기고 자신을 중하게 여기는 것을 말한다.
6) 屬(촉) : 이어지다, 닿다.
   天雲(천운) : 하늘의 구름. 여기서는 세속을 벗어난 높은 곳을 의미한다. 조식曹植의 〈칠계七啓〉에 "홀로 하늘 구름의 끝에서 생각을 달린다.(獨馳思乎天雲之際)"라 하였다.

7) 濟物(제물) : 세상 만물을 구제하다.
8) 纓(영) : 묶이다, 얽히다. '전纏'의 의미이다.
   垢氛(구분) : 티끌이나 먼지. 세속의 때를 의미한다.
9) 段生(단생) : 전국 시기 진晉의 단간목段干木을 가리킨다. 벼슬길에 나아가지 않고 만년에 위魏에 은거하며 살았는데, 위魏 문후文侯가 그를 예를 갖추어 대하였다. 후에 진秦이 위魏를 공격하려 했으나, 이로 인해 공격의 명분을 삼을 수 없었다.
   藩(번) : 방어하여 지키다.
10) 展季(전계) : 춘추 시기 노魯의 대부인 유하혜柳下惠를 가리킨다. 본명은 전금展禽으로, 유하柳下에 식읍을 받았고 사후 시호가 '혜惠'이어서 이와 같이 불린다. 노魯 희공僖公 26년에 제齊 효공孝公이 노魯를 공격하였을 때, 희공의 명을 받아 변경으로 나아가 효공을 설득시켜 돌아가게 하였다.
11) 弦高(현고) : 춘추 시기 정鄭의 상인인 현고弦高를 가리킨다. 노魯 희공僖公 33년에 진秦 목공穆公이 맹명시孟明視 등을 보내어 정鄭를 습격하였을 때, 정백鄭伯의 명을 사칭하여 예물과 음식 등으로 진秦의 군사들을 대접하여 돌아가게 하였다.
   犒(호) : 호궤하다. 음식 등으로 병사들을 위로하는 것을 말한다.
   晉師(진사) : 진晉 땅에 주둔한 병사. 진秦의 군사를 가리킨다. '진晉'은 '진晉'의 뜻이다.
12) 仲連(중련) : 전국 시기 제齊의 노중련魯仲連을 가리킨다. 조趙 효성왕孝成王 8년에 진秦의 군사들이 조나라의 수도인 한단邯鄲을 포위하였는데, 위魏 안리왕安釐王이 진비晉鄙를 파견하여 이를 구원하게 하였으나 실패하였다. 이에 안리왕은 다시 신원연新垣衍을 보내어 효성왕으로 하여금 진秦 소왕昭王을 황제로 높여 섬기도록 설득하게 하였다. 이 때 노중련은 소왕이 황제가 되었을 때의 폐해를 말하며 신원연을 설복시켰으며, 이를 들은 진나라는 50리 밖으로 군대를 철수하였다. 이어 위魏 신릉군信陵君의 원군이 진군을 공격하여 물리쳤다.
13) 組(조) : 인끈, 관인官印에 달린 끈.
   乍(사) : 그치다, 그만 두다.
   緤(설) : 잡아매다. '불설不緤'은 관직에 나아가지 않은 것을 가리킨다. 조趙 평원군平原君이 노중련에 사례하며 작위를 봉하려 하였으나 사양하고 떠나갔다.

14) 珪(규) : 규옥. 황제가 작위를 내릴 때 하사하는 서옥瑞玉.

　　分(분) : 둘로 나누다. 황제가 하사한 규옥은 둘로 나누어 하나는 조정에 두고 하나는 관원에게 주어 이 둘을 맞추어 보아 진위를 판단하는 신표로 삼았다.

15) 惠物(혜물) : 황제가 하사하는 은혜로운 물건.

16) 勵志(여지) : 뜻을 면려하다.

　　絶人(절인) : 다른 사람들을 뛰어 넘다. 절개와 지조를 지켜 세상 사람들과 같아지지 않으려 노력하는 것을 의미한다.

17) 苕苕(초초) : 아득히 먼 모양. 다음 구의 '요요遙遙'도 같은 뜻이다.

18) 淸塵(청진) : 맑은 먼지. 위에서 언급한 고대 위인들의 영향과 가르침을 의미한다.

19) 明哲(명철) : 도리에 밝고 명석한 사람. 조부 사현謝玄을 가리킨다.

　　垂(수) : 드리우다. ≪문선≫에는 '시時'로 되어 있으며, '당시'의 뜻이다.

　　經綸(경륜) : 천하를 경영하여 다스림. 또는 그 방책.

20) 委講(위강) : 강론을 그만두다. 초야에서 청담淸談에 대한 강론을 펼치는 것을 그만두고 관직에 나온 것을 말한다.

　　輟(철) : 그만두다. ≪문선≫에는 '철綴'로 되어 있으며, 뜻은 같다.

　　道論(도론) : 도학道學에 대한 의론.

21) 改服(개복) : 옷을 바꾸어 입다. 사현이 숙부 사안謝安의 추천을 받아 융복으로 갈아입고 종군한 것을 가리킨다.

　　世屯(세둔) : 세상의 환난. 아래 구의 '둔난屯難'과 같은 의미로, 동진東晉 효무제孝武帝 태원太元 원년376에 전진前秦 부견苻堅이 남침한 일을 가리킨다. 당시 사안은 사현謝玄을 추천하여 군사중책을 맡겨 이를 방어하였다. 이후 태원 8년(383) 사현이 선봉이 되어 북벌에 나서 비수淝水에서 부견의 대군을 격파하고 서주徐州, 연주兗州, 청주靑州, 예주豫州 등을 차례로 수복하였으니, 사현은 그 공으로 강락현공康樂縣公에 봉해졌다. 이후 서주徐州, 연주兗州, 청주靑州, 사주司州, 기주冀州, 유주幽州, 병주幷州의 7개 주의 도독都督이 되어 군사업무를 관장하였으나, 사안의 사후 북벌계획의 무산과 함께 관직에서 물러나 고향으로 돌아가 은거하였고, 오래지 않아 태원 13년(388) 41세의 나이로 병사하였다.

22) 云(운) : 어조사.

해설

이 시는 동진東晉 효무제孝武帝 때 전진前秦 부견苻堅의 남침을 방어하고 북벌을 통해 비수대첩淝水大捷의 승리를 이끌어내며 서주徐州 일대를 수복했던 조부祖父 사현謝玄의 공적을 찬미한 송덕시頌德詩이다. 총2수로 이루어져 있으며 제1수에서는 산림에 은거하던 사현이 세상에 나오게 된 원인을 설명하고, 춘추전국 시기 사현과 유사한 처지에서 공업을 이루었던 역대 인물들을 하나하나 언급하며 사현이 이들의 위국안민衛國安民의 정신을 계승하여 현세에서의 공업을 이루었음을 치하하고 있다.

제1~4구에서는 사현이 본디 고아하고 탈속적인 성품으로 인해 세상 사람들과는 그 기질과 지향이 같지 않았음을 말하고, 그럼에도 불구하고 세상을 걱정하고 구제하고자 하는 마음 또한 지니고 있었기에 은거생활에서 벗어나 세상으로 나오게 되었음을 말하고 있다. 다음 제5~8구에서는 춘추전국 시기 고고한 은사의 풍도로써 진秦의 침략을 막아낸 단간목段干木과 한직에 있었지만 탁월한 언변과 지략으로 제齊의 침략을 막아낸 유하혜柳下惠, 상인의 신분으로 기지와 재치를 발휘하여 진秦의 침략을 막아낸 현고弦高, 유세객의 신분으로 진秦 소왕昭王에 대한 칭제를 반대하며 조趙의 항복을 막아낸 노중련魯仲連 등을 언급하며 미미한 신분으로서 외침으로부터 나라를 구한 이들의 위대한 공업을 칭송하고 있다. 이어 제9~12구에서는 노중련魯仲連이 상으로 내려진 작위를 거부했던 일을 언급하며 국가를 위한 이들의 헌신적인 노력이 세속적인 대가를 바란 것이 아니었음을 말함으로써 이들의 고고한 성품을 찬미하고 있다. 제13~16구에서는 이들의 뛰어난 공업과 고고한 성품이 천 년의 세월을 지나 사현에게로 이어지고 있음을 말하고 있는데, 이와 같은 서술구조를 통해 앞서의 칭송과 찬미를 온전히 사현에게로 집중되게 하는 효과를 낳고 있다. 마지막 제17~20구에서는 전체적인 시상을 마무리하는 동시에, 이어지는 다음 시를 이끌어내고 있다. 즉 앞 두 구에서는 시 전체의 내용을 요약하여 사현이 은거생활에서 나와 종군을 통해 세상을 안정시켰음을 말하고, 후 두 구에서는 난이 평정된 후에 조정의 관원으로 머물며 다시금 위군애민爲君愛民의 내치內治의 공을 세웠음을 말하고 있다.

제2수

中原昔喪亂,1	중원은 예로부터 혼란하였으니
喪亂豈解已,2	그 혼란함이 어찌 그칠 수 있었으리.
崩騰永嘉末,3	영가 말의 난리는
逼迫太元始,4	태원 초까지 이어졌다네.
河外無反正,5	황하 바깥의 영토를 되찾아 오지도 못한 채
江介有蹙圮,6	장강 사이에 낀 영토는 줄어들기만 하였는데,
萬邦咸震懾,7	온 나라가 모두 놀라 두려워하며
橫流賴君子,8	오랑캐의 침략에 군자에게 의지하였네.
拯溺繇道情,9	도의의 마음으로 나라를 구원하고
龕暴資神理,10	신묘한 방책으로 포악함을 평정하였으니,
秦趙欣來蘇,11	진 땅과 조 땅은 다시 살아나기를 기뻐하고
燕魏遲文軌,12	연 땅과 위 땅은 하나로 통일되기를 기다렸다네.
賢相謝世運,13	어진 재상께서 돌아가시어
遠圖因事止,14	원대한 계획이 이 일로 인해 그치게 되니,
高揖七州外,15	공손히 절하고 칠주 밖으로 나가
拂衣五湖裏,16	옷 털고 오호 안으로 들어가셨도다.
隨山疏濬潭,17	산세를 따라 깊은 연못을 파고
傍巖藝枌梓,18	바위 곁에 느릅나무와 가래나무를 심고,
遺情捨塵物,19	마음을 버리고 속세의 사물들을 잊고서
貞觀丘壑美,20	편안히 언덕과 골짜기의 아름다움을 감상하셨도다.

주석

1) 中原(중원) : 서진西晉이 통치하던 낙양洛陽 일대의 지역.

2) 解已(해이) : 그치다.

3) 崩騰(붕등) : 산이 무너지고 물이 튀어 오르다. 서진西晉 회제懷帝 영가永嘉 연간(307~

313)의 혼란한 상황을 비유한다. 영가 5년(311) 흉노 한漢의 군주 유총劉聰이 유요劉曜와 석륵石勒 등을 파병하여 서진의 수도인 낙양洛陽을 함락시키고 회제를 포로로 잡아갔으니, 이를 영가지란永嘉之亂이라 한다. 회제가 평양平陽에서 사망한 후 민제愍帝가 장안長安에서 건흥建興을 연호로 하고 즉위하였으나, 건흥 4년(316) 다시 유요劉曜의 공격을 받아 항복하고 포로로 잡혀감으로써 서진은 멸망하게 된다.

4) 逼迫(핍박) : 가까이 이르다, 닥치다. 동진東晉 효무제孝武帝 태원太元 원년(376)에 전진前秦 부견苻堅이 남침한 일을 가리킨다.

5) 河外(하외) : 황하의 바깥. 서진西晉의 영토였던 낙양 일대의 중원지역을 가리킨다.
反正(반정) : 올바름으로 돌아오다. '반反'은 '반返'의 뜻으로, 영토를 회복하는 것을 의미한다.

6) 江介(강개) : 장강長江과 회수淮水 사이에 낀 영토. 동진東晉 지역을 말한다.
蹙圯(축비) : 줄어들고 무너지다. 동진의 영토와 세력이 줄어들고 외적의 침입이 빈번한 것을 말한다.

7) 震慴(진섭) : 놀라 두려워하다. ≪문선≫에는 '진섭振慴'으로 되어 있으며, 뜻은 같다.

8) 橫流(횡류) : 강물이 옆으로 범람하다. 외적의 침입을 의미한다.
君子(군자) : 사현謝玄을 가리킨다.

9) 拯溺(증닉) : 물에 빠진 것을 건져내다.
繇(요) : 말미암다. '유由'와 같다.
道情(도정) : 도의道義를 지닌 마음. ≪맹자孟子·이루하離婁下≫에 "천하가 물에 잠기면 도로써 구해낸다.(天下溺則援之以道)"라 하였다.

10) 戡暴(감포) : 포악함을 평정하다.
資(자) : 바탕으로 삼다.
神理(신리) : 뛰어난 방책과 재주

11) 秦趙(진조) : 진나라와 조나라의 땅. 당시 부견苻堅의 치하에 있었다.
來蘇(내소) : (사현이) 와서 소생시키다. ≪서경書經·중훼지고仲虺之誥≫에 "우리 임금을 기다렸나니, 임금이 오시어 살리셨도다.(徯予后, 后來其蘇)"라 하였다.

12) 燕魏(연위) : 연나라와 위나라의 땅. 당시 선비족鮮卑族의 치하에 있었다.

遲(지) : 기다리다.

文軌(문궤) : 문자와 수레가 같다. 하나로 통일되는 것을 의미한다. ≪예기禮記·중용中庸≫에 "글은 같은 문자를 쓰고, 수레는 같은 궤를 사용한다.(書同文, 車同軌)"라 하였다.

13) 賢相(현상) : 어진 재상. 사안謝安을 가리킨다.

謝世運(사세운) : 세상의 운에서 떠났다. 사안이 죽은 것을 의미한다.

14) 遠圖(원도) : 원대한 계획. 사안이 추진했던 북벌계획을 가리킨다.

15) 高揖(고읍) : 공손히 예를 갖추다.

七州(칠주) : 사현이 도독으로 있던 칠주七州. 앞의 시 주21) 참조.

16) 拂衣(불의) : 옷을 털다. 관직을 버리고 고향으로 돌아가는 것을 의미한다.

五湖(오호) : 태호太湖. 춘추 시기 월越의 범려范蠡가 관직에서 물러나 은거한 곳이라 한다.

17) 疏(소) : 소통시키다, 물길을 연결하다.

濬潭(준담) : 깊은 연못.

18) 藝(예) : 심다.

枌梓(분재) : 느릅나무와 가래나무

19) 遺情(유정) : 세상에 대한 마음을 버리다.

塵物(진물) : 속세의 사물. 부귀와 명리名利 등을 의미한다.

20) 貞觀(정관) : 편안하게 바라보다.

해설

이 시에서는 앞 시에 이어 중원에서 쫓겨난 동진東晉의 궁핍한 상황과 이를 타개하려 했던 사현의 북벌의 시도와 좌절의 과정을 서술하고 다시금 은거생활로 돌아가 여생을 보낸 사현의 삶을 말하고 있다.

제1~4구에서는 중원 지역이 예로부터 천하의 각축장으로서 혼란이 끊임없었음을 말하며 서진西晉 대의 혼란했던 시대상황이 동진 대에 들어와서도 여전히 지속되고 있었음을 말하고 있다. 제4~8구에서는 중원의 수복은커녕 전진前秦의 위세에 동진의 국세는 날로 위축되었으며 백성들 또한 전진의 남침 공세에 두려워 떨며 오로지 사현에게만 생존을 의지해야 했던 상황이 나타나 있다. 제9~12구에서는 사현이 제물濟物에 바탕을 둔 도의道義와 뛰어난 지략과 방책으로 전진의 남침을 막아내었으며, 아울러 북벌을 통해 일부의 실지失地를 수복함으로써 이민족의 치하에 있던 다른 백성들 또한 통일에 대한 희망을 가질 수 있었음을 말하고 있다. 제13~16구에서는 사안謝安의 사후 북벌계획이 무산되게 되자 사현이 관직을 버리고 다시금 은거생활을 시작하게 된 상황이 나타나 있다. 마지막 제16~20구에서는 다시금 산수자연 속에 은거하며 세상의 일을 잊고 풍광을 즐기며 여생을 보내는 사현의 모습을 묘사하고 있는데, 이로써 시의 초반부에서 언급한 달인의 성정과 품성이 곧 사현의 그것을 지칭한 것이었음을 알 수 있다. (주기평)

九日從宋公戲馬臺集送孔令[1]   19
중양절에 송공을 따라 희마대에 모여 상서령 공정을 보내다

季秋邊朔苦,[2]	늦가을에 북쪽 변방이 고달파
旅雁違霜雪.[3]	기러기 철새가 눈서리를 피해 가는데,
淒淒陽卉腓,[4]	햇볕 아래 풀은 쓸쓸히 시들었고
皎皎寒潭潔.[5]	차가운 못은 말끔하니 깨끗하네.
良辰感聖心,[6]	좋은 시절에 성스러운 마음이 움직여
雲旗興暮節.[7]	구름 깃발이 저무는 절기에 일어나니,
鳴葭戾朱宮,[8]	갈대피리 울리며 붉은 궁에 이르러
蘭卮獻時哲.[9]	난 향기 술잔이 당시 빼어난 이에게 바쳐지네.
餞宴光有孚,[10]	전별 연회가 믿음직한 신하를 빛내어
和樂隆所缺.[11]	화락하여 없어졌던 군신의 도리가 융성하니,
在宥天下理,[12]	무위로 천하가 다스려지고
吹萬群方悅.[13]	만 가지 소리를 불어 온 나라가 기뻐하네.
歸客遂海嵎,[14]	돌아가는 객이 바닷가 모퉁이로 가게 되어
脫冠謝朝列.[15]	관을 벗고는 조정의 대열을 떠나는데,
弭棹薄枉渚,[16]	노를 멈추고 굽은 물가 가까이 대도록 하고
指景待樂闋.[17]	태양을 가리키며 음악 끝나기를 기다리라 하네.
河流有急瀾,[18]	흘러가는 강물에는 급한 물결이 있고
浮驂無緩轍.[19]	떠나가는 말에는 느린 바퀴 자국이 남질 않는데,
豈伊川途念,[20]	어찌 물길과 육로만 생각하리오!

宿心愧將別,21　　평소 품었던 마음을 보아도 이별을 부끄러워하네.
彼美丘園道,22　　자연에 은거하는 그 도리 아름다우니
喟焉傷薄劣.23　　아아, 내 졸렬함을 슬퍼하네.

주석

1) 九日(구일) : 음력 9월 9일인 중양절.
   宋公(송공) : 남조 송나라의 유유劉裕. 이 시가 지어지기 1년 전 쯤에 송공에 봉해졌으며, 이후 무제武帝가 되었다.
   戱馬臺(희마대) : 항우項羽가 팽성彭城에 지었다는 누대 이름. 지금의 강소성 동산銅山 남쪽에 있다.
   孔令(공령) : 공정孔靖. 자는 계공季恭이고 회계會稽 산음山陰 사람이다. 관직은 회계내사會稽內史와 오흥태수吳興太守를 지냈다. 유유의 북벌에 참여해 태위군자좨주太尉軍諮祭酒가 되었다. 당시 상서령尙書令에 제수되었지만 벼슬을 사양하고 고향으로 돌아가게 되었다.

2) 季秋(계추) : 늦가을. 음력 9월.
   邊朔(변삭) : 북쪽 변방. 여기서는 팽성彭城을 가리킨다. 당시 회북淮北은 이민족이 점령하고 있었기 때문에, 팽성이 북쪽 변방이 되었다.

3) 旅雁(여안) : 계절 따라 이동하는 기러기.
   違(위) : 피하다.

4) 淒淒(처처) : 처량한 모습.
   陽卉(양훼) : 햇볕을 받고 있는 풀.
   腓(비) : 병들다. 초목이 시들다. ≪시경・소아小雅・사월四月≫에 "가을 햇빛은 쓸쓸하고 온갖 풀은 모두 시들었네.(秋日淒淒, 百卉具腓)"라 하였다.

5) 皎皎(교교) : 희고 깨끗한 모습.

6) 良辰(양신) : 좋은 때. 여기서는 중양절을 가리킨다.
   聖心(성심) : 성스러운 마음. 여기서는 유유의 마음을 가리킨다. 대체로 '성심'은 황제의 마음을 가리키는데, 이를 근거로 당시 유유가 송공이었지만 신하들은 이미 그를 황제로 대우했다는 설이 있다.

7) 雲旗(운기) : 곰과 호랑이가 그려진 큰 깃발. 또는 구름에 닿을 듯한 높은 깃발.
暮節(모절) : 한 해가 저무는 절기. 여기서는 늦가을인 중양절을 가리킨다.
이상 두 구는 송공 유유가 중양절을 맞아 연회를 베풀어 행차하였음을 말한다.

8) 鳴葭(명가) : 갈대피리를 울리다. 유유가 행차할 때 연주한 악기를 가리킨다.
戾(려) : 도착하다.
朱宮(주궁) : 붉은 궁전. 여기서는 희마대를 가리킨다.

9) 蘭巵(난치) : 난 향기가 나는 술잔. 좋은 술이 담긴 술잔을 의미한다.
時哲(시철) : 당시의 뛰어난 사람. ≪문선≫ 이선李善의 주석에서는 공정을 가리킨다고 하였다. 송공인 유유를 가리키는 것으로 볼 수도 있다.

10) 餞宴(전연) : 전별 연회.
有孚(유부) : 믿음이 있는 신하. 믿을만한 신하. 여기서는 공정을 가리킨다.

11) 隆(융) : 일으키다.
所缺(소결) : 없어졌던 것. ≪시경·소아小雅·유월六月≫의 ≪모시서毛詩序≫에서 "〈사슴이 울다鹿鳴〉가 폐하여지자 군신간의 화락함이 없어졌다.(鹿鳴廢, 則和樂缺矣)"라 하였다. 〈사슴이 울다鹿鳴〉는 ≪시경·소아≫의 편명으로 군주가 신하와 손님에게 잔치를 성대하게 베푸는 모습을 묘사하였다.

12) 在宥(재유) : ≪장자莊子·재유在宥≫에서 "천하를 있는 그대로 인정하고 받아들인다는 것은 들어보았어도, 천하를 다스린다는 말은 들어보지 못했다.(聞在宥天下, 不聞治天下)"라 하였는데, 이는 천하를 자연의 이치대로 내버려두어야 인간의 의지로 다스려서는 안 된다는 뜻이다. '재在'는 '자재自在'로 자체로 존재하게 한다는 뜻이며, '유宥'는 너그럽게 받아들인다는 뜻이다.
理(리) : 다스려지다.

13) 吹萬(취만) : ≪장자·제물론齊物論≫에서 "(천뢰天籟라는 것은) 만 가지 다른 소리를 불어내지만 자신의 소리를 내도록한다.(夫吹萬不同而使其自己也)"라고 하였다. 나라를 자연의 이치에 따라 다스려 각자가 자신의 성정에 맞춰 행동하도록 한다는 뜻이다.
群方(군방) : 만방. 온 나라.

이상 두 구는 송공이 자연의 이치에 따라 통치를 하여 만백성이 즐거워한다는 뜻인데, 여기서는 구체적으로 자신의 성정에 따라 관직을 그만두고 고향으로 돌아가는 공정의 뜻을 송공이 존중하여 허여하였으며 나아가 성대한 전별연을 베풀어준 것으로 의미한다.

14) 歸客(귀객) : 돌아가는 나그네. 여기서는 공정을 가리킨다.

   遂(수) : 가다.

   海嶼(해우) : 바다 모퉁이. 여기서는 공정의 고향인 회계를 가리킨다.

15) 脫冠(탈관) : 관을 벗다. 관직을 그만 두다. 공정이 상서령을 사양한 것을 말한다.

   謝(사) : 떠나다.

   朝列(조열) : 조정에 있는 신하의 대열. 여기서는 조정을 의미한다.

16) 弭棹(미도) : 노를 멈추다. 배를 멈추다.

   薄(박) : 가까이 가다.

   枉渚(왕저) : 굽은 물가.

17) 指景(지영) : 태양을 가리키다.

   樂闋(악결) : 음악이 끝나다.

18) 急瀾(급란) : 빠르게 흘러가는 물결.

19) 浮驂(부참) : 달려가는 준마. '부浮'는 가다는 뜻이며, '참驂'은 원래 네 필의 말이 끄는 마차에서 바깥쪽 좌우의 말을 일컫는데 대체로 마차를 뜻한다.

   緩轍(완철) : 느리게 가는 수레의 바퀴자국.

   이상 두 구는 헤어지고 난 뒤 공정은 배를 타고 가고 송공과 사령운 일행은 말을 타고 돌아가는데, 서로 반대편으로 가는 속도가 빠르다는 뜻이다. 이를 통해 작별의 아쉬움을 표현하였다. 또는 두 구절을 모두 공정의 여정으로 볼 수도 있는데, 이 경우는 공정이 관직에 대한 추호의 미련도 없이 떠나가는 모습을 뜻한다.

20) 伊(이) : 어조사.

   川途(천도) : 강과 길. 위에서 말한 수로와 육로를 가리킨다.

21) 宿心(숙심) : 평소 오래도록 간직한 마음.

   愧(괴) : 부끄러워하다.

이 구는 공정이 관직에 연연하지 않고 고향으로 돌아가려는 마음을 가진 반면에 자신은 아직 영화로운 관직에 연연해하는 마음을 가지고 있어서 그와 작별하는 순간에 더욱 부끄럽다는 뜻이다.
22) 丘園道(구원도) : 자연에 은거하는 도리.
23) 喟焉(위언) : 탄식하는 모습.
薄劣(박렬) : 졸렬하다.

해설

이 시는 동진東晉 안제安帝 의희義熙 13년(417) 9월 9일 중양절重陽節에 지은 것이다. 당시 유유가 비록 군공이지만 이미 송나라의 기초를 갖추고서 천자의 위엄을 가지고 있던 상황이었는데, 상서령에 제수되었던 공정이 이를 사양하고 고향으로 돌아가게 되자 유유가 이별연회를 벌였다. 당시 여러 문인들이 참석하여 전별시를 지었는데, 황문시랑黃門侍郎이던 사령운이 이 시를 지었고 그의 종제인 사첨謝瞻 역시 같은 제목의 시를 지었으며 두 시 모두 ≪문선≫에 수록되어 있다.

제1~4구에서는 늦가을 중양절의 풍경을 묘사하였는데, 기러기가 눈서리를 피해 가는 것을 묘사하여 고향으로 돌아가는 공정의 마음을 암암리에 표현하였다. 제5~8구에서는 유유가 중양절을 맞이하여 희마대로 행차하는 모습을 묘사하였다. 제9~12구에서는 유유가 신하인 공정을 위해 송별연을 베풀어 주는 것을 표현하였다. 신하를 위해 전별연을 베풀어주어 사라졌던 군신간의 도리를 회복시켰음을 말하고, 자연의 이치에 따른 정치를 베풀어 관직을 떠나 귀향하고자 하는 신하의 뜻을 존중하고 허여하였음을 말하여 송공의 덕치를 기렸다. 제13~16구에서는 공정이 관직을 그만두고 고향으로 돌아가게 되었다는 사실과 조금이라도 연회를 더 오래 지속하여 이별을 늦추고자 하는 마음을 표현하였다. 제17~22구에서는 지금의 작별이 아쉽기는 하지만 그보다 더 가슴 아픈 것은 공정이 평소 자신의 성정에 따라 은일하려는 마음을 가지고 있다가 지금 이를 실현하고 있지만, 자신은 이러한 아름다운 도리를 따르지 못하고 계속 관직에 얽매여 있는 상황에 처해있는 것임을 말하였다. (임도현)

彭城宮中直感歲暮[1]
팽성궁에서 모시며 세밑에 감회가 있어 20

草草眷物徂,[2]	만물이 시들어가는 것 근심하며 돌아보고
契契矜歲殫,[3]	세월이 가는 것 걱정하며 아쉬워하네.
楚艷起行戚,[4]	초 땅의 노래는 떠나온 이의 슬픔을 불러일으키고
吳趨絶歸歡,[5]	오 땅의 노래는 돌아갈 이의 설렘을 끊어버리네.
修帶緩舊裳,[6]	오래된 치마에 긴 허리띠는 헐거워지고
素鬢改朱顏,[7]	젊은 모습은 흰 머리가 바꾸어놓았네.
晚暮悲獨坐,[8]	세밑에 홀로 앉아 있는 것 슬퍼하나니
鳴鵙歇春蘭.[9]	두견새 울자 춘란이 시들어서라.

주석

1) 彭城(팽성) : 군郡 이름. 지금의 강소성江蘇省 서주시徐州市. 남조 송나라의 초대 황제 유유劉裕의 조적祖籍이 팽성이다.
   直(직) : 모시다, 대하다.
   歲暮(세모) : 그 해가 저무는 때. 세밑.
2) 草草(초초) : 근심하는 모양.
   眷(권) : 그리워하다, 돌아보다.
   徂(조) : 가다. 여기서는 시든다는 의미이다.
3) 契契(계계) : 근심하는 모양.
   矜(긍) : 불쌍히 여기다, 아쉬워하다.

殫(탄) : 다하다.
4) 楚艶(초염) : 초 땅의 노래. 여기서는 팽성을 가리킨다.
戚(척) : 근심, 슬픔.
5) 吳趨(오추) : 오 땅의 노래. 여기서는 회계會稽를 가리킨다.
이 구는 작자가 회계를 그리워한 것이다.
6) 修(수) : 길다.
緩(완) : 느슨하다.
7) 素鬢(소빈) : 백발, 흰머리.
朱顔(주안) : 홍안, 젊은 얼굴.
8) 晚暮(만모) : 세밑.
9) 鶗(제) : 두견새. 〈이소離騷〉에 "두견새 먼저 울어 모든 풀이 향기롭지 못할까 두렵네.(恐鶗鴃之先鳴兮, 使夫百草爲之不芳)"라 하였는데, 〈이소〉의 이 대목은 무함이 굴원에 대해 충고한 것이다. 굴원이 아직 정치적 포부를 펼칠 기회가 있는데, 만약 주저한다면 간신의 무리가 득세하여 모든 것이 끝날 것임을 경고하고 있다. 이에 대해 왕일王逸은 참언이 먼저 이르러 충직한 선비가 죄를 뒤집어쓰게 됨을 비유한 것이라 하였다.
歇(헐) : 그치다, 마르다.
이 구는 굴원의 전고를 응용하여 사령운 자신이 간신배 때문에 정치적 포부를 펼칠 기회를 잃었음을 말한 것이다.

해설

유유劉裕는 의희義熙 14년(418) 상국相國에 올랐고 다음 해인 원희元熙 원년(419) 공제恭帝의 선양으로 제위에 올랐다. 사령운은 의희 14년에 송공宋公의 칭호를 받은 유유를 축하하러 팽성을 찾았는데, 이 시는 이 때 쓴 것으로 여겨진다. 이 시는 세모를 맞으며 갖게 된 감개를 쓴 것으로, 나이만 먹고 제대로 포부를 펼치지 못하는 답답한 심정을 담고 있다.

제1~2구에서는 세모에 쓴 시답게 한 해가 지나며 만물이 시들고 세월이 지는 것을 안타까워하였다. 제3~4구에서는 팽성에서 슬픔에 잠긴 작자가 회계를 그리워하고 있음을 말하였다. 제5~6구에서는 뜻을 펼치지 못한 채 야위고 노쇠해져버린 작자 자신을 묘사하였고, 제7~8구에서는 세모에 홀로 앉아 있는 자신의 신세를 슬퍼하며 참언하는 자들 때문에 충신이 묻혀버리는 현실을 개탄하였다. (이지운)

三月三日侍宴西池[1]
삼짇날 서지에서 시연하며 21

詳觀記牒,[2]	역사 기록을 자세히 살피니
鴻荒莫傳.[3]	태초의 혼란스러움은 전하는 것이 없고,
降及雲鳥,[4]	내려와 황제와 소호씨 시대에 이르니
曰聖則天.	성인은 하늘을 법칙으로 섬겼다고 말하며,
虞承唐命,[5]	순임금은 요임금의 천명을 계승하였고
周襲商艱.[6]	주나라는 어려움에 빠진 은나라를 이었다네.
江之永矣,[7]	장강의 물이 길게 흐르니
皇心惟眷.	황제의 마음이 돌아보시네.
矧迺暮春,[8]	하물며 늦봄이 되어서
時物芳衍.[9]	제철의 만물이 향기를 넘치게 퍼뜨림에야.
濫觴逶迤,[10]	술이 넘치는 술잔이 구불구불 굽이를 따라
周流蘭殿.	난초향 감도는 궁궐을 죽 둘러 흐른다네.
禮備朝容,	예식이 아침의 위용을 완비하니
樂闋夕宴.[11]	음악이 저녁 연회를 마친다네.

주석

1) 三月三日(삼월삼일) : 상사절上巳節. 본래는 3월 첫 사일巳日을 가리켰으나 위진魏晉 이후 3월 3일로 고정되었다. 이 날 사람들은 흐르는 물에 몸을 씻고 물가에서 제사를 지냈으며 술잔을 흐르는 물에 띄우며 잔치를 벌였다. 이것을 유상곡수流觴曲水라 불렀다.

侍宴(시연) : 황제를 모시고 잔치를 벌이는 것.

西池(서지) : 서쪽 연못. 이 시에선 남조南朝 송宋나라의 도성인 건강(建康, 지금의 남경시南京市)에 있는 연못이다.

2) 記牒(기첩) : 역사책. 문자기록.

3) 鴻荒(홍황) : 혼돈이 그치지 않은 태초의 세계와 그 상태.

4) 雲鳥(운조) : 운사雲師와 鳥師조사. 상고시대인 황제黃帝와 소호씨小昊氏 때의 관직 이름. 이 시에서는 같이 쓰여서 상고시대를 뜻한다.

5) 虞(우) : 순舜임금이 세운 나라의 이름.

唐(당) : 요堯임금이 세운 나라의 이름.

6) 周襲商艱(주습상간) : 주나라가 은나라의 재난을 수습하다. 은나라 주왕紂王의 폭정을 바로 잡고 주나라가 천하의 주인이 되었다는 의미이다. 이 구절은 유유劉裕가 진晉을 멸하고 남조 송나라를 세운 것을 찬양하는 의미로 볼 수 있다. 상간을 은나라 땅에서 주공周公의 형인 관숙管叔이 반란을 일으켜 주나라의 위험이 된 것을 가리키는 것으로 보기도 한다.

7) 江之永矣(강지영의) : 장강이 길다. ≪시경·주남周南·한수는 넓어漢廣≫에서 "장강의 물이 길어서 뗏목으로 갈 수 없다.(江之永矣, 不可方思)"라 하였다. ≪모시서毛詩序≫에서는 이 시를 문왕文王의 도덕과 교화가 널리 퍼졌다는 것을 의미하는 것으로 풀이하였다. 이 시에서는 무제武帝 유유劉裕의 도덕과 교화의 위대함을 가리킨다.

8) 矧(신) : 하물며

迺(내) : 즉, 곧, 이에, 비로소.

9) 時物(시물) : 계절에 따른 경치와 경물. 때를 맞춘 경물.

10) 濫觴(남상) : 술잔을 넘치다. 그만큼 적은 양의 물. 장강과 같은 큰물도 잔을 넘칠 정도의 작은 물에서 시작했다는 의미에서 사물의 시초나 근원을 가리키는 뜻으로 많이 쓰였다. 그러나 이 시에서는 술이 넘치게 담긴 술잔을 뜻한다. 즉 유상곡수流觴曲水에 쓰이는 술잔이다.

逶迤(위이) : 구불구불 이어지는 모양.

11) 関(결) : 끝내다.

해설

　이 시는 제5~6구의 왕조 변천에 대한 서술에 근거했을 때에 유유劉裕가 진晉나라를 멸하고 송宋나라를 세운 무제武帝 영초永初 연간의 작품으로 추정된다. 그리고 이 시가 3월에 지어진 시이므로 영초 1년은 6월부터 시작했고 영초 3년 6월에 무제가 사망한 것에 근거하면 영초 2년(421년) 3월에 지어진 것으로 생각된다.

　이 시는 사령운이 3월 3일에 곡수연에 나선 황제를 따라와 쓴 작품이다. 시의 내용은 크게 두 부분으로 이루어지는데 전반부 제1~8구는 왕조의 창업에 대한 찬양이고, 후반부 제9~14구는 곡수연에 대한 개괄적인 묘사이다. 제1~6구는 태초부터 남조 송나라까지의 역사 전개를 하늘의 뜻과 성인의 법칙으로 풀이하였는데, 제5~6구에서 송나라의 건국 역시 하늘의 뜻임을 찬미하였다. 시의 내용과 함께 형식 또한 4언체로 ≪시경≫의 대아大雅의 문체와 통한다. 제7~8구는 주의 문왕을 인용하여 역사적 정당성을 획득한 무제의 덕목이 세상 만물에 퍼진다는 뜻으로, 제9~10구의 아름다운 봄 경치 또한 황제의 은총임을 밝히면서 시의 내용을 곡수연에 대한 묘사로 이전시킨다. 제7~10구는 이 시의 중간 연결 고리이다. 제13~14구는 곡수연이 왕조의 예절과 유흥을 완비했음을 밝히면서 동시에 이 시 또한 그러하다는 것을 알려준다. (서용준)

永初三年七月十六日之郡初發都[1]
영초 3년 7월 16일 영가군으로 가려고 막 도성을 떠나며 **22**

述職期闌暑,[2]	부임 보고가 늦여름으로 기약됐었지만
理櫂變金素.[3]	배를 정비하는 사이 가을로 바뀌었다.
秋岸澄夕陰,	가을 언덕에 저녁 어스름이 맑고
火旻團朝露.[4]	7월 하늘에 아침이슬이 둥글구나.
辛苦誰爲情,	쓰라림과 괴로움을 누가 마음에 두랴마는
遊子値頹暮.[5]	길 떠나는 이는 쇠한 시절을 만났구나.
愛似莊念昔,[6]	비슷한 이도 좋아하며 장자는 옛 시절을 그리워했고
久敬曾存故.[7]	오래도록 공경하며 증자는 친구를 위문했건만,
如何懷土心,[8]	도성 그리워지는 심정을 어찌하랴
持此謝遠度.[9]	이런 마음 지니니 고원한 그 풍도에 부끄럽다.
李牧愧長袖,[10]	팔 짧은 이목은 긴 소매를 부끄러워하였고
郄克慚躧步.[11]	곱사등이 극극은 절뚝거리는 걸음을 부끄러워했지만,
良時不見遺,	좋은 시절이라 버림받지 않았고
醜狀不成惡.	추한 모습도 미움거리가 되지 않았다.
曰余亦支離,[12]	나 또한 몸이 온전치 않은데다
依方早有慕.[13]	도에 기대기를 일찍이 흠모했는데,
生幸休明世,[14]	살아서 태평성대를 만나서
親蒙英達顧.[15]	친히 영달한 분의 돌보심을 입은지라,
空班趙氏璧,[16]	공연히 화씨 옥의 귀한 반열에 들었지만

徒乖魏王瓠.17	헛되이 위왕의 박처럼 어긋났도다.
從來漸二紀.18	지금까지의 벼슬살이가 24년에 이르는데
始得傍歸路.19	비로소 고향 길을 곁에 둘 수 있으니,
將窮山海迹,	장차 산과 바다를 다 돌아다닐 것이라
永絶賞心晤.20	지기와의 만남은 영원히 끊어지겠구나.

주석

1) 永初三年(영초삼년) : 422년. 영초는 원래 무제武帝의 연호인데 소제少帝가 7월 즉위하긴 했지만 아직 해가 바뀌지 않아 개원改元하지 않았기에 이 연호를 쓴 것이다.
   發都(발도) : 도성을 출발하다. 건강建康을 가리킨다.

2) 述職(술직) : 외지에 나간 관원이 조정에 직무를 보고하다. 원래는 제후가 천자에게 자기 봉지의 직무를 보고하는 것이다. 여기서는 작자가 영가태수로 부임하는 일을 가리킨다.
   闌暑(난서) : 늦여름. 더위가 다하는 때. 음력 6월 말을 가리킨다.

3) 理棹(이도) : 배를 정비하다.
   金素(금소) : 가을. 가을이 오행五行 중 금金에 해당하고 색깔은 흰색이기에 이와 같이 부른다.

4) 火旻(화민) : 음력 7월. '화火'는 대화성大火星이고 '민旻'은 가을 하늘이다. ≪시경·빈풍豳風·칠월七月≫에 "칠월에 대화성이 흐른다.(七月流火)"라고 하였다.

5) 頹暮(퇴모) : 쇠한 시절. 가을의 영락함과 자신의 노쇠함을 함께 가리킨다.

6) 愛似(애사) : 비슷한 사람만 보아도 좋아하다. ≪장자·서무귀徐無鬼≫에 "월 땅에 유배된 사람은 나라를 떠난 지 며칠이 지나면 아는 사람을 보면 기뻐하고 나라를 떠난 지 수십 일이 되면 나라에서 만난 적이 있는 있는 사람을 보면 기뻐한다. 일 년이 되면 아는 사람과 비슷한 사람만 보아도 기뻐한다.(夫越之流人, 去國數日, 見其所知而喜, 去國旬月, 見所嘗見于國中者喜, 及期年也, 見似人者而喜矣)"라 하였다.
   莊念昔(장념석) : 장자莊子가 옛 시절을 그리워하다.

7) 久敬(구경) : 오래되도록 공경하다.

曾存故(증존고) : 증자曾子가 친구를 위문하다. '존存'은 '존문存問'으로, 위문한다는 뜻이다. 이 구는 ≪논어·공야장公冶長≫의 "안평중은 남과 사귀기를 잘하나니 오래되어도 그를 공경한다.(晏平仲善與人交, 久而敬之)"라는 고사와 ≪한시외전韓詩外傳≫의 "(증자가 말하기를), 오래도록 친구로 사귀다가 중도에 절교하는 것이 세 번째 낭비이다.(久交友而中絶之, 此三費也)"라는 고사를 합쳐서 쓴 것이다.

8) 懷土(회토) : 도성을 그리워하다. '토土'는 '고토故土'로 여기서는 도성 건강을 가리킨다.

9) 持此(지차) : 이런 마음을 지니다. 앞 구의 '도성 그리워지는 심정[懷土心]'을 가리킨다.
   謝(사) : 부끄럽다. '참慚'의 뜻이다.
   遠度(원도) : 고원高遠한 풍도. 앞 구에서 말한 장자와 증자의 풍도를 가리킨다.
   이 구는 장자와 증자처럼 옛 시절과 옛 친구를 좋아하거나 공경하지 못하고 못내 그리워하고 아쉬워하는 자신의 심정을 부끄러워한 것이다.

10) 李牧(이목) : 전국시대 조趙나라 장군. 흉노를 물리치고 진나라 군대를 패배시키는 등 전공이 많아 무안군武安君에 봉해졌다. ≪전국책≫에 의하면 그는 "키는 크지만 팔이 짧아(身大臂短)" 조왕에게 무릎 꿇고 절할 때 팔이 땅에 닿지 않을까 걱정하여 팔에 나무막대를 동여매어 팔을 길어보이게 했다고 한다.

11) 郤克(극극) : 춘추시대 진晉나라 대부大夫. ≪사기≫에 의하면, 극극을 비롯한 세 명의 사신들이 제齊나라에 이르렀는데 우연히 모두 장애를 지니고 있었다. 제 경공頃公이 이들을 연회에 초대하면서 곱사등이 시종이 곱사등이 극극을, 절름발이 시종이 절름발이 계손행보季孫行父를, 애꾸눈 시종이 애꾸눈의 손량부孫良夫를 인도하여 조회하는 곳에 이르게 하였다. 이에 제나라 신하들이 모두 크게 웃었는데, 이에 분노한 사신들은 각국으로 돌아간 다음 연합하여 제나라 군대를 대패시켰다고 한다.
    躃步(사보) : 발꿈치를 들고 절뚝거리며 걷는 걸음. 기행跂行.

12) 曰(왈) : 어조사.
    支離(지리) : 형체가 불완전하고 쇠약하다. 불구자인 지리소支離疏. ≪장자·인간세人間世≫에 "대저 그 형체가 온전치 못한 자도 오히려 족히 그 몸을 보양하며 천수를 누릴 수 있는데, 하물며 그 덕이 온전치 못한 자에 있어서겠는가.(夫支離其形者, 猶足以養其身, 終其天年, 又況支離其德者)"라고 하였다.

13) 方(방) : 도道.
14) 幸(행) : 만나다.
    休明(휴명) : 태평성대. 명군明君이나 성세盛世를 찬미하는 말이다.
15) 英達(영달) : 영달한 이. 여기서는 여릉왕廬陵王 유의진劉義眞을 가리킨다.
16) 班(반) : 반열에 들다. 동일하게 취급되다.
    趙氏璧(조씨벽) : 화씨벽和氏璧. 변화卞和가 초楚나라에 바친 귀한 옥. 나중에 조趙나라의 소유가 되었다.
    이 구는 여릉왕 유의진의 총애를 받은 일을 가리킨다.
17) 乖(괴) : 어긋나다.
    魏王瓠(위왕호) : 위왕魏王의 큰 박. ≪장자·소요유逍遙游≫에 "위왕이 나에게 큰 박의 씨를 주어 내가 그것을 심었소…덩그렇게 크지 않은 것은 아니지만 나는 그것이 쓸모가 없다고 생각되어 부숴버렸소.(魏王貽我大瓠之種, 我樹之…非不呺然大也, 吾爲其無用而掊之)"라고 하였다.
    이 구는 소제少帝의 중용을 받지 못하고 영가태수로 좌천된 일을 가리킨다.
18) 漸(점) : 이르다. 도달하다.
    二紀(이기) : 24년. 1기紀는 세성歲星인 목성이 지구를 한 바퀴 도는 데 걸리는 시간으로 12년을 가리킨다.
    사령운은 동진東晉 원흥元興 원년(402)에 강락공康樂公에 봉해지며 벼슬살이를 시작하여 송宋 영초永初 3년(422)에 영가태수로 나갔으니 그 기간이 대략 2기紀가 된다.
19) 傍歸路(방귀로) : 고향 길을 곁에 두다. 영가군永嘉郡으로 가려면 작자의 고향인 시녕현始寧縣을 지나야 되는 것을 의미한다.
20) 賞心(상심) : 지기知己. 마음으로 알아주는 벗을 가리킨다.
    晤(오) : 만나다.

해설

이 시는 영초 3년(422) 7월 16일 영가(永嘉, 지금의 절강성 온주시溫州市) 태수로 부임하기 위해 도성 건강을 떠나면서 지은 것으로, 도성을 떠나야 하는 슬픔, 도성시절에 대한 아쉬움, 도성친구들에 대한 그리움, 앞으로의 영가생활에 대한 기대감 등 자신의 복잡한 심경을 노래하였다. 이해 5월 송宋 무제武帝 유유劉裕가 죽고 7월 소제少帝 유의부劉義符가 즉위하였는데, 여릉왕廬陵王 유의진劉義眞이 찬탈의 뜻이 있다고 의심받으면서 그를 따르던 사령운 또한 영가태수로 폄적되었다. 제1~4구는 정해진 일정보다 늦은 7월에 도성을 떠나 영가군으로 향하게 되었음을 말하였다. 제5~10구는 38세라는 적지 않은 나이에 도성을 떠나게 되어 느끼는 슬픔과 더불어 도성시절에 대한 아쉬움과 도성친구들에 대한 그리움을 노래하였다. 제11~14구는 신체적 장애에도 불구하고 내쳐지지 않은 이목과 극극 등 역사인물을 제시하였고, 제15~20구는 자신의 재능 또한 부족하고 일찍부터 도를 추구한 까닭에 정계政界에 진출하지 않았는데 다행히도 여릉왕 유의진의 인정을 받아 정계에서 활약하였지만 결국은 영가태수로 폄적되고 말았음을 말하였다. 제21~24구는 24년 만에 비로소 고향 가까이 가게 되므로 앞으로는 고향산천을 두루 유람하면서 살겠다는 의지를 표명하였다. (김수희)

鄰里相送至方山[1]
이웃이 나를 전송하며 방산까지 오다 23

祇役出皇邑,[2]	명을 받들어 부임하느라 도성을 떠나
相期憩甌越,[3]	구월까지 가기로 되었네.
解纜及流潮,[4]	밧줄 풀어 흐르는 강물에 이르렀으나
懷舊不能發,[5]	옛 생각에 출발할 수가 없구나.
析析就衰林,[6]	쏴쏴 시든 숲에 불어 닥치는 바람과
皎皎明秋月,[7]	휘영청 밝은 가을 달.
含情易爲盈,[8]	마음에 품은 감정들은 쉽게도 차오르는데
遇物難可歇,[9]	접하는 사물들 때문에 거두기 어려워라.
積痾謝生慮,[10]	묵은 병 때문에 삶에 대한 생각을 근절했고
寡欲罕所闕,[11]	욕심이 적으므로 부족하다는 생각도 없네.
資此永幽棲,[12]	여기에 기대어 길이 은거하려하니,
豈伊年歲別,[13]	어찌 한두 해 잠깐 이별이하는 것이리.
各勉日新志,[14]	날마다 새롭게 진보하고자 하는 마음가짐을 각자 힘쓰면서
音塵慰寂蔑,[15]	편지로나마 적막하고 쓸쓸함을 위로하세.

주석

1) 이 시의 제목이 〈인리상송방산 鄰里相送方山〉으로 되어 있는 판본도 있으며 뜻은 같다. 邻里(인리) : 이웃 사람. 동향同鄕 사람을 일컫는 말로도 쓰이나 여기서는 사령운의 이웃 사람으로 보았다.

方山(방산) : 현재 강소성江蘇省 남경시南京市에 위치한 산으로서 그 곁으로 진회하秦淮河가 지난다. 사령운이 영가永嘉로 부임해갈 때 이곳에서 배에 올랐다고 한다.

2) 祗役(지역) : 공손히 황제의 명을 받들어 부임하다.

皇邑(황읍) : 도읍. 여기서는 남조 송나라의 도읍인 건강建康을 가리킨다.

3) 期(기) : 기필하다. 여기서는 '~하게 되었다'는 의미이다.

憩(게) : 쉬다. 구월甌越에서 쉬다, 즉 구월까지 간다는 의미이다.

甌越(구월) : 구월은 절강성 영가永嘉 일대의 옛 이름. 영가는 사령운이 부임해야 할 곳이자 여정의 목적지였다.

4) 纜(람) : 배를 매두었던 밧줄.

流潮(유조) : 흐르는 강물. 사령운이 배를 띄운 진회하로 보인다.

5) 懷舊(회구) : 옛 일을 생각하다.

6) 析析(석석) : 쏴쏴. 나뭇가지에 부는 바람 소리를 형용하는 말이다.

就(취) : 이르다.

7) 皎皎(교교) : 휘영청. 깨끗하고 밝은 달빛을 형용하는 말이다.

8) 含情(함정) : 마음에 품은 감정들.

9) 遇物(우물) : 눈에 접하는 사물.

10) 積痾(적아) : 묵은 병.

謝(사) : 근절하다.

生慮(생려) : 삶에 대한 생각. 삶을 영위하기 위한 계책과 계획들을 의미한다.

11) 寡欲(과욕) : 욕심이 적다.

所闕(소궐) : 부족하다.

12) 資此(자차) : 이것에 기대다. 이때 '자'는 '기대다', '빙자憑藉하다'는 뜻이다. 또한 '차'는 자신이 영가라는 한적한 곳으로 부임하게 된 기회를 가리킨다.

幽棲(유서) : 은거하다.

13) 伊(이) : ~일 뿐이다.

年歲別(연세별) : 한두 해 동안의 이별. 즉 잠깐 동안의 이별을 말한다.

14) 日新(일신) : 매일 새롭게 진보하다. ≪대학大學≫에 "날마다 새로워지고, 날마다 새로워

졌거든 또 날마다 새로워져라.(日新, 日新又日新)"라고 한 것에서 비롯되었다.
15) 音塵(음진) : 안부 편지.
　　寂蔑(적멸) : 적막하고 쓸쓸함.

해설

　이 시는 영가로 부임하게 된 사령운을 전송하고자 항구까지 따라온 이웃을 향해, 이곳을 떠나는 시인의 심정과 앞으로의 인생 계획에 대해 이야기한 것이다. 제1~2구에서는 황명에 의해 도읍을 떠나 영가로 부임하게 되었다고 말했다. 제3~4구에서는 배에 올랐지만 옛 생각 때문에 차마 출발하지 못하는 복잡한 감정을 표현했다. 제5~8구에서는 가뜩이나 여러 감정이 차오르고 있는 상황인데 바람과 달 때문에 그 마음을 더욱 거두기 어렵다고 말했다. 제9~12구에서는 자신이 삶에 대한 걱정과 욕심을 끊은 상태이므로 이번 기회에 은거할 계획임을 밝혔다. 마지막 두 구에서는 자신이 은거하고 나면 서로 만나기 어려울 터이므로 서로 편지를 주고받으며 서로를 위로하며 열심히 살자는 말로 이웃에게 이별을 고했다. 영가로 부임하기 이전에 은거에 대한 결심을 세우기 시작했음을 보여주는 시이다. (정세진)

過始寧墅[1]
시녕의 별장에 들러 24

束髮懷耿介,[2]	소년 시절에는 커다란 뜻을 품었건만
逐物遂推遷.[3]	세상 일 쫓다 마침내 변해갔네.
違志似如昨,[4]	뜻에서 어긋난 것이 마치 어제 같거늘
二紀及玆年.[5]	올해로 24년이 되었구나.
緇磷謝淸曠,[6]	물들고 닳아빠져 맑고 광달함에 부끄럽고
疲薾慙貞堅.[7]	피곤에 찌들어 곧고 굳셈에 부끄럽네.
拙疾相倚薄,[8]	낮은 관직과 질병이 서로 핍박하더니
還得靜者便.[9]	다시금 근본으로 돌아온 편안함을 얻게 되었네.
剖竹守滄海,[10]	부신을 쪼개어 받고 푸른 바다 지키려 가는 길에
枉帆過舊山.[11]	돛을 돌려 옛 산을 들렀다네.
山行窮登頓,[12]	산을 지나며 오르고 내리기를 다하고
水涉盡洄沿.[13]	물을 건너며 거슬러 오르고 따라 내리기를 다하였네.
巖峭嶺稠疊,[14]	바위는 가파르고 산봉우리는 빽빽하며
洲縈渚連綿.[15]	모래섬 두른 채 물가는 이어져 있네.
白雲抱幽石,[16]	흰 구름은 그윽한 돌을 감싸고
綠筱媚淸漣.[17]	푸른 조릿대는 맑은 물결에 어여쁘네.
葺宇臨廻江,[18]	띠풀 집은 굽이진 강에 임해 있고
築觀基曾巓.[19]	쌓은 누관은 겹겹 봉우리에 터를 잡았네.
揮手告鄕曲,	손 흔들어 고향 사람들에게 고별하며

三載期歸旋.	삼 년 후에 돌아올 것을 기약하나니,
且爲樹枌檟,19	또한 나를 위해 흰 느릅나무와 개오동나무 심어
無令孤願言.20	이러한 바람을 저버리지 않게 해주시길.

주석

1) 始寧墅(시녕서) : 시녕의 별장. 시녕은 지금의 절강성 상우현上虞縣 지역으로, 당시 회계군會稽郡에 속해 있었다. 사령운의 조부와 부친의 무덤 및 고택과 별장이 있었다.

2) 束髮(속발) : 머리를 묶다. 소년을 의미한다. 고대에 아이가 소년이 되면 머리를 묶었다. ≪신서新書·용경容經≫에 "옛날에 9세가 되면 소학으로 나아가 작은 예절을 배우고 작은 법도를 익혔으며, 소년이 되면 대학으로 나아가 큰 예절을 배우고 큰 법도를 익혔다.(古者年九歲入就小學, 蹍小節焉, 業小道焉, 束髮就大學, 蹍大節焉, 業大道焉)"라 하였다.

   耿介(경개) : 커다란 뜻, 불굴의 지조.

3) 逐物(축물) : 세상사를 쫓다.

   遂(수) : 마침내.

   推遷(추천) : 옮겨가 변화하다.

4) 違志(위지) : 뜻에서 어긋나다. 관직에 나아가 지조를 잃은 것을 가리킨다.

5) 二紀(이기) : 24년. '紀'는 12년. 여기서는 대강의 수를 말한 것으로, 사령운은 의희義熙 원년(405) 낭야왕대사마행군참군瑯邪王大司馬行軍參軍으로 관직을 시작하여 이 시를 쓴 영초永初 3년(422) 영가태수永嘉太守로 부임하였다.

6) 緇磷(치린) : 검게 물들고 닳다. '치緇'가 '치淄'로 되어 있는 판본도 있으며 뜻은 같다. ≪논어論語·양화陽貨≫에 "굳건하다 말하지 않겠는가? 갈아도 닳지 않도다. 희다 말하지 않겠는가? 물들여도 검어지지 않도다.(不曰堅乎, 磨而不磷, 不曰白乎, 涅而不緇)"라 하였다.

   謝(사) : 부끄럽다.

   淸曠(청광) : 맑고 넓다.

7) 疲薾(피이) : 피곤함이 극심하다. '이薾'는 극심한 모습.

   貞堅(정견) : 곧고 굳건하다.

8) 拙疾(졸질) : 낮은 관직과 질병.

倚薄(의박) : 몸 가까이 붙어 있다. 핍박하다.

9) 靜者便(정자편) : 근본으로 돌아온 편안함. '정자靜者'는 고요함을 뜻하며, 근본으로 돌아가는 것을 가리킨다. ≪노자老子≫ 16장에 "뿌리로 돌아가는 것을 고요함이라 하니, 이것은 운명으로 돌아가는 것을 말한다.(歸根曰靜, 是謂復命)"라 하였다.

10) 剖竹(부죽) : 대나무로 된 부신을 쪼개다. 한대漢代에는 대나무로 된 부신을 쪼개어 군수에게 주었다.

滄海(창해) : 푸른 바다. 여기서는 바닷가에 있던 영가군永嘉郡을 가리킨다.

11) 枉帆(왕범) : 돛을 돌리다. 방향을 바꾸다.

舊山(구산) : 옛 동산. 시녕始寧을 가리킨다.

12) 登頓(등돈) : 높은 곳에 올랐다 내려가다.

13) 洄沿(회연) : 물결을 거슬러 올라갔다 타고 내려가다.

14) 稠疊(조첩) : 빽빽이 겹쳐진 모양.

15) 縈(영) : 휘감다, 두르다.

連綿(연면) : 길게 이어진 모양.

16) 幽石(유석) : 그윽한 돌. 산속 깊은 곳에 있는 바위를 의미한다.

17) 筱(소) : 가는 대, 조릿대. '소篠'로 되어 있는 판본도 있으며 뜻은 같다.

漣(련) : 잔물결.

18) 葺宇(집우) : 띠풀로 지붕을 이은 집.

19) 築觀(축관) : 쌓아 올린 누관樓觀.

曾巔(층전) : 겹겹의 산꼭대기. '층曾'은 '층層'과 같다.

20) 枌(분) : 흰 느릅나무. 한漢 고조高祖의 고향 풍현의 분유사枌榆社에서 유래한 것으로, 후에 '유楡'와 함께 고향의 의미로 사용되었다. 여기서는 고향으로 돌아와 살 것임을 말한 것이다.

檟(가) : 개오동나무. 관곽棺槨의 재목으로 사용된다. 고향에서 죽어 묻힐 것임을 말한 것이다.

21) 孤(고) : 저버리다.

願言(원언) : 바람, 소망. '언言'은 어조사.

해설

이 시는 영초永初 3년(422) 가을, 사령운이 영가태수로 부임하며 잠시 시녕의 별장에 들러 쓴 것이다. 시에서는 좌천되어 가는 중에 고향을 들른 심경과 주변의 경관을 묘사하고, 고향에 은거하고 싶은 바람을 나타내고 있다.

제1~4구에서는 어렸을 적에는 큰 뜻을 품었지만 세상의 명리를 좇다 이에서 어긋난 지 이미 오래되었음을 말하고 있다. 제5~8구에서는 세상에 물들고 피곤에 찌들어 버린 자신의 모습에 부끄러움을 나타내고 아울러 미천한 관직과 병든 몸으로 인해 영가태수로 좌천되었지만, 도리어 이로 인해 고향으로 돌아오는 편안함을 얻게 되었음을 말하며 스스로를 위안하고 있다. 제9~18구에서는 영가태수로 가는 길에 고향을 들르게 된 상황을 말하고 산길과 물길을 따라 가며 고향의 경관을 감상하고 즐기는 모습이 나타나 있다. 마지막 제19~22구에서는 고향사람들과 이별하며 다시 돌아올 것을 기약하고 관직생활을 마친 후 고향으로 돌아와 살고 싶은 바람을 나타내고 있다. (주기평)

富春渚[1]
부춘강가 25

宵濟漁浦潭,[2]	밤중에 어포담을 건너
旦及富春郭.[3]	아침에 부춘성에 이르렀는데,
定山緬雲霧,[4]	정산은 아득히 구름안개 끼었고
赤亭無淹薄.[5]	적정에는 머무르지 않았네.
溯流觸驚急,[6]	물길을 거슬러 올라가니 세찬 물살에 부딪치고
臨圻阻參錯.[7]	굽이진 물가에 임하니 들쑥날쑥한 지형에 막혔네.
亮乏伯昏分,[8]	밝음으로는 백혼무인과 같은 분별이 없고
險過呂梁壑.[9]	험하기는 여량의 골짜기보다 더한데,
洊至宜便習,[10]	물길이 연거푸 이르면 익숙해짐이 마땅하고
兼山貴止托.[11]	산이 중첩되면 머물러 의탁하는 것을 귀하게 여긴다네.
平生協幽期,[12]	평생 은일의 기약을 좇았건만
淪躓困微弱.[13]	빠지고 넘어져 미약한 상황에 괴로웠고,
久露干祿請,[14]	오래도록 벼슬살이를 청하여 왔는데
始果遠遊諾.[15]	비로소 멀리 떠나 노닐 것을 허락받게 되었구나.
宿心漸申寫,[16]	오랫동안 품었던 마음 점차 펼쳐내니
萬事俱零落.[17]	세상만사 다 시들었고,
懷抱既昭曠,[18]	마음에 품은 것 이미 밝게 열렸는데
外物徒龍蠖.[19]	외물은 그저 굴신하는구나.

> **주석**

1) 富春渚(부춘저) : 지금의 절강성浙江省 항주시杭州市를 지나는 부춘강의 물가를 말한다. 넓은 의미로는 옛 부춘 지역, 즉 지금의 절강성 부양현富陽縣을 가리킨다.

2) 漁浦潭(어포담) : 어포漁浦 물가. ≪오군기吳郡記≫에 의하면 부춘성 동쪽 삼십 리 되는 곳에 어포가 있다고 한다.

3) 富春郭(부춘곽) : 부춘성富春城. '곽'은 외성外城을 말한다.

4) 定山(정산) : 산 이름. 사자산獅子山이라고도 한다. ≪오군연해사현기吳郡緣海四縣記≫의 기록에 따르면 전당(錢唐, 지금의 절강성 항주시) 남서쪽 오십 리 되는 곳에 정산이 있으며, 부춘으로부터 칠십 리 떨어져있다고 한다.

5) 赤亭(적정) : 옛 지명. 정산으로부터 동쪽으로 십여 리 떨어진 곳에 있었다고 한다.
   淹薄(엄박) : 정박하다. 머무르다.

6) 溯流(소류) : 물길을 거슬러 올라가다.

7) 臨圻(임기) : 굽은 물가에 임하다. '기圻'는 '기碕'와 같으며 굽은 물가를 말한다.
   參錯(참착) : 들쑥날쑥하여 고르지 못한 것. 여기서는 굽은 물가 언덕이 험한 것을 말한다.

8) 伯昏(백혼) : 백혼무인伯昏無人. ≪장자·열어구列禦寇≫에 의하면 열어구가 뛰어난 활솜씨를 드러내자 백혼무인이 높은 산과 위태로운 바위, 백 길의 못과 같은 험난한 지형에 서서도 정신이 변치 않고 두려워하는 마음이 없어야 진정한 활쏘기를 할 수 있다는 가르침을 주었다고 한다.
   分(분) : 분별.

9) 呂梁壑(여량학) : 여량의 골짜기. 여량은 지금의 강소성江蘇省 서주시徐州市 부근에 있는 곳으로, 매우 험한 지형을 가리킨다. 일설에 의하면 공자가 여량에서 보니 낙하하는 물이 삼십 길[仞]이었고 그 급류가 사십 리였으니 자라나 악어도 그곳에서 노닐 수 없었다고 한다.

10) 洊至(천지) : 거듭 이르다. 물길이 계속해서 이르는 것으로, 어려움을 연이어 맞닥뜨리게 되는 것을 말한다. ≪주역≫에서 "물이 연거푸 이르니, '습감習坎'이다.(水洊至, 習坎)"라 하였고, "'습감'은 거듭된 어려움이다.(習坎, 重險也)"라 하였다.

便習(편습) : 익숙해지다. 익히다.

11) 兼山(겸산) : 두 산이 중첩되어 있는 것. ≪주역≫에서 "산이 중첩된 것이 바로 간괘이니, 군자는 이로써 자신의 자리를 넘지 않을 것을 생각한다.(兼山, 艮, 君子以思不出其位)"라 하였다. 자신이 머물러야 하는 곳에 머무르는 것, 또는 자신의 직분에 충실해 분수에 맞게 행동해야 함을 말한다.

12) 協(협) : 좇다. 또는 부합하다.

幽期(유기) : 그윽한 기약. 은일隱逸에 대한 기약을 말한다.

13) 淪躓(윤지) : 빠지고 넘어지다. 곤경에 처하다.

이 구는 그동안 작자가 벼슬살이를 하면서 어려움을 겪어왔음을 말한 것이다.

14) 干祿(간록) : 봉록을 구하는 것. 즉 벼슬을 하는 것을 말한다.

15) 遠遊諾(원유낙) : 먼 곳을 노닐도록 허락해 주는 것. 여기서는 천자가 사령운을 영가태수永嘉太守로 임명한 것을 말한다.

16) 宿心(숙심) : 오랫동안 품었던 마음. 여기서는 앞에서 말한 은일하고자 하는 바람을 말한다.

申寫(신사) : 펼쳐서 털어놓다. 토로하다.

17) 零落(영락) : 시들다. 쇠퇴하다.

이상 두 구는 오랫동안 마음에 품고 있었던 은일에 대한 바람을 펼치게 되니 자신을 얽매고 있었던 세상만사가 다 하찮게 느껴진다는 의미이다.

18) 昭曠(소광) : 환하고 탁 트인 것을 말한다.

19) 外物(외물) : 자신의 외부에 있는 일체의 세상사를 의미한다.

龍蠖(용확) : 용과 자벌레. 굴신屈伸, 즉 몸을 굽혔다 폈다, 나아갔다 물러갔다 하는 것을 의미한다. ≪주역≫에 "자벌레가 몸을 굽히는 것은 (다음에 다시 몸을) 펴기 위해서이며 용과 뱀이 숨어있는 것은 몸을 보존하기 위해서이다.(尺蠖之屈, 以求伸也. 龍蛇之蟄, 以存身也)"라 하였다.

해설

이 시는 영초永初 3년(422) 가을, 사령운이 영가태수로 부임하여 가는 도중에 부춘강을 지나면서 지은 작품이다. 험난한 여정을 묘사하고 영가에서 은일의 뜻을 펼치고자 하는 마음을 드러내었다.

작품은 크게 세부분으로 나뉘는데, 전반부 제1~6구에서는 영가로 가는 여정과 그 과정에서 본 경관을 묘사하였다. 작자는 어포, 부춘성, 정산, 적정 등 부춘강 주변의 지역들을 차례로 거쳤는데 이 과정에서 거센 물길과 험준한 지세를 넘어야 하였다. "밤에 건너고", "아침에 이르며", "머무르지 않았다"는 말에서 작자가 매우 빠르게 영가로 이동하고 있음을 알 수 있다.

중간의 제7~10구에서는 백혼무인과 공자의 전고를 이용하여 작자의 여정이 매우 험난하였음을 드러내었다. 작자는 백혼무인과 같은 분별력도 없이 험난한 여정을 거쳐 왔는데, 여러 차례 고난을 겪으면서 마침내는 그 과정에 익숙해지고 분수에 맞게 살아야 함을 깨달았다. 이것은 영가로 가는 작자의 여정을 말하는 동시에 그의 인생역정에 관한 이야기이기도 하다.

마지막 제11구~18구에서는 지금까지의 인생에 대한 반성과 깨달음을 이야기하고, 영가에서 은일의 뜻을 펼치고자 하는 의지를 드러내었다. 그는 평생도록 은일하고자 하는 뜻이 있었으나 벼슬살이를 하느라 그 뜻을 이루지 못하고 지쳐 쇠약해졌다. 이제 마침내 황제의 허락을 받아 멀리 영가로 떠나게 되었으니 그곳에서 은일의 뜻을 이룰 수 있게 된 것이다. 특히 마지막 4구에서 작자는 마침내 오랫동안 마음속에 품고 있었던 뜻을 실현하게 되니 그동안 자신을 얽어매었던 세상만사가 다 하찮게 느껴진다고 말하고, 환하게 트인 자신과 구차하게 굴신하는 외부 세상을 대비시킴으로써 자신의 초탈한 경지를 드러내며 작품을 마무리하였다. (김하늬)

晚出西射堂[1]
저녁에 서쪽 사당을 나와

步出西城門,[2]	서쪽 성문을 걸어 나와
遙望城西岑.[3]	멀리 성 서쪽의 봉우리를 바라보나니,
連障疊巘崿,[4]	길게 이어진 산에 벼랑은 겹겹하고
靑翠杳深沈.	푸른빛은 아득히 깊이 잠겨 있네.
曉霜楓葉丹,	새벽 서리에 단풍잎은 붉고
夕曛嵐氣陰.[5]	석양빛에 산의 아지랑이는 어둑한데,
節往慼不淺,[6]	세월 흘러가니 시름은 적지 않고
感來念已深.	감회 밀려오니 상념은 이미 깊다네.
羈雌戀舊侶,[7]	홀로 갇힌 암새는 옛 짝을 그리워하고
迷鳥懷故林.	길 잃은 새는 옛 숲을 생각하나니,
含情尙勞愛,[8]	새들도 정을 품고 그리워하고 사랑하거늘
如何離賞心.[9]	친구와 이별한 사람은 어떠하리?
撫鏡華緇鬢,[10]	거울 만져보니 검은 귀밑머리 희어졌고
攬帶緩促衿.[11]	허리띠 당겨보니 끼었던 옷 느슨해졌네.
安排徒空言,[12]	운명의 변화에 편안해 한다는 것은 다만 헛된 말이니
幽獨賴鳴琴.[13]	홀로 그윽히 거문고에 의지한다네.

주석

1) 射堂(사당) : 활쏘기를 익히는 장소. 영가군(永嘉郡, 지금의 절강성 온주시溫州市) 서쪽에

있다.

2) 西城門(서성문) : 서쪽 성문. '서액문西掖門'으로 되어 있는 판본도 있다.

3) 西岑(서잠) : 서쪽 봉우리. 지금의 온주溫州의 서산西山으로, 구포산甌浦山 또는 금단산金丹山이라고도 한다.

4) 連障(연장) : 이어진 산. '장障'은 '장嶂'과 통하여 산을 의미하며, '장鄣'으로 되어 있는 판본도 있다.

   巘崿(헌악) : 벼랑. ≪문선≫ 이선李善 주에 "벼랑의 다른 이름이다.(厓之別名)"라 하였다.

5) 夕曛(석훈) : 석양빛.

   嵐氣(남기) : 산에 피는 아지랑이 기운.

6) 節(절) : 시절, 계절.

7) 羈雌(기자) : 홀로 갇힌 암새. '기羈'는 새장에 갇힌 것을 의미한다.

8) 勞愛(노애) : 그리워하고 사랑하다.

9) 賞心(상심) : 서로 마음을 보다. 가리는 것 없이 속을 내보인다는 뜻으로, 절친한 친구사이를 의미한다.

10) 華(화) : 하얗다. 머리가 쇤 것을 말한다.

    緇鬢(치빈) : 검은 귀밑머리.

11) 緩(완) : 느슨하다.

    促衿(촉금) : 몸에 꽉 끼는 옷.

12) 安排(안배) : 변화의 추이에 편안해 하다. 즉 운명에 순응하는 것을 의미한다. ≪장자莊子·대종사大宗師≫ "추이에 편안해 하고 조화와 함께 가서, 텅 빈 하늘로 들어가 하나가 된다.(安排而去化, 乃入於寥天一)"의 곽상郭象 주에 "추이에 편안해 하고 천지자연의 조화와 함께 가서, 고요하고 텅 빈 곳으로 들어가 하늘과 더불어 하나가 된다.(安於推移而與化俱去, 故乃入於寂寥, 而與天為一也)"라 하였다.

13) 幽獨(유독) : 적막하게 홀로 있다.

해설

사령운은 송宋 영초永初 3년(422) 7월, 모반을 꾀하고 정권을 비방하였다는 이유로 영가태수永嘉太守로 좌천되었는데, 이 시는 그 해 늦가을에 쓴 것이다.

시에서는 계절의 변화와 세월의 흐름을 느끼면서 쇠락해가는 자신의 운명과 처지를 안타까워하며, 헤어진 벗과 고향에 대한 그리움을 나타내고 있다.

제1~4구에서는 홀로 성 밖을 나와 바라본 영가永嘉 주변의 경관을 묘사하고 있는데, 끝없이 이어진 높은 산과 겹겹의 벼랑들, 깊게 가라앉은 짙푸른 산 빛은 아름다운 관조의 대상이 아닌 그리운 대상과의 단절과 시인의 고독감을 느끼게 하는 배경이 되고 있다. 제5~8구에서는 계절의 변화와 세월의 흐름을 느끼며 수심과 상념이 갈수록 깊어짐을 말하고 있으며, 제9~12구에서는 홀로 갇힌 새와 길 잃은 새의 비유를 통해 친구와 헤어져 홀로 고향을 떠나와 있는 자신의 외로움을 보다 심화시켜 나타내고 있다. 마지막 제13~16구에서는 시름으로 인해 머리가 쇠고 몸 또한 수척해져 가고 있는 자신의 상황을 말하고, 아울러 운명에 순응하며 초연하고 달관한 태도로 산다는 것이 불가능한 것임을 말하며 음악을 통해서나마 자신의 위안하고자 하는 모습이 나타나 있다. (주기평)

登池上樓
연못가 누대에 오르다
27

潛虯媚幽姿,	물에 잠긴 용은 그윽한 자태가 아름답고
飛鴻響遠音.	하늘을 나는 기러기는 멀리까지 소리가 울리는데,
薄霄愧雲浮,	하늘에 가까이가자니 구름에 떠 있는 기러기에 부끄럽고
棲川怍淵沈.	내에 머무르자니 못 깊숙이 있는 용에 부끄럽다네.
進德智所拙,	나아가 덕을 펼치기에는 지혜가 졸렬하고
退耕力不任.	물러나 밭을 갈기에는 힘이 받쳐주질 못하여서,
徇祿反窮海,	봉록을 도모하느라 궁벽한 바다로 돌아와서는
臥痾對空林.	병들어 누워서 텅 빈 숲을 대하였네.
衾枕昧節候,	이불 속에서는 어느 때인지 모르다가
褰開暫窺臨.	휘장 걷어 열고서 잠시 굽어보고자 하여,
傾耳聆波瀾,	귀를 기울여 물소리를 듣고
舉目眺嶇嶔.	눈을 들어 높은 산을 바라보네.
初景革緒風,	갓 따뜻해진 볕은 남은 겨울바람을 바꾸고
新陽改故陰.	새로운 햇빛은 오랜 그늘을 바꾸었으니,
池塘生春草,	연못에는 봄풀이 생겨나고
園柳變鳴禽.	정원 버들에 새 울음소리 변하였네.
祁祁傷豳歌,	쑥이 수북하여 빈풍(豳風)의 노래에 아파하고
萋萋感楚吟.	풀이 무성하여 초사 가사에 애달프니,
索居易永久,	홀로 있으면 시간이 오래 되기 쉽고

離群難處心,20	무리를 떠나면 마음을 유지하기 어렵다네.
持操豈獨古,21	지조를 지킴이 어찌 옛 사람들 뿐이랴
無悶徵在今.22	근심하지 않음을 지금에도 입증해야지.

주석

1) 池上樓(지상루) : 연못가의 누대. 사령운이 태수를 지냈던 영가군 북서쪽에 있는 연못으로 그의 이름을 따서 사공지謝公池 또는 영지靈池라고도 한다.
2) 潛虯(잠규) : 물에 잠겨 있는 용. '규虯'는 뿔이 있는 용이다. ≪주역·건괘乾卦≫에 "물에 잠긴 쓰이지 않는다.(潛龍勿用)"라고 하였다.
   媚(미) : 아름답다.
   幽姿(유자) : 그윽한 자태.
3) 遠音(원음) : 멀리까지 퍼지는 소리.
4) 薄霄(박소) : 하늘에 가까이 가다.
   愧(괴) : 부끄럽다.
   雲浮(운부) : 구름 위에 떠 있는 기러기를 가리킨다.
5) 棲川(서천) : 물에서 살다.
   怍(작) : 부끄럽다.
   淵沈(연침) : 못 깊숙이 있는 용을 가리킨다.
   이상 네 구에 대해 ≪문선≫ 이선李善의 주석에서는 "용은 물에 깊이 잠겨서 참됨을 보전하고 기러기는 높이 날아서 위험을 피한다. 지금 자신은 속세의 그물에 얽매여있기 때문에 용과 기러기에 부끄러운 것이다.(虯以深潛而保真, 鴻以高飛而遠害. 今己嬰俗網, 故有愧虯鴻也)"라고 하였다. 이와 달리 물에 잠긴 용은 관직을 버리고 은일하는 것을 비유하고 높이 나는 기러기는 관직에 나아가 공명을 세우는 것을 비유하는 것으로 보고, 어느 쪽으로도 자신의 마음을 정해 실천하지 못하는 사령운의 갈등을 표현한 것으로 볼 수도 있다.
6) 進德(진덕) : 관직에 나아가 덕을 행하다.
7) 退耕(퇴경) : 관직에서 물러나서 밭을 갈다. 은일하는 것을 의미한다.

不任(불임) : 감당하지 못하다.
8) 徇祿(순록) : 봉록을 추구하다.
反(반) : 돌아오다. '반返'과 같다.
窮海(궁해) : 궁벽한 바다. 여기서는 사령운이 물러난 영가군을 가리킨다.
9) 痾(아) : 병이 들다.
10) 衾枕(금침) : 이불과 베개. 여기서는 병들어 누워있는 것을 뜻한다.
昧(매) : 모르다.
11) 褰開(건개) : 걷어서 열다. 휘장을 열다. 여기서는 병상에 누워 있다가 일어나 바깥으로 나온다는 뜻이다.
12) 聆(령) : 듣다.
13) 嶇嶔(구금) : 높고 험한 산.
14) 初景(초영) : 초봄.
革(혁) : 바꾸다.
緒風(서풍) : 남은 바람. 여기서는 겨울바람을 뜻한다. ≪초사楚辭·구장九章·강을 건너다涉江≫에 "악저 물길을 타고가다 뒤돌아보니, 아아 가을 겨울의 남은 바람이여(乘鄂渚而反顧兮, 欸秋冬之緒風)"라고 하였다.
15) 新陽(신양) : 새로운 햇볕. 봄 햇살을 가리킨다.
故陰(고음) : 오래된 음지. 겨울의 추위를 가리킨다.
16) 池塘(지당) 두 구 : ≪남사南史·사혜련전謝惠連傳≫에 다음과 같은 고사가 있다. 사령운의 친척 동생인 사혜련이 나이 열 살에 능히 문장을 지으니 사령운이 칭찬하면서, 매번 문장을 지을 때 사혜련을 대하노라면 그때마다 아름다운 구절을 얻었다고 하였다. 어느 날 사령운이 시를 짓다가 적당한 구절이 생각나지 않았는데, 꿈속에서 갑자기 사혜련을 만나더니 "연못에 봄풀이 생기네(池塘生春草)"라는 구절을 얻었다. 그가 일찍이 말하기를 "이 표현은 신의 도움으로 생긴 것으로 내가 지은 것이 아니다."라고 하였다.
17) 祁祁(기기) : 많이 있는 모습.
豳歌(빈가) : 여기서는 ≪시경·빈풍豳風·칠월七月≫시를 가리킨다. 시에서는 "봄날은 길어지니 뜯은 흰 쑥이 수북한데, 여인의 마음 서글퍼져 공자님께 시집가고 싶어 하네.(春日遲遲, 采蘩祁祁, 女心傷悲, 殆及公子同歸)"라 하며 봄날 남녀가 서로 그리워하는 마음을 표현하였다.

18) 萋萋(처처) : 초목이 무성한 모습.
楚吟(초음) : 여기서는 ≪초사·은사를 부르다招隱士≫를 가리킨다. 시에서는 "왕손은 노닐며 돌아오지 않는데 봄풀은 자라 무성하네.(王孫遊兮不歸, 春草生兮萋萋)"라 하며 봄날 떠나간 임이 돌아오기를 기다리는 마음을 표현하였다.

19) 索居(삭거) : 홀로 지내다.

20) 處心(처심) : 마음을 유지하다.
이상 두 구에 대해 ≪문선≫ 이선의 주석에서는 ≪예기禮記·단궁상檀弓上≫의 "내가 스승님의 문하생들과 떨어져 홀로 지내다 보니 진실로 이미 오래 되어서 그 도리를 잊어버렸도다.(吾離群而索居, 亦已久矣)"라는 구절을 인용하였다. 여기서는 은일하면서 홀로 지내다보면 원래의 지향을 잊어버리고 멀리 떨어진 이들을 그리워하기 쉽다는 뜻이다.

21) 持操(지조) : 지조를 지키다.
이 구는 지조를 지키는 것이 옛 사람들만의 일이 아니라는 뜻으로 사령운 자신도 그러한 지조를 가지고 있다는 뜻이다. 이와 달리 '지조'를 '곡조를 가지다'로 해석하여, 위 두 구에서 말한 노래를 부르면서 어찌 옛 사람의 탄식을 하고만 있겠느냐는 뜻으로 풀이할 수도 있다.

22) 無悶(무민) : 근심이 없다. ≪주역·건괘乾卦≫의 〈문언文言〉에서 "물에 잠긴 용은 쓰이지 않는다.(潛龍勿用)"가 무슨 뜻이냐는 질문에 대한 공자의 답변으로, "용의 덕을 가지고 숨어 있는 것이니 세상에 따라 바뀌지 않고 명성을 이루지도 않아서, 세상에 은둔한 채 근심이 없고 남에게 드러나지 않은 채 근심이 없다. 즐거우면 그것을 행하고 걱정스러우면 그것을 피하니 확고하여 뽑아낼 수가 없는 것이 물에 잠긴 용이다.(龍德而隱者也, 不易乎世, 不成乎名, 遯世無悶, 不見是而無悶, 樂則行之, 憂則違之, 確乎其不可拔, 潛龍也)"라고 하였다.
徵(징) : 입증하다.

해설

송 영초永初 3년(422) 5월 고조인 유유가 죽고 맏아들인 유의부劉義符가 소제少帝로 즉위하였는데, 사령운은 7월에 태자좌위솔太子左衛率에서 영가태수永嘉太守로 쫓겨났다. 이 시는 그 이듬해 초봄에 지은 것으로 추정되는데, 쫓겨나고 반 년 동안 병으로 누워 있다가 봄날 겨우 일어나 연못가 누대에 올라 느낀 감회를 적었다.

제1~4구에서는 그윽한 자태를 뽐내며 물에 잠겨 있는 용과 멀리까지 울음소리를 내며 날아가는 기러기를 묘사한 뒤에 이들에 부끄러워하는 자신의 마음을 표현하였다. 물에 잠긴 용은 관직에 나아가지 않고 은일하는 것을 상징하고 날아가는 기러기는 관직에서 공명을 세우는 것을 상징하는데 자신은 이 두 가지를 추구하고자 하지만 어느 쪽도 실현하지 못하는 상황을 안타까워하였다. 제5~8구에서는 그러한 상황의 이유와 결과를 말하였는데, 지혜가 모자라 관직에 나아가지 못하고 힘에 부쳐서 은일하지 못한 상황에서 사령운이 선택한 것은 변두리의 지방 관원이 되는 것이었다. 하지만 그 마저도 몸이 아파 제대로 운위하지 못하고 있음을 말하였다. 제9~12구에서는 그러던 도중 잠시 바깥 구경을 하면서 물소리를 듣고 산봉우리를 보게 되었음을 표현하였고, 제13~16구에서는 연못가의 누대에 올라 본 봄 경물을 묘사하였다. 제17~20구에서는 봄 경물을 보면서 느낌 감회를 적었는데, 봄풀이 수북하게 돋은 것을 보고는 옛 사람들이 지인이나 사랑하는 이와 헤어져 있음을 슬퍼하며 불렀던 노래를 다시 생각하였고, 자신 역시 반 년 동안의 병상 생활에서 그러한 감정에 휩싸여 있었다고 말하였다. 하지만 봄날의 생동한 기운을 느낀 사령운에게 이러한 감정은 원치 않는 감정이고 극복해야만 하는 감정이다. 관직으로의 길은 글렀으니 은일을 추구해야 하며 그러한 상황에서 은일은 즐거운 은일이어야 한다. 시의 첫머리에서 언급한 하늘의 기러기와 물속의 용 중에서 사령운은 물속의 용을 택했으며, 은일하면서 유유자적한 삶을 살고자 했다. 따라서 옛 사람들이 헤어짐을 슬퍼하며 불렀던 노래는 더 이상 부르지 않고 번민 없이 지내는 삶을 실현하고자하는 다짐을 마지막 두 구절에서 하였다.

중앙관직에 있다가 지방관원으로 쫓겨나 몸도 아픈 상황에서 새로 맞은 봄날의 기운이 사령운에게는 큰 힘이 되었을 것이다. 관직에 나아가지도 못하고 시원하게 은일하지도 못한 채 사람들과 이별한 것을 슬퍼하였던 마음을 다시 곧추세우고 은일로의 길을 실천하겠다는 마음을 드러내었다. 하지만 그 이면에는 여전히 어느 한쪽으로의 마음을 정하지 못한 채 안타까워하고 슬퍼하는 심정이 있다고 할 수 있다. (임도현)

遊南亭[1]
남정에서 노닐며

時竟夕澄霽,[2]	늦봄 저녁에 맑게 비가 개이니
雲歸日西馳.[3]	구름은 돌아가고 해는 서쪽으로 달리네.
密林含餘淸,	빽빽한 숲은 비온 뒤 맑은 기운 머금고 있고
遠峰隱半規.[4]	먼 봉우리는 반쯤 해를 가리고 있네.
久痗昏墊苦,[5]	장마의 고통으로 오랫동안 괴로워했는데
旅館眺郊歧.[6]	여관 밖으로 교외의 길이 보이네.
澤蘭漸被徑,[7]	못가의 난초는 점점 길을 덮어가고
芙蓉始發池.	부용꽃은 연못에서 막 피어나네.
未厭靑春好,[8]	푸른 봄날의 아름다움 아직 물리지 않았는데
已睹朱明移.[9]	여름으로 옮겨가는 것이 벌써 보이네.
戚戚感物歎,[10]	계절의 변화에 슬피 탄식하며
星星白髮垂.[11]	흰머리 희끗희끗 드리웠네.
藥餌情所止,[12]	약이 되는 음식에 마음이 머무르니
衰疾忽在斯.	쇠약함과 질병이 어느새 이리 되었구나.
逝將候秋水,[13]	장차 가을에 물이 불길 기다려
息景偃舊崖.[14]	물러나 옛 언덕에 누우리라.
我志誰與亮,[15]	내 뜻을 누가 밝혀 주려나.
賞心惟良知.[16]	지기만이 잘 알아주리라.

> 주석

1) 南亭(남정) : 영가군(永嘉郡, 지금의 절강성 온주시溫州市)에 있는 정자.
2) 時竟(시경) : 때를 마치다. 여기서는 봄이 끝나간다는 뜻이다. 혹은 '여름철 장마가 끝나다'로 해석하기도 하는데, 이후의 풍경은 여름이 시작되는 것이라 봄이 다하는 것으로 보았다.
   澄(징) : 맑다.
   霽(제) : 비가 그치다.
3) 雲歸(운귀) : 구름이 돌아가다. 날이 개인다는 뜻이다. 조식曹植의 〈정의에게 주어贈丁儀〉에 "아침구름은 산으로 돌아가지 않아 장맛비는 내와 못을 이루네.(朝雲不歸山, 霖雨成川澤)"라 되어 있는데, 비가 오는 것은 구름이 나오는 것이고 개인 것은 구름이 돌아가는 것이다.
   馳(치) : 달리다.
4) 半規(반규) : 반원. 여기서는 해가 반쯤 걸려 있는 모양. '규規'는 원을 그리는 도구이다.
5) 瘴(매) : 괴로워하다, 싫어하다.
   昏墊(혼점) : 어지러워지고 물에 빠지다. 수해水害를 당하여 고생한다는 뜻으로, 여기서는 장마를 가리킨다.
6) 眺(조) : 바라보다.
   郊歧(교기) : 교외의 큰길에서 갈라진 길.
7) 澤蘭(택란) : 못가에 심어진 난초.
   被(피) : 덮다.
8) 厭(염) : 물리다, 싫어하다.
9) 睹(도) : 보다.
   朱明(주명) : 여름을 달리 이르는 말.
10) 戚戚(척척) : 근심하는 모양.
    物(물) : 만물. 여기서는 계절의 변화에 따른 경물을 이른다.
11) 星星(성성) : 희끗희끗한 모양.
12) 藥餌(약이) : 약이 되는 음식.

13) 逝(서) : 어조사.
14) 息景(식영) : 그림자를 쉬게 하다. '식영息影과 같다. 은퇴하여 한가로이 지낸다는 의미이다.
    偃(언) : 눕다, 쉬다.
    舊崖(구애) : 옛 언덕. 여기서는 고향을 가리킨다.
15) 志(지) : 뜻. 은거하려는 뜻.
    亮(량) : 드러내 보이다, 알아주다.
16) 賞心(상심) : 서로 마음을 보다. 절친한 친구사이나 지기知己를 의미한다.
    良知(양지) : 잘 알다.

해설

이 시는 경평景平 원년(423) 여름, 오랜 장마 후 날씨가 개이자 밖을 거닐며 보는 아름다운 광경을 묘사하면서 세월의 흐름을 깨닫고는 슬퍼하며 귀은하고자 하는 내용을 담고 있다. 이때는 시인이 영가에 폄적된 지 근 1년이 다 돼가는 때로, 남방의 오랜 장마와 병 때문에 더욱 괴로워하고 있었기 때문에 모든 뜻을 접고 은거하고자 하는 마음이 들었던 것이다. 〈연못가 누대에 오르다登池上樓〉 이하 몇 수는 이러한 심리상태에서 쓴 것으로 추측된다.

이 시는 내용상 세 부분으로 나누어진다. 첫 단락은 제1~4구로 늦봄 저녁 비가 개인 후 해가 지는 황혼의 맑은 경물에 대해 쓰고 있다. 비온 뒤의 청량한 기운을 뿜어내는 숲에 황혼이 지는 아름다운 모습이다. 두 번째 단락은 제5~10구로 오랜 비로 괴로워하다 비가 그쳐 멀리 교외의 길을 본 것을 쓰고 있다. 길에 덮인 난초와 연못에 핀 부용꽃은 봄이 가고 여름이 오고 있음을 알려준다. 세 번째 단락은 제11~18구로, 계절의 변화를 느끼면서 작자 자신의 노쇠함을 탄식하며 귀은하고자 하는 의지를 써내었다. 흰머리가 나고 약이 되는 음식에 마음이 가는 자신을 발견하고는 슬퍼하면서 가을에는 고향으로 돌아가 은거하고 싶은 마음을 드러내었다. 이러한 뜻을 헤아려주는 이는 오랜 벗뿐이라 하여 현재는 외로운 처지임을 말하였다. 실제로 사령운은 이 시를 짓고 세 달 후에 배를 사서 고향 회계의 옛 집으로 돌아갔다고 한다. (이지운)

白石巖下徑行田[1]
백석암 아래 길에서 농사일을 순시하며 29

小邑居易貧,[2]	작은 고을에 살림살이 가난해지기 쉬우니
災年民無生,[3]	흉년을 당해 백성들이 살아갈 방도가 없다네.
知淺懼不周,	내 지혜가 얕아서 두루 살피지 못할까 두렵지만
愛深憂在情,[4]	백성에 대한 애정이 깊으니 걱정이 항상 마음속에 있다네.
舊業橫海外,[5]	오래된 농사터가 바닷가로 이어지니
蕪穢積頹齡,[6]	거칠고 더러운 것들이 오랫동안 쌓였다네.
饑饉不可久,[7]	백성의 기근을 오래가게 해서는 안 되니
甘心務經營,[8]	기꺼이 경영에 힘쓰리라.
千頃帶遠堤,[9]	천 경 바닷물에 멀리 둑을 두르게 하고
萬里瀉長汀,[10]	만 리 민물을 넓은 평지에 쏟아지게 하고,
州流涓澮合,[11]	주에서는 잡다한 물줄기들을 합쳐서 흐르게 하고
連統塍埒并,[12]	연에서는 밭두둑의 경계를 아울러서 통합할 것이네.
雖非楚宮化,[13]	비록 위 문공의 교화의 덕은 아니지만
荒闕亦黎萌,[14]	황무지에도 싹들이 무성할 것이고,
雖非鄭白渠,[15]	비록 정공과 백공의 수로는 아니지만
每歲望東京,[16]	해마다 도성만큼의 풍요로움을 바란다네.
天鑒儻不孤,[17]	하늘의 굽어보심이 만일 저버리시지 않는다면
來茲驗微誠,[18]	내년에는 작은 정성에 답을 해 주시리라.

주석

1) 白石巖(백석암) : 영가군 낙성현(樂成縣, 지금의 절강성 낙청현樂淸縣) 서쪽 삼십 리에 있으며 백석산白石山이라고도 한다. 《가정온주부지嘉靖溫州府志》에 따르면 산 아래에 백석경白石徑이 있다고 한다.
   行田(행전) : 농사를 순시巡視하다.
2) 小邑(소읍) : 작은 마을. 여기서는 낙성현을 가리킨다.
3) 災年(재년) : 흉년. 재난을 당한 해.
4) 憂在情(우재정) : 걱정이 마음에 있다. 항상 노심초사하다.
5) 舊業(구업) : 오래된 일터. 버려진 농지. 다른 판본들에는 '매색每薔'이라고 된 곳이 많다. 매색은 '무성한 물여뀌'이다. 이 경우 해석은 '물여뀌가 무성하게 바닷가에까지 가득하고'가 되는데 황폐한 바닷가 농지를 가리키는 점에서 의미가 같다.
   海外(해외) : 바닷가. 바다로 이어진 낙성현을 가리킨다.
6) 蕪穢(무예) : 황폐하고 무성함. 논밭을 관리하지 않아 잡초와 쓰레기가 가득함.
   積頹齡(적퇴령) : 오래되었다. 여러 해가 쌓였다.
7) 饑饉(기근) : 흉년. 농사의 수확이 적어 굶주리다.
8) 甘心(감심) : 기꺼이.
9) 頃(경) : 밭 넓이의 단위. 100무畝를 1경頃으로 계산했다. 1무는 대략 200평坪이었으니 1마지기와 비슷하고, 1경은 대략 2만 평이다.
10) 汀(정) : 물가의 평평한 땅.
11) 州(주) : 고대의 행정 단위. 2500집이 1주이다. 5당黨이 1주이며 1당은 500집이다. 여기서는 낙성현을 가리킨다.
    涓澮(연회) : 시내와 봇도랑.
12) 連(련) : 고대의 행정 단위. 200집이 1련이다. 4리里가 1련이며 1리는 50집이다. 여기서는 낙성현을 가리킨다.
    塍埒(승랄) : 밭두둑.
    이상 두 구는 주나 연 같이 크지 않은 고을인 낙성현의 수로와 농경지를 정비하겠다는 뜻이다.

13) 楚宮化(초궁화) : 초구楚邱 궁실에서의 교화. 위 문공의 교화를 가리킨다. 춘추 시기 노魯나라 민공閔公 2년(기원전 660년)에 적狄이 위衛나라를 멸하자 제齊 환공桓公이 적을 무찔렀고 위나라의 유민은 황하를 남하하여 초구(楚邱, 지금의 하남성 활현滑縣 동쪽)에 궁실을 세웠다. 위나라는 문공文公의 영도 아래 뽕밭 등 농경에 힘을 써서 25년이 지난 뒤에는 이전보다 훨씬 잘 살게 되었다.
14) 荒闕(황궐) : 황폐해지다. 버려지다. 이 시에서는 그동안 버려졌던 황무지를 가리킨다.
    黎萌(여맹) : 무성한 싹.
15) 鄭白渠(정백거) : 정국거鄭國渠와 백거白渠. 정국거는 전국 시기 말에 진秦나라가 한韓나라의 수공 정국鄭國의 지휘 하에 판 인공수로이다. 중산中山 서쪽의 호구(瓠口, 지금의 섬서성 경양현涇陽縣)에서 시작하여 경수涇水의 물을 동쪽으로 낙수洛水로 이끌었는데 길이가 300여 리였고 관개 면적은 4만여 경에 달하였다. 백거는 한漢 무제武帝 때 조중대부趙中大夫 백공白公이 건의하여 만든 인공수로이다. 곡구(谷口, 지금의 섬서성 예천현禮泉縣 동북쪽)에서 시작하여 경수의 물을 동남쪽으로 끌어다가 역양櫟陽으로 이어져서 위수渭水로 들어가게 하였다. 길이가 200여 리이고 관개 면적이 4천여 경에 달하였다. 이후 정국거와 백거는 백성의 농사수확을 풍요롭게 하는 어진 정치의 상징으로 쓰였다.
16) 東京(동경) : 동경은 본래 낙양洛陽을 가리킨다. 그러나 황절黃節은 서경西京의 오기로 보아 장안長安을 가리킨다고 여겼다. 현재 많은 연구자들이 황절의 의견을 따른다. 이 시에서는 특정 지역이라기보다 도성 지역의 풍요로움을 비유하는 것으로 보인다.
17) 天鑒(천감) : 하늘의 보살핌. '천감天監'과 같다.
    孤(고) : 저버리다. '부負'와 같다.
18) 來茲(내자) : 내년.

해설

이 시는 사령운이 영가태수永嘉太守로 부임한 다음해인 경평景平 원년(423) 봄이나 여름에 지은 것으로 보인다. 이 시에서 사령운은 백성들의 전답을 멀찍이 바라보며 흉년을 당한 그들의 고통을 떠올리고 치수에 힘써서 내년에는 더 잘 살게 하리라 다짐을 한다.

시는 전체적으로 백성의 고통을 조금 거리를 두고 떨어져서 시인의 마음속에 담은 다음 시인 자신의 좋은 다스림에 대한 다짐을 반복하였다. 마지막 구절의 작은 정성은 사령운 본인의 정성이다.

  시의 내용은 초반부에 흉년을 당한 백성에 대한 걱정으로 시작하여 중반부에 자신이 펼칠 정치에 대한 희망과 다짐을 거친 다음 후반부에 그 성과에 대한 기원으로 끝난다. 제1~2구는 흉년을 당한 작은 고을 낙성현의 가련한 현실에 대해 썼다. 제3~4구는 이에 대한 시인의 심정이다. 제5~6구에서 황폐해진 바닷가의 농토가 오랫동안 버려졌음을 보여주고 제7~8구에서 황폐한 토지를 개선하려면 치수에 대해 힘써야 한다고 말한다. 앞으로의 포부이겠으나 아직은 사령운의 상상일 뿐이다. 제9~12구는 그 상상의 치수와 농경의 내용이다. 제13~16구는 자신의 미래의 노력에 대한 겸손함과 자긍심에 대한 표현이다. 사령운은 자신을 고대의 훌륭한 정치가들과 견줄 수 없다고 말하였지만, 그들의 이름을 거론했다는 자체가 스스로의 위상을 높이는 행동이다. 제17~18구에서 하늘도 그의 작은 진심을 알아주실 것이라고 기대한다. 좋은 정치에 대한 사령운의 바람은 그가 백성을 사랑하는 지방관리였음을 알려준다. (서용준)

過瞿溪山飯僧[1]
구계산에 들러 스님에게 공양드리다 30

迎旭凌絕嶝,[2]	해돋이 맞는 절벽 산길에 올랐다가
暎泫歸淑浦,[3]	물결 빛나는 물가나루로 돌아가니
鑽燧斷山木,[4]	불 피우느라 산의 나무 자르고
掩岸墐石戶.[5]	언덕 가리려 돌문 묻어 세웠네.
結架非丹甍,[6]	엮은 건물은 붉은 기와 얹지 않고
籍田資宿莽.[7]	경작하는 밭에는 해묵은 풀 나있네.
同遊息心客,[8]	세속적 욕망 없는 스님과 함께 노니니
曖然若可睹.[9]	어두운 불법세계도 볼 것만 같다네.
清霄颺浮煙,[10]	맑게 갠 하늘에 향 연기 피어오르고
空林響法鼓.[11]	텅 빈 숲 속에 법고 소리 울려 퍼지네.
忘懷狎鷗鰷,[12]	마음 내려놓고 갈매기와 뱅어를 가까이하고
攝生馴兕虎.[13]	양생하며 코뿔소와 호랑이도 길들이네.
望嶺眷靈鷲,[14]	구계산 바라보며 영취산을 그리나니
延心念淨土.[15]	마음을 펼쳐 서방정토 생각하네.
若乘四等觀,[16]	만약 사등관에 오른다면
永拔三界苦.[17]	영원히 인간세상 윤회의 고통을 없앨 텐데.

주석

1) 瞿溪山(구계산) : 산 이름. 절강성浙江省 온주시溫州市 서남쪽에 있다.

飯僧(반승) : 스님에게 공양하다.
2) 迎旭(영욱) : 해돋이를 맞다. 아침에 떠오르는 해를 맞다.
　　絶嶝(절등) : 절벽 위의 산길.
3) 暎泫(영현) : 흐르는 물결을 비추다. '현泫'은 여러 물결이 흐르는 모습을 가리킨다.
　　溆浦(서포) : 물가 나루.
4) 鑽燧(찬수) : 나무를 뚫어 불을 피우다.
5) 墐(근) : 묻다. 돌문을 흙에 묻어 세운 것을 가리킨다.
6) 結架(결가) : 건물을 엮다. '가架'는 집을 지을 때 기둥과 기둥 사이에 얹은 나무이다. 건물의 구조를 엮어 세우는 것을 가리킨다.
　　丹甍(단맹) : 붉은 기와. 화려한 건축을 가리킨다.
7) 籍田(자전) : 천자天子가 백성의 힘을 빌려 경작하는 밭. '자전藉田'과 같다. 여기서는 일반적으로 농사짓는 것을 가리킨다.
　　宿莽(숙무) : 해묵은 풀. '무莽'는 상성上聲으로 음이 '무'이다.
8) 息心客(식심객) : 불교용어. '식심息心'은 범어 '사문沙門'의 의역이다. 세속적인 욕망이 없는 스님을 가리킨다.
9) 曖然(애연) : 어둡다. 어두운 불법세계를 가리킨다.
　　이 구는 스님을 통해 어두운 불법세계를 보게 된 것 같다는 의미이다.
10) 淸霄(청소) : 맑게 갠 하늘.
　　浮煙(부연) : 떠다니는 연기. 향 연기가 피어오르는 것을 가리킨다.
11) 法鼓(법고) : 사원에서 사용하는 큰 북.
12) 忘懷(망회) : 마음을 내려놓다. 기심機心을 잊다.
　　狎鷗鯈(압구조) : 갈매기와 뱅어를 가까이하다. ≪열자列子·황제黃帝≫에 "바닷가에 갈매기를 좋아하는 사람이 있었다. 매일 아침이면 바닷가에 가서 갈매기를 따라 노닐었는데 그에게 이른 갈매기가 백 마리에 그치지 않았다.(海上之人有好漚鳥者, 每旦之海上, 從漚鳥游, 漚鳥之至者百住而不止)"라고 하였다.
13) 攝生(섭생) : 양생養生.
　　兕虎(시호) : 코뿔소와 호랑이. ≪노자老子≫에 "대개 양생을 잘한다고 소문난 사람은 육로로 갈 때 코뿔소와 호랑이를 만나지 않는다.(蓋聞善攝生者, 陸行不遇兕虎)"라고 하였다.

14) 岭(령) : 구계산을 가리킨다.

　　靈鷲(영취) : 인도의 산 이름. 석가모니가 법회를 연 곳으로 유명하다.

15) 延心(연심) : 마음을 펼치다.

　　淨土(정토) : 불교용어. 아미타불이 거하는 청정한 세계로 불교의 이상향을 가리킨다.

16) 四等觀(사등관) : 불교용어. ≪유마경維摩經≫ 권1에 "기다려서 보살을 보고 기다리지 않고서 보살을 보며 기다리거나 기다리지 않거나 간에 보살을 보다.(等觀菩薩, 不等觀菩薩, 等不等觀菩薩)"라고 하였다.

17) 三界(삼계) : 불교용어. 인간세상을 가리킨다. 중생衆生들이 윤회하는 욕계欲界, 색계色界, 무색계無色界를 말한다.

해설

이 시는 경평景平 원년(423년) 영가태수로 있던 시기에 지은 것으로, 구계산에 들러 스님에게 공양드리고 나서 느낀 감회를 서술하였다. 제1~6구는 구계산에 가는 여정을 간략하게 말한 다음 도착해서 보게 된 불사의 소박한 모습을 묘사하였다. 제7~12구는 스님과 함께 노닐면서 깨달은 바가 있는 것처럼 눈이 밝아지고, 저녁공양을 드리면서 새, 물고기, 사나운 짐승과 어우러질 정도로 세속적 욕망을 잊고 양생의 마음을 지닐 수 있었음을 서술하였다. 제13~16구는 이로부터 인도의 영취산과 서방정토를 생각하면서 자신도 세속적인 고통에서 해탈하기를 바라는 심정을 드러내었다. 이 시를 통해 사령운은 영가에서 산수를 유람하고 불교에 심취하는 등 한가롭고 여유 있는 생활을 즐겼음을 알 수 있다. (김수희)

过白岸亭[1]
백안정에 들러 31

拂衣遵沙垣,[2]	옷 털고 흰 모래 둑을 따라가며
緩步入蓬屋,[3]	걸음 늦추고 풀 지붕 안으로 들어가네.
近澗涓密石,[4]	가까운 개울이 빽빽한 돌 사이로 졸졸 흐르고
遠山映疏木.[5]	먼 산이 성긴 나무 사이로 비치네.
空翠難強名,[6]	텅 빈 푸른 산은 애써 이름 붙이기 어렵고
漁釣易爲曲.[7]	고기 잡는 낚싯대는 휘어지기 쉽겠네.
援蘿聆青崖,[8]	등라 부여잡고 푸른 절벽에 올라 들어보니
春心自相屬.[9]	춘심이 절로 이어지네.
交交止栩黃,[10]	꾀꼴꾀꼴 우는 상수리나무에 깃든 꾀꼬리와
呦呦食萃鹿.[11]	유유 울며 풀 뜯는 사슴은
傷彼人百哀,[12]	백 명의 사람들이 슬퍼했던 것에 아파하고
嘉爾承筐樂.[13]	그들이 폐백 광주리 받들며 즐기는 것을 아름답게 여기네.
榮悴迭去來,[14]	영광과 실패는 오고 가기 마련이고
窮通成休慼.[15]	곤궁함과 현달함은 기쁨과 슬픔으로 변하는 법이네.
未若長疏散,[16]	길이 자유롭게 살며
萬事恒抱朴.[17]	만사에 본성을 지키는 것이 낫다네.

주석

1) 白岸亭(백안정): 《환우기寰宇記》에 따르면 백안정은 영가永嘉의 남계楠溪 서남쪽에

있는 정자인데 남계의 기슭에 흰 모래가 있어 이름 붙였다고 한다.
2) 拂衣(불의) : 옷을 털다.
   遵(준) : 따르다.
   沙垣(사원) : 모래로 쌓은 담장 모양의 둑.
3) 緩步(완보) : 걸음을 늦추다.
   蓬屋(봉옥) : 남조 송나라 경평景平 원년(423)에 풀로 백안정의 지붕을 얹었기에 '쑥대 지붕'이라는 뜻의 '봉옥'이라 한 것이다.
4) 近澗(근간) : 정자 가까이에 있는 개울.
   涓(연) : 물이 졸졸 흐르는 것을 형용한다.
5) 映(영) : 비치다. 먼 데 있는 산이 가까이에 있는 성긴 나무들 사이로 비쳐 보이는 것을 표현한 말로 보았다.
6) 空翠(공취) : 인적 없어 텅 빈 푸른 산.
   難強名(난강명) : 애써 이름을 붙이기 어렵다. 산이 너무 아름다워서 형용하기 어렵다는 뜻이다. 또는 텅 빈 산에 은거한다면 '명예를 얻기 어려우리'라고 풀 수도 있다.
7) 易爲曲(이위곡) : 휘어지기 쉽다. 낚싯대가 휘어지기 쉽다는 말은 물고기를 잘 잡을 수 있겠다는 뜻이다. 이와 달리 ≪장자莊子·천하天下≫에서 장자가 "남들은 모두 복을 구하지만, 나는 홀로 자신을 굽혀 몸을 온전히 한다.(人皆求福, 己獨曲全)"라 한 노자老子의 말을 인용한 것에 따라, 이때의 '곡曲'을 '자신을 상황에 따라 굽히다'라는 뜻으로 풀기도 한다. 이에 의하면 이 구는 '어부로 살아간다면 자신을 굽혀 몸을 온전히 하기 쉽다'라고 풀 수 있다.
8) 聆(령) : 듣다.
9) 屬(촉) : 이어지다.
10) 交交(교교) : 꾀꼬리 우는 소리. 이 구절과 아래 구는 ≪시경·진풍秦风≫의 〈황조黃鸟〉편과 관련되어 있다. 진秦 목공穆公이 죽었을 때 177명의 사람들이 순장되었는데 여기에는 '세 명의 어진 사람三良'이라고 일컬어지던 자거씨子車氏의 세 아들 엄식奄息, 중항仲行, 겸호鍼虎가 포함되었다. 이를 슬퍼한 진나라 사람들이 이 노래를 지어 "지저귀는 꾀꼬리가, 가시나무에 앉았구나. … 푸른 하늘이여, 우리 어진 사람을 죽이시렵니까?

만약 대속할 수만 있다면, 백 명의 사람이 그 몸을 대신하겠습니다!(交交黃鳥, 止于棘. … 彼蒼者天, 殲我良人. 如可贖兮, 人百其身)"라고 하였다.

止(지) : 머물다, 거처하다.

栩(허) : 상수리나무.

11) 呦呦(유유) : 사슴이 우는 소리. ≪시경·소아小雅≫의 〈사슴이 울다鹿鳴〉 편에 "유유 우는 사슴이여, 들판의 풀을 먹는구나. 나에게 아름다운 손님 있어 슬을 타고 생을 부네. 생을 불고 황을 타며 폐백 담은 광주리 올려 행하네. 그 사람이 나를 좋아하여 내게 큰 도를 보여주시리라.(呦呦鹿鳴, 食野之苹. 我有佳賓, 鼓瑟吹笙. 吹笙鼓簧, 承筐是將. 人之好我, 示我周行)"라 하였는데 이는 군주와 신하가 화목하게 연회를 즐기는 것을 뜻한다. 이 구와 아래 구는 이 시에서 의미를 끌어온 것이다.

苹(평) : 풀을 통칭한다.

12) 傷彼(상피) 구 : 백 명의 사람들이 슬퍼하는 것에 아파하다. 주10)에 인용된 〈황조〉 편과 관련되어 있다.

13) 嘉爾(가이) 구 : 너희가 폐백 광주리를 받들며 즐거워하는 것을 아름답게 여기다. 주 11)에 인용된 〈사슴이 울다鹿鳴〉 편과 관련되어 있다.

14) 榮悴(영췌) : 영광과 실패.

迭(질) : 갈마들다.

15) 窮通(궁통) : 곤궁함과 현달함.

休慼(휴척) : 기쁨과 슬픔.

16) 疏散(소산) : 구속받지 않고 자유자재로 사는 것.

17) 抱朴(포박) : 타고난 본성을 지키고 외물의 유혹을 받지 않다.

해설

이 시는 송宋 영초永初 3년(422) 무렵 시인이 영가에 있을 때, 영가 주변의 백안정에 들러 주변의 풍광을 묘사하고 자신의 소회를 읊은 것이다.

제1~2구에서는 시인이 흰 모래로 쌓은 둑을 지나 풀 지붕을 얹은 백안정에 이르는 모습을 그렸다. 특히 '걸음을 늦추고'라는 말에서 시인의 고요한 마음 상태를 짐작할 수 있다. 제3~4구에서는 백안정 가까이의 개울물과 백안정 멀리 보이는 산을 대비하여 원근의 묘미를 살렸다. 제5~6구는 각각 제4구와 제3구를 이어받아 이름붙이기 어려울 만큼 아름다운 산과 고기가 잘 잡힐 것 같은 풍경을 원근의 대비로 나타냈다. 이상 제6구까지 백안정과 그 주변의 경물을 묘사했다면 제7~8구에서는 춘심이 일어난 시인이 자신의 감정을 경물에 이입시키기 시작했다. 이때 시인이 푸른 절벽에 올라 들은 소리는 아래에 등장하는 꾀꼬리와 사슴이 우는 소리이다. 제9~10구에서 꾀꼬리와 사슴이라는 백안정 주변의 실물을 각각 묘사한 시인은 제11~12구에서 꾀꼬리가 진나라 목공을 따라 순장된 이들을 슬퍼하고 사슴이 군신 간의 연회를 아름답게 여긴다고 하여 꾀꼬리와 사슴을 ≪시경≫ 시대의 것으로 연결했다. 이 네 구는 신하를 순장한 군주와 신하와 화락하게 지내는 군주의 모습, 인간의 슬픔과 기쁨을 대비시킨 것으로 인간의 영고성쇠를 말하는 제13~14구를 끌어오는 역할을 한다. 제13~14구에서 시인은 영광과 실패가 교차하는 인간의 삶에 대한 회의를 표현하고 마지막 두 구에서 기쁨과 슬픔을 초월한 채 살아가고자 하는 소망을 표현하는 것으로 시를 마무리했다. 봄 풍경을 보며 영고성쇠에 울고 웃는 자신의 삶에 회의를 느끼고 자연에 귀의해 자유롭게 살고자 하는 시인의 마음이 잘 드러난 시이다. (정세진)

行田登海口盤嶼山[1]
밭을 순시하고 바닷가 입구 반서산에 올라 32

羈苦孰云慰,[2]	나그네 괴로움을 누가 위로하리오
觀海藉朝風.[3]	바다를 바라보며 아침 바람에 의지하는데,
莫辨洪波極,[4]	큰 물결 끝을 누구도 분별하지 못하니
誰知大壑東.[5]	누가 큰 바다의 동쪽을 알리오.
依稀採菱歌,[6]	희미하게 마름 캐는 노래 들리는 듯하고
仿佛含嚬容.[7]	어슴푸레 찡그리는 얼굴 보이는 듯하니,
遨遊碧沙渚,[8]	푸른 모래 물가에서 신나게 노닐고
遊衍丹山峰.[9]	붉은 산봉우리에서 마음껏 돌아다니네.

주석

1) 行田(행전) : 밭을 순시하다. 사령운의 시에 〈백석산 아래 길에서 밭을 순시하다白石巖下徑行田〉가 있는데, 밭을 순시하면서 농사가 잘되기를 바라는 마음을 읊었다.
海口(해구) : 바다로 통하는 입구. 여기서는 절강성 구강甌江이 바다와 만나는 곳을 가리킨다.
盤嶼山(반서산) : 절강성 낙청현樂淸縣 남서쪽에 있으며 지금은 '반석盤石'이라고 한다. ≪사령운집교주≫에서는 ≪건륭온주부지乾隆溫州府志≫ 권28에 의거하여 이 시 앞에 다음과 같은 여덟 구절을 추가하였다. "제 경공은 천대를 그리워했고 주 목왕은 궁궐을 싫어해서, 우산에서 공연히 눈물을 뿌렸고 요지에서 진실로 즐기며 기뻐했지. 나이 들어가며 바라던 일 어찌 펼 수 있었으리오, 멀리 노닐면 마음을 트이게 할 수 있었겠지. 황제의 지위는 즐거워할 것이 아닌데 게다가 수도 지역을 지키고 있었음에랴.(齊景戀遄臺, 周穆厭紫宮, 牛山空灑涕, 瑤池實歡悰, 年迫願豈申, 遊遠心能通, 人寶不歡娛, 況乃守畿封)" 이는 우산에 올라 부귀영화를 영원히 누릴 수 없는 인생의 무상함에 눈물을 흘렸던 제나라 경공의 이야기와 궁궐을 떠나 천하를 주유하다가 요지에서 서왕모와 노닐었던 주 목왕의 이야기를 엮으면서 전자보다는 후자를 추구해야 함을 설파하였다.

2) 羈苦(기고) : 나그네의 고달픔. 여기서는 사령운이 영가 태수로 폄적된 것을 말한다.
3) 藉(자) : 빌다. 도움을 얻다. 의지하다.
   朝風(조풍) : 아침 바람. '조풍潮風'으로 되어 있는 판본도 있으며 이 경우 뜻은 '조수바람' 이다.
4) 洪波(홍파) : 큰 파도. 넓은 바다.
5) 大壑(대학) : 큰 바다. ≪장자莊子·천지天地≫에서 "저 큰 바다의 됨됨이는 부어도 차지 않고 퍼내도 마르지 않는다.(夫大壑之為物也, 注焉而不滿, 酌焉而不竭)"라고 하였다.
6) 依稀(의희) : 희미하다.
   採菱歌(채릉가) : 마름 캐는 노래. 강남 지역의 민가이다.
7) 仿佛(방불) : 분명하지 않다.
   含嚬容(함빈용) : 찡그림을 머금은 얼굴. 월나라 저라(苧蘿, 지금의 절강성 제기현諸曁縣) 출신의 미녀 서시西施를 가리킨다. 그녀가 가슴이 아파서 얼굴을 찡그렸는데 사람들이 더욱 아름답게 여겼다고 한다.
   이상 두 구에서 월 지역의 노래인 〈채릉곡〉과 미녀 서시를 언급하였는데, 이는 모두 사령운의 고향인 회계 지역과 연관 지을 수 있다. 따라서 지금은 고향을 떠나 있지만 아쉬우나마 이곳에서 고향을 연상하며 지내겠다는 생각을 표현한 것으로 보인다.
8) 遨遊(오유) : 마음껏 노닐다.
   碧沙渚(벽사저) : 푸른 물가의 모래사장.
9) 遊衍(유연) : 신나게 노닐다.
   丹山(단산) : 붉은 산. 노을이 비친 산. 또는 햇볕을 받는 남쪽 산.

해설

이 시는 경평景平 원년(423) 사령운이 영가태수로 있을 때 지은 것으로 보인다. 낙성현樂成縣에 들러 밭을 순시한 뒤 바닷가 반서산에 올라 지은 것으로 넓은 바다를 바라보며 마음껏 노닐어 객지에서 생활하는 고달픔을 씻어버리고자 하는 뜻을 표현하였다.

제1~2구에서는 나그네의 외로움을 달래기 위해서 바다를 바라볼 수 있는 반서산에 올랐음을 말하였으며, 제3~4구에서는 반서산에 올라서 본 바다가 끝이 없음을 찬탄하였다. 제5~6구에서는 〈채릉곡〉과 서시에 관해 언급하였는데 이는 사령운이 그리워하는 고향을 연상케 한다. 비록 고향을 떠나 객지에 있지만 이곳을 유람하면서 고향과 비슷한 것을 발견하며 아쉬우나마 근심을 삭이고 싶었을 것이다. 그래서 제7~8구에서는 물과 산을 오르내리며 마음껏 노닐고자 하는 의지를 표현하였다. (임도현)

登上成石鼓山[1]
상수의 석고산에 올라 33

旅人心長久,	나그네 마음 오래도록 계속되어
憂憂自相接.[2]	근심과 근심이 절로 이어졌는데,
故鄕路遙遠,	고향 길은 아득히 멀어
川陸不可涉.	강으로든 육지로든 건널 수가 없구나.
汨汨莫與娛,[3]	근심스런 마음에 더불어 즐길 이 아무도 없어
發春托登蹑.[4]	봄기운이 발하자 등산에 의지하는데,
歡願既無幷,	기쁨과 바람은 함께 하지 않건만
戚慮庶有協.[5]	슬픔과 근심은 거의 함께 한다네.
極目睐左闊,[6]	시선을 끝까지 하니 왼편에 광활한 것이 보이고
回顧眺右狹.[7]	고개를 돌리니 오른편에 좁은 것이 보이네.
日沒澗增波,	해 저무니 시내에 물결이 더해지고
雲生嶺逾疊.	구름 피어나니 산 고개 더욱 첩첩이구나.
白芷競新苕,[8]	하얀 지초는 앞 다투어 새로운 풀을 돋우고
綠蘋齊初葉.	푸른 마름은 가지런하게 잎이 막 돋아났네.
摘芳芳靡諼,[9]	꽃을 꺾어 봐도 그 꽃이 시름 잊게 하지 못하고
愉樂樂不燮.[10]	즐거움을 누려 봐도 그 즐거움과 어울리지 못하구나.
佳期緬無像,[11]	좋은 기약은 아득히 조짐이 없으니
騁望誰云愜.[12]	마음껏 바라본들 누가 유쾌하다 하리오.

주석

1) 上戍(상수) : 영가강永嘉江에 있는 상수포上戍浦를 말하는 것으로 보인다. 지금의 절강성 온주시溫州市에 있다.
   石鼓山(석고산) : 상수에 있는 산으로, 영가에서 서쪽으로 사십 리 되는 곳에 있다. 그 위에 큰 돌이 우뚝 서 있는데, 그것을 두드리면 기묘한 소리가 울린다고 하여 명승지가 되었다.

2) 旅人(여인) 2구 : 바깥 생활을 오래하여 근심이 끊이지 않게 되었다는 의미이다. ≪초사楚辭·구장九章·영도를 슬퍼하다哀郢≫에 "마음이 즐겁지 않은지 오래라, 걱정과 근심이 서로 이어졌네.(心不怡之長久兮, 憂與愁其相接)"라 하였다.

3) 汨汨(율율) : 흔들거리고 불안한 모양. 여기서는 마음이 불안한 것을 말한다.

4) 發春(발춘) : 봄기운이 발동하다. 봄이 시작되어 만물이 생동하는 것을 말한다.
   登躡(등섭) : 산길을 가다. 등산하다.

5) 協(협) : 화합하다. 조화롭다.
   이상 2구는 석고산에 올라 봄을 누리는 기쁨과 고향으로 돌아가 가족들과 함께 하고자 하는 소원을 동시에 이루는 것은 불가능한데, 오히려 혼자서 느끼는 슬픔과 걱정은 한꺼번에 오게 되었음을 이야기한 것이다. 한편 이 부분을 슬픔과 근심의 감정이 누그러졌음을 말하는 것으로 볼 수도 있으니, 이 경우 봄을 누리는 기쁨과 가족과 함께 하고자 하는 바람을 동시에 이루는 것은 불가능하지만 그래도 봄철에 산에 오름으로써 슬픔과 근심이 약간은 해결되었음을 이야기한 것으로 해석된다.

6) 睞(래) : 곁눈질하다. 흘끔흘끔 보다.

7) 狹(협) : 좁다. 여기서는 시선의 오른쪽에 협곡이 있는 것을 말하는 것이다.

8) 白芷(백지) : 향초의 하나로, 여름철에 우산을 편 것 같은 모양으로 하얀 꽃을 피우며 그 열매는 타원형이다. 뿌리를 약에 넣으면 통증을 완화시키는 효과가 있으며, 고대에는 이것의 잎을 향료로 사용하기도 하였다.
   苕(초) : 풀. 이에 대해서는 여러 가지 설이 있다. 육기陸機의 〈문부文賦〉의 "풀이 나고 이삭이 곧게 선다.(苕發穎豎)" 구에 대한 방정규方廷珪의 주석에 "풀의 줄기를 '초苕'라 한다.(草莖謂之苕)"라고 하였는데 여기서는 이를 따랐다.

9) 諼(훤) : 잊다. 잊게 하다. '훤萱'과 통한다. '훤萱'은 사람의 근심을 잊게 한다는 망우초忘憂草를 가리킨다.
10) 燮(섭) : 어울리다. 화합하다.
11) 佳期(가기) : 좋은 시절, 좋은 기약. 여기서는 고향으로 돌아가 가족과 함께 하는 날을 말하는 것으로 보인다.
緬(면) : 아득하다.
無像(무상) : 구체적인 형상이 없다. 여기서는 좋은 때가 올 조짐이 보이지 않는다는 의미이다.
12) 騁望(빙망) : 시야를 넓혀 멀리 바라보는 것.
愜(협) : 마음이 상쾌하다.

해설

이 시는 작자가 영가에 부임한 이듬해인 경평景平 원년(423) 봄에 쓴 것이다. 조정에서 배척당해 타지로 오게 된 뒤의 우울한 심정이 반영된 작품이다.

전반부 제1~8구에서는 작자가 근심을 해소하기 위해 석고산에 오르게 되었음을 이야기하였다. 제1~4구에서는 작자가 영가로 떠나온 뒤 나그네로서 근심을 얻은 지 오래되었으며, 그의 고향과 영가 지역이 멀리 떨어져 돌아가기 어려운 상황임을 밝혔다. 다음 제5~8구에서는 봄을 맞아 석고산에 오르게 되었음을 이야기하였다. 이때 앞의 4구에서 말한 우울한 감정이 계속해서 이어지는데, 바로 이 근심 때문에 함께 봄을 즐길 이 없이 혼자서 산에 오르게 되었다. 그러나 봄날에 석고산에 오르는 기쁨과 고향으로 돌아가고자 하는 바람은 동시에 이룰 수 없는 것인 반면, 슬픔과 근심의 감정은 한꺼번에 밀려들어와 작자의 심정을 더욱 복잡하게 만든다. 시의 중반부인 제9~14구에서는 석고산에서 등람登覽한 풍경을 원경에서 근경으로 시선을 이동해가며 구체적으로 묘사하였다. 왼편에는 광활하게 펼쳐진 풍경이, 오른편에는 좁은 협곡이 눈에 들어오며, 해 저무는 시냇물에 물결이 더해지고 구름이 산 고개에서 피어난다. 한편, 가까운 거리에서는 봄을 맞아 풀이 새로이 돋아나는 향초들이 보인다. 그러나 이러한 생명력 넘치는 풍경에도 불구하고 작자의 우울함은 극복되지 않는데 이러한 심정이 마지막 제15~18구에서 드러난다. 아름다운 꽃을 감상하고 애써 즐겨보려 노력하지만 타향에서 느끼는 작자의 우울한 감정은 근본적으로 해결될 수 없으니, 그것은 바로 고향으로 돌아갈 기약이 없기 때문이다. 그리하여 작자는 아무리 아름다운 봄 풍경을 바라보아도 마음이 즐거워질 수 없다고 절망감을 토로하며 작품을 마무리하였다. (김하늬)

東陽溪中贈答二首[1]
동양계에서의 증답시 2수

제1수

可憐誰家婦,[2]	어여쁘도다, 뉘 집 여인인지?
緣流洒素足.[3]	물가에서 흰 발을 씻는구나.
明月在雲間,[4]	밝은 달은 구름 사이에 있나니
迢迢不可得.[5]	아득히 멀어 얻을 수가 없구나.

제2수

可憐誰家郞,	멋지도다, 뉘 집 사내인지?
緣流乘素舸.[6]	물가 흰 배에 타고 있군요.
但問情若爲,[7]	다만 그대의 정이 어떠한지 묻나니
月就雲中墮.[8]	달도 곧 구름 속에서 떨어질 거예요.

주석

1) 東陽溪(동양계) : 동양강東陽江을 가리키며, 동양현(東陽縣, 지금의 절강성 금화시金華市) 북쪽 오 리쯤에 있다.
2) 可憐(가련) : 어여쁘다, 사랑스럽다. '가애可愛'와 같은 뜻이다.
3) 緣流(연류) : 물가. '연緣'은 가장자리를 의미한다.
   洒(쇄) : 물을 뿌리다, 씻다. '세洗'로 되어 있는 판본도 있다.
4) 明月(명월) : 밝은 달. 여기서는 여인을 비유한다.

5) 沼沼(초초) : 멀고 아득한 모양.
6) 素舸(소가) : 채색을 하지 않은 큰 배.
7) 若爲(약위) : 어떠한가?
8) 就(취) : 곧, 바로.
  雲中墮(운중타) : 구름 속에서 떨어지다. 사내가 여인을 얻을 수 있게 됨을 의미한다.

해설

 이 시는 증답의 형식을 통해 젊은 남녀의 사랑의 감정을 노래한 것으로, 남자의 즉흥적이면서도 간절한 애정의 추구와 이를 대하는 여자의 솔직하면서도 적극적인 사랑의 태도가 대비되어 나타나고 있다. 이 시는 ≪옥대신영玉臺新詠≫ 권10에도 수록되어 있는데, 동양강이라는 시의 배경으로 보아 경평景平 원년(423) 사령운이 영가태수永嘉太守를 그만두고 고향으로 돌아가는 도중에 쓴 것으로 여겨진다.
 제1수는 배를 타고 가다 물가에 있는 아름다운 여인을 보고 희롱하는 사내의 말이다. 제1~2구에서는 물가에 앉아 흰 발을 씻고 있는 여인의 관능적인 모습을 묘사하고 있으며, 제3~4구에서는 구름에 가려 아득히 멀리 있는 달의 비유를 통해 타인의 시선이나 나그네로서의 자신의 처지 등과 같은 여러 제한 요인들로 인해 다가가 그녀를 취할 수 없는 안타까움을 말하고 있다.
 제2수는 망설이는 사내에 대해 보다 적극적이면서 진솔한 사랑을 요구하고 있는 여인의 대답이다. 제1~2구에서는 배 위에 있는 사내에 대해 여인 또한 흠모의 감정이 있음을 말하고, 제3~4구에서는 자신을 달에 비유한 사내의 말에 응수하여 진실한 사랑의 감정만 있다면 하늘의 달이라도 품에 안을 수 있을 것임을 말하고 있다. (주기평)

遊赤石進帆海[1]
적석산을 노닐다가 범해산으로 나아가다 35

首夏猶淸和,[2]	초여름인데도 여전히 맑고 화창하여
芳草亦未歇.[3]	향기로운 풀도 아직 시들지 않아,
水宿淹晨暮,[4]	물에서 자며 새벽 저녁을 머무는데
陰霞屢興沒.[5]	구름 노을이 여러 차례 생겼다 사라졌네.
周覽倦瀛壖,[6]	두루 둘러보아 해안가는 질렸으니
況乃陵窮髮.[7]	마치 불모지에 오른 듯하네.
川后時安流,[8]	천후는 때맞춰 편안히 흘러가게 하고
天吳靜不發.[9]	천오도 조용히 나대지 않는구나.
揚帆采石華,[10]	돛을 펼치고 가다 석화를 캐고
掛席拾海月.[11]	돛을 걸고 가다 해월을 줍는데,
溟漲無端倪,[12]	큰 바다는 끝이 없고
虛舟有超越.[13]	빈 배는 멀리 넘어가는구나.
仲連輕齊組,[14]	노중련은 제나라의 인끈을 가벼이 여겼지만
子牟眷魏闕.[15]	자모는 위나라 궁궐을 돌아보았으니,
矜名道不足,[16]	명성을 숭상함은 도가 부족해서이고
適己物可忽.[17]	자신을 따르면 외물을 가벼이 할 수 있구나.
請附任公言,[18]	임공의 말에 붙이길 청하니
終然謝夭伐.[19]	끝내는 일찍 베임을 면하리라.

주석

1) 赤石(적석) : 산 이름. 지금의 절강성 영가현永嘉縣과 서안현瑞安縣의 경계의 해변 가에 있다.
   帆海(범해) : 산 이름. 지금의 범유산帆遊山으로, 서안현 북쪽 오십 리에 있다. 예전에는 바다여서 대부분 배를 타고 갔기에 '범'자로 이름을 삼았다.
2) 首夏(수하) : 초여름.
   淸和(청화) : 맑고 화창하다.
3) 歇(헐) : 시들다.
4) 水宿(수숙) : 배에서 머무는 것을 말한다.
   淹(엄) : 오랫동안 머물다.
   晨暮(신모) : 새벽과 저녁. 하루 종일.
5) 陰霞(음하) : 구름 노을. ≪문선≫의 이선 주석에서 ≪하도河圖≫를 인용하였는데, "곤륜산에 오색의 물이 있는데, 그 중 붉은 물의 기운이 증기가 되어 위로 올라가 노을이 되면 축축하고 붉다.(崑崙山有五色水, 赤水之氣上蒸爲霞, 陰而赫然)"라고 되어있다.
   興沒(흥몰) : 나타났다 사라지다.
6) 周覽(주람) : 두루 둘러보다.
   瀛壖(영연) : 바닷가.
7) 況乃(황내) : 마치 ~와 같다.
   陵(릉) : 오르다. 밟다.
   窮髮(궁발) : 풀이 나지 않는 황폐한 땅.
   이 구는 오랫동안 바다 구경을 하다 보니 질려서 마치 황무지를 보는 것 같다는 뜻이다. 이와 달리 '황내況乃'를 '하물며'로 보아 "하물며 황무지에 올랐음에랴."라고 해석하기도 한다. 이때 황무지는 적석산을 가리킨다.
8) 川后(천후) : 전설에 나오는 황하의 신. 하백河伯.
9) 天吳(천오) : 물의 신. 수백水伯이라고도 한다.
   不發(불발) : 나서지 않다. 가만히 있다.
10) 揚帆(양범) : 돛을 펴다.

石華(석화) : 굴.

11) 掛席(괘석) : 돛을 걸다. 위 구절의 '양범'과 뜻이 같다.

拾(습) : 줍다.

海月(해월) : ≪문선≫의 이선 주석에서 ≪임해수토물지臨海水土物志≫를 인용하여 "크기가 거울만 하고 흰색이며 동그랗다. 대체로 해변에 죽어 있는데 그 지탱하는 부분은 비녀만 하며 가운데 부분은 먹을 수 있다.(大如鏡, 白色, 正圓, 常死海邊, 其柱如搔頭大, 中食)"라고 하였다. 조개 종류라는 설과 해파리라는 설이 있다.

12) 溟漲(명창) : 명해와 창해. 넓은 바다를 가리킨다.

端倪(단애) : 끝

13) 虛舟(허주) : 빈 배. 기심이 없이 떠도는 배. 여기서는 사령운이 탄 배를 가리킨다.

有超越(유초월) : 아주 먼 곳까지 넘어가다. 세속을 초월하는 경지가 됨을 말한다.

14) 仲連(중련) : 전국시대의 노중련魯仲連. 연燕나라의 한 장수가 요성聊城을 함락시켰는데 요성의 어떤 사람이 그를 연나라 왕에게 참소하니, 그 장수는 죽을까 두려워하여 요성을 지키며 귀국하지 않았다. 제齊나라 전단田單이 요성을 일 년 넘게 공격하였지만 성을 함락시킬 수 없었는데, 노중련이 편지를 써서 화살에 묶어 성 안으로 보내니, 그 장수가 편지를 보고 사흘을 울고는 스스로 목숨을 끊었다. 이에 전단은 요성을 함락시킬 수 있었다. 전단이 제나라 왕에게 노중련의 공적을 아뢰고 그에게 벼슬 주기를 청했으나, 노중련은 몸을 피해 달아나 바닷가에 숨어 살았다. ≪사기·노중련열전≫에 관련 내용이 보인다.

輕齊組(경제조) : 제나라 인끈을 가벼이 여기다. 제나라에서 벼슬하는 것을 귀하게 여기지 않음을 말한다. '조組'는 관복에 달린 인장을 매는 끈으로, 관직을 상징한다.

15) 子牟(자모) : 위魏나라의 중산공中山公. 일찍이 "몸은 강이나 바닷가에 있어도 마음이 궁궐에 있으니 어찌된 일인가?(身在江海之上, 心居魏闕之下, 奈何)"라고 하였다.

眷魏闕(권위궐) : 위나라 궁궐을 돌아보다. 조정을 항상 마음에 두고 근심하는 것을 의미한다.

16) 矜名(긍명) : 명성을 숭상하다.

17) 適己(적기) : 자득自得하다. 자신의 심성을 따르다. ≪사기·장자열전≫에 "장자의 언사

는 거센 물결과 같이 자유분방하여 자신을 따랐다.(莊子其言汪洋自恣以適己)"라고 하였다.

物(물) : 외물.

可忽(가홀) : 소홀히 할 수 있다. 얽매이지 않는다는 뜻이다.

18) 任公(임공) : 태공太公 임任을 가리킨다. 공자가 진陳나라와 채蔡나라 사이에서 포위당했을 때 임공이 공자에게 가서 위로하길 "곧은 나무는 먼저 베어지고 맛 좋은 샘은 먼저 마릅니다. 지극한 사람은 소문이 나지 않는데 선생은 어찌 그것을 좋아하시오?(直木先伐, 甘泉先竭, 至人不聞, 子何喜哉)"라고 하니, 공자가 "훌륭합니다."라고 하고는 큰 늪으로 피하여 짐승 가죽과 굵은 베옷을 걸치고 도토리와 밤을 먹었다. ≪장자·산목山木≫에 관련 내용이 보인다.

19) 謝(사) : 벗어나다. 면하다.

夭伐(요벌) : 일찍 베어지다. 위의 임공의 말을 인용한 것으로, 재주를 드러내려다보면 일찍 죽음을 맞는다는 뜻이다.

해설

이 시는 송宋 영초永初 3년(422) 사령운이 영가태수로 내려온 뒤 여러 곳을 유람하다가 쓴 시 중의 하나로, 적석산을 노닐다가 범해로 나아가서 본 경물과 느낌을 적었다.

제1~4구에서는 배를 타고 여러 날을 노닐었음을 말하였는데, 초여름이라 아직 노닐기 좋은 때이며 계속 배에서 묵으며 본 경관을 묘사하였다. 제5~6구에서는 그렇게 오래도록 배를 타고 노닐다보니 흥취가 떨어진 것을 표현하였다. 제7~12구에서는 다시 배를 타고 범해로 나아가며 노니는 장면을 묘사하였는데, 마침 물결이 평온하여 뱃놀이에 적합하며 석화를 캐거나 해월을 줍는 등의 활동으로 흥치를 돋우었다. 큰 바다가 아무리 넓지만 자신이 탄 배는 저 끝까지 넘어갈 수 있을 것 같은 기분을 표현하여 오늘의 노님에 상당한 만족감을 드러내었다. 제13~16구에서는 이러한 노님 속에서 느낀 감회를 서술한 것으로, 노중련과 자모의 예를 비교하였다. 노중련은 뛰어난 공적을 세우고도 관직을 사양하고 바닷가로 들어와 살았지만, 이와 달리 자모는 바닷가로 들어와 살더라도 여전히 조정을 걱정하는 모습을 보였다. 둘 다 바닷가에서 사는 모습은 같지만 지향과 생각은 정반대이다. 이에 사령운은 노중련의 처세를 지지하면서 명성을 숭상하기보다는 자신의 심성을 따르기를 원하였다. 마지막 두 구절에서는 임공의 말을 인용하여, 자신의 재능을 드러내어 명성을 구하면 일찍 죽을 따름이니 바닷가에서 은일하며 오늘과 같은 평온한 노님 속에 오래도록 살기를 바라는 마음을 표현하였다. 하지만 그는 후일 모함을 당해 병사를 일으켜 도망 다녔고, 이로 인해 죽음을 맞이하였으니 그의 바람은 끝내 이루어지지 못한 셈이다. (임도현)

登江中孤嶼[1]
영가강 고서산에 올라 36

江南倦歷覽,[2]	강 남쪽을 실컷 유람하였고
江北曠周旋.[3]	강 북쪽을 오랫동안 둘러보았건만
懷新道轉迴,[4]	새로운 곳 그리워하나 길은 더욱 멀게 느껴지고
尋異景不延.[5]	기이한 곳 찾으려니 시간이 그리 길지 않네.
亂流趨正絶,[6]	물을 가로질러 끊어진 곳으로 달려갔더니
孤嶼媚中川.[7]	고서산이 강 가운데서 자태를 뽐내고 있네.
雲日相暉映,	구름과 햇살이 서로 어울려 비추고
空水共澄鮮.[8]	하늘과 강물은 함께 맑고 깨끗하네.
表靈物莫賞,[9]	신령함을 드러내나 속인은 감상하지 못했으니
蘊眞誰爲傳.[10]	참된 선계 모습 감추고 있은들 누가 전해 주겠는가.
想象崑山姿,[11]	곤륜산의 자태를 연상하게 하고
緬邈區中緣.[12]	속세와의 인연은 아득하니 멀기만 하네.
始信安期術,[13]	비로소 믿겠나니, 안기생의 신선술로
得盡養生年.[14]	양생하여 천수를 누릴 수 있다는 것을.

주석

1) 江(강) : 여기서는 영가강永嘉江을 가리키며, 절강성 온주시溫州市 북쪽을 흐른다. 지금 이름은 구강甌江이다.

孤嶼(고서) : 산 이름. 구강 안에 있는 섬이다.

2) 倦(권) : 실컷.

   歷覽(역람) : 두루 유람하다.

3) 曠(광) : 오래되다.

   周旋(주선) : 두루 유람하다.

4) 新(신) : 새로움. 여기서는 신기한 풍경을 이른다. '잡雜'으로 되어 있는 판본도 있다.

   轉(전) : 더욱.

   逈(형) : 멀다.

5) 景(경) : 시간.

   延(연) : 오래다, 장구하다.

6) 亂流(난류) : 물을 가로지르다. '난亂'은 물의 흐름을 가로질러 바로 건너는 것을 의미한다.

   趣(추) : 가다, 달리다.

   正絶(정절) : 막 끊어진 곳. 여기서는 고서산을 가리킨다. '고서孤嶼'로 되어 있는 판본도 있다.

   여기서는 물의 흐름을 막고 있는 섬으로 간다는 뜻이다.

7) 媚(미) : 예쁘다, 아름답다.

   中川(중천) : 강의 중앙.

8) 澄鮮(징선) : 맑고 깨끗하다.

9) 表靈(표령) : 신령함을 드러내다.

   物(물) : 속세의 사람.

10) 蘊(온) : 감추다, 쌓다.

    眞(진) : 진체眞體. 즉 선계의 진체, 신선의 경지를 의미한다.

11) 崑山(곤산) : 곤륜산. 신선과 서왕모가 산다는 전설상의 산.

12) 緬邈(면막) : 아득히 멀다.

    區中(구중) : 인간 세상.

13) 安期(안기) : 안기생安期生. 진秦나라 때 사람으로 약을 팔면서 오래 살았고 봉래산에 들어가 신선이 되었다 한다.

14) 養生(양생) : 오래 살기 위하여 몸과 마음을 편안히 하고 병에 걸리지 않게 노력함.
　　盡年(진년) : 자기 살 나이를 다 살고 죽음.

해설

　이 시는 경평景平 원년(423), 새로운 풍경을 찾다가 영가강에 있는 섬에 올라 아름다운 전경을 보고는 선취仙趣에 흠뻑 젖어 그곳에 머물고 싶은 마음을 표현한 것이다.
　제1~4구에서는 영가강 남쪽과 북쪽을 질리도록 유람하여 새로운 정경을 찾으려 하나 길은 멀고 시간이 많이 걸려 여의치 않음을 말하였다. 제5~8구에서는 영가강 안에 있는 고서산을 멀리서 바라본 모습을 쓰고 있다. 구름과 햇살이 비치고 맑고 깨끗한 배경 속에 아름다운 자태를 뽐내고 있다고 하였다. 제9~12구는 고서산의 모습이 마치 선계와 같아 속인으로서는 제대로 감상할 줄도 몰라 세간에 잘 알려져 있지 않다고 하였다. 제13~14구에서는 이런 선계를 즐기며 사는 것이야말로 천수를 누리는 것임을 깨닫는다 하면서 아름다운 자연에서 운치를 즐길 수 있는 삶을 희망하였다. (이지운)

登永嘉綠嶂山[1]
영가군 녹장산에 올라 37

裹糧杖輕策,[2]	건량을 싸고 가벼운 지팡이를 짚고
懷遲上幽室.[3]	구불구불 깊은 산을 오르네.
行源徑轉遠,[4]	수원을 찾아가니 길은 차츰 멀어지는데
距陸情未畢.[5]	꼭대기에 도달해도 정취는 다하지 않는다네.
澹瀲結寒姿,[6]	찰랑찰랑 물결이 차가운 자태를 맺고
團欒潤霜質.[7]	넘실대는 대나무는 서리에 젖어 있네.
澗委水屢迷,[8]	시내가 굽이져서 물줄기를 자주 잃어버리니
林迥巖逾密.	숲은 멀고 바위는 더욱 빽빽해지네.
眷西謂初月,	서쪽을 보고 달이 떴다고 말하고
顧東疑落日.[9]	동쪽을 보고 해가 진다고 생각하네.
踐夕奄昏曙,[10]	저녁을 지나 밤과 새벽까지 오래 머무니
蔽翳皆周悉.[11]	가려진 깊숙한 곳까지 모두 다 둘러보았네.
蠱上貴不事,[12]	고괘의 상구는 왕을 섬기지 않는 것을 귀히 여기고
履二美貞吉.[13]	이괘의 구이는 바르고 길함을 아름답게 여기네.
幽人常坦步,[14]	그윽한 사람은 항상 평탄하게 길을 걸었으니
高尙邈難匹.[15]	그 고상함은 아득하여 짝하기 어렵네.
頤阿竟何端,[16]	사람들 응답하던 소리 결국 어디에서 찾으리
寂寂寄抱一.[17]	적막하게 하나를 지키는 일에 몸을 맡기려네.
恬如旣已交,[18]	고요하게 이미 세속의 사귐을 그만두었으니

繕性自此出.19　　성품을 다스리는 일이 여기에서 시작한다네.

주석

1) 綠嶂山(녹장산) : 영가군永嘉郡 서북쪽에 있는 산. 청장산靑嶂山이라고도 한다. 산 위에 큰 호수가 있다.
2) 裹糧(과량) : 건량乾糧을 챙기다. 길 떠날 준비를 하다.
   杖輕策(장경책) : 가벼운 지팡이를 짚다. '장杖'은 지팡이를 짚는다는 뜻이다.
3) 懷遲(회지) : 길이나 물이 구불구불 굽어있는 모양.
   幽室(유실) : 그윽하고 아름다운 경치가 있는 곳. 이 시에서는 녹장산綠嶂山을 가리킨다. 산의 동굴로 해석하기도 한다.
4) 行源(행원) : 수원水源을 찾아가다.
5) 距陸(거륙) : 꼭대기에 도달하다. '거距'는 도달하다, '육陸'은 높고 평평한 땅을 의미한다.
6) 澹瀲(담렴) : 물결이 출렁이는 모양.
   寒姿(한자) : 차가운 모양. 이 시에서는 물이 차가워졌다는 것을 가리킴.
7) 團欒(단란) : 길고 잘 생긴 대나무의 모양.
   霜質(상질) : 서리를 견뎌내는 품질. 대나무가 서리를 맞으면 그 성질이 더욱 견실해져서 예로부터 서리 맞은 대나무로 고결한 품행을 비유하였다.
8) 澗委(간위) : 시내가 굽었다.
   屢迷(루미) : 여러 번 잃어버리다. 계곡물이 굽이가 많이 져서 자주 물길을 잃어버렸다는 의미이다.
9) 眷西(권서) 2구 : 깊은 숲 속에서 방향감각을 잃어서 뜨는 달과 지는 해를 혼동했다는 의미이다.
10) 踐夕(천석) : 저녁을 경과하다. '잔석殘夕'으로 되어 있는 판본도 있다.
    奄(엄) : 오래 머물다. '엄淹'과 같다.
    昏曙(혼서) : 밤과 아침.
11) 蔽翳(폐예) : 가리다. 숨기다. 이 시에서는 산과 숲이 깊은 곳을 가리킨다.
    周悉(주실) : 모두 상세하게 마치다. 이 시에서는 모두 다 구경했다는 뜻이다.

12) 蠱上(고상) : ≪주역周易≫의 고괘蠱卦의 상구上九. 고괘는 상황이 잘못된 다음에 그것을 수습하는 '일'이 생길 것이라는 괘이다. 고괘의 상구는 "왕후를 섬기지 않으니 그 일을 고상하게 하다.(不事王侯, 高尙其事)"이다. 어진 이와 군자가 때와 영합하지 않고 고결하게 자신을 지켜 세상에 더럽혀지지 않는다는 뜻이다. 이 시에서는 사령운이 관직을 그만둘 뜻을 말한 것이다.

13) 履二(이이) : ≪주역周易≫의 이괘履卦의 구이九二. 이괘는 모든 일에 마땅히 정해진 위치와 예절의 지키며 남과 다투지 않고 즐거이 바른 행동을 해야 한다는 괘이다. 이괘의 구이는 "밟는 길이 평탄하니 그윽한 사람이라야 바르고 길하리라.(履道坦坦, 幽人貞吉)"이다. 바르고 곧은 사람이 낮은 위치에서 자신의 곧은 마음을 가지고도 평탄하며 남과 다투지 않으니 이러한 일을 행할 수 있는 그윽한 사람이어야 그의 행실이 바르고 그 결과가 길할 것이라는 뜻이다. 이 시에서는 사령운이 비록 신분은 낮아졌지만 스스로 부드러운 행실로 바른 일을 할 것임을 말한 것이다.

14) 坦步(탄보) : 평안하게 길을 가다. 이 시에서는 제14구의 이괘 구이의 내용을 가리킨다. 비록 낮은 지위에 있지만 남과 다투지 않고 불평 없이 바른 일을 행한다는 뜻이다.

15) 高尙(고상) : 이 시에서는 주11)의 고괘의 상구의 고상함을 그윽한 사람의 고상함과 결합시켰다.

16) 頤阿(이아) : 응답의 소리. 산 속에서 사람들이 서로 부르고 답하는 소리. '이頤'는 어조사, '아阿'는 응낙을 나타내는 소리이다. ≪사령운집교주謝靈運集校注≫에서 고소백顧紹柏은 이를 각각 '응답'과 '질책'의 뜻으로 설명하였는데, 이 경우 "응답과 질책이 결국 어찌 다르겠는가?"로 풀이되어 다음 구절의 '하나를 지키는 일[抱一]'과 맥락이 이어지는 장점이 있다.

17) 抱一(포일) : 하나를 지키다. 도가道家의 용어로 만물의 근원이자 핵심인 하나를 지키는 것은 도道를 고수한다는 뜻이다. ≪장자莊子·선성繕性≫에서도 "사람들은 비록 지혜가 있어도 이를 쓸 바가 없었는데 이를 일러 지극한 하나라고 하였다. 이때에는 억지로 하려는 것이 없었으나 언제나 자연히 되었다.(人雖有知, 無所用之, 此之謂至一. 常是時也莫之爲而常自然)"라 하였다.

18) 恬如(염여) : 고요하다. 많은 연구자들은 이를 '염지恬知'의 잘못으로 여긴다. 다음 구절

의 '본성을 잘 다스리는 일[繕性]'과 연관이 되기 때문이다. ≪장자·선성繕性≫에서 "옛날의 도를 다스리는 사람은 고요함으로 지혜를 길렀다. 지혜가 생겨나도 지혜로써 행하지 않았으니 이를 일러 지혜로써 고요함을 기른다고 한다. 지혜와 고요함이 서로를 기르니 조화와 이치가 본성에서 생겨났다.(古之治道者以恬養知, 知生而無以知爲也, 謂之以知養恬, 知與恬交相養, 而和理出其性)"라 하였다. 이 구절의 대강의 의미는 다음과 같다. 고대의 성인은 고요함을 바탕으로 지혜를 길렀기 때문에 그 지혜가 생겨난 다음에도 고요함을 계속 유지하면서 무위자연의 도를 지킬 수 있었다. 그래서 고요함과 지혜가 서로를 길렀다고 말할 수 있었다. 그러나 지혜가 계속 성장하면서 결국 본성을 구별하였고 조화와 이치라는 개념을 발전시켰다. 이러한 진행은 결국 지극한 하나라는 도의 상태에서 계속 멀어지는 일이며 본래의 성품으로 되돌아갈 수 없는 지경에 이르는 것이다. 그러므로 '고요함'과 '지혜'가 서로를 길러주는 일은 성인에겐 훌륭한 일이었으나 결과적으로 사람들이 도에서 멀어지게 된 나쁜 일이었다. 따라서 만약 이를 '염지恬知'로 본다면 '고요함과 지혜가 이미 서로 기르는 일을 그만두었으니'로 해석해야 한다.

19) 繕性(선성) : 본성을 잘 다스리다. '성性'은 하늘에서 타고난 본성이다. 장자의 관점에서 성품은 억지로 학습을 하거나 법칙을 따름으로써 돌이키거나 기를 수 있는 것이 아니다. 다만 자연스럽고도 고요한 무위의 태도를 지니고 유지할 뿐이다.

해설

이 시는 사령운이 영가태수로 부임한 영초永初 3년(422년) 늦가을에 지은 작품으로 추정된다. 사령운은 녹장산綠嶂山에 올라 늦가을 산의 그윽한 경치를 경험하고는 그 속에서 은거와 양생의 도가적 이치를 깨닫고 스스로 자연으로 돌아가겠다고 말하였다.

시의 내용은 크게 세 부분으로 나뉜다. 초반부는 사령운이 녹장산에 오르는 과정에 대해 썼다. 제1~2구에서 사령운은 산에 오르기 위해 건량을 준비하고 손수 지팡이를 짚고 길을 나선다. 생각할 수 있는 일반 태수의 유람과는 다르다. 사령운의 이러한 역동적인 산행은 제3~4구에서 곧장 꼭대기까지 수직으로 도달했다. 그리고 그곳에서도 정취가 다하지 않았다고 밝히면서 그의 산행은 광활한 산의 공간으로 넓게 이어질 것임을 암시하였다. 제5~6구는 정상의 호수에서 바라본 늦가을의 생생한 경치를 그렸다.

중반부에서 사령운은 정상에서 내려오며 녹장산의 여러 곳을 돌아다니고 다음날 새벽까지 산에 머물렀다. 제7~8구는 호수에서 다시 물줄기를 따라 숲과 바위산으로 향하는 모습을 그렸다. 제9~10구에서 사령운은 깊은 산 속에서 방향과 시간에 대해 완전히 혼동에 빠졌다. 그의 이러한 혼동은 사령운 자신이 태수가 아니라 은거자라는 착각을 가능하게 했다. 제11~12구에서 결국 사령운은 산 속에서 밤을 지새우고 아침을 맞이했다. 그 와중에 그는 산의 모든 것을 경험했다고 한다.

후반부에서 사령운은 새벽의 산속에 남아서 그 스스로 자연으로 귀화하여 본성을 회복할 것을 희망한다. 제13~16구는 사령운이 은자의 가치를 지지하는 근거에 대해서 썼다. 오직 은자만이 높은 이를 억지로 섬기지 않고 낮은 곳에서 바르고 길한 삶을 고상하게 살 수 있다. 제17~18구에서 사령운은 새벽의 산속에 오직 그만이 존재하며 이러한 고요함 속에서 진실한 도를 추구할 것이라고 말했다. 제19~20구에서 이미 속세와의 교류를 단절한 사령운은 이미 자신의 본성을 회복하기 시작하였다.

제17구의 '이아頤阿'와 제19구의 '염지恬知'의 해석에 따라 후반부의 해석을 다르게 할 수도 있다. 제13~16구에서 은거자의 바르고 길하며 고상한 가치를 확인한 사령운은 제17~18구에서 호응과 비난이라는 상대적 구분을 초월하고 고요하게 하나의 완전한 도를 지키려 한다. 제19구에서 그는 고요함과 지혜의 상호 영향 관계를 끊어서 모든 인위적인 차별을 일으키는 지혜의 세계에서 벗어날 수 있었고 제20구에서 자연과 하나였던 자신의 본성을 회복하기 시작하였다. (서용준)

郡東山望溟海[1]
영가군의 동산에서 바다를 바라보며 38

開春獻初歲,[2]	봄이 시작되며 새해에 들어서니
白日出悠悠,[3]	밝은 해가 천천히 떠오르기에,
蕩志將愉樂,[4]	근심을 씻고 장차 즐거움을 즐기려하고
瞰海庶忘憂,[5]	바다를 내려다보며 근심 잊기를 바라노라.
策馬步蘭皐,[6]	말을 몰고 난초 핀 물가언덕을 가다가
紲控息椒丘,[7]	말고삐를 쥐고 산초 난 산언덕에서 쉬었으며,
采蕙遵大薄,[8]	혜초를 캐며 드넓은 숲을 따라가고
搴若履長洲,[9]	두약을 따며 긴 모래섬을 거니는데,
白花皓陽林,[10]	흰 꽃이 남쪽 숲에 하얗게 피었고
紫䕷曄春流,[11]	자줏빛 구릿대가 봄 강물에 빛난다.
非徒不弭忘,[12]	잊을 수 없을 뿐만 아니라
覽物情彌遒,[13]	경치를 바라보니 감정이 더욱 밀려드는데,
萱蘇始無慰,[14]	망우초는 애당초 위로가 되지 못하니
寂寞終可求.[15]	고요의 경지를 결국 찾아야 하리라.

주석

1) 東山(동산) : 해단산海壇山. 영가군 동북쪽에 있다. ≪태평환우기太平寰宇記≫ 권99에 "동산은 자성 서쪽 4 리 되는 곳에 있는데 북쪽으로는 영가강에 임해있고 동쪽으로는 창해에 접해있다.(東山, 子城西四里, 其山北臨永嘉江, 東接滄海)"라고 하였다.

2) 開春(개춘) : 봄이 시작되다.

   獻(헌) : 진입하다.

   初歲(초세) : 음력 정월 초하루.

   '개춘(開春)' 이하 네 구는 굴원屈原의 ≪초사·구장九章·미인을 그리워하다思美人≫의 "봄이 되면서 한해가 시작되니 흰 태양이 천천히 떠오르는데 내 장차 근심을 씻고 즐거움을 즐기며 강하유역을 따라 근심을 달래고자 한다.(開春發歲兮, 白日出之悠悠, 吾將蕩志而愉樂兮, 遵江夏以娛憂)"와 ≪초사·초혼招魂≫의 "새해에 들어서며 봄이 시작되니 나는 빨리 남쪽으로 가노라.(獻歲發春兮, 汩吾南征)"를 본받은 것이다.

3) 悠悠(유유) : 천천히. 태양이 천천히 떠오르는 것을 가리킨다.

4) 蕩志(탕지) : 근심을 씻다.

   愉樂(유락) : 즐거움을 즐기다.

5) 瞰(감) : 내려다보다. 높은 곳에서 아래를 바라보다.

   庶(서) : 바라다. 희망하다.

6) 策馬(책마) : 말을 몰다. 말을 몰고 달리다.

   蘭皐(난고) : 난초가 나있는 물가 언덕.

7) 紲控(설공) : 말고삐를 쥐다. '설紲'은 말고삐이다. 초본焦本 ≪사강락집謝康樂集≫에는 '공설控紲'로 되어있는데 위의 구의 '책마策馬'와 대장을 이루므로 따를 만하다.

   椒丘(초구) : 산초 난 산언덕. 뾰족한 산언덕이라는 설도 있다. 여기서는 동산을 가리킨다.

8) 蕙(혜) : 혜초蕙草.

   遵(준) : 따르다.

   大薄(대박) : 드넓은 숲. 초목이 무더기로 자라는 광활한 곳을 가리킨다. ≪문선文選≫의 〈오도부吳都賦〉 "물풀 자라는 호수와 초목 무성한 숲을 기울이다.(傾藪薄)"의 주에 "박薄은 사람이 들어가지 못하는 수풀이다.(薄, 不入之叢)"라고 하였다.

9) 搴若(건약) : 두약을 따다. '약若'은 두약杜若을 가리킨다.

   履(리) : 걷다. 발로 밟다.

10) 皓(호) : 흰색.

    陽林(양림) : 남쪽의 숲.

11) 蘨(효) : 구릿대. 향초 이름이다.
   曄(엽) : 빛나다.
12) 非徒(비도) : ~뿐만 아니라.
   弭忘(미망) : 잊어버리다. ≪시경·소아小雅·면수沔水≫에 "마음의 근심을 잊을 수 없구나.(心之憂矣, 不可弭忘)"라고 하였다.
13) 覽(람) : 높이 올라 멀리 바라보다.
   彌(미) : 더욱
   遒(주) : 밀려들다. 가까이 밀려드는 것을 가리킨다.
14) 萱蘇(훤소) : 망우초. 훤초萱草.
15) 寂寞(적막) : 고요의 경지. 청정무위淸靜無爲의 경지.
   이 구는 영가군에서의 산수 유람이 애당초 위안이 되지 못하므로 다른 곳에 있는 고요의 경지를 찾아야하는 것을 의미한다. "고요의 경지를 끝내 어찌 구하랴."라고 풀이하여 영가군에서는 고요의 경지를 끝내 찾을 수 없다고 볼 수도 있다.

해설

이 시는 경평景平 원년(423) 초봄 영가군에서 지은 것으로 동산에 올라 창해滄海를 바라보며 느끼는 감회를 노래하였다. 전편에 걸쳐 굴원의 ≪초사≫의 영향이 강하게 나타난다. 제1~4구는 새봄을 맞이하여 근심을 잊기 위해 동산에 올라 바다를 바라보리라 결심한 것을 말하였다. 제5~10구는 동산에 오르기까지의 실제과정을 서술한 단락으로, 말을 타고 산과 물가로 나오는 도중에 혜초를 캐고 두약을 따기도 하며 흰 꽃과 자줏빛 구릿대를 보기도 한 일을 구체적으로 묘사하였다. 제11~14구는 이러한 즐거운 유람에도 불구하고 마음속의 근심을 잊지 못한 채 마음이 더욱 북받쳐서 결국에는 은거해야겠다고 결심하게 된 것을 서술하였다. 근심하다 봄나들이를 통해 잠시 즐거워하고 다시 근심 속에서 은거에 대한 생각을 굳히는 심리상의 변화과정을 잘 표현하였는데, 영가군에서의 산수 유람에 회의를 느끼고 있음을 알 수 있다. (김수희)

遊嶺門山¹
영문산에서 노닐며

西京誰修政,²	장안에서 누가 정치 교화를 펼쳤나?
龔汲稱良吏,³	공수와 급암이 어진 관리라 칭해졌네.
君子豈定所,⁴	군자가 어찌 정해진 곳에서만 나랴?
清塵慮不嗣,⁵	어진 웃어른들을 이어받지 못할까 걱정했네.
早蒞建德鄉,⁶	건덕향에 얼마 전에 다다랐더니
民懷虞芮意,⁷	백성들이 서로 양보하는 마음 지녔네.
海岸常寥寥,⁸	해안은 늘 고요하고
空館盈清思,⁹	텅 빈 관아에는 맑은 생각만 가득하네.
協以上冬月,¹⁰	때마침 음력 시월이라
晨遊肆所喜,¹¹	새벽부터 나가 좋아하는 바를 마음껏 즐기네.
千圻邈不同,¹²	천 개의 해안선은 온갖 모양으로 아득히 펼쳐지고
萬嶺狀皆異,¹³	만 개의 산고개는 모양이 모두 다르다네.
威摧三山峭,¹⁴	높다란 산은 세 산처럼 가파르고
瀄汩兩江駛,¹⁵	흐르는 물은 두 강처럼 빠르네.
漁商豈安流,¹⁶	생선 장수가 물줄기에 안주하랴?
樵拾謝西芘,¹⁷	나무꾼은 해 질 때 사양하고 떠나네.
人生誰云樂,	인생에서 누가 즐거움을 말하는가?
貴不屈所志,¹⁸	뜻한 바를 굽히지 않는 것을 귀히 여기네.

주석

1) 嶺門山(영문산) : 영가군의 횡양현橫陽縣에 위치한 산으로, 산세가 좌우로 날개를 펼친 듯한데 그 가운데 문과 같이 빈 곳이 있어 '산고개 문'이라는 뜻에서 이름 붙였다고 한다.

2) 西京(서경) : 서한西漢의 수도인 장안長安을 가리킨다.
   修政(수정) : 정치와 교화를 천명하다.

3) 龔汲(공급) : 서한 때 인물인 공수龔遂와 급암汲黯을 가리킨다. 공수는 선제宣帝 때 발해 태수渤海太守로 부임하여 민심을 안정시키고 농사를 장려하는 등의 치적을 쌓았다. 급암은 무제武帝 때 사람으로, 황로학黃老學에 밝았고 무위無爲의 정치를 주장하였으며 동해東海와 회양淮陽 등지에서 바른 정치를 펼쳤다.
   良吏(양리) : 어진 관리.

4) 君子(군자) 구 : 어진 군자가 정해진 곳에만 있는 것은 아니라는 뜻이다. 군자가 어느 시대, 어느 장소이건 간에 나타날 수 있다는 말로 후세 사람들인 선현들을 본받아 군자가 되기 위해 애써야 한다는 의미다.

5) 淸塵(청진) : 존경스런 웃어른.
   嗣(사) : 이어받다.

6) 涖(리) : 다다르다.
   建德鄕(건덕향) : 장자가 생각한 이상향으로 여기서는 사령운이 부임한 영가를 가리킨다. ≪장자·산목山木≫에 "남월에 어떤 마을이 있는데 이름이 '덕을 세우는 나라'라고 합니다. 그 백성들은 어리석고 순박하며, 사사로움이 적고 욕심도 없습니다. 경작할 줄은 아나 쌓아둘 줄은 모르고, 베풀 줄은 아나 그 보답을 구하지는 않습니다. 의리를 따르는 것도 모르고 예를 행하는 것도 모르며 마구 행동하지만 큰 도 안에서 움직입니다.(南越有邑焉, 名爲建德之國. 其民愚而朴, 少私而寡欲. 知作而不知藏, 與而不求其報. 不知義之所適, 不知禮之所將, 猖狂妄行, 乃蹈乎大方)"라고 한 것에서 유래하였다.

7) 虞芮(우예) : 주나라 문왕 때의 제후국인 우虞나라와 예芮나라를 가리킨다. 우나라는 지금의 산서山西 지방, 예나라는 지금의 섬서陝西 지방에 위치했다. ≪사기·주기周紀≫에 의하면 우나라와 예나라는 접경 지역이 누구의 것인가를 놓고 반목하다가 문왕에게

판결을 받기로 했다. 두 나라 군주가 주나라로 들어왔을 때, 주나라 백성들이 서로 땅을 양보하고 존중하며 평화롭게 살고 있는 광경을 목도하고는 매우 부끄러워하며 각자의 나라로 돌아가 서로 땅을 양보하며 사이좋게 지냈다고 한다.

8) 海岸(해안) : 강 언덕. 여기서는 영가를 가리킨다.

寥寥(요요) : 적막하고 고요하다. 영가의 평화로운 분위기를 가리킨다.

9) 空館(공관) : 텅 빈 관아. 여기서는 영가가 평화롭게 다스려지고 있으므로 민원을 제기하는 백성들이 없어 관아가 텅 빈 것으로 보았다.

10) 協(협) : 때맞추어, 때마침.

上冬月(상동월) : 음력 시월. 추수가 끝난 영가의 한가한 시절을 뜻한다.

11) 肆(사) : 멋대로. 마음껏.

12) 千圻(천기) : 해안선이 수많이 구불구불 이어지는 것을 형용한다.

邈(막) : 아득히 멀다.

13) 萬嶺(만령) : 산봉우리가 많은 것을 표현한다.

14) 威摧(위최) : 높고 평평하지 않은 모양.

三山(삼산) : 세 봉우리로 이루어진 산 이름. 지금의 강소성 남경을 흐르는 장강 동쪽 언덕에 있다. 바다에 있는 태평太平·천태天台·방석方石을 가리킨다고 보기도 한다.

峭(초) : 가파르다.

15) 櫛汩(즐율) : 물이 흐르는 소리.

兩江(양강) : 두 줄기로 갈라져 흐르는 강물을 말한다. 진회하秦淮河는 남경으로 접어들어 두 갈래로 나누어지는데, 하나는 성 안으로 들어가고 하나는 성 밖을 에두르기에 양강이라 한다. 절강성 동부의 섬강剡江과 섬강에서 갈라진 소강小江을 가리키는 것으로 보기도 한다.

駛(사) : 달리다, 빠르다.

16) 漁商(어상) : 생선 장수. '어주漁舟'로 되어 있는 판본도 있으며 이 경우 뜻은 '고기잡이 배'이다. 어부와 상인을 가리키는 것으로 보기도 한다.

豈安流(기안류) : 어찌 물줄기에 안주하랴.

17) 樵拾(초습) : 땔나무 하다. 여기서는 땔나무 하는 사람을 가리킨다.

謝(사) : 사양하고 떠나다. '떨어지다'라는 뜻으로 보기도 한다.

西萉(서비) : '서西'는 해가 서쪽으로 기우는 것을 뜻하고 '비萉'는 엄폐한다는 뜻이므로 합하여 '해가 지다'라는 의미가 된다.

이상 두 구는 어부와 나무꾼의 고단한 삶을 말하였다고 볼 수 있다.

18) 志(지) : 여기서는 은일할 뜻을 말한다. 정치교화에 대한 뜻으로 볼 수도 있다.

이상 두 구를 어부와 나무꾼의 고단한 삶을 목도한 사령운이 인생에서 즐거움을 말할 수 없음을 깨닫고 본래 가졌던 어진 정치에 대한 자신의 뜻을 계속 이어나갈 결심을 굳히는 내용으로 볼 수도 있다.

해설

이 시는 송宋 영초永初 3년(422) 무렵 시인이 영가태수로 부임했을 때 주변 풍광을 보고 감탄하면서도 은일하고자 하는 자신의 결심을 토로한 시이다.

제1~4구에서 시인은 한나라 때 어진 정치를 펼쳤던 공수와 급암을 본받아 영가를 잘 다스리겠다고 결심한 일이 있음을 말하였다. 제5~8구에서는 영가에 막상 도착해보니 늘 평화롭고 백성들도 사이좋게 지내므로 행정 처리의 번다함이 없음을 말했다. 제9~12구는 무위의 정치를 펼칠 만한 고장에 부임한 태수로서 한가로이 영가의 풍경을 돌아보는 모습을 그렸다. 구불구불 이어지는 해안선과 높다란 산이 장관을 이루고 가파른 고개와 빠른 물줄기는 도읍인 남경에 있는 강산에 비길 만한 것이었다. 그러나 사령운은 그 풍경에 매몰되지 않고 제13~14구에서 되묻는다. 생선장수가 물줄기가 편안하다고 안주하던가? 나무꾼은 해가 질 무렵이면 나무를 그만하고 떠나지 않던가? 비록 영가가 아름답고 평화로운 곳인 것은 분명하지만 자신은 그곳에 안주할 수 없고 떠나야 한다는 뜻이다. 이에 시인은 마지막 두 구에서 영가에서 즐거움을 추구할 것이 아니라 자신이 본래 품었던 은일의 뜻을 굽히지 않겠노라고 결심하며 시를 마무리했다. 영가를 떠나 은일하고자 하는 결심을 굳힌 시인의 마음이 잘 드러난 시라고 하겠다. (정세진)

命學士講書[1]
학사에게 경서를 강론할 것을 명하며

臥病同淮陽,[2]	병으로 누운 것이 회양태수와 같은데
宰邑曠武城,[3]	다스리는 고을은 무성보다 넓네.
弦歌愧言子,[4]	거문고 가락에 맞춘 노래로 고을 다스린 자유에게 부끄러웠고
淸淨謝汲生.[5]	맑고 깨끗한 다스림을 펼친 급암에게도 민망스러웠네.
古人不可攀,[6]	옛 사람을 따라잡지도 못하는데
何以報恩榮.[7]	무슨 수로 은덕을 입은 영광에 보답하랴.
時往歲易周,	시간이 흘러 곧 한 해가 다 돼 가는데
聿來政無成.[8]	부임한 후로 정사에 이룬 것이 없네.
會是展予心,	마침 나의 마음을 펼치려고
招學講羣經.	학사를 불러 여러 경전을 강론하게 하였네.
鑠金旣云刃,[9]	쇠를 녹여야 칼날을 만들 수 있고
凝土亦能型.[10]	흙을 뭉쳐야 또 기물을 만들 수 있으리라.
望爾志尙隆,[11]	그대들의 뜻이 고상한 것을 바라보니
遠嗣竹箭聲.[12]	멀리 훌륭한 이들의 명성을 잇겠도다.
敢謂荀氏訓,[13]	감히 순자의 가르침이라 부르면서
且布蘭陵情.[14]	잠시 난릉령으로서의 정을 전하려 했다네.
待罪豈久期,[15]	대죄하며 벼슬하는 것 어찌 오래 기약하랴.
禮樂俟賢明.[16]	예악으로 교화할 현명한 이를 기다리네.

주석

1) 學士(학사) : 학생, 배우는 선비. 황절은 관직이름으로 보았는데, ≪통지通志≫에서 송 명제明帝 태시泰始 6년(470)에 국학國學을 폐하고 총명관좨주總明觀祭酒 한 사람을 처음 두었는데, 현유문사玄儒文史 네 과목이 있었고 과목마다 학사 10명을 두었다는 내용을 인용하였다. 황절은 이 시를 들어 학사가 명제 때 시작된 것이 아니라 하였다.

   講書(강서) : 옛글의 뜻을 강론講論함.

2) 淮陽(회양) : 급암汲黯을 이른다. 한漢나라 때 동해태수(東海太守, 일설에는 회양태수淮陽太守라 한다)로 집 안에서 와병 중이었어도 몇 년간 고을이 잘 다스려졌다고 한다. 여기서는 시인이 병을 앓으며 영가태수를 지낸 것에 빗댄 것이다.

3) 宰邑(재읍) : 고을을 다스리다.

   曠(광) : 넓다.

   武城(무성) : 춘추시대 노나라의 고을 이름. 지금의 산동성 비현費縣 서남쪽.

   이 구는 시인이 다스리던 영가군이 자유子游가 통치했던 무성보다 넓음을 이른다.

4) 弦歌(현가) : 거문고 같은 것에 맞추어 부르는 노래.

   言(언) : 어조사.

   子(자) : 자유子游. ≪논어・양화陽貨≫에 "공자가 무성에 갔다가, 거문고 가락에 맞춰 노래 부르는 소리를 들었다. 공자가 빙그레 웃으며 말하기를 '닭을 잡는 데 어찌 소 잡는 칼을 쓰겠느냐?'라 하였다. 자유가 대답하여 말하기를 '예전에 저는 선생님께서 군자가 도를 배우면 사람을 사랑하고, 소인이 도를 배우면 부리기가 쉽다고 말씀하신 것을 들은 적이 있습니다.'라 하였다. 공자가 말하기를 '제자들아! 언偃의 말이 옳다. 조금 전의 말은 농담이었다.'라 하였다.(子之武城, 聞弦歌之聲. 夫子莞爾而笑曰, 割雞焉用牛刀. 子游對曰, 昔者偃也聞諸夫子曰, 君子學道則愛人, 小人學道則易使也. 子曰, 二三子, 偃之言是也. 前言戲之耳)"라고 하였다. 무성이 비록 작지만 예악으로 백성을 교육시킬 필요가 있다는 자유의 관점을 공자가 인정한 대목이다.

   이 구절은 시인 자신이 자유처럼 성실하게 영가군을 다스리지 못하였음을 이른 것이다.

5) 淸淨(청정) : 맑고 깨끗함. 여기서는 도가의 무위지치無爲之治를 이른다.

   謝(사) : 부끄러워하다.

汲生(급생) : 급암(汲黯, B.C.?~B.C.112?). 서한西漢의 명신名臣으로 자는 장유長孺이며 복양(濮陽, 지금의 하남성 복양현 서남쪽) 사람이다. ≪사기≫에 따르면 한 무제武帝 때 태수를 지냈는데 병이 많아 집안에서 병을 앓느라 몇 년간 두문불출하였는데도 고을이 잘 다스려졌다 한다.

이 구는 시인이 급암과 같이 병을 앓으며 태수를 지냈으나 청정한 다스림을 하지 못해 부끄러움을 느낀다는 것이다.

6) 古人(고인) : 옛 사람. 여기서는 자유와 급암을 이른다.

攀(반) : 높은 곳에 오르려고 무엇을 끌어 잡다, 당기다.

7) 恩榮(은영) : 임금의 은덕恩德을 입은 영광.

8) 聿(율) : 어조사.

9) 鑠金(삭금) : 쇠를 녹이다.

云(운) : 어조사.

刃(인) : 칼날.

10) 凝土(응토) : 흙을 뭉치다.

型(형) : 모형. 여기서는 기물器物. ≪주례周禮·고공기考工記≫에 따르면 "쇠를 녹여 칼날을 만들고 흙을 뭉쳐 기물을 만든다.(鑠金以爲刃, 凝土以爲器)"라 하였다.

이 두 구는 단단한 금속도 녹여야 날카로운 칼날이 될 수 있고 흩어져 있는 흙도 뭉쳐야 기물로 만들 수 있다는 뜻으로, 시인이 학사에게 열심히 학문을 닦고 자기를 단련하여 쓸 만한 인재로 성장할 것을 격려한 것이다.

11) 爾(이) : 그대. 여기서는 학사를 가리킨다.

尙隆(상륭) : 고상함.

12) 嗣(사) : 계승하다, 잇다.

竹箭(죽전) : 가는 대나무. ≪이아爾雅·석지釋地≫에 따르면 "동남 지방에서 뛰어난 것으로 회계의 가는 대나무가 있다.(東南之美者, 有會稽之竹箭焉)"라 하였다. 황절은 영가가 '절浙'의 동남쪽에 있다고 여겼으니, 동남은 바로 영가를 말한다.

이 구는 영가가 예부터 걸출한 인재가 많이 났던 곳이기 때문에 학사들이 좋은 전통을 계승하여 분발해 주기를 바란 것이다.

13) 荀氏(순씨) : 순자(荀子, B.C.313?~B.C.238?). 전국시대 조趙나라 사람으로, 50세에 제齊나라에 유학하기 시작하였다. 좨주를 지내며 직하稷下에서 강학하였다. 후에 초楚나라로 갔는데, 초 공자 춘신군春申君이 그를 난릉령蘭陵令으로 삼아 그곳에서 풍부한 저술을 하였다.
14) 且(차) : 잠시.
    布(포) : 전하여 선포하다. '유有'로 되어 있는 판본도 있다.
    蘭陵(난릉) : 난릉령을 지낸 순자를 이른다. 여기서는 시인 자신을 비유한다.
15) 待罪(대죄) : 죄인이 자신의 잘못에 대하여 처벌을 기다리다. 관리가 해당 관직에 있는 것을 겸손하게 일컫는 말로도 쓰인다.
16) 禮樂(예악) : 예법과 음악. 교화教化를 가리킨다.
    俟(사) : 기다리다.

해설

시인은 경평景平 원년(423), 가을, 영가군을 떠나려 할 즈음, 그곳의 학사를 모아 그들에게 경서를 강론하게 하였다. 이 시는 그 기회를 통해 시인 자신이 별 치적을 쌓지 못한 것을 부끄러워하면서 학사들에게 원대한 뜻을 가지고 재능을 키워나갈 것을 당부하고 있다.

제1~4구에서는 급암과 자유의 고사를 인용하여 병든 몸으로 고을 태수를 하지만 그들에게 부끄러울 정도로 부족함을 말하였다. 제5~8구에서는 앞 단락을 이어 한 해가 다 되도록 이룬 것이 없어 옛 사람의 성과에도 미치지 못할 뿐 아니라 임금의 은혜에도 보답할 수 없다 하였다. 제9~12구에서는 학사를 불러 경전을 강론하게 된 경위를 말하였는데, 쇠를 녹이고 흙을 뭉치는 수고와 노력이 있어야 유용하게 쓰일 수 있다고 하였다. 제13~16구에서는 학사들이 강론하는 것을 보니 뜻이 고상하여 곧 명성을 드러낼 수 있을 것이라 기뻐하였다. 시인은 이 자리를 여러 경전을 가르쳤던 순자에게 빗대어 치적이 없었던 자신의 부끄러움을 조금이라도 상쇄하고자 하는 정을 드러내었다. 제17~18구에서는 영가태수를 곧 그만 두게 될 것임을 밝히며 훌륭한 정치를 펼 현명한 인사가 자신을 대신할 것을 기대한다고 하였다. (이지운)

種桑
뽕나무를 심다 41

詩人陳條柯,1	시인이 뽕나무 가지를 말하고
亦有美攘剔.2	또 뽕나무 다듬은 것을 찬미하였는데
前修為誰故,3	이전의 현인이 무슨 까닭으로 한 것인가
後事資紡績.4	이후의 일하는 자들이 길쌈의 밑천으로 삼도록 한 것이지.
常佩知方誡,5	예법을 알게 하는 가르침을 늘 마음에 두었는데
愧微富教益.6	부유하게 하고 가르침을 주는 이로움이 부족했음을 부끄러워하였네.
浮陽騖嘉月,7	태양이 봄철에 달리면
藝桑迨閑隙.8	한가로운 틈을 타서 뽕나무를 심으니,
疏欄發近郊,9	성긴 울타리 근교에 펼쳐져
長行達廣場.10	긴 뽕나무 행렬이 넓은 밭두둑까지 이르네.
曠流始彄泉,11	넓은 물줄기도 처음에는 샘에서 나와 흐른 것이고
溙涂猶跬跡.12	아득한 길도 오히려 반걸음 자취에서부터였으니,
俾此將長成,13	이것으로 하여금 장차 자라나
慰我海外役.14	내가 바다 밖에서 일하는 것 위로하게 하리라.

주석

1) 詩人(시인) : 여기서는 뽕나무에 대해 노래한 ≪詩經≫의 작자를 말한다.
   陳(진) : 늘어놓다, 진술하다.

條柯(조가) : 나뭇가지. 여기서는 뽕나무 가지를 말한다. ≪시경·빈풍豳風·칠월七月≫에 "누에치는 삼월에 뽕나무 가지를 치니, 도끼 들어 멀리 뻗어있는 가지 베고 짧은 뽕나무 가지 잡아당겨 따네.(蠶月條桑, 取彼斧斨, 以伐遠揚, 猗彼女桑)"라 하였는데 여기서는 바로 이 구절을 가리키는 것이다.

2) 美(미) : 찬미하다.

攘剔(양척) : 번잡한 부분을 잘라서 제거하는 것을 말한다. ≪시경·대아大雅·위대하도다皇矣≫에 "없애고 베어내네, 산뽕나무와 들뽕나무를.(攘之剔之, 其檿其柘)"이라 하였는데, 주희朱熹의 ≪시집전詩集傳≫에 "양척攘剔은 번잡하고 쓸데없는 것을 뚫고 베어 없애 자라게 하는 것이다.(攘剔, 謂穿剔去其繁冗使成長也)"라 하였다.

3) 前修(전수) : 전현前賢. 여기서는 ≪시경≫의 작자를 말한다. 고대에는 ≪시경≫을 성현이 지은 것이라고 하였다.

4) 紡績(방적) : 동식물 원료에서 실을 뽑아 피륙을 짜 내기까지의 모든 일. 길쌈.

이상 두 구는 옛 성현이 무엇을 위하여 뽕나무를 심고 시를 지었는가를 설명한 것으로, 후대 사람들로 하여금 뽕나무를 심고 길쌈하는 것이 중요하다는 것을 알게 하기 위한 것이었다는 설명이다. 즉, 뽕나무를 심는 것은 성현의 유훈遺訓이며, 이에 따라 자신도 뽕나무를 심게 되었음을 밝힌 것이다.

5) 佩(패) : 지니다, 명심하다.

知方(지방) : 인간이 나아가야 할 방향을 알다. 예법을 알다. ≪논어·선진先進≫편에서 "만일 너를 알아주면 어떻게 하겠느냐?(如或知爾, 則何以哉)"라는 공자의 질문에 자로子路는 "천승의 나라가 큰 나라 사이에 끼여 전쟁이 더해지고 이 때문에 기근이 생겨도, 제가 다스린 지 삼년이면 백성들을 용감하게 하고 또 예법을 알게 할 것입니다.(千乘之國, 攝乎大國之間, 加之以師旅, 因之以饑饉, 由也爲之, 比及三年, 可使有勇, 且知方也)"라고 대답했다.

6) 富敎(부교) : ≪논어·자로子路≫편에 다음과 같은 구절이 있다. "공자가 위나라에 가는데 염유가 그를 모셨다. 공자가 말하기를, '사람이 많구나!'하니 염유가 말하였다. '사람이 많아지면 또 무엇을 더해 주어야 합니까? 공자가 말하기를, '그들을 부유하게 해야 한다.'라 하니 염유가 말하기를, '부유해진 뒤에는 또 무엇을 더해주어야 합니까?'하니 '그들을 가르쳐야 한다.'라 하였다.(子適衛, 冉有僕. 子曰, 庶矣哉. 冉有曰, 旣庶矣, 又何加焉,

曰, 富之. 曰, 旣富矣, 又何加焉. 曰, 敎之)" 즉, '부교'는 부유하게 하고 가르침을 주는 것으로, 정치하는 사람이 백성에게 베풀어야 할 의무를 말한다.

이상 두 구는 작자가 정치가로서 백성들에게 예법을 알게 해야겠다고 마음먹고 있었지만, 그들을 부유하게 하고 가르침을 주어야 함에도 불구하고 큰 성과를 내지 못한 것이 부끄럽다는 의미이다. 또한 뽕나무를 심는 것이 바로 정치가로서의 의무를 실행하는 것임을 말한 것이다.

7) 浮陽(부양) : 태양.

   騖(무) : 달리다.

   嘉月(가월) : 아름다운 달. 보통은 봄철을 가리킨다.

8) 藝(예) : 심다.

   迨(태) : 닿다. 도달하다.

   閑隙(한극) : 한가로운 틈. 여기서는 농사일이 잠시 한가할 때를 말한다.

9) 疏欄(소란) : 성긴 울타리. 나무를 심기 위해 경계를 지어놓은 것을 말한 것으로 보인다. 혹은 뽕나무의 지지대를 말하는 것으로 볼 수도 있다.

   近郛(근부) : 근교近郊. '부郛'는 외성外城으로, '곽郭'과 같다.

10) 廣場(광역) : 넓은 길을 말한다. '역場'은 밭두둑, 또는 밭의 경계를 말한다.

    이상 두 구는 성 근교에 뽕나무를 심은 것이 길게 늘어선 것을 말한다.

11) 曠流(광류) : 광활한 물줄기.

    怭泉(비천) : 물이 샘에서 솟아나오는 것을 말한다. '비怭'는 '비泌'와 통하며, 샘물이 흐르는 모양을 가리킨다.

12) 湎涂(면도) : 아득하게 먼 길.

    跬(규) : 반걸음.

    이상 두 구는 광활하게 흐르는 물줄기도 작은 샘에서 시작되고, 아득하게 먼 길도 반걸음 내딛는 것에서 시작되는 것처럼, 지금 심은 뽕나무가 곧 크게 자라 숲을 이루게 될 것임을 말하는 것이다.

13) 俾(비) : ~로 하여금 …하게 하다. '사使'와 같다.

14) 海外役(해외역) : 바다 밖에서의 일. 여기서는 영가에서의 작자의 직무 즉, 위정자로서

백성들을 편안히 하는 것을 말한다.

해설

이 시는 경평景平 원년(423) 봄에 지은 것으로, 작자가 백성들을 데리고 영가군永嘉郡 교외에 뽕나무를 심어 양잠을 권장한 일을 쓴 것이다. 전체적으로 농사에 대한 관심과 위정자로서의 책임감이 잘 드러난 작품이라 할 수 있다.

작품은 크게 세 부분으로 나뉘는데 전반부 제1~4구에서는 현인들이 예로부터 뽕나무를 심는 것에 큰 의미를 두었음을 이야기하였다. 이때 작자가 역사적인 예로 든 것이 바로 ≪시경≫인데, ≪시경≫에서 여러 차례 뽕나무에 대해 노래하였던 것은 뽕나무를 심는 것이 매우 중요한 일이며, 후대 사람들에게도 방적의 중요성을 알게 하기 위한 것이었음을 설명하였다. 이 전반부 4구는 중반부의 제5~6구로 연결되어 작자가 왜 뽕나무를 심도록 하였는지, 그 이유를 설명해주는 역할을 한다.

중반부 제5~10구에서는 작자가 뽕나무를 심은 사실을 이야기하고 있다. 제5~6구에서 작자는 ≪논어≫의 전고를 들어 위정자라면 백성들에게 예법을 알게 하고 그들을 부유하게 하며 가르침을 주어야 함을 밝히고, 작자 또한 그러한 의무를 가슴에 새기고 있었음에도 불구하고 그동안 큰 성과를 내지 못했던 것이 부끄럽다고 말하였다. 이는 곧 작자가 위정자로서의 의무를 다하기 위하여 뽕나무를 심게 되었음을 설명한 것이다. 작자는 봄이 오자 농사가 바쁘지 않은 때에 맞추어 뽕나무를 심게 하였다. 이에 따라 성 근교에 줄을 맞추어 심은 뽕나무가 멀리까지 길게 늘어서게 되었다.

마지막 제11구~14구에서는 앞으로 크게 자라날 뽕나무에 대한 기대를 드러내었다. 작자는 넓게 흐르는 물줄기도 작은 샘에서 시작되고, 먼 길도 반걸음에서 시작되는 것처럼, 오늘 심은 이 뽕나무도 미래에는 거대한 숲을 이루게 될 것이라고 이야기하고, 그것이 영가에서의 자신의 의무, 즉 영가의 백성들을 이롭게 하는 일을 다 할 수 있게 할 것이라는 기대를 드러내며 작품을 마무리하였다. (김하늬)

初去郡¹ 막 영가군을 떠나며 42

彭薛裁知恥,²	팽선과 설광덕은 겨우 부끄러움만 알았으며
貢公未遺榮,³	공우는 영예를 버리지 못하였네.
或可優貪競,⁴	혹 벼슬을 탐하고 다투는 것보다야 뛰어났다 할 수 있으나
豈足稱達生,⁵	어찌 통달한 사람이었다 말할 수 있으리.
伊余秉微尙,⁶	나는 은거하고자 하는 미천한 뜻을 지니고
拙訥謝浮名,⁷	졸렬함과 어눌함으로 헛된 명성을 버렸으니,
廬園當棲巖,⁸	작은 집으로 바위 아래 거처를 삼고
卑位代躬耕,⁹	낮은 지위로 몸소 밭을 가는 것을 대신하였네.
顧己雖自許,¹⁰	나를 돌아봄에 비록 스스로는 만족해 하지만
心迹猶未幷,¹¹	나의 마음과 행적은 오히려 일치하지 않았네.
無庸妨周任,¹²	공이 없으니 주임과 같아야 하고
有疾像長卿,¹³	병이 있으니 사마상여와 같아야 하며,
畢娶類尙子,¹⁴	자식들 다 여의였으니 상장과 같아야 하고
薄游似邴生,¹⁵	관직은 미천하니 병만용과 같아야 하리.
恭承古人意,	옛 사람들의 뜻을 공경히 받들어
促裝返柴荊,¹⁶	서둘러 행장을 꾸려 고향으로 돌아간다네.
牽絲及元興,¹⁷	원흥 년에 관직에 들어와
解龜在景平,¹⁸	경평 년에 관직을 떠나나니,
負心二十載,¹⁹	마음을 저버린 지 20년

於今廢將迎.20	이제야 번다했던 관직생활에서 벗어나는구나.
理棹遄還期,21	노를 움직여 돌아가는 일정을 서두르고
遵渚騖修坰.22	물가를 따라 긴 들판을 내달리네.
溯溪終水涉,	개울을 거슬러 올라 물길을 끝내고
登嶺始山行.	산봉우리로 올라 산길을 시작하네.
野曠沙岸淨,	들은 넓고 모래 언덕은 깨끗하며
天高秋月明.	하늘은 높고 가을 달은 밝구나.
憩石挹飛泉,23	바위에서 쉬며 솟아오르는 샘물을 떠 마시고
攀林搴落英.24	숲에 들어가 떨어진 꽃잎을 줍네.
戰勝臞者肥,25	마음속의 싸움에서 이기니 마른 몸이 살찌고
鑑止流歸停.26	고인 물에 비춰보니 흐르는 물이 멈춤으로 돌아갔네.
卽是羲唐化,27	이것이 곧 복희씨와 요임금의 교화일지니
獲我擊壤情.28	격양가 부르는 나의 마음을 얻게 되었네.

주석

1) 郡(군) : 영가군永嘉郡.

2) 彭薛(팽설) : 팽선彭宣과 설광덕薛廣德. 팽선은 서한 회양淮揚 양하(陽夏, 지금의 하남성 태강현太康縣) 사람으로, 자는 자패子佩이다. 일찍이 어사대부御史大夫를 지냈으며, 한漢 애제哀帝 때 대사공大司空에 이르렀다. 왕망이 정권을 잡고 국정을 농단하자 관직을 버리고 낙향하였다. 설광덕은 서한 패군沛郡 상(相, 지금의 안휘성 수계현濉溪縣) 사람으로, 자는 장경長卿이다. 직언에 능하였으며, 한漢 원제元帝 때 공우貢禹의 뒤를 이어 어사대부御史大夫를 지내다 사직을 청하여 낙향하였다.

裁(재) : 겨우, 약간. '재纔'와 같다.

知恥(지치) : 부끄러움을 알다. 비록 높은 관직에 있었으나 자청하여 사직하였기 때문에 이와 같이 말한 것이다.

3) 貢公(공공) : 공우貢禹. 서한 낭야(琅琊, 지금의 산동성 제성현諸城縣) 사람으로, 자는

소경少卿이다. 설광덕과 함께 서한西漢의 저명한 유학자로, 원제元帝 때 어사대부를 지내다 죽었다.

未遺榮(미유영) : 영예를 버리지 못하다. 사직하고 낙향하려는 뜻을 관철하지 못하고 죽을 때까지 관직을 떠나지 않은 것을 말한다. 공우는 일찍이 광록대부光祿大夫로 있으며 상서하여 사직하고 낙향할 것을 청하였으나, 원제가 이를 만류하고 어사대부로 삼아 삼공三公의 반열에 올렸다.

4) 貪競(탐경) : 관직을 탐하고 다투다.
5) 達生(달생) : 세상의 부귀영화에 초탈하고 달관한 삶.
6) 伊(이) : 어조사.
   微尙(미상) : 작고 미미한 뜻. 은거하고자 하는 자신의 지향을 낮추어 말한 것이다.
7) 拙訥(졸눌) : 성품이 졸렬하고 말이 어눌함. 자신의 성품과 재능을 낮추어 말한 것이다.
8) 廬園(여원) : 정원이 딸린 작은 집. 영가의 거처를 가리킨다.
   棲巖(서암) : 바위 아래 거처. 은자의 은거지를 가리킨다.
9) 卑位(비위) : 낮은 지위. 영가태수 직을 가리킨다.
   代(대) : 대신하다. 은거하며 농사짓는 것 대신 관직에 있었음을 말한다.
10) 自許(자허) : 스스로 만족하다.
11) 心迹(심적) : 마음과 행동. 은거하고자 하는 마음과 관직에 몸담고 있는 행적.
12) 無庸(무용) : 공이 없다. ≪주례周禮≫에 "나라에 대한 공을 '공功'이라 하며, 백성에 대한 공을 '용庸'이라 한다.(國功曰功, 民功曰庸)"라 하였다.
    妨(방) : 방해되다. 여기서는 아래 세 구에서 같은 의미의 '상像', '류類', '사似'가 쓰인 용례에 비추어 '견주다, 나란하다'는 의미의 '방方'으로 보는 것이 옳을 듯하다.
    周任(주임) : 고대의 어진 사관. ≪논어論語·계씨季氏≫에 "주임이 말하기를, 능력을 펼쳐 관직에 나아가되 능히 할 수 없으면 그만두라.(周任有言曰, 陳力就列, 不能者止)"라 하였다.
13) 長卿(장경) : 사마상여司馬相如. 촉군蜀郡 성도成都 사람으로, 자는 장경長卿이다. 서한의 저명한 부賦 작가이다. 일찍이 소갈증消渴症을 앓았는데, 항상 병을 핑계로 한거하며 관직에 나아가지 않았다.

14) 畢娶(필취) : 자식들 시집 장가보내는 것을 마치다.

　　尙子(상자) : 상장尙長. 동한 조가(朝歌, 지금의 하남성 기현淇縣) 사람으로, 자는 자평子平이다. 왕망王莽에게 추천되었으나 관직에 나아가지 않고 집에 은거하였으며, 자녀들을 모두 여의고 난 다음에는 일체의 집안일에 관여하지 않고 자신을 죽은 사람으로 여기라 말하고 명산대천을 유람하며 생을 마쳤다.

15) 薄游(박유) : 낮은 관직.

　　邴生(병생) : 병만용邴曼容. 서한 낭야(琅邪, 지금의 산동성 제성현諸城縣) 사람이다. 뜻을 기르고 자신을 수양하며 600석 이상 받는 관직은 사양하며 낮은 관직만을 지내다 이마저도 스스로 사직하고 떠났다.

16) 柴荊(시형) : 땔나무와 가시나무. 고향을 의미한다.

17) 牽絲(견사) : 도장 끈을 매다. 관직생활을 시작한 것을 말한다. '사絲'는 관인官印에 매는 인끈.

　　元興(원흥) : 동진東晉 안제安帝의 연호(402~404). 사령운이 관직생활을 시작한 것은 의희義熙 원년(405) 3월로, 안제는 이해 정월에 연호를 바꾸었다. 여기서는 이전의 연호를 그대로 사용하여 말하였다.

18) 解龜(해구) : 관인官印을 풀다. 관직생활을 그만 둔 것을 말한다. '구龜'는 관인 위의 거북이 장식으로, 코 부분을 뚫어 인끈을 달았다.

　　景平(경평) : 유송劉宋 소제少帝의 연호(423~424).

19) 負心(부심) : 은거하고자 하는 마음을 저버리다.

　　二十載(이십재) : 이십 년. 의희義熙 원년(405) 3월 낭야왕대사마행군참군瑯邪王大司馬行軍參軍으로 시작한 관직생활의 기간을 말한다.

20) 將迎(장영) : 사람을 보내고 맞이하다. 번다한 관직생활을 의미한다.

21) 理棹(이도) : 노를 다루다, 조정하다.

　　遄(천) : 빠르다, 재촉하다.

22) 騖(무) : 내달리다, 질주하다.

　　修坰(수경) : 길게 펼쳐진 들판.

23) 挹(읍) : 물을 뜨다.

飛泉(비천) : 솟아나는 샘물.
24) 攀林(반림) : 수목을 잡아당기다. 숲을 헤치며 안으로 들어가는 것을 말한다.
搴(건) : 줍다, 들어 올리다.
25) 戰勝(전승) : 싸움에서 이기다. 선왕의 도의를 추구하는 마음이 부귀의 즐거움을 추구하는 마음과 싸워 이긴 것을 말한 것으로, 여기서는 관직을 버리고 고향으로 돌아가고자 하는 마음이 이긴 것을 의미한다. ≪한비자韓非子·유로喩老≫에 "자하가 말하기를, '나는 들어가 선왕의 도의를 보아도 즐겁고 나와서 부귀의 즐거움을 보아도 즐거우니, 이 둘이 마음속에서 싸우는데 승부를 알 수 없어 수척해졌습니다. 지금 선왕의 도의가 이기니 그래서 살이 찌게 되었습니다.'라고 하였다.(子夏曰, 吾入見先王之義則榮之, 出見富貴之樂又榮之, 兩者戰於胸中, 未知勝負, 故臞. 今先王之義勝, 故肥)"라 하였다.
臞(구) : 여위다, 수척하다.
26) 鑑止(감지) : 멈추어 고여 있는 물에 거울삼아 비추다. '감지監止' 또는 '지감止鑑'으로 되어 있는 판본도 있으며, ≪문선文選≫에는 '지감止監'으로 되어 있다. 의미는 같다.
流歸停(유귀정) : 흐르는 물이 멈춤으로 돌아가다. 유랑하던 관직 생활에서 벗어나 안정되고 편안한 상태로 돌아간 것을 의미한다.
27) 羲唐(희당) : 전설상의 황제인 복희씨伏羲氏와 요堯임금.
28) 擊壤情(격양정) : 격양가擊壤歌를 부르는 심정. 격양가는 요임금 시기에 노인이 땅을 두드리며 불렀다는 노래로, 태평성대를 의미한다. '정情'이 '성聲'으로 되어 있는 판본도 있다.

해설

이 시는 경평景平 원년(423) 가을, 사령운이 영가태수永嘉太守 직을 그만두고 고향으로 돌아가며 쓴 것으로, 관직을 그만 두게 된 원인과 고향으로 돌아가는 도중의 여정과 감회가 잘 나타나 있다.

제1~4구에서는 옛날 관직을 버리고 귀향했던 팽선彭宣과 설광덕薛廣德, 공우貢禹를 언급하며 그들이 부득이하여 사직하였을 뿐 온전한 달관의 삶을 살지 못했음을 말하고 있다. 이어 제5~8구에서는 자신은 본래 세상의 영예와 부귀공명에 뜻이 없어 은거하며 생활하기 원했지만 이를 실행에 옮기지 못하고, 다만 작은 집에 살며 낮은 관직에 있는 것으로 은자의 생활을 대신하였음을 말하고 있다. 이어 제9~14구에서는 이러한 생활에 비록 어느 정도 만족하기는 하지만 이 또한 자신이 진정으로 추구하는 삶이 아니었음을 말하고, 스스로 관직을 버리고 떠났던 옛사람들과 자신의 상황을 일치시키며 관직에서 떠나야 하는 당위성을 부각시키고 있다. 제15~20구에서는 사직하고 귀향하려는 자신의 결심을 말하고 지난 20여 년간의 관직생활을 회고하며 홀가분한 감회를 나타내고 있다. 제21~28구에서는 고향으로 돌아가는 여정과 주변의 풍경이 묘사되고 있다. 물길과 산길로 이어지는 빠르고 생동감 있는 표현에서 고향을 향하는 시인의 조바심과 설렘이 잘 나타나 있으며, 가을 달빛이 비치는 아름다운 경관과 이를 감상하고 즐기는 모습에서 관직생활의 구속에서 벗어난 시인의 여유로움과 편안함을 느낄 수 있다. 마지막 제29~32구에서는 그동안의 방황과 번민에서 벗어나 이제 진정한 마음의 안정을 찾을 수 있게 되었음을 말하며, 이제 시작될 고향에서의 편안하고 안락한 삶에 대한 기대감을 나타내고 있다. (주기평)

田南樹園激流植援[1]
밭 남쪽 나무 동산에 물길을 대고 울타리를 심다

43

樵隱俱在山,[2]	나무꾼과 은자 모두 산에 있지만
由來事不同,[3]	그 이유는 같지 않고,
不同非一事,	그 다른 이유가 다만 한 가지만은 아니어서
養痾亦園中,[4]	요양하기 위해서도 동산에 있으니,
中園屛氛雜,[5]	동산 안에서는 잡된 기운을 막을 수 있고
淸曠招遠風.[6]	맑고 탁 트여서 먼 바람 불러온다네.
卜室倚北阜,[7]	북쪽 언덕에 기대어 집터를 정하고
啓扉面南江.[8]	남쪽 강에 마주하여 사립문을 열었으며,
激澗代汲井,[9]	시냇물 끌어들여 우물 긷는 것 대신하고
揷槿當列墉.[10]	무궁화 심어서 담장으로 삼네.
羣木旣羅戶,[11]	갖가지 나무 이미 문에 늘어섰고
衆山亦當窓.[12]	뭇 산 또한 창문에 마주해 있으니,
靡迤趨下田,[13]	구불구불 길 따라 아래 밭으로 갈 때
迢遞瞰高峰.[14]	아득히 높은 봉우리를 바라보네.
寡欲不期勞,[15]	욕심을 줄여 수고로움 피하니
卽事罕人功.[16]	일이 생겨도 사람 힘 덜 빌린다네.
唯開蔣生徑,[17]	다만 장후처럼 길을 열어놓고
永懷求羊蹤.[18]	구중과 양중의 자취를 오래도록 그리워하는데,
賞心不可忘,[19]	지기를 잊을 수는 없으니

妙善冀能同.20   정묘하고 아름다움 같이 할 수 있기를 바라네.

주석

1) 激流(격류) : 물길을 끌어오다.
   植援(식원) : 울타리를 만들다. 여기서는 나무를 심어 울타리를 대신하는 것이다.
2) 樵隱(초은) : 나무꾼과 은자.
3) 繇來(유래) : 이유. 원인.
4) 養痾(양아) : 병을 치료하다. 요양하다.
   이상 네 구는 나무꾼과 은자는 모두 산에 살지만 그 이유는 다르며, 은자가 산에 사는 이유 역시 한 가지가 아니지만 사령운 자신은 병을 낫게 하기 위해 산중에 있다는 뜻이다.
5) 中園(중원) : 동산 안. '원중園中'과 같다.
   屛(병) : 막다.
   氛雜(분잡) : 잡된 기운.
6) 淸曠(청광) : 맑고 넓다.
   遠風(원풍) : 멀리서 불어오는 바람.
   이상 두 구는 사령운이 요양하기에 이 동산이 적합하다는 이유를 밝혔다.
7) 卜室(복실) : 집터를 정하다.
   北阜(북부) : 북쪽 언덕.
8) 啓扉(계비) : 문을 열다. 문을 설치하다.
9) 激澗(격간) : 시냇물을 끌어오다.
   汲井(급정) : 우물물을 긷다.
10) 揷槿(삽근) : 무궁화를 심다.
    列墉(열용) : 길게 뻗은 담장.
    이상 두 구는 우물을 파는 대신 시냇물을 끌어오고 담장을 세우는 대신 무궁화를 심었다는 뜻이다.
11) 羅戶(나호) : 문 앞에 늘어서 있다.

12) 當窓(당창) : 창문과 마주하고 있다.
13) 靡迤(미이) : 구불구불 길게 이어진 모습. 길의 모습 또는 길가에 나무가 심어진 모습을 표현한 것이다.
　　下田(하전) : 집 아래쪽에 있는 밭.
14) 迢遞(초체) : 아득히 멀리 있는 모습.
　　瞰(감) : 바라보다.
15) 寡欲(과욕) : 욕심을 줄이다.
　　不期勞(불기로) : 수고로움을 생각하지 않는다. 힘을 들여 수고를 할 필요가 없다는 뜻이다.
16) 卽事(즉사) : 일이 생기다. 이곳에서 생활을 운용하면서 발생하는 일을 말한다.
　　罕人功(한인공) : 다른 사람의 노력을 적게 사용하다.
　　이상 두 구는 자신의 욕심을 줄이면 애써 고생할 필요가 없으며 일이 생겨도 다른 사람의 힘을 빌릴 필요가 없다는 뜻이다.
17) 蔣生(장생) : 동한東漢의 장후蔣詡. 연주자사兗州刺史를 지냈으며 청렴함과 곧음으로 명성이 높았다. 왕망王莽이 집권하자 병을 핑계로 사임하고 두릉杜陵에 은거하였으며, 집 앞 대나무 숲 아래 길을 세 갈래 내고는 오직 친구인 양중羊仲과 구중求仲하고만 노닐었다.
18) 求羊(구양) : 구중求仲과 양중羊仲.
19) 賞心(상심) : 자신을 알아주는 지기. 위 구절의 양중과 구중 같은 친구를 가리킨다. 사령운이 회계로 옮겼을 때 은사인 왕홍지王弘之, 공순지孔淳之 등과 함께 놀았고, 또 족제인 사혜련, 동해東海의 하장유何長瑜, 영천潁川의 순옹荀雍, 태산泰山의 양경지羊璿之 등과 산수유람을 많이 했는데, 이러한 이들을 염두에 두었을 것이다.
20) 妙善(묘선) : 오묘함과 아름다움. 이 곳 동산에서 은거하는 즐거움을 가리킨다.

해설

이 시는 사령운이 경평景平 원년(423) 가을 영가태수를 사직하고 고향인 시녕始寧으로 온 뒤 자신이 살 곳을 꾸미면서 한 행동과 느낌을 적은 것이다.

제1~6구에서는 자신이 이곳 동산에 은거하는 목적에 대해 썼는데, 나무꾼이나 은자가 모두 산에 있지만 그 이유는 다르며 자신은 병을 치료하고 요양하기 위해 왔다고 하였다. 그리고 이곳이 난잡한 기운을 막아주고 멀리서 맑은 바람이 불어와서 요양에 가장 적합하다고 하였다. 제7~14구에서는 이곳에 자신이 요양할 집을 꾸미는 모습을 표현하였다. 배산임수한 곳에 집터를 정하고 인공적인 우물이나 담장보다는 시냇물과 무궁화나무를 이용하여 자연적인 정취를 더하였다. 제15~16구에서는 이러한 곳에서 자신의 욕심을 줄임으로써 수고롭지 않고 타인의 힘을 빌지 않고 소박하게 살아갈 수 있음을 말하였다. 제17~20구에서는 이러한 정취를 친구들과 함께하고자 하는 바람을 적었다. 관직생활을 그만두고 고향에 은일하면서 큰 욕심 없이 친구들과 소박하게 살고자 하는 사령운의 지향이 잘 드러나 있다. (임도현)

石門新營所住四面高山迴溪石瀬茂林修竹[1]

석문산에 새로 거처를 마련하였는데, 사방이 높은 산, 굽이치는 계곡, 여울물, 빽빽한 숲과 키 큰 대나무로 둘러싸여 있어

躋險築幽居,[2]	험준한 곳에 올라 조용한 거처를 짓고
披雲臥石門.[3]	구름 헤치고 석문산에 누웠는데
苔滑誰能步,[4]	이끼가 미끄러워 누가 걸을 수 있겠으며
葛弱豈可捫.[5]	칡넝쿨 약해 어찌 잡고 오를 수 있으리오.
嫋嫋秋風過,[6]	산들산들 가을바람이 불며 지나가고
萋萋春草繁.[7]	울창하니 봄풀도 무성히 자랐는데
美人遊不還,	좋은 벗은 떠나가 돌아오지 않으니
佳期何繇敦.[8]	아름다운 기약을 어찌 믿을 수 있으리.
芳塵凝瑤席,	옥자리에는 향기로운 먼지가 엉겨있고
清醑滿金樽.[9]	황금 술잔에는 맑은 술이 넘치는데
洞庭空波瀾,[10]	동정호에는 공연히 파도가 일렁이고
桂枝徒攀翻.[11]	계수나무 가지를 부질없이 잡아당겨보네.
結念屬霄漢,[12]	맺힌 그리움은 은하수까지 이어지고
孤景莫與諼.[13]	외로운 그림자 근심 잊을 길 없네.
俯濯石下潭,	몸을 굽혀 바위 아래 못에서 씻고
仰看條上猿.	우러러 가지 위의 원숭이를 보며

早聞夕飆急,14	일찌감치 저녁에 부는 거친 광풍 소리를 듣고
晚見朝日暾,15	느지막이 아침 해 뜨는 광경을 보게 되는데
崖傾光難留,	절벽이 기울어져 햇빛이 머물기 어렵고
林深響易奔.16	숲이 울창하여 메아리도 쉽게 사라지네.
感往慮有復,	감회가 사라져도 근심은 또 생기지만
理來情無存.17	이치를 깨닫게 되면 마음속에 담아두지 않는 법,
庶持乘日車,18	바라건대 해 수레를 타고서
得以慰營魂.19	영혼을 위로할 수 있기를.
匪爲衆人說,	세상 사람들과 말할 만한 것이 아니니
冀與智者論.20	지혜로운 이들과 논할 수 있길 바라네.

주석

1) 石門(석문) : 산 이름. 지금의 절강성 승현嵊縣 서북쪽에 있다.

   迴溪(회계) : 굽어 도는 시냇물.

   石瀬(석뢰) : 바위 위로 흐르는 여울물.

   修竹(수죽) : 키 큰 대나무.

2) 躋(제) : 오르다.

   幽居(유거) : 조용한 거처.

3) 披雲(피운) : 구름을 헤치다.

4) 滑(활) : 미끄럽다.

   步(보) : 걷다, 걸어가다.

5) 捫(문) : 붙잡다.

6) 嫋嫋(요뇨) : 초목에 바람이 산들산들 부는 모양. 굴원屈原의 ≪초사楚辭・구가九歌・상부인湘夫人≫에서 "가을바람이 산들산들 부네.(嫋嫋兮秋風)"라 하였다.

7) 萋萋(처처) : 초목이 무성한 모양. 회남소산淮南小山의 ≪초사楚辭・은사를 부르다招隱士≫에서 "왕손은 노닐며 돌아오지 않는데 봄풀은 자라 무성하네.(王孫遊兮不歸, 春草生兮萋

菱)"라 하였다.

이 두 구는 가을이 지나가고 봄이 왔음을 말한 것이다.

8) 佳期(가기) : 아름다운 기약. 그리운 친구와의 만남을 뜻한다.

繇(유) : 말미암다. '유由'와 같다.

敦(돈) : 믿다.

9) 醑(서) : 좋은 술.

10) 洞庭(동정) : 동정호. ≪초사楚辭・구가九歌・상부인湘夫人≫에서 "동정호에 물결치니 나뭇잎이 떨어지네.(洞庭波兮木葉下)"라 하였다.

11) 攀翻(반번) : 부여잡다. 회남소산淮南小山의 ≪초사楚辭・은사를 부르다招隱士≫에서 "계수나무 가지 부여잡고 애오라지 머무노라.(攀援桂枝兮聊淹留)"라 하였다.

이 두 구는 강물에 파도가 일렁여도 친구가 배를 타고 오지 않고, 계수나무 가지 부여잡고 올라가 바라보아도 친구의 모습은 보이지 않음을 말한 것이다.

12) 屬(촉) : 잇다.

霄漢(소한) : 은하수.

13) 孤景(고영) : 외로운 그림자, 외로운 모습.

諠(훤) : 잊다.

14) 飇(표) : 광풍, 회오리바람.

15) 暾(돈) : 해가 뜨다.

이 두 구는 산이 깊어 저녁이 일찍 찾아오고 아침이 늦게 시작되는 것을 이른 것이다.

16) 奔(분) : 달리다, 급히 가다.

17) 感往(감왕) 2구 : 이 두 구는 경관에 대한 감회가 다하고 나면 다시 근심이 생기나, 이치를 깨닫게 되면 근심의 감정을 더 이상 존재하지 않게 됨을 이른 것이다.

18) 乘日車(승일거) : 해 수레에 타다. ≪장자莊子・서무귀徐無鬼≫에 "어떤 노인이 저에게 가르쳐 이르기를, '너는 해 수레를 타고 양성의 들판을 노닐라.'라 하였다.(有長者教予曰, 若乘日之午而遊襄城之野)"라 하였다. 이에 대해 곽상郭象은 "해가 뜨면 노닐고 해가 지면 쉰다. 수레란 거하는 것이다.(日出而遊, 日入而息也. 車或爲居)"라 하였는데, 시간의 흐름을 따라 순응하는 것을 이른다.

19) 營魂(영혼) : 혼백. 영혼.
20) 冀(기) : 바라다.

　　이 두 구는 여기서 얻은 이치는 속인들과 나누기 어려운 것이고 다만 지혜로운 벗들과 이야기 할 수 있는 것이라는 의미이다.

해설

　　이 시는 원가元嘉 7년(430) 봄 시인이 영가군을 떠나 시녕始寧의 별장에 돌아온 후에 지은 것으로 부근의 경치와 그것을 함께 즐기지 못하는 외로움을 묘사하면서, 이로부터 깨달은 이치가 있어 벗과 함께 나누고픈 바람을 담아내었다.

　　내용상 이 시는 네 단락으로 나뉜다. 첫 번째 단락은 제1~4구로, 석문산에 새 거처를 지었는데 그곳은 이끼가 미끄럽고 험준하여 접근하기 어렵다고 하였다. 두 번째 단락은 제5~14구로, 벗이 떠돌고 있어 기약도 믿을 수 없고, 옥자리를 펴놓고 술을 마련해놓아도 올 기미가 보이지 않으니 시인은 깊은 외로움에 근심을 느끼고 있다. 세 번째 단락은 제15~20구로, 다시 시선을 돌려 석문산의 모습을 담아내고 있다. 벗을 그리며 무심하게 하는 행동들과 깊은 산에 대한 묘사는 시인이 따로 떨어져 고독을 느끼고 있음을 짐작하게 한다. 네 번째 단락은 제21~26구로, 감회와 근심은 계속되기 마련이나 이치를 얻게 되면 근심은 더 이상 마음에 담아두지 않게 됨을 깨닫고는 시간의 흐름에 순응하며 스스로를 위로하고, 지혜로운 벗들과 이 이치에 대해 함께 이야기 나누기를 바라였다. (이지운)

石壁立招提精舍[1]　45
석벽산에 초리와 정사를 세우고

四城有頓躓,[2]	성 사방에는 모두 곤경이 있었는데
三世無極已.[3]	과거, 현재, 미래의 삼세 동안 그침이 없네.
浮歡昧眼前,[4]	부질없는 환락이 눈앞을 어둡게 해도
沉照貫終始.[5]	깊은 성찰은 처음부터 끝까지 일관되었네.
壯齡緩前期,[6]	건장한 때에는 앞날의 기약이 더디더니
頹年迫暮齒.[7]	쇠락한 때에는 늙어버림이 바짝 다가오네.
揮霍夢幻頃,[8]	꿈과 환상은 순식간에 끝나고
飄忽風雷起.[9]	바람과 우레는 홀연히 일어나네.
良緣迨未謝,[10]	좋은 인연은 아직 떠나가지 않았지만
時逝不可俟.[11]	시간이 흘러가니 기다릴 수 없네.
敬擬靈鷲山,[12]	공경스럽게 영취의 산에 비견하고
尙想祇洹軌.[13]	숭모하며 기원정사의 모범을 생각하네.
絶溜飛庭前,[14]	폭포의 물방울이 뜰 앞을 날고
高林映窓裏.	높은 숲이 창 안으로 비치네.
禪室栖空觀,[15]	승방에서는 공관의 경지에 머물다가
講宇析妙理.[16]	불경을 설강하는 곳에서는 오묘한 이치를 밝히려네.

주석

1) 石壁(석벽) : 석벽산. 동산東山의 봉우리 가운데 하나. 지금의 절강성 소흥시紹興市 상우

현上虞縣 부근에 있다.

招提(초리) : 절. 범어梵語의 한역. 사방에서 모이는 승려를 쉬어가게 마련한 절.

精舍(정사) : 절. 범어梵語로 한역. 승려들이 모여 사는 곳. 정사는 절의 의미를 가지는 경우도 많으나 옛날에는 학사學舍나 서재書齋의 의미도 있었다. 그래서 이 시에서는 공부하는 곳을 가리킨다. 그러므로 이 시의 초리와 정사는 머무는 곳과 공부하는 곳의 두 장소이다.

2) 四城(사성) : 성 밖의 네 방향. 이 시에서는 석가모니가 왕자일 때 놀러나갔던 동남서북의 성문 밖을 가리킴. 실질적으로 모든 성 밖이다. 석가모니는 동문 밖에서는 노인을, 남문 밖에서는 병자를, 서문 밖에서는 죽은 사람을 보고 인생의 생로병사의 고난을 경험하고, 북문 밖에서는 자이나교의 승려를 만나 출가를 결심하였다.

頓躓(돈지) : 비틀거림, 넘어짐. 길의 험난함을 비유한다.

3) 三世(삼세) : 과거, 현재, 미래. 부처와 인간 모두가 가지고 있는 세상.

極已(극이) : 종결. 마침. 끝.

4) 昧(매) : 어둡다. 어둡게 하다.

5) 沉照(침조) : 깊은 성찰. 흔들리지 않는 관조.

6) 緩前期(완전기) : 앞으로의 계획이나 희망이 불안정하다. 느리게 오다.

7) 穨年(퇴년) : 노쇠한 나이.

暮齒(모치) : 만년.

8) 揮霍(휘곽) : 매우 빠른 모습.

頃(경) : 다하다. 끝나다.

9) 飄忽(표홀) : 매우 빠른 모습. 시간이나 세월이 빨리 지나감. 변화막측함.

揮霍(휘곽) 2구 : 꿈과 환상, 바람과 우레는 ≪유마경維摩經≫에서 유마힐維摩詰이 인생의 덧없음을 비유한 표현에서 차용한 것이다. ≪유마경維摩經·방편품方便品≫에서 병에 걸린 유마힐은 다음과 같은 말을 했다. "여러분, 이 몸은 덧없고 강함이 없으며 힘도 없고 단단한 것도 없어서 빨리 노쇠하여 가는 것이 믿을 수 없으니 이 때문에 괴로워하고 번뇌하여 모든 병이 모인 곳입니다. … 이 몸은 파초와 같아서 속에 단단함이 없고, 이 몸은 환상과 같아서 전도됨에서 일어났고, 이 몸은 꿈과 같아서 허망함으로 보이고, 이 몸은 그림자와 같아서 업연으로부터 드러났고, 이 몸은 메아리와 같아서 여러 인연에 메였고, 이 몸은 뜬구름과 같아서 순식간에 변하고 없어지며, 이 몸은 번개와 같아서 찰나간도 머물지 못하고, 이 몸은 주인이 없으니 땅과 같으며, 이 몸은 내가 없으니 불과 같으며, 이 몸은 수명이 없으니 바람과 같으며, 이 몸은 사람이랄 것이 없으니 물과 같으며, 이 몸은 실하지 않으니 지수화풍의 사대가 모인 집이며, 이 몸은 공하니 나와 내가 보는 바 외물의 구분을 떠나며, … (諸仁者, 是身無常, 無强, 無力, 無堅, 速朽之法, 不可信也, 爲苦爲惱, 衆病所集. … 是身如芭蕉, 中無有堅, 是身如幻, 從顚倒起, 是身如夢, 爲虛妄見, 是身如影, 從業緣現, 是身如響, 屬諸因緣, 是身如浮雲, 須臾變滅, 是身如電, 念念不住, 是身無主, 爲如地, 是身無我, 爲如火, 是身無壽, 爲如風, 是身無人, 爲如水. 是身不實, 四大爲家, 是身爲空, 離我我所, …)"

10) 良緣(양연) : 좋은 인연. 기연. 이 시에서는 석벽산에 초리와 정사를 세움으로써 불성佛性을 발견하고 경험할 인연을 가리킨다.

迨(태) : 미치다. 이르다.

11) 時逝(시서) : 시간의 지나감. 세월의 흐름.

不可俟(불가사) : 기다릴 수 없다. 절을 세우는 일을 미룰 수 없다는 뜻이다.

12) 靈鷲(영취) : 불교의 영산. 인도 마갈타국摩竭陀國(마가다)의 왕사성王舍城(라자그리하) 동북쪽에 있는 산. 기사굴산耆闍崛山(그리드라쿠타)이라고 음역하기도 한다. 줄여서 영산靈山이라고도 한다. 석가모니가 법화경과 무량수경을 강講하였다는 곳이다.

13) 祇洹(지원) : 기원정사祇園精舍(제타바나). '기원祇園'이나 '기원祇洹'이라고도 한다. 석가모니 당시에 왕사성의 죽림정사竹林精舍(베누바나)와 함께 불교의 2대 정사로 꼽힌다. 인도 교살라국憍薩羅國(코살라)의 태자 기타祇陀(제타)가 수달다須達多(수다타)의 정성에 감복해 사위성舍衛城(슈라바스티) 부근의 자신의 원림을 석가모니를 위한 거처로 제공하였다. 기타태자가 원림과 목재를 제공하고 수달장자가 외로운 이들에게 제공하였다고 해서 기수급고독원祇樹給孤獨園이라고 불렀다.

軌(궤) : 모범. '궤범軌範'의 뜻이다.

14) 絶溜(절류) : 폭포수. '류溜'는 흐르는 물을 의미하며 많은 경우 폭포를 가리킨다.

15) 禪室(선실) : 승방. 참선하는 곳. 이 시에서는 석벽산의 초리를 가리킨다.

空觀(공관) : 공에 대한 관점. 이 시에서는 이러한 공관을 참오하는 높은 경지를 가리킨다. 소승小乘 불교에서 공空은 주로 인공人空으로 사물의 존재성에 대한 부정을 주로 의미하고, 대승大乘 불교에서는 인공과 법공法空을 함께 중시하는데 법공은 세계와 사물 간의 인식의 관계를 부정해서 사물의 존재에 대한 부정은 부차적이 된다. 이 시의 공관을 불교 관법觀法의 세 가지인 삼관三觀의 공관空觀, 가관假觀, 중관中觀의 하나로 보기도 한다.

16) 講宇(강우) : 불경을 강해하는 방이나 장소. 이 시에서는 석벽산의 정사를 가리킨다.

해설

사령운은 영가태수永嘉太守를 그만 둔 경평景平 원년(423) 겨울이나 이듬해 경평 2년(424) 봄에 석벽산에 정사를 지었다. 이 시 역시 그때쯤에 지은 것으로 보인다. 사령운은 불경의 번역과 주석 사업에 참여한 적이 있을 정도로 불교의 이론에 대한 조예가 있었는데 이 시에도 그의 조예가 보인다.

제1~2구는 석가모니의 고사에 대한 서술이자 모든 인간 인생에 대한 평가이다. 인생은 고통으로 가득차 있으며 그 고통은 삼생 동안 그치지 않는다. 이것을 깨달았을 때에 제3~4구에서처럼 인생의 깨달음을 방해하는 헛된 환락 등에 방해받지 않고 깊은 관조로 성찰할 수 있다. 제5~6구는 사령운 개인의 인생에 대한 서술이면서 보통 인간 인생에 대한 탄식이기도 하다. 힘이 넘치는 젊은 시절에도 많은 일로 성공과 깨달음의 길을 가지 못했는데 나이가 들면 그의 삶 자체가 급속히 저물어간다. 그래서 제7~8구처럼 인생은 정신없이 빠르지만 결국 아무런 내용 없이 사라지는 덧없는 꿈일 뿐이다. 그래도 아직 인생과 불성의 진리를 깨달을 여지가 남아서 제9구에서 좋은 인연이 아직 떠나지 않았다고 말했지만 제10구에서 시간은 정말 빨리 지나가기 때문에 그 전에 지체하지 않고 초리와 정사를 세웠다. 남은 시간이나마 정성을 다해 부처님의 가르침을 따라야 한다. 제11~12구에서 사령운은 영취산과 기원정사의 전범을 떠올리며 자신도 석벽정사를 바로 그러한 이유로 만들었다고 말한다. 그가 정성스럽게 세운 석벽정사는 제13~14구처럼 뜰 앞에 폭포수가 마주하고 있고 창으로 높은 숲이 보인다. 이러한 훌륭한 장소에 세워진 그의 초리와 정사이니 사령운은 제15~16구에서 공空에 대한 관념에 머물고 불법의 현묘한 이치를 깨우칠 것이라고 자신하였다. 사령운이 말하는 '공'은 물론 불교에서 추구하는 인간 인생의 보편적 진리를 의미하겠지만 시의 시기와 내용을 참고하면 사령운 자신의 인생역정에 대한 평가로도 보인다. (서용준)

石壁精舍還湖中作[1]
석벽정사에서 무호로 돌아와서 짓다

昏旦變氣候,[2]	아침저녁으로 기후가 바뀌며
山水含淸暉.[3]	산과 물은 맑은 햇살 머금었는데
淸暉能娛人,	맑은 햇살이 사람을 즐겁게 할 수 있어서
游子憺忘歸.[4]	노니는 이는 편안하여 돌아가길 잊었구나.
出谷日尙早,[5]	골짜기 나설 때는 해가 아직 이르더니
入舟陽已微.	배에 오르자 볕이 이미 희미해져
林壑斂暝色,[6]	숲과 계곡에는 어두운 빛이 모이고
雲霞收夕霏.[7]	구름과 노을에는 저녁안개 자욱하네.
芰荷迭映蔚,[8]	마름과 연꽃 섞여서 무성하게 비추고
蒲稗相因依.[9]	부들과 피가 서로 기대있는데,
披拂趨南徑,[10]	헤치며 남쪽 길로 달려와서
愉悅偃東扉.[11]	기뻐하며 동쪽 집에서 쉬노라.
慮澹物自輕,[12]	생각이 담박하니 외물 절로 가벼워지고
意愜理無違.[13]	마음이 흡족하니 이치에 어긋남이 없도다.
寄言攝生客,[14]	양생하는 이들에게 말하노니
試用此道推.[15]	한번 이 도리를 추구해보시길.

주석

1) 石壁精舍(석벽정사) : 무호無湖의 남쪽 골짜기에 지은 사령운의 서재. 사령운의 ≪유명

산지遊名山志≫에 "무호의 삼면은 모두 높은 산인데 물가의 모래 산이다. (호수로 흘러 드는) 시냇물이 모두 다섯 군데 있는데 남쪽 첫 번째 골짜기에 지금 말하는 석벽정사가 있다.(湖三面悉高山, 枕水渚山, 溪澗凡有五處, 南第一谷, 今在所謂石壁精舍)"라고 하였다.

湖中(호중) : 무호蕪湖. 여기서는 무호 가에 지은 작자의 거처를 가리킨다.

2) 昏旦(혼단) : 아침저녁.
이 구는 아침부터 저녁까지 하루의 기후변화가 큰 것을 가리킨다.

3) 淸暉(청휘) : 맑은 햇살.

4) 憺(담) : 편안하다. '안安'의 뜻이다.
游子(유자) : 노니는 이. 시인 자신을 가리킨다.

5) 出谷(출곡) : 골짜기를 나서다. 석벽정사가 있는 남쪽 골짜기를 떠난 것을 가리킨다.
日尙早(일상조) : 해가 아직 이르다. 해가 아직 지지 않은 때임을 가리킨다.

6) 斂暝色(염명색) : 어둔 빛이 모여 있다.

7) 收(수) : 모으다. '집集'과 같다.
夕霏(석비) : 저녁 무렵의 안개.

8) 迭(질) : 번갈아. 연꽃과 마름이 섞여있는 것을 가리킨다.
映蔚(영위) : 무성해서 서로 비추다.

9) 蒲稗(포패) : 부들과 피. 호숫가에 나 있는 수초水草를 가리킨다. '패稗'는 ≪문선≫의 이선李善 주에 "두예의 ≪좌씨전≫ 주에 패는 곡식과 비슷한 풀이다.(杜預左氏傳注曰, 稗, 草之似穀者)"라고 하였다. 부들과 비슷한 부류로 부들 가운데 작은 것을 가리키는 듯하다.
'기하芰荷' 두 구는 무호에서 본 경물을 표현하였다.

10) 披拂(피불) : (잡초를) 헤치다.
이 구는 배에서 내려 언덕에 오른 것을 의미한다.

11) 愉悅(유열) : 기뻐하다. 즐거워하다.
偃(언) : 쉬다. '식息'의 뜻이다.
東扉(동비) : 동쪽 집. '비扉'는 본래 문을 가리키는데 여기서는 집을 대칭한 것이다.

12) 慮澹(여담) : 생각이 담박하다.

物(물) : 외물外物. 부귀공명富貴功名 같은 것을 의미한다.
13) 意愜(의협) : 마음이 흡족하다.
14) 攝生客(섭생객) : 양생養生을 중시하는 사람.
15) 此道(차도) : 이 도리. '여담慮澹' 두 구를 가리킨다.
    推(추) : 추구하다.

해설

이 시는 경평景平 원년(423)에서 원가元嘉 3년(426) 사이 무호無湖의 남쪽 골짜기에 있는 석벽정사에서 노닐다가 배를 타고 무호를 건너 자신의 거처로 돌아오는 과정과 집에 돌아온 후 느낀 감회를 노래한 것으로, 사령운 산수시의 명작으로 꼽힌다. 석벽정사는 사안謝安의 고택이 있던 곳에 작자가 새로 지은 건물로서 이곳에서 책과 불경을 읽거나 예불을 드렸다고 한다.

이 시는 크게 네 부분으로 나뉜다. 제1~4구는 석벽정사에 비치는 맑은 햇살을 즐기느라 귀가할 생각조차 잊어버린 것을 말하였는데, 석벽정사에 머무는 동안 작자가 마음의 평안을 얻었음을 짐작할 수 있다. 제5~8구는 일찍이 석벽정사를 떠났지만 배를 타고 무호를 건널 때는 이미 저녁이 가까워졌음을 표현하였다. 제9~12구는 호숫가에 자란 마름과 연꽃, 부들 따위를 헤치고 배에서 내려 남쪽 길을 따라 자신의 동쪽 집에 다다랐음을 서술하였다. 제13~16구는 마음과 생각이 담박해지면서 느끼게 된 삶의 이치를 다른 이들에게 권하고 있는데, 이는 자기 삶에 대한 만족감을 피력한 것이라고 볼 수 있다. (김수희)

南樓中望所遲客[1]
남루 안에서 고대하던 손님을 바라며 47

杳杳日西頹,[2]	뉘엿뉘엿 해가 서쪽으로 지니
漫漫長路迫.[3]	아득히 먼 길에 내 마음 다급해지네.
登樓爲誰思,	누각에 올라 누굴 생각하나?
臨江遲來客.[4]	강에 임하여 손님을 기다린다네.
與我別所期,	나와 헤어질 때 약속한 바는
期在三五夕.[5]	기약한 날이 보름날 저녁이었건만.
圓景早已滿,[6]	둥근 달은 이미 찼는데
佳人殊未適.[7]	손님은 아직 오지 않네.
即事怨睽攜,[8]	일에 닥쳐서는 이별을 원망하고
感物方淒戚.[9]	사물을 느껴 늘 울적하네.
孟夏非長夜,[10]	초여름에는 밤도 길지 않건만
晦明如歲隔.[11]	하룻밤이 한 해 같네.
瑤華未堪折,[12]	요화는 아직 자를 만하지 않지만
蘭苕已屢摘.[13]	난초꽃은 이미 여러 번 따 두었네.
路阻莫贈問,[14]	길이 멀어 선물 드릴 길이 없으니
云何慰離析.[15]	무슨 수로 이번에 못 만난 것을 위로하리.
搔首訪行人,[16]	초조하게 행인에게 물어보고
引領冀良覿.[17]	고개를 빼고 기다리며 좋은 벗 만나기를 바라네.

> 주석

1) 南樓(남루) : 사령운의 ≪유명산지遊名山志≫에 "시냇에서 물이 또 북으로 저지대를 돌아 칠 리를 가면, 곧바로 우리 집 장원의 남쪽 문루를 가리키는데, 남루로부터 백여 보 정도에 횡산을 마주하고 있다.(始寧又北轉一汀七里, 直指舍下園南門樓, 自南樓百許步, 對橫山)"라고 한 것으로 보아 '남루'는 사령운의 고향집 남쪽 문루라고 생각된다.

   遲(지) : 기다리다. '더디'라는 뜻으로도 풀 수 있으나 이 시 전반을 살펴보건대 '기다리다'의 의미가 낫다고 생각된다.

2) 杳杳(묘묘) : 어렴풋하고 아련한 모양.

   頹(퇴) : 떨어지다.

3) 漫漫(만만) : 길이 먼 모양.

   長路(장로) : 먼 길. 여기서는 손님이 거쳐 와야 할 먼 길을 가리킨다.

   迫(박) : 마음이 다급하고 간절하다. 여기서는 손님을 기다리고 있는 사령운의 마음을 가리킨다. 또는 손님이 올 길이 남루까지 닥쳐 있는[迫], 즉 이어져 있는 것을 가리키는 말로도 볼 수 있다.

4) 江(강) : 여기서는 남루가 세워져 있던 포양강浦陽江을 가리킨다.

   이 구에서 '강에 임한[臨江]' 사람은 사령운으로 보았다.

5) 三五夕(삼오석) : 음력 15일 저녁.

   이 구는 벗과 헤어질 때 보름날 저녁에 만나자고 약속했다는 뜻이다.

6) 圓景(원영) : 둥근 모습. 여기서는 보름달을 가리킨다.

7) 佳人(가인) : 아름다운 사람. 여기서는 사령운이 기다리고 있는 손님을 가리킨다.

   殊(수) : 아직. '유猶'로 되어 있는 판본도 있으며 뜻은 같다.

8) 睽攜(규휴) : 이별.

9) 方(방) : 여기서는 '상常'과 같아서 '늘'이라는 뜻이다.

   凄戚(처척) : 울적하다.

10) 孟夏(맹하) : 초여름.

11) 晦明(회명) : 날이 어두웠다가 밝을 때까지 온 밤을 가리킨다.

    如歲隔(여세격) : 한 해의 간격 같다. 즉 한 해가 지나간 것처럼 길게 느껴진다는 뜻이다.

12) 瑤華(요화) : '신마神麻'에서 피는 흰 꽃. 옛 사람들은 이것을 장복하면 장수할 수 있는 신비한 약초라고 여겨 송별할 때 정표로 주었다고 한다.
13) 蘭苕(난초) : 난초의 꽃.
   摘(적) : 따다.
   이상 두 구는 손님을 위해 신비로운 요화는 아직 따지 못했지만 그 대신 누차 난초를 따서 증정할 준비를 해두었다는 의미이다. 또는 손님을 몹시 기다린 나머지 이 손님에게 송별할 때의 정표인 요화는 따서 주지 못하겠고 대신 난초로 자신의 마음을 표현하겠다고 말한 것이라고도 볼 수 있다.
14) 阻(조) : 길이 멀다.
   贈問(증문) : 선물을 증정하다.
15) 云(운) : 어조사.
   離析(이석) : 헤어져 있음. 이번에 만나지 못한 사실을 가리킨다.
   이상 두 구는 손님이 오지 않아 이번에 만나지 못하면, 서로 사는 곳이 멀리 떨어져 있어 시인이 준비한 선물을 따로 드릴 방도가 없으니 이렇게 헤어져 지내는 것을 무슨 수로 위로하겠느냐는 뜻이다.
16) 搔首(소수) : 머리를 긁다. 초조하고 근심스러운 모습을 형용한다.
   訪(방) : 묻다.
17) 引領(인령) : 고개를 빼고 보다. 누군가를 기다리는 모습을 형용한다.
   冀(기) : 바라다.
   良覿(양적) : '적량覿良'이 도치된 표현으로서 '좋은[良] 벗을 만나다[覿]'라는 뜻이다.

해설

이 시는 경평景平 2년(424) 무렵 초여름에 사령운이 고향 시녕始寧에 머물 때 지은 것으로 보이며, 보름날 저녁에 만나기로 한 손님이 오지 않자 남루에서 새벽까지 그를 기다리며 느낀 초조하고 설레는 마음을 담고 있다.

제1~4구에서 시인은 먼 데서 오는 손님이 더디 오자 초조하게 기다리는 자신의 모습을 표현했다. 제5~8구에서 시인은 벗과의 약속을 되짚어 보며 둥근 달이 떴는데도 손님이 오지 않는다고 말했다. 제9~12구에서는 하룻밤이 한 해 같이 느낄 만큼, 손님을 기다리는 시간이 지루하고도 길다고 말했다. 제13~18구에서 시인은 이번에 손님이 오지 않으면 손님에게 드리려고 준비한 난초를 증정할 방도가 없다고 한탄하였다. 그는 새벽이 될 때까지 줄곧 손님을 기다리며 오가는 행인에게 혹시 자신의 집에 오는 손님이 없었는지를 물어본다. 그러나 이 시를 지을 때까지도 손님은 오지 않았다. 온 밤 내내 손님을 기다리는 시인의 간절하고 초조한 마음이 잘 표현된 시라고 하겠다. (정세진)

廬陵王墓下作[1]
여릉왕의 무덤가에서 쓰다

曉月發雲陽,[2]	새벽 달 남았을 때 운양을 출발하여
落日次朱方.[3]	저녁 해 질 때 주방에서 머물렀네.
含淒泛廣川,[4]	슬픔을 안은 채 넓은 강을 떠와서는
灑淚眺連岡.[5]	눈물 흩뿌리며 멀리 연이은 구릉을 바라보았네.
眷言懷君子,[6]	그리워 군자를 생각하니
沉痛切中腸.	깊은 슬픔이 창자를 잘라냈네.
道消結憤懣,[7]	도가 사라졌을 때에는 울분을 맺혀두었다가
運開申悲涼.[8]	국운이 열리니 슬픔과 처량함을 풀어내네.
神期恒若存,[9]	신령한 약속은 언제나 남아있는 것 같아서
德音初不忘.[10]	훌륭한 말씀은 애당초 잊은 적 없네.
徂謝易永久,[11]	그러나 죽어서 영구함으로 바뀌었으니
松柏森已行.[12]	소나무와 측백나무는 벌써 울창하게 열을 이뤘네.
延州協心許,[13]	계찰은 마음이 허락한 바를 따랐고
楚老惜蘭芳.[14]	초땅 노인은 난초의 향기를 가여워 했으니
解劍竟何及,	보검을 풀었지만 결국 누구에게 줄 것인가
撫墳徒自傷.	무덤을 어루만지며 헛되이 홀로 슬퍼했네.
平生疑若人,[15]	생각하면 평생 이 사람은
通蔽互相妨.[16]	높은 지위와 고된 핍박이 번갈아 삶을 방해한 것 같네.
理感心情慟,[17]	이치를 깨달으니 마음의 정이 너무도 슬프지만

定非識所將,18	결단코 그때 당시에 알 수 있던 것은 아니었네.
脆促良可哀,19	무르고 짧은 생명도 정말로 가여운데
夭枉特兼常,20	요절하여 죽으니 참으로 곱절로 슬프네.
一隨往化滅,21	이미 변화를 따라 죽어 사라졌으니
安用空名揚,22	어찌 헛된 명성으로 드날릴 수 있으리.
擧聲泣已灑,23	방성통곡하니 눈물이 뚝뚝 떨어져서
長歎不成章.	길게 탄식하며 글을 이루지 못하네.

주석

1) 廬陵王(여릉왕) : 유의진(劉義眞, 407~424). 송宋 무제武帝 유유劉裕의 차남. 영초永初 원년(420)에 여릉왕으로 봉해졌다. 무제 사망 후 장자인 유의부劉義符가 서선지徐羨之 등에 의해 소제少帝로 추대되었으나 다음 해에 유의진은 서인庶人으로 폐위되어 피살당했고 소제 또한 폐위되어 피살당했다. 서선지 등은 다시 무제의 삼남三男인 유의륭劉義隆을 문제文帝로 추대했다. 문제는 원가元嘉 3년(426)에 서선지 등을 주살한 다음 유의진의 누명을 씻어주고 사령운을 비서감秘書監으로 임명해 다시 조정으로 불렀다. 사령운은 입조하러 오던 도중에 단도(丹徒, 지금의 강소성 진강시鎭江市)에 들러 여릉왕의 무덤에 배알하고 이 시를 지었다. 전하는 바에 따르면 사령운은 조정에 있을 때에 여릉왕과 매우 친밀한 사이였으며 여릉왕은 부친이 살아있을 때에 나중에 자신이 뜻을 얻으면 사령운을 재상으로 삼겠다는 약속을 했다고 한다.

2) 曉月(효월) : 새벽에 남은 달. 전하여 새벽 시간을 가리킨다.
雲陽(운양) : 현縣 이름. 지금의 강소성 단양현丹陽縣. 진시황秦始皇 때 처음 운양현을 세웠고 그 뒤에 운양현과 곡아현曲阿縣의 이름을 시대에 따라 번갈아 썼는데 사령운이 살던 때에는 곡아현이 정식 명칭이었다.

3) 次(차) : 유숙하다. 머무르다. 도달하다. 이 시에서는 배를 정박하고 내렸다는 뜻이다.
朱方(주방) : 현 이름. 단도현丹徒縣의 옛 이름. 춘추시대에 주방이라고 불렸고 진시황 이후로는 단도로 불렸다. 이 시에서 운양이나 주방은 모두 사령운이 살던 시대보다 옛날의 지명이다.

4) 含凄(함처) : 슬픔을 머금다. '함비含悲'와 같다.

廣川(광천) : 넓은 강. 장강長江을 가리킨다. 단양에서 단도로 거슬러 올랐다.

5) 眺(조) : 바라보다.

連岡(연강) : 연이은 산등성이. 여릉왕의 무덤이 있는 곳을 의미한다. 청오자靑烏子의 〈상총서相冢書〉에 "천자는 높은 산에 장사지내고 제후는 연이은 산등성이에 장사지낸다.(天子葬高山, 諸侯葬連岡)"라고 하였다.

6) 眷言(권언) : 돌아보다. 회고하다. 그리워하다. '언言'은 어조사.

君子(군자) : 여릉왕을 가리킨다.

7) 道消(도소) : 도가 사라지다. 이 시에서는 소제少帝 때 서선지徐羨之 등이 득세하여 무도한 짓을 벌여서 황제를 폐위시키고 여릉왕을 살해한 것을 가리킨다. ≪주역周易·비괘否卦≫에 "소인의 도가 길어지고, 군자의 도가 사라진다.(小人道長, 君子道消)"라 하였는데, 국가의 도가 쇠해지고 뛰어난 군자의 처지가 옹색해진다는 뜻이다.

憤懣(분만) : 번뇌와 울분.

8) 運開(운개) : 국운이 흥성해지다. 이 시에서는 문제文帝가 즉위하여 선정을 펼치고 서선지 등을 몰아낸 것을 가리킨다.

悲涼(비량) : 슬픔과 처량함.

9) 神期(신기) : 신령한 약속. 귀신이 된 여릉왕과 사령운 사이의 약속. 즉 사령운을 재상으로 삼겠다는 약속을 가리킨다. 그 외에 귀신의 마음, 마음의 약속, 망자의 약속, 귀신이 사는 곳 등의 해석도 있다. 황절黃節은 신령한 만남으로 보았다.

10) 德音(덕음) : 훌륭한 말씀. 여릉왕의 말을 가리킨다.

11) 徂謝(조사) : 사망하다.

12) 松柏(송백) : 소나무와 측백나무. 보통 무덤가에 많이 심었다. 이 시에서는 여릉왕의 무덤가에 심은 나무들이다. 여릉왕이 죽고 벌써 3년이 되어 무성해졌다는 뜻이다.

13) 延州(연주) : 연릉(延陵, 지금의 강소성 상주시常州市)과 주래(州來, 지금의 안휘성 봉대현鳳臺縣). 춘추시대 오吳나라 공자 계찰季札이 봉해진 곳으로, 계찰은 연씨, 연릉씨, 연주씨 등의 시조로 여겨진다.

愜心許(협심허) : 마음으로 허락한 것을 따르다. '협愜'은 따른다는 뜻으로 '협協'과 같다.

계찰은 진晉나라로 사신을 가는 도중에 서徐나라에 들려 서나라 임금을 만났다. 서나라 임금은 계찰이 지닌 보검을 갖고 싶었으나 말하지 못했다. 계찰은 서나라 임금의 바람을 눈치 챘으나 공무 때문에 서나라 임금에게 보검을 주지 못하고 마음으로만 허락하였다. 진에서 돌아오는 길에 칼을 주러 서나라에 갔으나 서나라 임금은 이미 죽었다. 계찰은 서나라 임금을 애도하고 보검을 그의 무덤가의 나무에 걸어두고 떠났다. 주위에서 "서나라 임금이 이미 죽었는데 (그 칼을) 누구에게 주는 것인가?"라고 물으니 계찰은 "애초에 내 마음이 이미 (그 칼을) 주기를 허락했으니 어찌 죽었다는 이유로 내 마음을 저버리겠는가!"라고 하였다.

14) 楚老(초로) : 초 땅의 노인. 공승龔勝이 죽은 뒤에 그를 애도했다는 노인을 가리킨다. 공승은 서한西漢 때 팽성(彭城, 지금의 강소성 서주시徐州市) 사람이다. 서한에서 광록대부光祿大夫 등의 벼슬을 하였다. 왕망王莽이 제위를 찬탈하고 신新을 세운 다음 공승에게 벼슬을 시키려 하자 거절하고 여러 날을 단식하다가 죽었다. 어떤 노인이 조문을 와서 매우 슬프게 곡을 하며 말하기를 "아! 향초는 향기 때문에 스스로를 태우고 기름은 밝음 때문에 스스로를 태운다. 공선생은 하늘이 내린 수명을 못 누리고 요절하였으니 우리의 무리가 아니로다.(嗟乎, 薰以香自燒, 膏以明自銷. 龔先生竟夭天年, 非吾徒也)"라 하고 총총히 떠났다고 한다.

蘭芳(난방) : 난초의 향기. 초 땅 노인의 넋두리에 나온 '향초'를 가리킨다.

이상 2구에서 계찰과 초 땅 노인은 사령운을, 서나라 임금과 공승은 여릉왕을 의미한다.

15) 若人(약인) : 이 사람. 여기에서는 여릉왕을 가리킨다. ≪논어論語·헌문憲問≫에서 공자孔子가 남궁괄南宮适에 대해 "군자답도다, 이 사람은. 덕을 숭상하도다, 이 사람은.(君子哉若人, 尙德哉若人)"이라고 평했다. 이 시에서의 여릉왕 역시 덕을 숭상하는 군자다운 사람이다. 이선李善은 계찰과 공승으로 풀이하기도 했다.

16) 通蔽(통폐) : 순통함과 막힘. 여릉왕이 무제武帝의 아들로서 높은 지위와 호사스런 일상을 보낸 것과 간신들에 의해 서인으로 억울하게 강등당하고 핍박받은 것을 가리킨다.

互(호) : 번갈아.

相妨(상방) : 그의 순조로운 삶을 방해하다.

17) 理感(이감) : 이치를 느끼다. 윗 구의 "순통함과 막힘이 번갈아 그를 방해했다"는 이치를

18) 識(식) : 식견. 여릉왕이 살았을 때 알던 것.
將(장) : 미치다. 이르다. 여릉왕 생존 시에 사령운의 식견이 이르러 깨닫는 것.
19) 脆促(취촉) : 생명이 유약하고 짧다. 자연사로 일찍 죽는 것을 가리킨다.
20) 夭枉(요왕) : 단명하게 요절하여 죽다. 졸지에 억울하게 죽는 것을 가리킨다. 여릉왕은 17세에 죽었다.
兼常(겸상) : 보통보다 두 배가 된다.
21) 往化(왕화) : 변화로 나아가다. 죽다.
22) 空名(공명) : 공허한 명성. 부질없는 명예. 원가元嘉 3년(426) 정월에 유의진을 시중侍中과 대장군大將軍으로 추숭하고 다시 여릉왕으로 봉하였다.
23) 擧聲(거성) : 소리를 크게 내다.
瀝(력) : 눈물이 뚝뚝 떨어지다.

해설

이 시는 원가 3년(426)에 사령운이 조정의 부름에 응해 건강建康으로 비서감의 직을 맡으러 가는 도중에 운양雲陽으로 에둘러 간 다음에 다시 주방朱方에 들러 여릉왕 유의진의 무덤에 참배하고 지은 작품이다. 사령운은 고향에서 건강으로 갈 때 아마도 배를 타고 간 것 같다.

사령운은 제1구에서 새벽녘에 일찍 운양을 출발해서 제2구에서 해질 무렵에야 주방에 도착했다. 지리적으로 바로 옆의 현이지만 장강을 거슬러 올라가니 운양에서 주방까지 하루가 꼬박 걸렸다. 제3~6구는 사령운이 배 위에서 멀리 여릉왕의 무덤을 바라보고 그에 대한 그리움으로 슬퍼한 내용이다. 제7~10구는 힘겨운 시절을 견디고 이제 무덤을 방문하는 감회와 여릉왕에 대한 좋은 기억을 같이 떠올린 것이다. 아울러 문제에 대한 칭송도 첨부했다. 제11~12구에서 사령운은 저녁 무렵 배에서 내려 송백이 어둑한 배경 속에 여릉왕의 무덤을 직접 참배하였다. 시간이 얼마 되지도 않은 것 같은데 이미 오래된 옛날의 이야기와 같다. 그래서 제13~16구는 계찰과 공승의 이야기를 인용하여 무덤을 방문한 사령운이 무덤에 묻힌 여릉왕을 애석해한다는 것을 표현했다. 계찰의 이야기는 사령운의 능력을 여릉왕을 위해 사용하지 못했다는 것을 비유하는 것으로 보이고 공승의 이야기는 여릉왕의 죽음이 억울했다는 것을 나타내는 것으로 보인다. 제17~20구는 어려서 요절한 여릉왕의 비참한 일생으로부터 사령운이 개인 인생의 참된 가치가 본인의 역량을 넘어서는 지위나 혹독한 주위 환경에 의해 얼마나 쉽게 손상 받는가에 대해 깨달았음을 보여준다. 그래서 제21~24구에서 억울하게 요절한 여릉왕을 애도하고 죽은 뒤의 헛된 명성이 부질없음을 이야기한다. 마지막 제25~26구에서 사령운은 여릉왕을 위해 극도로 슬퍼하면서 시를 마치지 못함으로써 시를 마쳤다. (서용준)

入東道路詩 49
동쪽 길로 들어서다

整駕辭金門,1	수레를 준비하여 금문을 떠나는데
命旅惟詰朝.2	길을 나서는 것은 새벽이라네.
懷居顧歸雲,	집 그리워 돌아가는 구름 돌아보고
指塗溯行飇.3	갈 길 가리키며 지나가는 바람 맞으며 가네.
屬值淸明節,4	때마침 청명절을 맞이하여
榮華感和韶.5	무성한 꽃들에 따뜻한 봄 날씨 느껴지니,
陵隰繁綠杞,6	언덕과 습지에는 푸른 구기자나무 무성하고
墟囿粲紅桃.7	마을과 동산에는 붉은 복숭아꽃 찬란하네.
鷹鷹翬方雊,8	꺼겅 하고 꿩이 바야흐로 울어대며
纖纖麥垂苗.9	가느다랗게 보리는 싹을 드리우는데,
隱軫邑里密,10	풍요롭게 큰 마을 작은 마을 조밀하게 있고
緬邈江海遼.11	아득하게 강과 바다가 멀리 있구나.
滿目皆古事,12	두 눈 가득히 떠오르는 것은 모두 옛일이니
心賞貴所高.13	마음으로 고아한 이를 귀하게 여겨야지.
魯連謝千金,14	노중련은 천금을 사양하였고
延州權去朝.15	계찰은 궁궐을 떠나려 하였지.
行路旣經見,	가는 길에 익히 보아온 것이니
願言寄吟謠.16	원컨대 이 노래에 부쳐보리라.

> 주석

1) 整駕(정가) : 수레를 정비하다. 떠날 채비를 하는 것을 말한다.
   金門(금문) : 한나라의 궁문인 금마문金馬門. 여기서는 당시의 궁궐, 혹은 조정을 가리킨다.
2) 命旅(명려) : 길을 나서다. 수레를 모는 사람에게 출발을 명하는 것을 말한다.
   詰朝(힐조) : 이른 아침.
3) 溯行飇(소행표) : 바람을 거스르며 가는 것을 말한다.
4) 屬(촉) : 때마침.
   淸明節(청명절) : 24절기 중 하나로 춘분春分과 곡우穀雨의 사이이다. 양력으로 4월 4, 5일 혹은 6일쯤에 해당된다. 이때 민간에서는 답청踏靑이나 성묘 등을 한다.
5) 榮華(영화) : 꽃과 풀이 무성한 것을 말한다.
   和韶(화소) : 온화한 봄기운을 말한다.
6) 陵隰(능습) : 큰 언덕과 낮은 습지. ≪이아爾雅≫에 "큰 언덕을 '능陵'이라 하고 낮고 축축한 곳을 '습隰'이라 한다.(大阜曰陵, 下濕曰隰)"라고 하였다.
   杞(기) : 구기자. ≪시경·소아·사월四月≫에 "산에는 고사리와 고비 있고, 습지에는 구기자와 암뽕나무 있네.(山有蕨薇, 隰有杞桋)"라 하였다.
7) 墟囿(허유) : 마을과 동산.
8) 鷕鷕(요요) : 꿩의 울음소리.
   翬(휘) : 오색빛깔의 털이 난 꿩.
   雊(구) : (꿩이) 울다.
9) 纖纖(섬섬) : 가늘고 여린 모양.
10) 隱軫(은진) : 풍요롭고 흥성한 모양. 좌사左思의 〈촉도부蜀都賦〉에 "마을은 풍요로운데 강을 끼고 산에 기대어 있네.(邑居隱賑, 夾江傍山)"라 하였는데, 유규劉逵의 주에 "은隱은 성한 것이고 진賑은 넉넉한 것이다.(隱, 盛也. 賑, 富也)"라고 하였다.
    邑里(읍리) : 읍邑과 이里. 마을을 의미한다.
11) 緬邈(면막) : 까마득히 멀다. 고향까지의 길이 아직은 먼 상황임을 말한 것이다.
12) 滿目(만목) 구 : 이 구절은 지금 머릿속에 가득한 것은 고상한 옛 사람들 뿐이라는

것을 말하는 것이다. 여기서 '고사古事'란 뒤에 나오는 노중련魯仲連과 계찰季札의 이야기를 가리킨다. 혹은 "두 눈에 가득한 것은 모두 옛일이 되리."로 해석하여 지금 보고 있는 이러한 장면들마저도 다 옛일이 되어버릴 것이라고 말하는 것으로 보는 설도 있다.

13) 心賞(심상) : 마음으로 아끼다.

所高(소고) : 고상한 바. 또는 고상한 사람.

14) 魯連(노련) 구 : '노련魯連'은 전국시대 제齊나라 사람인 노중련을 말한다. ≪사기≫의 기록에 따르면 진秦나라 군대가 조趙나라의 도읍 한단邯鄲을 포위하였는데 위왕魏王이 차마 도와주지 못하고 신원연新垣衍을 보내어 진나라를 제왕으로 추대하도록 평원군平原君을 설득하도록 하였다. 이때 마침 노중련이 조나라에 있어 신원연과 평원군에게 진나라를 제왕으로 모시는 것의 해로움을 이야기하니 신원연이 모든 논의는 없었던 것으로 하고 돌아갔다. 이후 위魏나라 신릉군信陵君이 원군을 이끌고 오자 진나라 장군이 군대를 오십 리 후퇴시켰다. 후에 평원군이 노중련에게 봉지를 주어 보상하려 하였으나 그는 받지 않았고, 천금을 주려 하였지만 이 또한 받지 않으며 말하기를, "천하에서 귀하게 여기는 선비는 다른 사람을 위해 근심을 물리치고 어려움을 해결하며, 어려움이 해결되고서도 받는 것이 없습니다. 받는 것이 있다면 이는 장사치입니다.(所貴於天下之士者, 爲人排患釋難, 解紛亂而無所取也. 卽有所取者, 是商賈之人也)"라 하였다. 여기에서는 바로 이 고사를 가리킨다.

15) 延州(연주) 구 : '연주延州'는 춘추시대 오吳나라의 계찰季札을 말한다. 계찰이 연릉(延陵, 지금의 강소성 상주시常州市)과 주래(州來, 지금의 안휘성 봉대현鳳臺縣)에 봉해졌기 때문에 연주延州가 그를 가리키는 말이 되었다. 그는 오왕吳王 수몽壽夢의 넷째 아들인데, 수몽이 그가 현명하다고 여겨 그에게 왕위를 물려주려 하였지만 고사하였고, 형 제번諸樊이 그에게 양위하려 하였으나 끝내 받지 않고 왕실을 떠났다. 이후 수몽의 셋째 아들인 여매餘昧가 왕위에 올랐는데 그가 죽자 오나라에서는 또다시 계찰을 왕위에 오르게 하려 하였다. 그러나 계찰은 또다시 거절하고 떠났으니, 여기서는 이 고사를 가리키는 것이다.

權(권) : 도모하다. 꾀하다.

16) 吟謠(음요) : 시가詩歌. 여기서는 〈동쪽 길로 들어서다入東道路詩〉 이 시를 가리킨다.

해설

　이 시는 원가元嘉 5년(428) 봄에 지어진 것이다. 원가 3년(426), 사령운은 문제文帝의 부름을 받아 비서감祕書監이 되어 다시 관직 생활을 하게 되었지만 문제에게 중용되지는 못하였다. 이에 불만을 가지게 되어 여러 차례 병을 핑계로 조정해 나가지 않고 물러나기를 청하니 문제가 그로 하여금 고향으로 돌아가도록 허락했다. 이 시는 이 때 지어진 것으로, 고향으로 돌아가는 길에 봄철의 풍경을 바라본 감상과 고아한 옛 현인을 따르고자 하는 바람을 드러내고 있다. 제목에서 언급한 동쪽은 그의 고향이 있는 방향으로, 동쪽 길로 들어섰다는 것은 곧 고향으로 돌아가는 길에 있음을 말하는 것이다.

　작품은 크게 세 부분으로 나뉘는데, 첫 번째 부분인 제1~4구에서는 고향으로 돌아가기 위해 아침 일찍 길을 떠난 상황임을 이야기하였다. 그는 하루 빨리 고향으로 돌아가고 싶어 이른 새벽에 길을 나섰으며, 이따금씩 돌아가는 구름을 보며 고향을 생각하고, 거센 바람에도 아랑곳하지 않고 그것을 맞으며 길을 가고 있다. 제5~12구에서는 작자가 돌아가면서 길에서 본 풍경들을 묘사하고 있다. 마침 청명절을 맞아 작자는 꽃과 나무가 무성하고 꿩이 울며 보리가 싹을 드리우는 등의 아름다운 봄철 풍경을 보게 되는데, 그가 본 풍경이 아름다운 것은 그것 자체가 본래 아름답기 때문이기도 하지만 고향으로 돌아가는 작자의 심정이 유쾌하기 때문이기도 하다. 마지막 제13~18구에서는 돌아가는 길에 느낀 감정과 고아한 삶에 대한 의지가 드러난다. 작자는 길을 가는 내내 옛일들을 보고 떠올리게 되는데 그것은 노중련이나 계찰과 같은 고아한 삶을 살았던 사람들의 일이다. 마지막 2구에서는 그가 가는 길에 보아왔던 것, 즉 고아한 옛 사람들의 삶을 시에 기탁해보겠다고 하여 고향으로 돌아간 뒤에는 자신도 고결한 품성을 지키며 살아가고자 하는 바람을 은근히 드러내며 작품을 마무리하였다. (김하늬)

還舊園作見顔范二中書[1]
옛 동산으로 돌아와 안연지와 범태 두 중서시랑에게 써 보이다

辭滿豈多秩,[2]	임기가 되어 사직한 것이니 어찌 봉록이 많아서이겠으며
謝病不待年.[3]	병이 들어 사직한 것이니 늙기를 기다리지는 않았다네.
偶與張邴合,[4]	우연히 장량, 병만용과 일치한 것 일뿐
久欲還東山.[5]	오래도록 동산으로 돌아가고자 했었네.
聖靈昔廻眷,[6]	돌아가신 무제께서 지난 날 돌보아 보살펴주시어
微尙不及宣.[7]	은거하고자 하는 미천한 뜻을 드러내지 못했었네.
何意衝飇激,[8]	어찌 생각이나 했으리, 사나운 바람이 휘몰아 부딪치고
烈火縱炎煙.[9]	뜨거운 불길에 화염과 연기 가득할 줄을.
焚玉發崑峯,[10]	옥을 태우며 곤륜산에서 발화하더니
餘燎遂見遷.[11]	남은 불길에 마침내 좌천되고야 말았네.
投沙理旣迫,[12]	장사로 떠나야 하는 이치는 이미 눈앞에 닥치고
如邛願亦愆.[13]	임공으로 가고자 하는 바람 또한 어긋나버렸네.
長與歡愛別,	오래도록 그립고 사랑하는 이들과 헤어져
永絶平生緣.	평생의 인연을 영원히 끊게 되었네.
浮舟千仞壑,[14]	천 길 깊이 계곡에 배 띄우고
總轡萬尋巓.[15]	만 길 높이 산꼭대기에서 말고삐를 다루니,
流沫不足險,	세찬 물보라도 험하다 할 수 없으며
石林豈爲艱.	험한 바위 숲도 어찌 힘들다 할 수 있으리.
閩中安可處,[16]	민 땅이 어찌 살 만한 곳이리,

日夜念歸旋.	밤낮으로 돌아가기만을 생각했었네.
事蹟兩如直,17	일은 어긋나도 언제나 올바름을 유지하며
心愜三避賢.18	세 번 쫓겨난 어진 신하에 마음 흡족히 여겼다네.
託身青雲上,	푸른 구름 위에 이 한 몸 맡기고
棲巖挹飛泉.19	바위에 거처하며 솟아오르는 샘물을 떠마셨네.
盛明盪氛昏,20	명철하신 성군께서 어두운 기운을 씻어내고
貞休康屯邅.21	곧고 아름다운 덕으로 어지러운 세상을 안정시켰네.
殊方咸成貸,22	멀리 떨어져 있는 땅에도 고루 은혜를 베풀어 주시니
微物豫采甄.23	나 같이 부족한 사람조차 부름을 받게 되었네.
感深操不固,	은혜에 깊이 감사하나 나의 정조는 굳세지 아니하니
質弱易板纏.24	기질이 허약하여 세상일에 쉽게 휘둘린다네.
曾是反昔園,25	일찍이 이 때문에 옛 정원으로 돌아왔나니
語往實欸然.26	지난 일을 이야기하니 실로 마음이 후련해지네.
曩基卽先築,27	옛날 살던 곳에는 이미 집 지어져 있고
故池不更穿.	옛 연못은 다시 팔 필요가 없으며,
果木有舊行,28	과실나무는 예전처럼 줄지어 있고
壤石無遠延.29	흙과 돌은 멀리서 가져올 필요가 없다네.
雖非休憩地,	비록 휴양지는 아닐지라도
聊取永日閑.	그저 오래도록 한가로움을 취할 수는 있다네.
衛生自有經,30	양생함에 스스로 방법이 있나니,
息陰謝所牽.31	그늘에 형체를 숨기고 세속의 일을 끊는 것이라네.
夫子照情素,32	그대들은 나의 본마음을 비추어 헤아려주시기를,
探懷授往篇.33	나의 감회를 담아 시를 보내드리네.

주석

1) 顔范二書西(안범이중서) : 안연지顔延之와 범태范泰. 둘 다 중서시랑을 지냈기 때문에

이와 같이 불렀다.

안연지(384~456)는 남조南朝 송宋 낭야琅邪 임기(臨沂, 지금의 산동성 임기현臨沂縣) 사람으로, 자가 연년延年이며 진晉의 광록훈光祿勳을 지낸 안함顔含의 증손이다. 송 무제武帝와 소제少帝, 문제文帝를 섬겨 시안태수始安太守, 중서시랑中書侍郎, 영가태수永嘉太守 등을 역임하였다. 사령운과 함께 시로 명성이 있어 '안사顔謝'로 병칭되었다.

범태(355~428)는 남조南朝 송宋 순양(順陽, 지금의 하남성 남양현南陽縣) 사람으로, 자가 백륜伯倫이다. 동진東晉 말에 중서시랑을 지냈으며, 송宋 초에 금자광록대부金紫光祿大夫에 임명되었다. 사령운보다 30세나 많음에도 망년지교를 맺었다.

2) 辭滿(사만) : 임기가 되어 사직하다. 이는 사실과 다르니, 당시 태수의 임기는 3년이었으나 사령운은 송宋 영초永初 3년(422) 7월 영가태수로 부임하여 이듬해인 경평景平 원년(423) 가을에 사직하였다.

多秩(다질) : 녹봉이 많다. 당시 태수의 녹봉은 이천 석으로, 다음 구에서 인용한 병만용邴曼容처럼 많은 녹봉을 거부하여 사직한 것이 아님을 말한 것이다.

3) 謝病(사병) : 병으로 사직하다.

待年(대년) : 노년이 되기를 기다리다. 다음 구에서 인용한 장량張良처럼 공업을 이루고 나이가 들어 스스로 관직을 그만 둔 것이 아님을 말한 것이다.

4) 偶與(우여) : 우연히 합치되다. 관직을 그만 둔 사실은 일치하지만 그 과정과 내용은 다름을 말한 것이다.

張邴(장병) : 장량張良과 병만용邴曼容.

장량은 서한 성부(城父, 지금의 안휘성 박현亳縣) 사람으로, 자는 우방子房이다. 유방을 도와 한漢을 건국하였으며, 유후留侯에 봉해졌다. ≪한서漢書·장진왕주전張陳王周傳≫에 따르면 후에 관직을 사임하며 말하기를 "지금 세 치의 혀로 황제의 스승이 되어 만호에 봉해지고 제후의 지위에 올랐으니, 이는 포의로서 지극한 것이므로 저에게는 만족스럽습니다. 원컨대 인간세상의 일을 버리고 적송자가 소요하며 살았던 것을 따르고자 합니다.(今以三寸舌爲帝者師, 封萬戶, 位列侯, 此布衣之極, 於良足矣. 願棄人間事, 欲從赤松子遊耳)"라 하였다.

병만용은 서한 낭야(琅邪, 지금의 산동성 제성현諸城縣) 사람으로, 뜻을 기르고 자신을 수양하며 600석 이상 받는 관직은 사양하며 지내다 이마저도 스스로 사직하고 떠났다.
5) 東山(동산) : 회계會稽 시녕(始寧, 지금의 절강성 상우현上虞縣)의 동산. 사령운의 조부인 사현謝玄의 은거지이다.
6) 聖靈(성령) : 성스러운 혼령. 송宋 무제武帝 유유劉裕를 가리킨다. 당시 무제는 이미 세상을 떠났기 때문에 이와 같이 말하였다.
廻眷(회권) : 돌아보고 은혜를 베풀다. 무제 때 산기상시散騎常侍로 발탁되어 태자좌위솔太子左衛率를 지낸 것을 말한다.
7) 微尙(미상) : 작고 미미한 뜻. 은거하고자 하는 자신의 지향을 낮추어 말한 것이다.
8) 衝飇(충표) : 맞부딪쳐 부는 회오리바람.
激(격) : 부딪치다.
9) 縱(종) : 사방으로 번지다.
10) 焚玉(분옥) : 옥을 불사르다. 422년 소제少帝가 즉위 한 후 권신 서선지徐羨之 등이 조정의 권력을 장악하고 전횡한 것을 비유한다. 소제는 2년 후인 424년 서선지 등에 의해 폐위된 후 피살되었다.
崑峯(곤봉) : 곤륜산崑崙山. 서왕모가 사는 전설의 산. 여기서는 황제의 거처를 상징한다.
11) 見遷(견천) : 좌천을 당하다. '견見'은 피동의 뜻으로, 영가태수로 좌천된 일을 가리킨다.
12) 投沙(투사) : 장사長沙로 유배되다. 자신의 좌천을 서한西漢 때 가의賈誼가 권신들의 모함으로 장사왕長沙王의 태부太傅로 좌천된 일에 비유한 말이다.
13) 如邛(여공) : 임공臨邛으로 가다. 서한西漢 때 사마상여와 함께 성도成都로 달아난 탁문군卓文君이 생활고로 인해 다시 고향인 임공으로 돌아갔던 일을 들어, 고향으로 돌아가고자 하는 마음을 비유한 말이다.
愆(건) : 잘못되다, 어긋나다.
14) 仞(인) : 길이의 단위. 7척尺 또는 8척에 해당한다.
15) 總轡(총비) : 말고삐를 다스리다. 말을 타고 험하고 가파른 산을 지나는 것을 말한다.
尋(심) : 길이의 단위. 7척尺 또는 8척에 해당한다. 본래 '심尋'은 넓이의 단위이고 '인仞'은 깊이의 단위로서, 두 팔을 좌우와 상하로 뻗었을 때의 길이에 해당되어 1척尺의 차이가 있었으나, 후에는 이를 혼용하여 사용하였다.

巓(전) : 산꼭대기.

16) 閩中(민중) : 진대秦代의 군郡 이름. 지금의 복건성 북부와 절강성 남부지역으로, 영가군永嘉郡이 속한 지역이다.

17) 躓(지) : 넘어지다, 어긋나다.

兩如直(양여직) : 둘 다 곧다. 일이 잘 되거나 못 되는 것에 상관없이 항상 올바름을 유지하는 것을 말한다. ≪논어論語・위령공衛靈公≫에 "정직하도다, 사어여! 나라에 도가 있어도 화살과 같이 곧으며, 나라에 도가 없어도 화살과 같이 곧도다.(直哉, 史魚. 邦有道如矢, 邦無道如矢)"라 하였다.

18) 三避賢(삼피현) : 세 번 쫓겨난 어진 신하. ≪사기史記・노중련추양열전魯仲連鄒陽列傳≫에 "손숙오는 초의 재상으로 있으며 세 번 재상에서 쫓겨났으나 후회하지 않았으니, 자신의 죄가 아님을 알았기 때문이었다.(孫叔敖相楚, 三去相而不悔, 知其非己罪也)"라 하였다.

19) 挹(읍) : 물을 뜨다.

飛泉(비천) : 솟아나는 샘물.

20) 盛明(성명) : 뛰어나고 명철하다. 송 문제文帝 유의륭劉義隆을 가리킨다.

盪氛昏(탕분혼) : 어둡고 사악한 기운을 씻어버리다. 유의륭이 황제로 즉위하여 서선지 등을 주살한 것을 말한다.

21) 貞休(정휴) : 곧고 아름답다. '휴休'는 '미美'와 같다.

屯邅(둔전) : 어렵고 곤란한 상황.

22) 殊方(수방) : 말이나 풍속이 다른 지역. 먼 변방을 의미한다.

成貸(성대) : 은혜를 베풀다. '대貸'는 '베풀다'는 뜻.

23) 微物(미물) : 미천한 사물. 자신을 낮추어 말한 것이다.

豫(예) : 참여하다.

采甄(채견) : 관직에 발탁하다. 문제가 즉위하여 사령운을 비서감秘書監으로 발탁한 것을 말한다. '견甄'은 명부名簿를 의미하는 '녹錄'과 같다.

24) 板纏(판전) : 끌어당기다. 마음이 외물에 영향 받아 쉽게 변하는 것을 말한다.

25) 曾(증) : 일찍이, 이에.

26) 款然(관연) : 다정하게 터놓고 이야기 하는 모양, 또는 그 상태.

27) 曩基(낭기) : 옛날의 삶의 기반, 터전.
28) 舊行(구항) : 옛날의 배열. 나무들이 옛날처럼 줄지어 자라는 것을 말한다.
29) 延(연) : 당기다, 끌어오다.
30) 衛生(위생) : 생을 보위하다. '양생養生'을 의미한다.
31) 息陰(식음) : 그늘에 형체를 숨기다. 산림에 은거하는 것을 의미한다.
    謝(사) : 끊다, 사절하다.
    所牽(소견) : 끌어 당겨 미혹하는 것. 번다한 세속의 일을 가리킨다.
32) 情素(정소) : 본디의 감정, 본심.
33) 探懷(탐회) : 생각을 추스르다. 자신의 감회를 담는 것을 말한다.

해설

　권신 서선지徐羨之 등에 의해 영가태수로 좌천된 사령운은 1년 만에 관직을 사임하고 회계會稽로 돌아가 은거하였는데, 문제文帝가 즉위한 후 서선지 등을 주살하고 사령운을 비서감秘書監으로 등용하였다. 그러나 사령운이 두 번이나 이를 고사하니, 문제는 평소 사령운과 친분이 있었던 안연지顔延之와 범태范泰에게 명하여 사령운을 설득하게 하였다. 이 시는 이 때 이 두 사람에게 써준 것으로, 이전의 기구했던 자신의 관직생활을 회고하고 이에 대한 감회와 은거생활에 대한 자신의 지향을 말하고 있다.

　먼저 제1~6구에서는 자신이 영가태수직을 사임한 것은 비록 그와 마찬가지로 관직을 사임하였으나 공업을 이룬 후 노년에 은거생활을 추구했던 장량張良이나 달생達生의 도를 체득하여 세상사에 초탈했던 병만용邴曼容과는 달랐음을 말하며, 본래부터 은거생활에 대한 지향이 있었지만 옛날 무제武帝의 은혜와 보살핌으로 인해 차마 관직생활에서 떠날 수 없었음을 말하고 있다. 다음 제7~14구에서는 조정에 있을 때의 관직생활을 회상하고 있는데, 휘몰아치는 바람과 화염이 가득한 불길로 조정을 농단했던 서선지 등의 전횡을 비유하고 이로 인해 자신 또한 영가태수로 좌천되게 되었음을 말하고 있다. 다음 제15~24구에서는 영가로 향해가던 여정과 그곳에서의 감회와 일상을 말하고 영가를 떠나오던 과정을 묘사하고 있다. 첫4구에서는 깊은 계곡과 가파른 산길을 지나야 했던 영가로의 고행길은 어떠한 어려움도 비길 바가 아니었음을 말하고, 다음 4구에서는 고향으로 돌아갈 날만을 고대하며 올바름과 달관으로 자신을 수양하며 지냈던 영가에서의 생활을 말하고 있다. 마지막 2구에서는 세상사에 초탈한 심경으로 자연과 더불어 즐기는 모습으로 영가를 떠나 시녕으로 돌아오던 과정을 나타내고 있다. 제25~32구에서는 문제가 즉위하여 천하를 안정시키고 자신을 불러준 은총에 찬미와 감사를 나타내고, 자신의 부족함을 들어 문제의 부름에 응하지 않는 이유를 밝히고 있다. 마지막 제33~42구에서는 고향으로 돌아와 편안하고 한가로이 지내고 있는 자신의 상황을 말하고, 아울러 세상과의 인연을 끊고 은거하며 살고 싶은 자신의 지향을 말하며 자신을 설득하러 온 두 사람에게 관직생활에 대한 거부의 뜻을 나타내고 있다. 그러나 결국 사령운은 이들의 설득에 따라 비서감에 부임하여 비각秘閣의 문서를 정리하고 문제의 명을 받들어 ≪진서晉書≫를 집필하였다. (주기평)

登石門最高頂[1]
석문산 정상에 올라 51

晨策尋絶壁,[2]	새벽에 지팡이 짚고 절벽을 찾아가
夕息在山棲.[3]	저녁에 산 속 거처에서 쉬네.
疏峰抗高館,[4]	봉우리를 탁 틔워 높은 집을 세웠으니
對嶺臨迴溪.	고개를 마주하고 굽이도는 시내를 굽어보네.
長林羅戶穴,[5]	높은 나무들이 대문 앞에 늘어서 있고
積石擁基階.[6]	쌓인 돌이 기단을 둘러싸고 있는데,
連巖覺路塞,	이어진 바위에 길이 막혔나 생각하고
密竹使徑迷.	빽빽한 대나무는 길을 잃게 만들어,
來人忘新術,[7]	오는 사람도 낯선 길을 알지 못하고
去子惑故蹊.[8]	떠나는 사람도 왔던 길을 헷갈려하네.
活活夕流駛,[9]	콸콸 저녁에 물살은 내려가고
噭噭夜猿啼.[10]	끽끽 밤에 원숭이는 우는데,
沈冥豈別理,[11]	은거함에 무슨 다른 이치가 있으리?
守道自不攜.[12]	도를 지킴에 스스로 떠나지 않을 뿐.
心契九秋幹,[13]	마음은 가을의 나뭇가지와 어울리고
目翫三春荑.[14]	눈은 봄의 여린 싹을 즐기나니,
居常以待終,[15]	도에 머물며 죽음을 기다리고
處順故安排.[16]	순응함에 처하면 자연의 변화에 편안해지네.
惜無同懷客,[17]	같은 생각을 가진 객이 없음을 아쉬워하노니

共登靑雲梯.18 푸른 하늘 사다리로 함께 올라야 하는데.

주석

1) 石門(석문) : 산 이름. 지금의 절강성 승현嵊縣에 있다.
2) 策(책) : 지팡이를 짚다.
   絶壁(절벽) : 석문산을 가리킨다.
3) 山棲(산서) : 산 속의 거처. 아마도 석문산에 사령운의 산장이 있었을 것이다.
4) 疏峰(소봉) : 봉우리를 평평하게 정리하다.
   抗(항) : 세우다.
   高館(고관) : 높은 집. 위 구절의 '산서'를 가리킨다.
5) 長林(장림) : 높이 자란 나무로 이루어진 숲.
   戶穴(호혈) : 대문. 위 구절의 '고관'의 입구를 가리킨다.
6) 基階(기계) : 기단과 계단. 계단처럼 층층으로 쌓은 기단. '고관'을 가리킨다.
7) 術(술) : 길.
8) 去子(거자) : 떠나는 사람. 이곳을 찾았다가 다시 돌아가는 사람을 가리킨다.
   故蹊(고혜) : 옛 길. 사람이 이곳으로 들어올 때의 길을 가리킨다.
   이상 두 구는 이곳으로 오는 길에 숲과 바위가 많아 길을 찾기 힘들다는 뜻이다.
9) 活活(괄괄) : 물이 흐르는 소리.
   駛(사) : 매우 빠르게 지나가다.
10) 噭噭(교교) : 원숭이가 우는 소리.
11) 沈冥(심명) : 은거하다. 내심을 평정한 상태로 유지하다.
    豈別理(기별리) : 어찌 다른 이치가 있겠는가?
12) 攜(휴) : 떠나다.
13) 契(계) : 어울리다.
    九秋(구추) : 90일간의 가을. 대체로 가을을 가리킨다.
    幹(간) : 나뭇가지.
14) 翫(완) : 완상하다.

三春(삼춘) : 석 달의 봄. 대체로 봄을 가리킨다.

荑(제) : 초목의 싹.

이상 두 구는 가을에는 낙엽 진 나뭇가지를 즐기고 봄에는 여린 새싹을 완상한다는 뜻으로 순환하는 계절에 순응하며 즐기는 은자의 모습을 묘사한 것이다. 위 구절에서 말한 은거의 이치를 구체적인 예를 들어 표현한 것이다.

15) 居常(거상) : 항상 일정한 자연의 법칙에 순종하며 사는 것을 말한다.

待終(대종) : 죽음을 기다리다. ≪열자列子·천서天瑞≫에서 "가난이라는 것은 선비가 항상 그러한 것이고 죽음이라는 것은 사람의 마지막이다. 항상 그러한 것에 처하며 죽음을 기다리는데 마땅히 무엇을 근심하겠는가?(貧者士之常, 死者人之終也. 處常待終, 當何憂哉)"라고 하였다.

16) 處順(처순) : 변화에 순응하다. 자연에 순종하다. ≪장자·대종사大宗師≫에서 "때를 편안히 여기고 천명을 따름에 맡기면 슬픔과 즐거움이 끼어들지 못한다.(安時而處順, 哀樂不能入也)"라고 하였다.

安排(안배) : 자연의 변화에 순응하다. ≪장자·대종사≫에서 "잠시 쾌적한 것은 웃는 것만 못하고, 웃음을 보이는 것은 자연의 안배에 맡기는 것만 못하다. 자연의 안배에 편안해 하며 변화해 가면 곧 하늘과 하나 되는 경지로 들어간다.(造適不及笑, 獻笑不及排, 安排而去化, 乃入於寥天一)"라고 하였다.

이상 두 구는 자연의 법칙과 운명에 순응하면서 유유자적한 삶을 산다는 뜻으로, 은거의 이치를 철리적으로 표현한 것이다.

17) 同懷客(동회객) : 같은 생각을 가진 객. 위에서 말한 은거의 이치에 공감하며 같이 실행할 친구를 가리킨다.

10) 靑雲梯(청운제) : 하늘로 오르는 계단. 대체로 구름 속으로 들어가는 높은 산의 길을 가리킨다. 여기서는 석문산에 오르는 것을 말한다.

해설

이 시는 경평景平 원년(423) 가을 영가태수를 사직하고 고향인 시녕始寧으로 온 뒤 석문산 정상에 오른 후 느낀 감회를 적은 것이다. 전반부에서는 석문산에 올라 바라본 경관을 묘사하였고 후반부에서는 그곳에서 자연의 이치에 순응하며 살고자 하는 의지를 표현하였다.

 제1~2구에서는 아침에 출발하여 저녁에 석문산 거처에 도착하였음을 말하였고, 제3~10구에서는 산 정상에 있는 거처 주위 경관을 묘사하였는데, 숲이 깊고 바위가 많아 길을 찾기가 힘들 정도임을 표현하였다. 이를 통해 세속과 멀리 떨어져 인간의 욕망을 잊을 수 있음을 암시하였다. 제11~12구에서는 저녁에 보고 들은 경물을 표현하였는데, 이를 통해 자연스럽게 자신의 감회를 술회하는 것으로 연결시켰다. 이어서 자신이 지향하는 은거의 이치는 다만 도를 지키는 것뿐임을 말하였다. 제15~18구에서는 이러한 은거의 이치를 표현하였는데, 가을에는 낙엽 진 나뭇가지와 어울리고 봄에는 새로 돋아난 싹을 즐기는 것으로 이러한 자연의 이치에 순응하면서 자신의 생명을 다하고자 한다는 뜻을 드러내었다. 제19~20구에서는 이러한 곳에서 자신과 함께 뜻을 같이하면서 은거할 친구가 없음을 아쉬워하였다. 자연 속에서 유유자적한 삶을 살고자 하면서 이를 같이 할 친구를 그리워하는 것은 사령운 시에 흔히 나오는 심사인데, 이 또한 사령운 은일시의 특징이라고 할 수 있다. (임도현)

石門巖上宿[1]
석문산의 바위 위에서 머물며 52

朝搴苑中蘭,[2]	아침에 정원의 난초를 따는 것은
畏彼霜下歇,[3]	저 서리가 내려 시들까 두려워서라네.
暝還雲際宿,[4]	날 저물자 구름 속 숙소로 돌아와서는
弄此石上月.	여기 바위 위에 떠 있는 달을 감상하노라.
鳥鳴識夜棲,	새가 우니 밤 깃든 줄 알겠고
木落知風發.	나뭇잎 떨어지니 바람 부는 것 알겠건만
異音同致聽,[5]	여러 소리 뒤섞여 귓가를 맴도니
殊響俱淸越.[6]	색다른 울림 모두 맑게 건너오네.
妙物莫爲賞,[7]	오묘한 경물을 함께 감상해줄 이 없으니
芳醑誰與伐.[8]	좋은 술은 누구에게 자랑하리오.
美人竟不來,[9]	그리운 벗이 끝내 오지 않으니
陽阿徒晞髮.[10]	해 돋는 언덕에서 머리 말리지 못하게 되었네.

주석

1) 石門(석문) : 산 이름. 지금의 절강성 승현嵊縣 부근에 있다.
2) 搴(건) : 따다, 캐다. 〈이소離騷〉에 "아침에 비산의 목란을 따네.(朝搴阰之木蘭)"라 하였다.
3) 歇(헐) : 시들다.
4) 暝(명) : 저물다, 해가 지다.
   雲際(운제) : 구름 가. 높은 산을 이른다.

5) 致聽(치청) : 귓가에 들리다.
6) 殊響(수향) : 색다른 울림. 윗 구의 '이음異音'과 같은 뜻으로 새가 우는 소리, 나뭇잎 떨어지는 소리 등 자연의 여러 소리를 이른다.
淸越(청월) : 맑게 건너오다.
7) 妙物(묘물) : 오묘한 사물. 여기서는 서로 다른 소리를 내며 한데 어울려 조화를 이루는 자연경물, 즉 난초, 구름, 달, 새, 나무, 바람 등을 이른다.
8) 芳醑(방서) : 향기롭고 좋은 술.
伐(벌) : 자랑하다.
9) 美人(미인) : 아리따운 이. 여기서는 좋은 벗을 이른다.
10) 陽阿(양아) : 전설상 태양이 떠서 지나가는 곳.
晞髮(희발) : 머리를 말리다. ≪초사・구가九歌・소사명少司命≫에 "그대와 함지에서 몸을 씻고 해 뜨는 언덕에서 그대의 머리칼을 말리네.(與女沐兮咸池, 晞女髮兮陽之阿)"라 하였다. 이 구는 벗이 오지 않아 벗의 머리를 말리지 못하게 되었다는 말로 자신의 외로움을 드러낸 것이다.

해설

이 시는 시인이 석문산에 머물며 경치와 달을 감상하며 벗을 그리워하나 함께 할 수 없어 아쉬움을 느낀다는 내용을 담고 있다.

제1~2구에서는 서리가 내려 난초가 시들까 걱정하여 아침에 난초를 캔다고 하였다. 난초를 캐는 것은 친구를 만나 보여주기 위해 준비하는 것으로 시인이 그를 기다리는 모습을 묘사하고 있다. 제3~4구에서는 날이 저물어 숙소로 돌아와 달을 감상한다고 하였는데, 이는 시인의 한가로운 생활을 보여준다. 제5~8구에서는 자연경물의 조화를 청각으로 접근하여 묘사하였는데 앞 두 구에서는 새가 울고 바람에 나뭇잎이 떨어지는 소리를 통해 자연경물의 조화로운 모습을 드러내었고, 뒤 두 구에서는 이 모든 소리가 아름답게 어우러져 맑게 건너온다고 하였다. 제9~10구에서는 이 경치가 오묘하지만 좋은 술을 들며 함께 감상할 이가 없음을 한탄하였고, 제11~12구에서는 벗을 기다려도 오지 않아 머리를 말리지 못하게 되었다고 하여 시인의 외로움을 드러내었다. (이지운)

於南山往北山經湖中瞻眺,1
남산에서 북산으로 가며 호수를 지나는 중에 보니

朝旦發陽崖,2	아침에 남산에서 출발해서
景落憩陰峰,3	해가 떨어질 때 북산에서 쉬려하네.
舍舟眺迥渚,4	배를 두고 높이 올라 먼 모래섬을 바라보고
停策倚茂松,5	지팡이를 멈추고 우거진 소나무에 기대네.
側徑既窈窕,6	옆의 작은 길은 그윽한 곳으로 통하고
環洲亦玲瓏,7	둥그런 모래섬은 영롱하게 빛나네.
俛視喬木杪,	고개를 숙여 높은 나무의 가지 끝을 보고
仰聆大壑灇,8	고개를 들어 큰 골짜기의 물소리를 듣네.
石橫水分流,	돌이 가로막아 물은 나뉘어 흐르고
林密蹊絶蹤.	숲이 빽빽하여 길은 자취가 끊겼네.
解作竟何感,9	날씨 따뜻해져 만물을 소생시킴이 얼마나 감동스러운지
升長皆丰容,10	자라나는 것들은 모두 풍성하다네.
初篁苞綠籜,11	갓 나온 대나무는 녹색 죽순 껍질에 싸였고
新蒲含紫茸,12	새로 나온 부들은 자주색 눈을 품었네.
海鷗戲春岸,	바다 갈매기는 봄 언덕에서 놀고
天鷄弄和風,13	하늘 꿩은 부드러운 바람 속에서 장난치네.
撫化心無厭,14	변화를 순응하면 마음에 물림이 없으니
覽物眷彌重,15	경물을 바라볼수록 애정은 더욱 두터워지네.
不惜去人遠,16	사람들과 멀리 떨어진 것은 아쉽지 않으나

但恨莫與同.	다만 함께 뜻을 같이할 사람 없음은 한스럽다네.
孤遊非情歎,17	홀로 유람함은 진정한 감탄이 아니니
賞廢理誰通.18	함께할 사람이 없다면 그 이치를 누구와 통하리오.

주석

1) 南山(남산) : 지금의 절강성 승현嵊縣 부근의 작산嶀山과 석문산石門山 일대. 사령운이 새로 지은 집이 있는 곳.

　　北山(북산) : 지금의 절강성 상우현上虞縣 부근의 상포진上浦鎭 동쪽의 동산東山 일대. 사령운의 할아버지 사현謝玄이 집을 지은 곳이 있다. 조아강曹娥江의 동쪽에 있다.

　　湖(호) : 무호巫湖. 태강호太康湖라고도 한다. 남산과 북산은 모두 길이가 수십 리에 이르는 사령운 집안의 장원의 일부였고 조아강이 그 사이를 지났다. 무호는 조아강과 이어진 소택지로 남산과 북산을 왕래하려면 반드시 지나가야 했다. 사령운 시기에 이미 강과 물길이 끊겼는데 호수 가운데 섬이 마치 산처럼 솟아 호수를 크고 작게 양분한 것처럼 보여 대소무호大小巫湖라고도 하였다.

2) 朝旦(조단) : 아침.

　　陽崖(양애) : 남산. 산의 남쪽을 '양陽'이라고 한다.

3) 景落(경락) : 해가 지다.

　　陰峰(음봉) : 북산. 산의 북쪽을 '음陰'이라고 한다.

4) 舍舟(사주) : 배에서 내리다. 여기에서는 배에서 내려 호수 안의 산에 오른다는 뜻이다.

　　逈渚(형저) : 먼 곳의 모래섬. 사람이 살지 않는 모래섬을 '저渚'라고 불렀다.

5) 策(책) : 지팡이

6) 窈窕(요조) : 깊고 먼 모양. 깊숙하고 그윽한 모양. 여기에서는 작은 길이 구불구불 길게 이어진 것을 묘사하였다.

7) 環洲(환주) : 둥그런 모래섬. 사람이 살 수 있는 모래섬을 '주洲'라고 한다. 여기에서는 무호 안의 모래섬을 가리킨다.

8) 聆(영) : 듣다.

　　大壑(대학) : 모래섬 위에 있는 골짜기.

灇(총) : 물소리.

9) 解作(해작) : 풀리고 일어나다. 만물이 소생하는 것을 가리킨다. ≪역경·해해≫에 "천지가 풀리니 뇌우가 일어나고, 뇌우가 일어나니 백과와 초목이 모두 씨를 깨뜨리고 싹이 나온다.(天地解而雷雨作, 雷雨作而百果草木皆甲坼)"라고 하였다.

10) 升長(승장) : 자라다.
    丰容(풍용) : 초목이 무성하다.

11) 篁(황) : 대나무.
    苞(포) : 싸다. 식물의 겉껍질.
    籜(탁) : 죽순의 겉껍질. '순각笋壳'이라고도 한다.

12) 蒲(포) : 부들.
    茸(용) : 식물의 미세한 새싹.

13) 天鷄(천계) : 산계山鷄나 금계錦鷄. 꿩의 일종이다.

14) 撫化(무화) : 자연의 변화의 이치를 따르다.

15) 眷(권) : 자연 경물이나 장소에 대한 애정과 그리움. 또는 자연의 변화의 이치에 대한 사색이나 관심.

16) 去人(거인) : 사람들과 멀어지다. 고향에 은거한 것을 가리킨다.

17) 非情歎(비정탄) : 진정으로 탄식할 바가 아니다. 좋은 경치가 있더라도 마음으로 탄식할 수 없다.

18) 賞廢(상폐) : 친구가 없다. '상賞'은 '상심賞心'의 뜻이며 진정한 친구를 가리킨다. 연구자에 따라 이 친구를 여릉왕廬陵王 유의진劉義眞으로 판단하기도 한다.

해설

이 시는 사령운이 고향에 은거하였던 원가元嘉 2년(425) 봄에 지어진 작품으로 추정된다. 사령운은 자기 집안의 장원에서 봄의 자연경관을 감상했는데, 남산에서 북산으로 이동하는 도중에 호수 가운데의 모래섬에 올라 이 시를 썼다.

제1~2구는 제목의 '남산에서 북산으로 간다'는 내용을 풀어쓴 부분이다. 또한 이 시 전체 내용에서 시인의 이동 이유를 설명하였다. 사령운이 남산에서 북산으로 가려면 도중에 무호를 지나야 한다. 제3~4구는 제목의 '호수 가운데를 지나는 중에 본다'는 내용을 풀어썼다. 제목에서는 단지 '호수를 지나다'라고 하였지만 사실은 높은 곳에 올라 내려다보는 것이다. 멀리 바라본 다음 소나무에 기대는 시인의 동작이 매우 세세하다. 제5~10구는 호수 안의 모래섬의 산 위에서 섬과 산을 내려다보며 경험한 것을 썼다. 그는 작은 길을 통해 점점 깊숙이 산으로 들어가다가 고개를 돌려 모래가 빛나는 물가를 보았다. 높은 곳에 올랐기 때문에 키가 큰 나무의 가지 끝을 내려다볼 수 있었고 산 위에서 흐르는 물소리를 들을 수 있었다. 제11~16구는 만물이 봄을 맞아 번성한 것에 대한 감탄과 묘사인데 제13~14구는 소생한 식물의 세세한 생명력을 그렸고 제15~16구는 봄을 맞이한 날짐승의 즐거움을 느꼈다. 제17~22구는 시의 마무리이다. 제17~18구에서 시인은 봄의 변화에 적응했기 때문에 봄의 경치를 끝없이 사랑한다고 밝혔다. 그래서 제19구에서 시인은 자신의 은거에 전혀 불만이 없다고 자신할 수 있었지만 제20구에서 자신과 뜻을 함께 할 사람이 없다는 것을 안타까워한다. 결국 제21구에서 홀로 유람하며 자연경물에 감탄하는 것은 진정한 감탄이 아니라고 고백하며 제22구에서 자신과 함께 자연을 감상할 친구를 그리워하였다. (서용준)

從斤竹澗越嶺溪行[1]
근죽간을 따라 산을 넘고 물길로 가다 54

猿鳴誠知曙,[2]	원숭이 울어 진실로 날 밝은 줄 알았건만
谷幽光未顯.	골짜기 깊어 햇살이 아직 환하지 않은데,
巖下雲方合,	바위 밑에는 구름이 막 모여들고
花上露猶泫.[3]	꽃 위에는 이슬이 여전히 빛나네.
逶迤傍隈隩,[4]	구불구불 산굽이를 곁으로 하여
迢遞陟陉岘.[5]	아득히 먼 지레목과 산봉우리를 올랐으며,
過澗旣厲急,[6]	근죽간 지날 적에 이미 급류에 옷을 걷었었는데
登棧亦陵緬.[7]	잔도를 올라가며 또다시 먼 산길을 오르네.
川渚屢徑復,[8]	시내의 모래섬이 자주 왔다가 지나가고
乘流玩迴轉,[9]	배를 타고 가면서 완상하며 굽이도는데,
蘋萍泛沈深,[10]	부평초는 깊디깊은 곳에 떠다니고
菰蒲冒清淺.[11]	부들은 맑고 얕은 곳을 뒤덮었네.
企石挹飛泉,[12]	돌에 발꿈치 들고 서서 날리는 샘물을 뜨고
攀林摘葉卷.[13]	수풀 부여잡고 말려있는 새잎을 뜯네.
想見山阿人,[14]	산의 은자를 만나고자 하니
薜蘿若在眼.[15]	벽라가 눈앞에 있는 듯.
握蘭勤徒結,[16]	난초를 쥐었지만 수고로움 헛되이 맺었고
折麻心莫展.[17]	마를 꺾어보지만 이 마음 펼쳐 보이진 못하네.
情用賞爲美,[18]	마음 써서 알아주는 일이 아름다움이 되건만

事昧竟誰辨,19	일이 혼미해지니 끝내 그 누가 분별해주랴.
觀此遺物慮,20	이를 보고 세상의 근심걱정을 버리나니
一悟得所遣.21	한 번의 깨달음으로 마음 달랠 바를 얻는다네.

주석

1) 斤竹澗(근죽간) : 개울 이름. 지금의 절강성浙江省 소흥시紹興市에 있다. ≪문선≫의 이선李善의 주에 "신자계神子溪는 남산南山과 칠리산七里山 사이를 흐르는데 근죽간과의 거리가 몇 리 된다."라고 하였다.
   溪行(계행) : 물길로 가다. 여기서는 물길을 가면서 배를 타기도 하고 걷기도 한 것을 가리킨다.

2) 曙(서) : 날이 밝다. 새벽이 되다.

3) 泫(현) : 빛나다.

4) 逶迤(위이) : 길고 구불구불한 모양.
   隈隩(외오) : 산굽이.

5) 迢遞(초체) : 아득히 먼 모양.
   陘峴(형현) : 지레목과 산봉우리. '형陘'은 지레목으로 산줄기가 끊어진 곳이며 '현峴'은 산봉우리가 작지만 높은 것이다.
   '위이逶迤' 이하 두 구는 제목상의 '월령越嶺'의 과정을 묘사하였다.

6) 過澗(과간) : 근죽간을 건너다. 제목상의 '종근죽간從斤竹澗'을 가리킨다.
   厲(려) : 옷을 걷고 물을 건너다. '여급厲急'은 옷을 걷고 급류를 건너는 것을 가리킨다.

7) 登棧(등잔) : 잔도棧道에 오르다. 잔도는 험한 벼랑에 낸 길이다.
   陵(릉) : 오르다.
   緬(면) : 아득히 먼 산길.

8) 川渚(천저) : 시내 중간에 있는 모래섬.
   徑復(경복) : 왔다 갔다 하다. 왕복하다.
   이 구는 시내의 모래섬들이 가까워졌다가 멀어지는 모습으로 물길을 타고 가면서 눈앞에 보이는 풍경을 그려내었다.

9) 迴轉(회전) : 굽이돌다.
　　이 구는 배를 타고 이리저리 돌면서 풍경을 감상하는 것을 가리킨다.
10) 蘋萍(빈평) : 부평초.
11) 菰蒲(고포) : 부들.
　　冒(모) : 뒤덮다. 덮어쓰다.
12) 企(기) : 발꿈치를 들다. '기석企石'은 돌 위에 불안하게 서 있는 것을 가리킨다.
　　挹(읍) : 뜨다.
13) 摘(적) : 따내다. 뜯다.
　　葉卷(엽권) : 말려있는 새잎. 갓 돋아서 아직 펴지지 않은 어린 잎을 가리킨다.
14) 山阿人(산아인) : 산에 숨어사는 은자. ≪초사・구가九歌・산귀山鬼≫에 "어떤 이가 산언덕에 있는데 벽려를 걸치고 여라를 둘렀네.(若有人兮山之阿, 披薜荔兮帶女蘿)"라고 하였다.
15) 薜蘿(벽라) : 벽려薜荔와 여라女蘿.
　　이 구는 은자가 눈앞에 나타날 정도로 만나고 싶은 심정을 표현하였다.
16) 握蘭(악란) : 난초를 꺾어 쥐다.
17) 折麻 (절마) : 마를 꺾다. 이별할 때 주는 것이다. ≪초사・구가九歌・대사명大司命≫에 "소마의 흰 꽃을 꺾어 장차 은자에게 주리라.(折疏麻兮瑤華, 將以遺兮離居)"라고 하였다.
18) 情用(정용) : 마음 쓰다. 마음을 기울이다.
　　賞(상) : 상심賞心. 진심을 다해 알아주는 일을 가리킨다.
　　이 구는 진정으로 알아주는 사람이 곧 아름다운 것임을 말하였다.
19) 事昧(사매) : 일이 혼미해지다.
20) 遺物慮(유물려) : 세상의 모든 근심걱정을 버리다.
21) 所遣(소견) : 마음을 달랠 바.

해설

　이 시는 원가元嘉 5년(428) 이후 사령운이 회계會稽에 오래 거할 때 근죽간斤竹澗에서 그 부근의 시내를 유람하면서 지은 작품이다.

　시에서는 근죽간에서 산을 넘어 물길로 배를 타고 가다 다시 산행을 하게 되는 과정을 순차적으로 묘사하였는데, 크게 다섯 부분으로 나눌 수 있다. 제1~4구는 날이 밝으며 출발할 때의 풍광을 묘사하였으며, 제5~8구는 산을 넘어 시내에 이르는 과정을 순차적으로 서술하였다. 제9~12구는 배를 타고 가면서 겪은 일과 바라본 풍광을 서술하였는데, 가까워졌다 멀어지는 모래섬을 통해 배의 움직임을 그려내었고 부평초와 부들을 통해 깊고 얕은 곳 할 것 없이 두루 돌아다니며 감상한 일을 말하였다. 제13~18구는 다시 산길로 접어들며 은자를 만나고 싶지만 자신의 마음을 표현할 길 없음을 안타까워하였다. 제19~22구는 자신의 마음을 알아줄 은자와의 만남이 틀어진 후 산수의 아름다움을 즐김으로써 모든 근심걱정을 달래고 있음을 피력하였다. (김수희)

石室山詩[1]
석실산 55

清旦索幽異,[2]	새벽녘 그윽하고 기이한 풍경 찾아
放舟越坰郊,[3]	배를 놓아 교외로 넘어가자니
苺苺蘭渚急,[4]	난초 무성한 모래섬에 물살은 급하고
藐藐苔嶺高,[5]	이끼 소복한 산 고개는 높다랗네.
石室冠林陬,[6]	석실산이 숲 모퉁이에 우뚝 솟았고
飛泉發山椒,[7]	폭포는 산꼭대기서 뿜어져 나오는데
虛泛徑千載,[8]	허공에 뜬 물은 천 년 세월 거친 것이고
崢嶸非一朝,[9]	우뚝 솟은 산은 하루아침에 이루어진 것이 아니라네.
鄕村絶聞見,[10]	마을 사람들도 듣고 보는 길 막혔고
樵蘇限風霄,[11]	나무꾼조차 바람과 진눈깨비에 막혀 버렸나니,
微戎無遠覽,[12]	미약한 나로서는 멀리까지 유람할 수 없었기에
總笄羨升喬,[13]	어렸을 적부터 신선이 된 왕자교를 부러워했었네.
靈域久韜隱,[14]	신령스러운 영역이 오래도록 숨겨져 있었건만
如與心賞交,[15]	마치 지기와 사귀는 듯하고
合歡不容言,[16]	만난 기쁨 말로 할 수 없어
摘芳弄寒條,[17]	꽃 따고 차가운 가지 어루만지네.

주석

1) 石室山(석실산) : 어디인지 분명하지 않다. 사령운이 〈산거부山居賦〉의 자주自註에서

말한 '석실'로서 소강小江 입구의 남쪽 언덕에 있다는 설과 영가군의 '석실산'을 가리킨다는 설이 있다. 전자로 볼 경우 이 시는 425년에서 426년 사이에 사령운이 고향인 시녕으로 돌아와서 쓴 것으로, 후자로 볼 경우 423년 영가태수로 있을 때 쓴 것으로 볼 수 있다.

2) 淸旦(청단) : 새벽.

索(색) : 찾다.

幽異(유이) : 그윽하고 기이한 풍경.

3) 放舟(방주) : 배를 놓다. '방放'이 '방方'으로 되어 있는 판본도 있으며 이 경우 뜻은 '모난 배'이다.

坰郊(경교) : 교외.

4) 苺苺(매매) : 초목이 무성한 모양. '매매莓莓'로 되어 있는 판본도 있으며 뜻은 같다.

蘭渚(난저) : 난초가 자라 있는 모래섬.

5) 藐藐(막막) : 이끼 등이 무성한 모양. 이와 반대로 이끼가 낮고 조그맣게 자라는 모양을 형용하는 것으로 보기도 한다. 다른 의견으로 높고 먼 모양이라고 풀기도 하나 위의 구와 대구인 점을 감안하면 이끼의 상태를 형용하는 것이 옳다고 생각된다.

苔嶺(태령) : 이끼가 무성하게 자라고 있는 산 고개.

6) 冠(관) : 우뚝 솟다. '천穿'으로 되어 있는 판본도 있으며 이 경우 뜻은 '뚫려 있다'이다.

林陬(임추) : 숲 모퉁이.

7) 飛泉(비천) : 폭포.

山椒(산초) : 산꼭대기. '수초樹梢'로 되어 있는 판본도 있으며 이 경우 뜻은 '나무 끝'이다.

8) 虛泛(허범) : 허공에 뜬 물. 석실산 꼭대기에서 흘러나오는 폭포물이 허공에 범람하는 듯이 광대하다는 의미이다.

徑(경) : 지나다, 거치다. '경經'과 통한다.

이 구는 바로 앞의 '비천발산초飛泉發山椒' 구를 받는다.

9) 崢嶸(쟁영) : 석실산이 우뚝 솟은 모양.

非一朝(비일조) : 하루아침이 아니다, 즉 하루아침에 이루어진 것이 아니다.

이 구는 '석실관림추石室冠林陬' 구를 받는다.

10) 絶聞見(절문견) : 듣고 보는 것이 끊기다. 석실산이 마을로부터 멀고 외진 곳에 있어 향촌 사람들도 듣고 볼 방법이 없었음을 말한다.
11) 樵蘇(초소) : 땔나무 하고 풀 베다. 혹은 그런 일을 하는 사람.
風霄(풍소) : 바람과 진눈깨비.
이 구는 나무와 풀을 베는 사람들조차 높은 석실산의 바람과 진눈깨비에 막혀 그 산에 오르지 못한다는 의미이다.
12) 微戎(미융) : 여러 가지 설이 있는데 '미아微我'라고 된 다른 판본을 따라 '미약한 나로서는'이라고 풀었다.
13) 總笄(총계) : 젊은이. 여기서는 '사령운이 어렸을 때부터'라고 풀이된다.
升喬(승교) : 신선이 되어 하늘에 오른 왕자교王子喬. 왕자교는 춘추시대 사람으로 도사 부구공浮丘公을 만나 신선이 되었다고 한다.
14) 靈域(영역) : 신령스러운 곳.
韜隱(도은) : 감추고 숨기다. 혹은 은거하다로 풀 수도 있다.
15) 心賞(심상) : 상심賞心과 같아서 '지기知己'라는 뜻이다.
위 두 구는 숨겨져 있던 신령스러운 석실산에 오니 마치 지기를 만난 것과 같다는 의미이다. 이 두 구의 의미를 '내가 신비로운 석실산에 은거한다면 지기를 만나 사귈 수 있을 것 같다'라고 보기도 한다.
16) 合歡(합환) : 만나서 기뻐하다.
不容言(불용언) : 말로 형용할 수 없다. '말로 할 필요가 없다'라고 풀 수도 있다.
17) 摘芳弄寒條(적방농한조) : 꽃을 따고 차가운 가지를 어루만지다. 석실산을 만난 기쁨을 표현한 것이다.

> 해설

이 시를 지은 시기는 불분명하나, 사령운이 배를 타고 석실산에 갔다가 목도한 풍경과 감회를 쓴 것이다.

제1~4구에서는 남들이 찾지 못한 색다른 풍경을 찾아 배를 띄워 교외로 나가게 된 상황을 말하고, 난초 자라는 모래섬을 지나 이끼 낀 석실산 고개 근처로 나아가는 과정을 묘사하였다. 제5~8구에서는 숲 모퉁이에 우뚝 솟은 석실산의 위용과 그곳에서 뿜어져 나오는 폭포의 장대함으로 석실산의 압도적인 외경을 묘사하고 석실산이 장구한 세월에 거쳐 완성된 곳임을 말했다. 제9~12구에서는 석실산이 외딴 곳에 있을 뿐만 아니라 아무나 오를 수 없는 산임을 말함으로써 이 산의 신비스러움을 강조하고 어려서부터 신선이 되기를 선망했던 자신을 말하고 있다. 마지막 제13~16구에서는 외부인에게 노출되지 않은 신령스런 석실산에 온 감회를 나타내고 있는데, 석실산을 만나보니 마치 지기를 만난 양 반가워서 말로 형용할 수 없을 정도라 그 산의 꽃과 나뭇가지를 어루만지는 것으로 자신의 벅찬 감동을 표현할 수밖에 없다고 했다. 신선 세계를 선망하던 시인이 석실산이라는 신비로운 곳을 발견한 감동을 잘 표현한 시이다. (정세진)

酬從弟惠蓮[1]
종제 사혜련에게 화답하여 56

寢瘵謝人徒,[2]	병을 핑계로 사람들을 떠나서
滅迹入雲峰,[3]	행적을 없애고 구름 낀 산으로 들어왔네.
巖壑寓耳目,[4]	바위와 계곡에 이목을 깃들이고
歡愛隔音容,[5]	좋아하던 이들과 목소리얼굴이 떨어지게 되었네.
永絕賞心望,[6]	지기知己에 대한 바람이 영영 끊어져서
長懷莫與同,[7]	함께할 이 없음을 길이 안타까워했는데,
末路值令弟,[8]	말년에 뛰어난 동생을 만나
開顔披心胸,[9]	얼굴 펴고 흉금을 털어놓게 되었네.
心胸旣云披,[10]	흉금을 이미 털어놨으니
意得咸在斯,[11]	득의함이 모두 이에 있었네.
凌澗尋我室,[12]	시내 건너 나의 거처 찾아와서
散帙問所知,[13]	책을 흩어놓고 알고자하는 바를 물었네.
夕慮曉月流,[14]	저녁에는 새벽달 사라질까 걱정하였고
朝忌曛日馳,[15]	아침에는 석양이 질까 근심하였네.
悟對無厭歇,[16]	만나서 마주함에 싫어 관두려는 맘 없었건만
聚散成分離,[17]	헤어졌다 다시 만나 이별하게 되었네.
分離別西川,[18]	이별함에 서쪽 강에서 작별하고
廻景歸東山,[19]	몸을 돌려 동산으로 돌아왔네.
別時悲已甚,	작별할 때 슬픔이 이미 심했는데

215

別後情更延.	작별 후에 슬픈 마음 더욱 길어졌네.
傾想遲嘉音,20	골똘히 그리워하며 기쁜 소식 기다리던 차에
果枉濟江篇.21	강 건너려다 지은 시편을 과연 보내주었네.
辛勤風波事,22	풍랑에 힘들게 고생한 사연과
款曲洲渚言.23	모래섬에서 곡진하게 한 말들.
洲渚旣淹時,24	모래섬에서 이미 머물게 되었으며
風波子行遲.25	풍랑에 그대의 여정이 지체되었다 하네.
務協華京想,26	반드시 도성 계획에 합치되리니
詎存空谷期.27	어찌 텅 빈 계곡으로 돌아올 기약 있으랴만,
猶復惠來章,28	그래도 보내준 시편을 다시 받으니
祇足攪余思.29	다만 내 생각을 족히 흔들리게 하네.
儻若果歸言,30	만약 과연 돌아온다면
共陶暮春時.31	함께 늦봄 시절을 즐겨보세.
暮春雖未交,32	늦봄으로 아직 바뀌진 않았지만
仲春善游遨.33	중춘도 놀고 즐기기 좋다네.
山桃發紅萼,34	산 복숭아 붉은 꽃잎이 피어나고
野蕨漸紫苞.35	들 고사리 자주색 어린 잎이 막 자라나네.
鳴嚶已悅豫,36	새 우는 소리 이미 즐겁지만
幽居猶鬱陶.37	깊숙한 곳에 거하여 오히려 울적하네.
夢寐佇歸舟,38	꿈속에서도 돌아올 배 기다리나니
釋我吝與勞.39	나의 옹졸한 마음과 근심을 풀어주시게.

주석

1) 惠連(혜련) : 사혜련(謝惠連, 397~433). 남조南朝 송宋나라의 문장가로 사령운의 족제族弟이다. 하장유何長瑜, 순옹荀雍, 양선지羊璿之와 더불어 강산을 유람하면서 함께 즐겨 사령운의 '사우四友'라 칭해졌다.

2) 寢瘵(침채) : 병으로 눕다. '와병臥病'과 같다.
   謝(사) : 떠나다.
3) 滅迹(멸적) : 행적을 없애다.
   雲峰(운봉) : 구름 낀 산. 구름에 닿을 정도로 높이 솟은 산. 여기서는 시녕현의 동산東山을 가리킨다.
   첫 두 구는 사령운이 원가元嘉 5년(428) 문제文帝에게 병가를 청하여 고향인 시녕始寧으로 돌아온 일을 가리킨다.
4) 寓耳目(우이목) : 이목을 깃들이다. 즉 눈과 귀의 감각을 통해 산수를 감상하는 것을 가리킨다.
5) 歡愛(환애) : 좋아하던 이들. 도성에서 함께 즐기던 이들을 가리킨다. 여릉왕廬陵王 유의진劉義眞이라고 보는 견해도 있다.
   隔音容(격음용) : 목소리와 얼굴이 멀리 떨어져 있다. 도성에서 함께 즐기던 이들을 다시 만나지 못하게 된 일을 가리킨다.
6) 賞心(상심) : 지기知己. 마음을 즐겁게 해주는 존재.
7) 長懷(장회) : 길이 안타까워하다.
   與同(여동) : 함께하다. 함께 노닐다.
8) 末路(말로) : 말년. 노년
   値(치) : 만나다.
   令弟(영제) : 뛰어난 동생. 여기서는 사혜련을 가리킨다.
9) 披心胸(피심흉) : 마음을 드러내다.
10) 云(운) : 어조사.
11) 意得(의득) : 득의함. 득의만만하다.
    在斯(재사) : 이에 있다. 사혜련과의 교유를 가리킨다.
12) 淩澗(능간) : 시내를 건너오다. 계곡의 시냇물을 건너오다.
13) 散帙(산질) : 책을 흩어놓다. 서권書卷을 감싼 포장을 열고 그 안의 책을 흩어놓다.
14) 慮(려) : 걱정하다. 근심하다.
15) 曛日(훈일) : 석양.

이 두 구는 사혜련과 지내는 시간이 빨리 지나가서 아쉬운 마음을 표현하였다.

16) 悟(오) : 만나다. '오晤'의 뜻이다.

    厭歇(염헐) : 싫어서 관두다.

17) 聚散(취산) : 헤어졌다 만나다.

18) 西川(서천) : 서쪽 강. 시녕 서쪽에 있는 강으로 포양강浦陽江을 가리킨다. 사혜련의 〈서릉에서 바람을 만나 사령운께 드리다西陵遇風獻康樂〉 시에 "어제 포양강 물굽이를 출발하여 오늘 절강의 물가에서 묵네.(昨發浦陽汭, 今宿浙江湄)"라는 구절이 있다.

19) 廻景(회경) : 몸을 돌리다. '경景'은 '영影'과 통한다.

    東山(동산) : 시녕현의 동산東山.

20) 傾想(경상) : 골똘히 그리워하다.

    遲(지) : 기다리다.

21) 枉(왕) : 보내오다. 상대방이 자신을 낮춰 서신을 보내주었다는 겸양의 표현이다.

    濟江篇(제강편) : 강을 건너려다 지은 시편. 즉 사혜련이 보내온 〈서릉에서 바람을 만나 사령운께 드리다西陵遇風獻康樂〉 시를 가리킨다.

22) 辛勤(신근) : 힘들게 고생하다. 사혜련이 전당강을 건너려다 바람으로 인해 건너지 못한 일을 가리킨다. 사혜련의 시에 "나루에 임해 건너지 못하고 노질을 멈춘 채 풍파에 막혀있네.(臨津不得濟, 佇楫阻風波)"라는 구절이 있다.

23) 款曲(관곡) : 정성스럽고 곡진하다. 사혜련의 시에 그의 곡진한 심경이 담겨있음을 의미한다.

    洲渚(주저) : 모래섬. 여기서는 서릉西陵을 가리킨다.

24) 淹時(엄시) : 머물다. 지체되다.

25) 行遲(행지) : 길이 지체되다. 건강建康으로 가는 사혜련의 여정이 지체된 것을 가리킨다.

26) 務(무) : 반드시.

    協(협) : 합하다. 일치하다.

    華京想(화경상) : 도성 계획. 도성인 건강建康에 가서 실현하고자 하는 계획을 말한다.

27) 詎(거) : 어찌.

    空谷期(공곡기) : 텅 빈 계곡으로 돌아올 기약. '공곡空谷'은 사령운이 은거하고 있는 동산東山을 가리킨다.
28) 惠(혜) : 받다. 상대방이 베풀어준 은혜, 즉 서신이나 시편을 받게 되었다는 겸양의 표현이다.

   來章(내장) : 보내온 시편. 여기서는 사혜련이 보내온 시를 가리킨다.
29) 祇(기) : 다만. 단지.

   攪(교) : 흔들리다. 어지럽히다.
30) 黨若(당약) : 만약.

   言(언) : 어조사.
31) 陶(도) : 즐거워하다. 기뻐하다.
32) 未交(미교) : 바뀌지 않다. '교交'는 계절이 바뀌는 것을 가리킨다.
33) 仲春(중춘) : 중춘. 음력 2월.

   游遨(유오) : 놀고 즐기다.
34) 紅萼(홍악) : 붉은 꽃잎.
35) 漸(점) : 막 자라나다.

   紫苞(자포) : 자주색 어린잎. '포苞'는 말려 있는 고사리의 어린잎을 가리킨다.
36) 鳴嚶(명앵) : 새 우는 소리.

   悅豫(열예) : 즐겁다. 기쁘고 즐겁다.
37) 鬱陶(울도) : 울적하다. 근심이 쌓이다.
38) 夢寐(몽매) : 꿈속에서도.

   佇(저) : 기다리다.
39) 吝與勞(인여로) : 옹졸한 마음과 근심. '린吝'은 마음이 좁다는 뜻이고 '로勞'는 근심으로 힘들다는 뜻이다. 여기서는 사혜련에게 도성에 가서 자기 뜻을 펼칠 것을 권해주는 대신 다시 자신 곁으로 돌아와서 함께 즐기길 바라는 이기적인 마음을 옹졸하다고 표현한 것이다.

해설

이 시는 원가元嘉 7년(430) 사혜련의 〈서릉에서 바람을 만나 사령운께 드리다西陵遇風獻

康樂〉 시에 화답한 작품이다. 사령운은 원가元嘉 5년(428) 문제文帝에게 병가를 청하고 고향 시녕으로 돌아와서 사혜련을 비롯한 하장유何長瑜, 순옹荀雍, 양선지羊璿之 등과 교유하며 산수 유람을 즐겼다. 원가 7년(430) 봄 사혜련은 시녕을 떠나 도성 건강建康으로 향하면서 절강(浙江, 지금의 전당강錢塘江) 서릉에 이르러 거센 바람을 만나 배를 띄우지 못하게 되자 시를 지어 사령운에게 부쳤는데, 이에 화답한 시가 바로 이 작품이다.

이 시는 총 40구로서 8구마다 운자韻字가 바뀌는데, 각 단락의 마지막 시어를 다음 단락의 첫 시어로 이어받는 연주격聯珠格을 활용하고 있다. 시의 내용 또한 시녕현으로 돌아오게 된 계기와 적적함, 사혜련과의 교유, 사혜련과의 이별과 중도에 보내온 시, 다시 돌아와서 함께 즐기길 바라는 심정이 각각의 단락 속에 잘 표현되어 있다. 첫 단락은 제1~8구로서 사령운이 병가를 내고 고향 시녕현으로 돌아온 사실과 친구 없이 적적하게 지내다가 종제 사혜련을 만나 막역하게 지내게 되었음을 서술하였다. 둘째 단락은 제9~16구로 사혜련이 찾아와 책의 내용을 물었던 일화를 제시함으로써 그와의 교유가 문학적, 정신적인 교유였음을 언급하고 밤낮으로 함께 즐기는 사이 어느새 이별의 순간이 다가왔음을 서술하였다. 셋째 단락은 제17~24구로 사혜련과 이별하고 돌아와서 슬픔 속에 지내던 차에 갑자기 사혜련이 시를 보내준 일을 말하였다. 넷째 단락은 제25~32구로 풍랑에 여정이 지체되었지만 무사히 도성 건강에 가서 계획한 일을 잘 실행하리라 바라면서도 한편으로는 다시 돌아와서 함께 봄을 즐기길 바라는 마음을 표현하였다. 다섯째 단락은 제33~40구로 늦봄이 되기 전에 돌아와서 지금 당장 눈앞에 펼쳐진 봄을 함께 즐기길 바라는 솔직한 심정을 드러내었다. (김수희)

答惠連[1]
혜련에게 답하다 57

懷人行千里,[2]	그리운 이 천리를 가니
我勞盈十旬.[3]	내가 근심한 지도 백일이 되었구나.
別時花灼灼,[4]	헤어질 때는 꽃이 활짝 피어있더니
別後葉蓁蓁.[5]	헤어진 뒤에는 잎이 무성하구나.

주석

1) 惠連(혜련) : 사령운의 족제族弟인 사혜련(謝惠連, 397~433). 진군陳郡 양하陽夏, 지금의 하남성 태강현太康縣 출신이다. 어려서부터 뛰어난 문재로 이름을 날려 사령운과 '대소사大小謝'로 병칭되었다. 처음에 그가 살던 주州에서 그를 주부州簿로 임명했지만 나가지 않았고, 부친상을 당해 회계군會稽郡에 거주하면서 군의 관리인 두덕령杜德靈과 시로 증답하다가 죄를 얻어 관직을 얻지 못하게 되었다. 이에 그의 재주를 아까워한 은경인殷景仁이 자주 그에 대한 변호를 올리니 원가元嘉 7년(430)에 팽성왕彭城王 유의강劉義康의 법조참군法曹參軍으로 나가게 되었다. 원가 10년(433)에 세상을 떠났다. 명나라 때 그의 작품을 한데 모은 ≪사법조집謝法曹集≫이 전한다.

2) 懷人(회인) : 그리워하는 사람. 여기서는 사혜련을 가리킨다.
   千里(천리) : 여기서는 시녕始寧과 도읍인 건강(建康, 지금의 강소성 남경시南京市) 사이의 거리가 매우 먼 것을 표현한 것이다.

3) 勞(노) : 근심하다. 괴로워하다.
   十旬(십순) : 100일. 1순旬은 10일이다.

4) 灼灼(작작) : 선명한 모습. 여기서는 꽃이 활짝 핀 것을 형용한 것이다. ≪시경·주남周南·복숭아나무桃夭≫에 "싱싱한 복숭아나무, 그 꽃 활짝 피었네.(桃之夭夭, 灼灼其華)"라 하였다.
5) 蓁蓁(진진) : 초목이 무성한 모양. ≪시경·주남·복숭아나무桃夭≫에 "싱싱한 복숭아나무, 그 잎이 무성하네.(桃之夭夭, 其葉蓁蓁)"라 하였다.
이상 2구는 사혜련과 이별한 뒤 시간이 한참 흘러 계절이 변화했음을 이야기한 것인데, ≪시경·주남·복숭아나무桃夭≫를 전고로 들어 계절의 변화를 묘사하였다. 〈복숭아나무〉 시는 여인이 시집가서 가정을 번성하게 하는 것을 찬미하는 노래이므로, 이 구절은 사혜련이 관리로 부임하여 그곳을 번성하게 하리라는 속뜻을 담고 있는 것으로 보는 것도 가능하다.

해설

사혜련은 원가元嘉 7년(430) 봄 시녕始寧에서 건강建康으로 가 팽성왕彭城王 유의강劉義康의 법조참군法曹參軍이 되었는데, 이 시는 이 해 여름 그와 주고받은 것으로 보인다. 시에서는 사혜련이 먼 길을 떠난 지 어느덧 백일이 지나 계절이 변화했음을 말하며 그에 대한 그리움을 드러내었다. (김하늬)

登臨海嶠初發疆中作與從弟惠連見羊何共和之[1]   58

임해의 산을 오르려 막 강중을 떠나며 종제 혜련에게 써 주면서 양선지와 하장유를 만나 함께 화답함

杪秋尋遠山,[2]	늦가을에 먼 산 찾아가나니
山遠行不近.	산이 멀어 가는 길이 가깝지 않다네.
與子別山阿,[3]	그대와 산언덕에서 헤어지곤
含酸赴修畛.[4]	쓰라림 머금고 기다란 밭둑길을 걸어갔네.
中流袂就判,[5]	강 가운데로 나아가 이별하나니
欲去情不忍.	떠나려 함에 정을 차마 견딜 수가 없었고,
顧望脰未悁,[6]	돌이켜 바라봄에 아직 고개도 아프지 않았거늘
汀曲舟已隱.[7]	강가 모래톱 굽이로 배는 이미 사라져 버렸네.
隱汀絶望舟,	모래톱에 가리어 배가 보이지 않게 됨에
驚棹逐驚流.[8]	서둘러 노 저어 거센 물살 쫓아가고,
欲抑一生歡,[9]	일생의 즐거움을 억누르려
並奔千里游.[10]	천 리 유람길을 달려갔다네.
日落當棲薄,[11]	날 저물어 멈추어 정박하며
繫纜臨江樓.[12]	임강루에 닻줄 매었으니,
豈惟夕情斂,[13]	어찌 다만 저녁의 정취에만 빠져들었으리?
憶爾共淹留.[14]	그대와 함께 이곳에 오래 머물렀던 일들이 생각났다네.
淹留昔時歡,	오래도록 머물렀던 옛날의 즐거움은

復增今日歎.	다시금 오늘의 탄식을 더하기만 하고,
玆情已分慮,15	이러한 정만으로도 이미 근심은 많거늘
況乃恊悲端.16	하물며 서글픈 가을이라네.
秋泉鳴北澗,	가을 샘물은 북쪽 계곡에서 울고
哀猿響南巒.17	슬픈 원숭이 소리 남쪽 산에서 울리나니,
戚戚新別心,18	새로 이별한 마음은 서글프고
凄凄久念攢.19	떠오르는 옛 생각은 쓸쓸하네.
攢念攻別心,20	옛 생각으로 이별의 마음을 이겨내고
旦發青溪陰.21	아침 되면 청계의 남쪽을 출발하리니,
瞑投剡中宿,22	날 저물면 섬현에 들어가 유숙하고
明登天姥岑.23	날 밝으면 천모산에 오르리.
高高入雲霓,24	높이 높이 구름 속으로 들어가면
還期那可尋.25	돌아갈 날을 어찌 찾을 수 있으리,
倘遇浮丘公,26	만약 부구공을 만나게 된다면
長絶子徽音.27	그대의 아름다운 목소리와도 오래도록 이별하게 되겠지.

주석

1) 臨海(임해) : 군명郡名. 지금의 절강성 임해현臨海縣이다.

嶠(교) : 산봉우리.

彊中(강중) : 지명. '강구强口' 또는 '강중强中'이라고도 하며, 지금의 절강성 승현嵊縣 북쪽이다. ≪문선文選≫ 등 여러 판본에 '강중彊中'으로 되어 있는데, 다른 이름에 비추어 보아 이것이 옳은 듯하다. ≪동치승현지同治嵊縣志≫에 "강구계는 현의 북쪽 25리 유사향에 있는데, 물은 선암에서 나와 섬계로 들어간다. … 또한 강중强中이라고도 한다.(强口溪在縣北二十五里游謝鄕, 水自仙巖入剡溪. … 又名强中)"라 하였다.

從弟(종제) : 사촌동생. 여기서는 집안의 동생을 의미한다.

惠連(혜련) : 사혜련謝惠連.

羊何(양하) : 양선지羊璿之와 하장유何長瑜. 당시 사령운과 시문으로 교유하였던 이른바 '사우四友' 중의 두 사람. ≪진서晉書·사령운전謝靈運傳≫에 "사령운이 이미 동으로 돌아와서는 친족 동생인 사혜련과 동해의 하장유, 영천의 순옹, 태산의 양선지와 문장으로써 즐기며 만나고 함께 산수를 유람하였으니, 당시 사람들이 이들을 사우四友라 불렀다.(靈運既東遷, 與族弟惠連, 東海何長瑜, 潁川荀雍, 太山羊璿之以文章賞會, 共爲山澤之游, 時人謂之四友)"라 하였다.

2) 杪秋(초추) : 가을의 끝자락, 만추晚秋. '초杪'는 나뭇가지의 끝이다.
3) 山阿(산아) : 산언덕.
4) 修畛(수진) : 길게 이어진 밭두렁.
5) 中流(중류) : 배를 띄워 강 가운데로 나아가다.
   袂判(몌판) : 소매가 나누어지다. 두 사람이 헤어져 이별하는 것을 의미한다.
6) 脰未惓(두미연) : 목이 아프지 않다. 이별의 아쉬움으로 고개 돌려 바라보았으나 얼마 되지 않아 모습이 보이지 않게 된 것을 말한다. '두脰'는 '경頸'의 의미로, 목을 가리킨다. '연惓'은 '권倦', '피疲'의 의미로, 지치고 피로함을 뜻한다.
7) 汀(정) : 물가의 모래톱이나 모래섬.
   舟已隱(주이은) : 배가 이미 사라지다. 사령운의 배가 강굽이를 돌아 사라져가는 모습을 언덕 위에서 전송하는 사혜련의 시선으로 말한 것이다.
8) 騖棹(무도) : 노를 재촉하다. 급히 노를 저어 갈 길을 재촉하는 것을 의미한다.
9) 抑(억) : 억누르다, 물리치다.
   一生歡(일생환) : 일생의 즐거움. 사혜련을 비롯한 이른바 사우四友들과 산수자연을 유람하며 함께 노니는 즐거움을 말한다.
10) 並(병) : 겸하다. 급히 노를 젓는 것과 친구들과 노닐고픈 마음을 억누르는 것을 가리킨다.
11) 棲薄(서박) : 배를 멈추어 정박하다. '지박止泊'과 같다.
12) 纜(람) : 닻줄
    臨江樓(임강루) : 누대 이름. 강구계强口溪에 있다. 사령운의 ≪유명산지遊名山志≫에 "임강루에서 걸어 남으로 2여 리를 올라가면, 왼편으로는 호수가 보이고 오른편으로는 장강이 옆에 있다.(從臨江樓, 步路南上二里餘, 左望湖中, 右傍長江也)"라 하였다.
13) 夕情(석정) : 저녁에 느끼는 정취.
斂(렴) : 거두다. 주변의 아름다운 저녁 풍경을 보며 감상에 젖는 것을 말한다.
14) 共淹留(공엄류) : 함께 오래도록 머무르다. 옛날 사혜련 등과 이곳에서 와서 함께 노닐었던 것을 말한다.
15) 玆情(자정) : 이러한 정.
分慮(분려) : 많은 근심. '분分'은 '분紛'의 의미로, 어지럽게 많은 것을 의미한다.
16) 愶(협) : 합치되다, 맞아 떨어지다. '협協'으로 되어 있는 판본도 있으며 뜻은 같다.
悲端(비단) : 슬픔의 단서. 가을을 의미한다.
17) 巒(만) : 폭이 좁고 긴 산.
18) 戚戚(척척) : 슬프고 울적한 모양.
新別(신별) : 새로 닥친 이별. 사혜련과의 이별을 가리킨다.
19) 凄凄(처처) : 외롭고 쓸쓸한 모양. '처처悽悽'로 되어 있는 판본도 있으며, 이 경우 뜻은 '슬프고 울적한 상태'이다.
久念(구념) : 옛 생각. '구久'는 '구舊'와 같다.
攢(찬) : 모으다. 여기서는 옛날 이곳에서 함께 했던 많은 추억들이 떠오르는 것을 말한다.
20) 攢念(찬념) : 모아진 생각. 앞 구의 옛 생각을 가리킨다.
攻別心(공별심) : 이별의 마음을 공격하여 억누르다. 옛날의 즐거웠던 기억으로 지금의 이별의 슬픈 감정을 극복하는 것을 말한다.
21) 靑溪(청계) : 시내 이름. 강구계彊口溪를 가리킨다.
陰(음) : 산의 북쪽이나 물의 남쪽.
22) 剡中(섬중) : 회계군 섬현剡縣. 지금의 절강성 승현嵊縣이다.
23) 天姥岑(천모잠) : 천모산. 지금의 절강성 신창현新昌縣 남쪽에 있다.
24) 雲霓(운예) : 높은 산에 핀 구름과 무지개.
25) 那可尋(나가심) : 어찌 찾을 수 있으리? 인간 세상으로 돌아갈 기약이 없음을 말한다.
26) 浮丘公(부구공) : 고대의 신선인 부구생浮丘生. 주周 영왕靈王의 태자 왕자교王子喬를

만나 숭산에 올라 신선이 되었다고 한다.
27) 長絶(장절) : 오래도록 끊어지다. 속세와 영원히 인연을 끊는 것을 말한다.
　　　徽音(휘음) : 아름다운 목소리. 여기서는 사혜련을 가리킨다.

해설

　영가태수 직을 사임하고 회계會稽로 돌아와 은거하던 사령운은 문제文帝의 즉위 후 부름을 받아 비서감祕書監으로 임명되었으나 원가元嘉 5년(428) 봄, 병을 핑계로 다시금 관직을 사임하고 고향으로 돌아왔다. 그 후 사혜련 등과 교유하며 산수를 유람하며 지내다 이듬해인 원가元嘉 6년(429) 가을, 홀로 임해臨海로 유람길을 나섰는데, 이 시는 임해로 가는 도중 강중㹦中에서 정박하며 사혜련에게 부친 것이다. 제목으로 보아 당시 양선지羊璿之와 하장유何長瑜를 만나 화답시를 겸하여 쓴 것으로 여겨지나, 초본焦本 ≪사강락집謝康樂集≫ 등 일부 판본에는 제목에 이 말이 누락되어 있어 확실하지는 않다. 또한 ≪문선文選≫에서는 이 시의 단락이 나누어져 있지 않는데, 이 책의 저본을 비롯한 대부분의 판본에서는 단락 구분이 되어 있다.

　시에서는 총 네 부분으로 나누어 각 단락의 마지막 어구를 다음 단락의 첫 어구로 삼아 시작하는 연주체聯珠體의 수법을 활용하고 있는데, 과거와 현재, 미래의 시간적 순서에 따라 첫째 단락과 둘째 단락에서는 사혜련과 이별한 상황과 강중에 이르기까지의 여정을 회상하고 셋째 단락에서는 강중에서의 감회를, 마지막 넷째 단락에서는 이후의 여정에 대한 상상을 나타내고 있다.

　첫째 단락에서는 임해를 향해 먼 길을 떠나게 된 이유와 사혜련과의 쓰라렸던 석별의 아픔을 말하고, 고개 돌려 바라보며 차마 헤어지지 못해 아쉬워했던 당시의 애틋했던 이별의 상황을 회상하고 있다. 둘째 단락에서는 헤어지고 난 후 미련을 떨치려 서둘러 노를 저어 여정을 재촉하였음을 말하고, 날이 저물어 강중에 정박하여 옛날 이곳에서 함께 노닐었던 추억으로 인해 다시금 이별의 슬픔에 빠져들었음을 말하고 있다. 셋째 단락에서는 샘물 소리와 원숭이의 울음소리가 들려오는 고요하고 쓸쓸한 강중의 밤 정경을 묘사하며, 가을이라는 계절로 인해 이별의 슬픔과 옛 추억에 대한 그리움이 더욱 깊어지고 있음을 말하고 있다. 마지막 넷째 단락에서는 날이 밝으면 강중을 출발하여 저녁에 섬현에서 유숙하고 이튿날 천모산天姥山에 오르는 여정을 상상하고 있는데, 마지막 4구에서 천모산 높은 곳에 올라 부구생浮丘生 같은 도인을 만나 속세와 인연을 끊고 영원히 은거하며 살고 싶다는 바람을 나타내고 있다. (주기평)

初發石首城[1]
막 석수성을 출발하며 59

白珪尙可磨,[2]	백옥의 흠이야 그래도 갈아낼 수 있지만
斯言易爲緇.[3]	말로는 쉽게 더럽혀지는 법,
雖抱中孚爻,[4]	비록 신의 괘를 품었더라도
猶勞貝錦詩.[5]	오히려 비방의 시로 고생하였네.
寸心若不亮,[6]	내 마음 만일 밝지 않았으면
微命察如絲.[7]	미천한 목숨 뻔히 실과 같았겠지만,
日月垂光景,	해와 달이 빛을 드리워
成貸遂兼玆.[8]	성은이 베풀어져 마침내 이 직분을 겸하게 되어,
出宿薄京畿,[9]	수도 인근에 나가 머물다가
晨裝摶曾颸.[10]	새벽 행장차려 높은 바람을 타네.
重經平生別,[11]	오래 사귄 이들과 또 이별하고
再與朋知辭.[12]	알고 지내던 벗들을 다시 떠나는데,
故山日已遠,	고향 산은 날로 이미 멀어질 터
風波豈還時.	풍파 속에 어찌 돌아올 때가 있으리.
迢迢萬里帆,[13]	아득히 만 리를 가는 배
茫茫終何之.[14]	망망하니 끝내 어디로 갈까?
遊當羅浮行,[15]	노닐 때는 마땅히 나부산을 가야하고
息必廬霍期.[16]	쉴 때는 반드시 여산과 곽산을 기약할 것이니,
越海陵三山,[17]	바다를 건너면 삼신산을 오르고

遊湘歷九嶷,18	상강을 흘러가면 구의산을 지나가야지.
欽聖若旦暮,19	성인을 흠모하니 마치 아침저녁의 일인 듯하고
懷賢亦悽其,20	어진 이를 생각하니 또한 서글프구나.
皎皎明發心,21	밝게 환히 빛나는 마음은
不爲歲寒欺,22	세모의 추위에도 능멸당하지 않으리라.

주석

1) 石首城(석수성) : 석두성石頭城이라고도 한다. 당시 도성이었던 건강建康의 서쪽 경계에 있었다.

2) 白珪(백규) : 흰 옥.

3) 斯言(사언) : 말. 여기서는 회계태수會稽太守 맹의孟顗의 참언을 염두에 두었다.
緇(치) : 검다. 옥이 더럽혀지는 것을 말한다.
이상 두 구는 ≪시경·대아大雅·빈틈없음抑≫의 "백옥의 흠은 그래도 갈아낼 수 있지만, 말의 흠은 어찌할 수가 없구나.(白珪之玷, 尙可磨也; 斯言之玷, 不可爲也)" 구절을 활용한 것으로, 자신의 결백함이 맹의의 참언으로 더럽혀졌음을 말하였다.

4) 中孚爻(중부효) : ≪주역周易≫의 괘 이름. 신의와 덕을 강조한 괘이다. '중부中孚'는 마음속으로 믿는다는 뜻이다.

5) 貝錦詩(패금시) : ≪시경·소아小雅·항백巷伯≫을 가리킨다. 시에서 "조그맣고 알록달록한 것이 화려한 비단을 이루었구나. 저 참언하는 자가 정말로 너무 심하구나.(萋兮斐兮, 成是貝錦, 彼譖人者, 亦已太甚)"라 하였는데, 화려한 비단을 짜듯이 남의 허물을 모아 죄를 엮어 모함한다는 뜻이다.

6) 寸心(촌심) : 조그만 마음. 사령운의 결백한 마음을 가리킨다.
不亮(불량) : 밝지 않다. 충성스럽지 않다.

7) 察(찰) : 살펴보다. 알다.
如絲(여사) : 실과 같다. 목숨이 위태로움을 비유한다.

8) 成貸(성대) : 은혜가 베풀어져 온전함을 이루다. '대貸'는 '베풀다'는 뜻이다.
兼玆(겸자) : 이것을 겸하다. 사령운이 임천내사가 된 것을 말한다.

이상 두 구는 문제文帝 유의륭劉義隆이 사령운이 무고당한 것을 알아 죄를 삼지 않았으며 그를 임천내사로 임명한 것을 표현하였다.

9) 薄(박) : 가까이.
京畿(경기) : 수도와 그 인근 지역. 여기서는 석두성을 가리킨다.

10) 晨裝(신장) : 새벽에 행장을 꾸리다.
搏(단) : 바람을 타다. 타고 날아가다.
曾颸(층시) : 높이 부는 바람. '노시魯颸'로 되어 있는 판본도 있으며 이 경우 뜻은 '여정 중의 시원한 바람'이다.

11) 平生(평생) : 오래도록 사귄 벗을 가리킨다.

12) 朋知(붕지) : 알고 지내는 벗.

13) 迢迢(초초) : 아득한 모습. '초초苕苕'로 되어 있는 판본도 있으며 뜻은 같다.

14) 茫茫(망망) : 넓고 멀다.

15) 羅浮(나부) : 산 이름. 지금의 광동성 동강東江 북쪽에 있다. 동진東晉의 갈홍葛洪은 관직에 있다가 교지交趾에 단사丹沙가 난다는 말을 듣고 구루령句漏令을 자처하여 가족을 데리고 내려갔는데, 광주자사廣州刺史 등악鄧岳이 만류하여 나부산에 머물며 연단하였다.

16) 廬霍(여곽) : 여산과 곽산. 여산은 지금의 강서성 구강시九江市 근처에 있으며 곽산은 지금의 안휘성 곽산현에 있는데, 서로 200여리 정도 떨어져있다. 은나라와 주나라 교체기에 광속선생匡俗先生이 여산 아래 은거하면서 선인에게 도를 전수받았다고 한다.

17) 三山(삼산) : 동해에 신선이 산다는 세 산. 봉래산蓬萊山, 영주산瀛洲山, 방장산方丈山.

18) 遊湘(유상) : 상강을 떠가다. 상강은 굴원이 유배당해 떠돌던 곳이며, 순임금의 부인인 아황娥皇과 여영女英이 순임금을 따라 물에 빠져 죽은 곳이기도 하다.
九嶷(구의) : 지금의 호남성 영주시永州市에 있으며 창오산蒼梧山이라고도 부른다. 이 산에 순임금을 장사지낸 곳이 있다.

19) 欽聖(흠성) : 성인을 흠모하다.
若旦暮(약단모) : 아침저녁과 같다. 매우 짧은 시간을 가리킨다.

20) 悽其(처기) : 애달프다.

이상 두 구는 순임금과 굴원 등이 살았던 때가 얼마 되지 않은 것 같지만 그들을 가까이할 수 없어서 그리워하며 애달파한다는 뜻이다. 충신의 마음을 알아주는 현군이 없음을 안타까워하는 마음이 이면에 깔려있다.

21) 皎皎(교교) : 밝은 모습.
明發心(명발심) : 밝게 빛나는 마음. 깨끗하게 지조를 지키는 마음.
22) 歲寒(세한) : 세모의 추위. 세찬 시련을 비유한다.
欺(기) : 능멸하다. 꺾다.

해설

이 시는 사령운이 원가元嘉 8년(431) 봄에 임천내사臨川內史로 부임되어 갈 때 수도 근처의 석수성을 출발하며 지은 것이다. 사령운은 고향인 시녕始寧으로 돌아가 산수를 유람하고 지냈는데, 회계태수會稽太守 맹의孟顗가 사령운에게 반역의 뜻이 있다고 표를 올렸다. 이에 사령운은 급히 수도로 가서 황제에게 항변의 표를 올렸다. 문제文帝 유의륭劉義隆은 그가 무고를 당하였음을 알고 죄로 삼지 않았다. 또한 다시 고향으로 돌아가지 않게 하기 위해 임천내사로 삼았다. 이 시는 이렇게 임천으로 출발하면서 지은 것으로 자신의 억울한 심정과 앞으로 깨끗한 지조를 가지고 살아가리라는 다짐을 표현하였다.

제1~4구에서는 자신의 결백와 충성에도 불구하고 모함을 받게 된 상황을 표현하였다. 제5~10구에서는 자신의 목숨이 위태로웠지만 황제의 은덕으로 풀려나게 되었으며, 임천내사가 되어 떠나게 되었음을 말하였다. 제11~14구에서는 떠날 때의 감개를 적었는데, 새로운 곳으로 떠나게 되어 친구들과 헤어지고 고향과 멀어지게 된 것을 안타까워하였다. 제15~20구에서는 가는 길을 상상한 것으로 여러 곳을 지나며 유람하고자 한 것을 표현하였다. 하지만 이러한 곳은 실제 여정과는 맞지 않는 곳이 있는데, 이러한 곳은 대체로 충신의 마음을 알아주지 않는 세속을 떠나고자 하는 마음이 투영된 것이다. 제21~24구에서는 옛날 성인과 현인을 그리워하는 마음을 표현하고는 밝고 환한 마음을 견지하며 세상의 고난을 헤쳐나가리라는 의지를 표현하였다. (임도현)

道路憶山中
길에서 산 속을 그리며 60

采菱調易急,1	〈채릉〉 곡조는 쉬 급해지고
江南歌不緩,2	〈강남〉 노래는 느리지 않음은,
楚人心昔絕,3	옛날에는 초나라 사람의 마음이 애절하였고
越客腸今斷.4	지금은 월 땅의 나그네가 애간장 끊어져서이네.
斷絕雖殊念,	애 끊어진 심정이야 비록 다르지만
俱爲歸慮欸.5	모두 돌아가고픈 생각에서 말미암은 것이리니,
存鄕爾思積,6	고향을 마음에 둔 그대는 그리움을 쌓아두었고
憶山我憤懣.7	고향을 그리는 나는 억울하고 분한 마음뿐이네.
追尋棲息時,8	은거하던 때를 추억해보면
偃臥任縱誕.9	편안히 누워 멋대로 자유로이 지냈었네.
得性非外求,10	본성을 지키는 것은 바깥에서 구할 것이 아니니
自己爲誰纂.11	스스로에 족하여 그치면 되지, 누구를 잇겠는가.
不怨秋夕長,	가을밤이 긴 것을 원망하지 않으나
常苦夏日短.	여름 낮이 짧은 것이 늘 괴로웠네.
濯流激浮湍,12	강물에 씻으며 넘실대는 여울에 부딪치고
息陰倚密竿.13	그늘에 쉬며 빽빽한 대나무에 기대었지.
懷故叵新歡,14	옛 생각에 빠져있어 새로운 즐거움이 있을 턱없고
含悲忘春暖.	슬픔에 젖어 있으니 봄이 따스한 줄도 모르겠네.
悽悽明月吹,15	처량한 〈명월취〉 곡조

惻惻廣陵散,16	구슬픈 〈광릉산〉 곡조,
殷勤訴危柱,17	간절한 심정은 거문고의 급한 소리로 하소연하고
慷慨命促管,18	비분강개한 마음은 급박한 피리소리로 알리네.

주석

1) 采菱(채릉) : 고대 초楚 지역에 유행했던 가곡 이름. ≪초사楚辭・초혼招魂≫에 "〈섭강〉, 〈채릉〉, 〈양하〉 세 곡을 부르네요.(涉江, 采菱, 發揚荷些)"라 하였다.

2) 江南(강남) : 월越 지역의 가곡 이름. 악부 상화곡相和曲에 속한다.

3) 楚人(초인) : 초나라 사람. 굴원屈原을 이른다.

4) 越客(월객) : 월 땅의 나그네. 시인 자신을 이른다.

5) 歸慮(귀려) : 돌아가고픈 생각.
   欸(관) : 격동되다, 두드리다.

6) 存鄕(존향) : 고향을 마음속에 두다.
   爾(이) : 너. 여기서는 굴원을 이른다.
   思積(사적) : 그리움이 쌓이다.

7) 憶山(억산) : 산을 그리워하다. 시인의 고향을 이른다.
   憤懣(분만) : 억울하고 분한 마음, 한스러움.

8) 追尋(추심) : 추억하다.
   棲息(서식) : 은거하다. 여기서는 시인이 고향의 별장에서 지냈던 것을 이른다.

9) 偃臥(언와) : 편안히 눕다.
   任(임) : 마음대로, 멋대로.
   縱誕(종탄) : 마음대로 방자하게 굴다.

10) 得性(득성) : 천성이나 성정을 품다. 구속을 받지 않고 성정을 지키는 것을 의미한다.

11) 自己(자이) : 본성에 만족하면 그치게 된다. ≪장자莊子・제물론齊物論≫에서 "부는 소리가 만 가지로 서로 다르지만 제각각 저마다의 소리를 얻으면 그치게 된다. 잘하든 못하든 모두 제 스스로 움직여서 나아가는데, 울부짖게 하는 것이 그 누구인가?(夫吹萬不同, 而使其自己也, 咸其自取, 怒者誰邪)"라 하였는데, 사마표司馬彪의 주에 "그친다는 것은

정지한다는 것으로, 각각 그 성정을 품게 되면 멈추게 된다.(已, 止也, 使各得其性而止也)"라 하였다.

纂(찬) : 계승하다, 잇다.

이 구는 스스로에게 족하면 그뿐이지 굴원을 계승한다며 마음을 괴롭힐 필요가 없음을 이른 것이다.

12) 濯(탁) : 씻다.

湍(단) : 여울, 급류.

13) 息陰(식음) : 그늘에서 쉬다.

竿(간) : 대나무.

14) 叵(파) : 어렵다, 불가하다.

15) 悽悽(처처) : 처량하고 슬프다.

明月吹(명월취) : 적곡笛曲 이름. 악부 〈관산월關山月〉이라고도 한다.

16) 惻惻(측측) : 서럽다, 비통하다.

廣陵散(광릉산) : 금곡琴曲 이름. 죽림칠현 중 하나인 혜강이 형장에서 마지막으로 탄 금곡琴曲으로, 이 곡이 자신에게서 끊어져 전수되지 못함을 슬퍼하였다.

17) 殷勤(은근) : 정성스럽다, 간절하다.

危柱(위주) : 박자가 급한 거문고 소리. '주柱'는 거문고 위에 줄을 세우는 기러기발을 이른다.

18) 命(명) : 드러내다, 알리다.

促管(촉관) : 높고 촉급한 피리소리.

해설

이 시는 원가元嘉 9년(432) 봄 임천군臨川郡으로 가는 도중에 쓴 것으로, 시인이 길에서 초월의 가곡을 듣고 향수에 젖어 은거할 때를 떠올리다가 현실로 돌아와 마음 속 비분을 표현하고자 하였다.

제1~8구는 초땅의 굴원과 월땅의 시인자신을 견주면서 고향 그리는 마음을 표현하였다. 〈채릉〉과 〈강남〉의 두 곡조가 쉬 급해지고 느리지 않은 것은 옛날의 굴원과 지금의 시인이 모두 슬픔을 겪어 감정이 격양되어 있어 그렇게 들리는 것이라 하였다. 굴원과 시인은 시간적으로나 지역적으로 거리가 있지만, 둘 다 '돌아가고픈 생각'을 간절하게 하고 있다고 하였다. 그러나 제7~8구에서는 굴원은 그리움을 말하고 있지만 자신은 억울함과 분한 마음이 있다고 하여 서로 처지가 조금 다름을 드러내었다. 제9~16구에서는 예전 산에서 은거할 때를 추억하였다. 편안히 누워 멋대로 지내면서 여름 낮이 가는 것을 아쉬워하며 강물에서 멱을 감고 대나무 그늘에서 쉬었던 시절이었다. 시인은 이때 본성을 지켜 자족하며 살았다고 하면서 이러한 것은 결코 바깥이나 다른 사람에게서 구할 수 없는 것이라 하였다. 제17~22구에서는 다시 현실로 돌아와 슬프고 답답한 심정을 토로하였다. 이렇게 옛 생각만 하다 보니 새 즐거움이 없고 슬픔에만 젖어 있다 보니 계절이 바뀌어 따뜻한 봄이 온 줄도 몰랐다고 하였다. 마지막 네 구에서는 도입부와 마찬가지로 두 가지 구슬픈 음악을 들어 간절하면서도 비통한 심정을 전하였다. (이지운)

入彭蠡湖口[1]
팽려호의 입구로 들어서며 61

客遊倦水宿,[2]	나그네 나선 길에 물에서만 자는 것 지겨운데
風潮難具論,[3]	그동안의 바람과 파도 모두를 다 말하기도 힘드네.
洲島驟迴合,[4]	모래섬을 여러 차례 돌기도 하고 만나기도 했고
圻岸屢崩奔,[5]	강 언덕을 여러 차례 엎어질 듯 기우뚱거리며 달렸다네.
乘月聽哀狖,[6]	달빛 아래에서 구슬픈 원숭이 울음소리 듣고
浥露馥芳蓀,[7]	이슬에 젖으니 향기로운 향초의 향내가 나네.
春晚綠野秀,	봄이 무르익어 녹색 들판이 무성하고
巖高白雲屯,[8]	바위가 높아 하얀 구름이 모였네.
千念集日夜,	천 가지 상념이 밤과 낮으로 모였고
萬感盈朝昏.	만 가지 감회가 아침과 저녁으로 가득하네.
攀崖照石鏡,[9]	벼랑을 붙들고 올라가 돌 거울에 비춰보고
牽葉入松門,[10]	이파리를 잡아끌어 소나무 문으로 들어가려네.
三江事多往,[11]	세 가지 강물에 대한 일은 대부분 지나갔지만
九派理空存,[12]	아홉 갈래 물결에 대한 이치는 부질없이 남았네.
靈物吝珍怪,[13]	영물은 자신의 진귀한 가치를 보여주려 하지 않고
異人秘精魂,[14]	신인은 자신의 정신적 기상을 감췄네.
金膏滅明光,[15]	황금의 정화는 밝은 빛이 사그라졌고
水碧綴流溫,[16]	물의 정수는 윤기 넘치던 따스함이 없어졌네.
徒作千里曲,[17]	다만 천 리 길 이별의 거문고 노래를 연주하니

弦絶念彌敦.18   노래가 끝났지만 상념은 더욱 깊어지네.

주석

1) 彭蠡湖(팽려호) : 지금의 강서성江西省 파양호鄱陽湖. 장강長江과 통한다.
   湖口(호구) : 팽려호의 입구. 현재 심양潯陽 동쪽 파양호 입구 부근에 호구현湖口縣이 있지만 이 시에서는 그보다 광범위한 팽려호의 북쪽 심양 일대를 가리킨다.
2) 客遊(객유) : 나그네로 길을 나서다. 나그네는 시인 자신을 가리킨다. '유遊'는 다른 판본에 '유游'로 된 곳이 많은데 같은 의미이다.
   倦(권) : 지겹다. 싫다. 지치다.
   水宿(수숙) : 배에서 잠을 자다. 이 시에서는 여행 내내 배에서 지냈다는 의미이다.
3) 風潮(풍조) : 배를 타고 오면서 겪은 거센 바람과 파도. 사령운은 장강을 거슬러 배를 탄 것으로 보인다.
4) 洲島(주도) : 모래섬의 가장자리. 이선李善의 주에 따르면 공안국孔安國이 ≪상서전尙書傳≫에서 "바닷가를 섬이라고 한다(海曲謂之島)"라고 하였다.
   驟(취) : 여러 차례, 자주.
   迴合(회합) : 돌기도 하고 만나기도 하다. 거센 바람 때문에 배가 모래섬의 옆을 돌기도 하고 앞으로 가까워지기도 한다는 뜻이다.
5) 圻岸(기안) : 강 언덕. '기圻'는 '기磯'와 의미가 통하며 '굽은 물가'라는 뜻이다.
   崩奔(붕분) : 엎어질 듯 치달리다. 배가 세찬 물살의 영향으로 강 언덕 사이를 부딪칠 듯 빠르게 나아갔다는 뜻이다.
6) 乘月(승월) : 달빛 아래에서. 달빛을 빌려서.
   狖(유) : 원숭이의 일종.
7) 浥露(읍로) : 이슬에 젖다.
   馥(복) : 향기가 나다.
   芳蓀(방손) : 향기로운 향초. '손蓀'은 향초의 이름으로 '전荃'과 통한다.
8) 屯(둔) : 모이다.
9) 石鏡(석경) : 석경산. 여산廬山의 봉우리의 하나. 강서성 심양潯陽 일대에 있다. ≪수경

주水經注·여강수廬江水≫에 따르면 여산의 동쪽의 봉우리에 둥그런 바위가 있는데 사람의 형체를 비출 수 있을 만큼 맑아 이와 같은 이름을 얻었다고 한다.

10) 牽葉(견엽) : 나무줄기를 붙잡다.

松門(송문) : 송문산. 강서성 도창현都昌縣 남쪽에 있다. 이선李善의 주에 따르면 고야왕顧野王의 ≪여지지輿地志≫에서 "호수를 들어가서부터 330리를 가면 송문에서 끝난다. 동서로 40리에 청송이 양쪽 언덕에 가득하다.(自入湖三百三十里, 窮於松門, 東西四十里, 靑松徧於兩岸)"라고 하였다.

11) 三江(삼강) : 고대의 장강의 지류의 총칭. 역대로 삼강三江에 대한 출처와 해석이 많았는데 서로 의견이 달랐다. 이 시에서는 팽려호 부근의 옛 명칭을 의미하는 것으로 보인다.

12) 九派(구파) : 중국 고대에 장강長江의 지류가 매우 많다는 것을 부르기 위해 만든 명칭. 정확하게 어디를 가리키는지 모른다. 구강九江이라고도 한다. 후대에는 응소應邵가 말한 "장강은 여강의 심양에서 아홉으로 나뉜다.(江自廬江陽分爲九)"는 말이 유명하였고, 구파 또는 구강을 심양의 별칭으로 자주 사용하였다. 이 시에서는 심양이 구파라고 불리던 것에 착안하여 팽려호 일대를 가리키기 위해 쓰였다.

13) 吝(린) : 아끼다.

珍怪(진괴) : 진귀하고 기이함.

14) 異人(이인) : 평범하지 않은 사람. 신인. 선인.

精魂(정혼) : 정신情神과 혼백魂魄.

15) 金膏(금고) : 황금의 정화. 황금지고黃金之膏. 전설 속의 신선의 약이다. ≪목천자전穆天子傳≫에 "하백이 너에게 황금의 정화를 보여주었다.(河伯示汝黃金之膏)"라고 하였다.

16) 水碧(수벽) : 물의 정화. 수옥水玉이라고도 한다.

綴(철) : 멈추다. 그만두다. '철輟'과 통한다.

流溫(유온) : 흐르는 물의 따스함. 이 시에서는 수벽水碧의 따뜻하고 부드러움을 가리킨다.

17) 千里曲(천리곡) : 천 리 이별의 노래. 본래는 금곡琴曲인 〈별학조別鶴操〉를 나타내며, 〈천리별학千里別鶴〉이라고도 한다. 학이 한 번에 천리를 나는 것에 빗대어 이별의 슬픔을 노래한 거문고곡이다.

18) 念(염) : 생각. 나그네 길을 나서며 드는 여러 가지 걱정과 그리움 등을 의미한다.

彌敦(미돈) : 더욱 깊어지다.

해설

이 시는 사령운이 임천臨川으로 가던 원가元嘉 9년(432) 봄에 지은 작품이다. 사령운은 배를 타고 장강을 거슬러 올라가 심양潯陽 부근에 도착해서 배를 팽려호의 안쪽으로 몰았다. 시의 내용으로 보면 사령운은 시의 끝까지 배에서 내리지 않은 것으로 보인다. 배에 탄 채로 팽려호의 어귀에서 팽려호 안쪽을 둘러본 다음 다시 팽려호 남쪽으로 배를 몰고 떠나기 전에 시를 마쳤다. 임천은 팽려호의 남쪽에 있고 아마도 사령운은 물길을 따라 임천으로 향했을 것이다.

제1~4구는 팽려호의 어귀에 도달하기 전에 장강을 거슬러 오르며 배에서 경험했던 일을 간략하게 묘사한 것이다. 제3~4구의 내용은 제2구의 바람과 파도로 인한 고난을 세밀하게 묘사한 것이다. 제5~10구는 사령운이 탄 배가 팽려호의 어귀에 들어서면서 팽려호로부터 받은 인상에 대해 썼다. 제5~6구는 뭍에 가까워진 것인데 따뜻한 달밤에 슬픈 원숭이 울음소리가 나지만 향초의 향기는 향기롭다. 제7~8구는 어귀에서 바라본 팽려호를 둘러싼 육지의 봄 경치이다. 그 모습이 넓고 아득하다. 제9~10구에서 사령운은 팽려호에 천 가지 만 가지의 상념과 감회가 가득하게 모여있다고 말했다. 밝은 달밤이지만 사령운의 마음은 즐겁지 못하다. 제11~18구는 사령운이 완전히 팽려호에 들어서면서 본 팽려호의 인상에 대해 나눠서 썼다. 제9~10구에서 사령운이 느꼈던 팽려호의 상념과 감회가 무엇인지 다시 풀어쓴 것이다. 제11~12구에서 사령운은 팽려호의 어귀에 있는 석경산과 남쪽 끝에 있는 송문산에 모두 오르겠다고 말했다. 자신의 상념을 가둬버린 팽려호를 종단함으로써 자신의 근심을 극복하려 했다. 그러나 설령 정말 그렇게 하더라도 나그네 신세의 사령운의 시름이 없어지는 것도 아니고 팽려호에 쌓인 상념과 감회가 해소되지도 않을 것이다. 그래서 제13~14구에서 호수를 모두 살피고 호수의 기원이나 실체를 따지는 것은 아무 의미가 없다고 한다. 왜냐하면 제15~18구에서 사령운이 말하는 것처럼 팽려호에 있어야 할 영물이나 신인은 자신의 아름다움과 능력을 감추었기에 사령운은 그들에게 기대할 수 있는 바가 없고, 팽려호의 황금의 정화와 물의 정수 역시 찾을 수 없어서 사령운은 그것들로부터 감동이나 위로를 받을 수도 없기 때문이다. 어귀에 들어올 때는 밝은 달밤이었지만 어느새 밤의 호수는 어둡고 차갑게 변해버렸고 사령운 본인의 영혼의 정수도 사그라졌다. 제19~20구에서 사령운은 다시 팽려호를 떠나 길을 나설 것이라고 말하였다. 외로운 그는 이별의 슬픔과 그리움을 견디기 위해 거문고를 연주하였다. 그러나 천리를 가는 학의 노래는 그의 상념을 덜어주지 못했다. (서용준)

登廬山絶頂望諸嶠[1]
여산 꼭대기에 올라 뭇 산을 바라보며

積峽忽復啓,[2]　　겹겹의 협곡이 문득 다시 열리고
平塗俄已閉.[3]　　평탄한 길이 갑자기 이미 막힌다.
巒隴有合沓,[4]　　산 고개가 첩첩이 겹쳐 있어
往來無蹤轍.[5]　　오가는 길엔 사람과 수레의 흔적 없으며,
晝夜蔽日月,　　　밤낮으로 해와 달을 가리고 있어
冬夏共霜雪.　　　겨울이나 여름이나 눈서리와 함께 하누나.

주석

1) 이 시는 명明 만력萬曆 연간 심계원沈啓原 판각본 ≪사강락집謝康樂集≫에 위의 6구만 수록되어 있다. ≪문선文選≫에 수록된 사령운의 〈산을 노닐며遊山〉 시의 주석에 "사령운의 〈여산에 올라登廬山〉 시에 '山行非前期, 彌遠不能輟. 但欲淹昏旦, 遂復經盈缺'이라 하였다."는 기록과, 청清 장영張英의 ≪연감유함淵鑒類函≫ 권26에 "〈여산 꼭대기에 올라登廬山絶頂〉 시에 '捫壁窺龍池, 攀枝瞰乳穴, 積峽忽復啓, 平塗俄已閉'이라 하였다."는 기록이 있는데, 이에 의하면 이 시 앞부분에 "산행이 원래 일정은 아니지만 점차 멀어질수록 그만둘 수 없구나. 단지 하루만 머물려했지만 결국 다시 한 달을 보냈구나. 산 절벽을 더듬으며 용이 승천하는 연못을 엿보고 가지를 부여잡고 호랑이 굴을 내려 본다.(山行非前期, 彌遠不能輟, 但欲淹昏旦, 遂復經盈缺. 捫壁窺龍池, 攀枝瞰乳穴)"의 6구가 더 있다고 볼 수 있다.
廬山(여산) : 강서성 구강시九江市에 있는 산 이름. 동진東晋 혜원慧遠 스님의 ≪여산기략廬山記略≫에 의하면, 이 산의 큰 줄기는 모두 일곱 겹인데 그 둘레가 삼천 오백 리나

되며 한데 겹쳐 있어 거기에 오르는 사람이 없었다 한다.

絶頂(절정) : 산꼭대기.

嶠(교) : 산. 높은 산을 가리킨다.

2) 峽(협) : 협곡. 산비탈 사이에 물이 흐르는 곳을 가리킨다.

3) 平塗(평도) : 평탄한 길.

俄(아) : 갑자기.

閉(별) : 막혀있다. 옛 음이 '별'로서 뒤의 '철轍', '설雪'과 함께 압운자이다. 길이 다하여 막히는 것을 가리킨다.

4) 巒隴(만롱) : 산 고개. 가파른 작은 산과 큰 고개.

合沓(합답) : 첩첩이 겹쳐 있다.

5) 踪轍(종철) : 사람의 발자국과 수레바퀴 자국. 사람들의 왕래를 가리킨다.

해설

이 시는 원가元嘉 9년(423)년 임천臨川으로 가는 도중에 여산 꼭대기에 올라 뭇 산을 바라보며 지은 것으로, '별閉', '철轍', '설雪'의 입성入聲으로 압운하였고 모두 여섯 구로 이루어져있다.

제1~2구는 여산을 올라가면서 좁은 협곡이 확 트이거나 평탄한 길이 갑자기 끝나는 등 여산의 산세가 매우 험난함을 서술하였다. 제3~4구는 시선을 멀리 이동하여 사람들의 왕래가 끊길 정도로 산줄기가 겹겹이 뻗어있는 여산의 웅장함을 표현하였으며, 제5~6구는 시선을 다시 위로 향하여 하루 종일 빛조차 들지 않을 정도로 우거지고 사시사철 눈이 녹지 않을 정도로 높이 솟아 있는 여산의 위엄을 표현하였다. 다른 문헌에 전하는 6구와 함께 보면, 여산에 머물게 된 동기, 여산에 오르는 험난한 여정이 더욱 구체화되면서 작품의 전개과정이 보다 순조로워지고 입성 압운의 형식적 리듬감도 강화되므로 이 시를 12구의 작품으로 보는 견해가 많은 편이다. (김수희)

初發入南城[1]
막 출발하여 남성에 들어가며 63

弄波不輟手,[2]	파도 희롱하는 손길 그만둘 수 없고
玩景豈停目.	경치 완상하는 눈길 멈출 수 없네.
雖未登雲峰,[3]	비록 구름 낀 봉우리에 올라가지 못해도
且以歡水宿.[4]	잠시나마 물가에 묵는 것으로 기쁨 삼으리.

주석

1) 南城(남성) : 남성현. 지금의 강서성 남성현南城縣이다. 이 지역 서남쪽에 마고산麻姑山이 있다.
2) 輟(철) : 그만두다.
3) 雲峰(운봉) : 구름 낀 봉우리. 남성현 서남쪽 마고산 근처에 있는 출운산出雲山이나 단하산丹霞山을 가리키는 것으로 보기도 한다.
4) 且(차) : 잠시.
   水宿(수숙) : 물 위에서 유숙하다. 이때 사령운이 머물렀던 곳이 '우수盱水'라 보기도 하는데, 남성현은 동쪽으로 우수에 접해 있다.

해설

원가元嘉 9년(432)에 지은 이 시는 ≪예문류취藝文類聚≫에 4구의 절구 상태로 실려 있다. 시의 제목이 '막 출발하여 남성에 들어가며'이나 시 안에서 출발 시점, 이동 경로, 이동 중 풍경 묘사, 남성현으로 들어가는 장면 등의 시상 전개가 이루어지지 않아 빠진 구절이 있는 것으로 여겨진다.

    제1~2구에서 시인은 배를 타고 가면서 물과 경치가 모두 빼어나 물장난 치는 손길과 경치 바라보는 눈길을 멈출 수가 없다고 말하고 있다. 제3~4구에서는 자신의 최종 목적지가 이곳이 아니라서 배에서 내려 눈앞에 보이는 높은 봉우리에 올라가지는 못하지만 이 좋은 물에 잠시나마 유숙하며 풍경을 감상할 수 있어 기쁘다고 표현하고 있다. 자연을 완상하고 즐거워하는 시인의 마음이 잘 드러난 시라고 하겠다. (정세진)

入華子崗是麻源第三谷[1]
화자강에 들어갔는데 이곳에 마산의 세 번째 골짜기가 있었다

南州實炎德,[2]	남쪽 지방에는 불의 덕이 가득하여
桂樹凌寒山.[3]	계수나무가 겨울 산에서 자라네.
銅陵映碧澗,[4]	동산은 푸른 개울물에 비치고
石磴瀉紅泉.[5]	돌층계에서 붉은 물 쏟아지네.
旣枉隱淪客,[6]	은거하는 나그네도 왕림하고
亦棲肥遯賢.[7]	은둔하는 현인도 거처했지.
險徑無測度,[8]	험한 길은 측량할 길 없는데
天路非術阡.[9]	하늘로 닿는 길은 인간세상의 길이 아니네.
遂登羣峯首,[10]	마침내 최정상에 올라보니
邈若升雲煙.[11]	아득하여 구름 위로 올라온 듯하네.
羽人絶髣髴,[12]	신선의 종적이 사라졌으니
丹丘徒空筌.[13]	단구는 그저 빈 통발과도 같네.
圖牒復磨滅,[14]	도서와 보첩이 닳아 없어졌거늘
碑版誰聞傳.[15]	석판의 글씨는 누가 듣고 전할까?
莫辯百世後,	백 세대 후의 일을 말할 수 없거늘
安知千載前.	천 년 전의 일을 어찌 알랴.
且申獨往意,[16]	잠시 홀로 가고자 하는 마음을 펼쳐
乘月弄潺湲.[17]	달빛 타고 흐르는 물을 즐길 뿐이네.

| 恒充俄頃用,18 | 늘 잠깐 필요에 충당하는 것일 뿐 |
| 豈爲古今然.19 | 어찌 고금에 차이가 있겠는가? |

주석

1) 华子崗(화자강) : 지금의 강서성 남성현 서쪽에 위치한 산으로 마원麻源, 즉 마산麻山의 세 번째 골짜기이다. 상산사호商山四皓 중 한 사람인 녹리선생甪里先生의 제자인 화자기華子期가 이 산에 날아서 들어왔다 하여 이와 같은 이름을 얻었다.

2) 南州(남주) : 남쪽 지방. 여기서는 시인이 머물고 있는 임천臨川 지역을 가리킨다.
   實(실) : 가득하다.
   炎德(염덕) : 불의 덕. 여기서는 남방의 따뜻한 환경을 가리킨다.

3) 桂樹(계수) : 계수나무. 은자의 거처를 비유한다. 유안劉安의 〈은사를 부르다招隱士〉에 "그윽한 산 속에서 계수나무 무더기로 자라네, 가지가 서로 얽히고 얽혔네.(桂樹叢生兮山之幽, 偃蹇連蜷兮枝相繚)"라 하였다.
   凌(릉) : 자라다.
   이상 두 구는 ≪초사·원유遠遊≫에 "남주의 불의 덕을 아름답게 여기고, 계수나무의 겨울에 피운 꽃을 어여삐 여기네.(嘉南州之炎德兮, 麗桂樹之冬榮)"라는 구절과 연관되어 있다.

4) 銅陵(동릉) : 동산銅山. 화자강 부근의 산이다.
   碧澗(벽간) : 푸른 개울물. '간澗'이 '윤潤'으로 되어 있는 판본도 있으며 이 경우 뜻은 '윤기 나다'이다.

5) 石磴(석등) : 돌층계.
   紅泉(홍천) : 붉은 색이 도는 샘물. 사령운은 이 물을 일컬어, 〈산거부山居賦〉의 자주에서 "가까운 산에서 나오는 것이다.(卽近山所出)"라고 말한바 있다.

6) 枉(왕) : 왕림하다. 신분이나 지위를 낮추어 자리에 나아가는 것을 말한다.
   隱淪(은륜) : 은거하고 떠돌다.

7) 肥遯(비둔) : 높이 날아 멀리 물러나는 괘. 이때 '비肥'는 '비蜚'와 통하여 '날다'라는 뜻인데, ≪주역·둔괘遯卦≫에 "비둔괘에는 불리함이 없다.(肥遯, 無不利)"라 하였다.

이상 두 구는 화자기가 이 산에 날아들어 왔던 것에 착안하여 화자강이 은자들과 현인들이 깃들어 살기 좋은 곳임을 말한 것이다.

8) 測度(측탁) : 측량하다.
9) 天路(천로) : 하늘로 이어진 길. 화자강 최정상으로 향하는 길이 마치 신선이 다니는 길과도 같다는 뜻이다.

術阡(술천) : '術'은 성읍이 있는 곳의 도로를 말하고 '阡'은 밭 사이로 난 작은 길을 말하는데, 여기서는 인간세상의 길을 가리킨다.

10) 羣峯首(군봉수) : 여러 봉우리 가운데 최고 봉우리. 화자강의 최정상을 말한다.
11) 邈(막) : 아득히 높고 멀다.

升(승) : 오르다. '승升'이 '등騰'으로 되어 있는 판본도 있으며 뜻은 같다.

12) 羽人(우인) : 깃털이 달린 사람. 선인仙人을 가리킨다.

髣髴(방불) : 종적.

13) 丹丘(단구) : 전설상 신선이 사는 언덕. 밤낮으로 늘 밝게 빛난다고 한다. 여기서는 화자강을 가리킨다.

筌(전) : 통발.

이 구는 '득어망전得魚忘筌', 즉 물고기를 잡고 나면 통발을 잊어버리는 것처럼 목적을 이룬 후에는 그 때까지 수단으로 삼았던 사물이 무용지물이 된다는 말을 활용한 것으로, 사람들은 이미 신선이 되어 떠나고 화자강만 남아 있음을 말한 것이다.

14) 圖牒(도첩) : 도서圖書와 보첩譜牒. 신선의 기이한 행적과 계보를 쓴 책으로 보았다.

磨滅(마멸) : 닳아 없어지다. '마磨'가 '마摩'로 되어 있는 판본도 있으며 뜻은 같다.

15) 碑版(비판) : 글자를 새긴 석판. 이 역시 신선의 행적 등을 기록한 석판으로 사령운이 화자강에서 실제로 목도한 석판으로 보았다.

이상 두 구는 신선의 행적과 계보를 쓴 책은 이미 사라졌고, 시인의 눈앞에 있는 석판의 내용도 세월이 지나면서 전하는 사람이 없어질 것이라는 의미이다.

16) 申(신) : 펼치다.

獨往意(독왕의) : 홀로 가고 싶은 마음. 세속에 얽매이지 않고 자연에 귀의하고자 하는 마음을 뜻한다.

17) 潺湲(잔원) : 물이 흐르는 모양.
18) 充(충) : 충당하다.
    俄頃(아경) : 잠깐.
    이 구에서 잠깐의 필요를 충당한다고 한 말은 자연을 대하는 때마다 잠시나마 즐기다, 즉 급시행락及時行樂의 의미이다.
19) 豈爲古今然(기위고금연) : 어찌 고금에 차이가 있겠는가? 이 구는 '옛날의 풍류는 높고 지금의 풍류는 시시하다고 하겠는가?'라는 의미로, 자연을 대하고 신선이 되었던 옛 사람의 풍류와 지금처럼 상황에 따라 잠깐씩 즐기는 시인의 풍류 중 어느 것이 더 낫다 할 것 없이 둘 다 가치 있다는 뜻이다.

해설

이 시는 원가(元嘉) 8년(431) 이후 사령운이 임천내사로 부임했을 때 그 주변의 화자강을 유람하고 지은 것으로 보인다.

제1~6구에서 시인은 겨울인데도 계수나무가 자라는 따뜻한 남쪽 지방의 날씨에 경탄하며 푸른 물에 비치는 산과 붉은 물이 쏟아져 내리는 화자강의 모습을 묘사했다. 특히 이곳이 은거하고자 하는 나그네와 현인들에게 적당한 곳이라 하여 이곳의 신비롭고 고즈넉한 풍광을 표현했다. 제7~10구에서는 시인이 험한 길을 걸어서 화자강 최정상에 오르는 과정을 묘사했다. 제11~14구에서 시인은 이 산에 깃들었다가 신선이 되어 날아간 사람들로 인해 고기 잡은 후의 통발처럼 버려진 화자강 최정상의 모습에서 알 수 없는 무상감에 젖게 되었다. 제15~22구에서 시인은 앞 구의 무상감을 이어받아 자신의 생각을 펼쳤다. 신선의 기이한 행적을 전하는 책과 석판도 세월이 가면 없어져 전할 길이 없어지듯 인간은 백 세대 후의 일도, 천 년 전의 일도 알 수 없는 것이다. 그러기에 시인은 잠시나마 자신에게 닥친 상황대로 이곳의 풍광을 즐길 뿐, 영원히 이곳에서 즐길 수는 없다고 말하였다. 화자강의 좋은 경치를 유람한 후 느낀 짧은 인생에 대한 무상감과 잠시나마 자연을 즐기려는 마음을 잘 표현한 시라고 하겠다. (정세진)

大林峰[1]
대림봉 65

積峽忽有起,[2]	겹겹의 산골짜기 홀연히 솟아
平塗俄已絶.[3]	평탄한 길 갑자기 끊겼네.
巒隴有合沓,[4]	산 고개가 겹쳐 있어
往來無蹤轍.[5]	오가는 길엔 사람과 수레의 흔적 없구나.

주석

1) 大林峰(대림봉) : 여산廬山의 봉우리로, ≪일통지一統志≫에 의하면 덕화현(德化縣, 지금의 강서성 구강현九江縣) 남서쪽 60리 되는 곳에 있다.
2) 積峽(적협) : 겹겹의 산골짜기.
3) 平塗(평도) : 평탄한 길.
   俄(아) : 갑자기.
4) 巒隴(만롱) : 산 고개.
   合沓(합답) : 겹쳐지다. 모이다.
5) 蹤轍(종철) : 종적蹤迹.
   이상 2구는 겹겹의 대림봉이 험하여 인적이 드문 것을 말하는 것이다.

해설

이 작품은 원가元嘉 9년(432), 사령운이 임천臨川에 갔을 때 지은 것으로, 여산 대림봉의 높고 험준한 경관을 이야기하였다. 이 시는 62. 〈여산 꼭대기에 올라 뭇 산을 바라보며登廬

山絶頂望諸嶠〉 시의 일부와 대동소이하며, ≪사강락집謝康樂集≫과 ≪한위육조백삼가집漢魏六朝百三家集≫을 제외한 다른 판본에는 수록되어 있지 않다. (김하늬)

初往新安桐廬口[1]
막 신안의 동려구로 가서 66

絺綌雖淒其,[2]	갈옷이 비록 서늘하기는 하나
授衣尙未至.[3]	겹옷 입는 9월은 아직 멀었다네.
感節良已深,	계절을 느끼니 참으로 가을은 이미 깊었고
懷古亦云思.[4]	옛날을 생각하니 또한 생각을 말하게 되네.
不有千里棹,	천 리 길 떠나는 배가 없었다면
孰申百代意.[5]	어떻게 옛사람들의 면면했던 뜻을 펼칠 수 있었으리.
遠協尙子心,[6]	멀리 상장의 마음과 합치되고
遙得許生計.[7]	아득히 허순의 계책을 얻었다네.
旣及泠風善,[8]	이미 시원한 바람을 맞는 것도 좋은데
又卽秋水駛.[9]	또한 가을 물에서 배를 저어 달린다네.
江山共開曠,[10]	강과 산은 모두 드넓게 펼쳐져 있고
雲日相照媚.	구름과 해는 서로 아름다움을 비춰주네.
景夕群物淸,[11]	낮밤으로 모든 사물들이 청아하니
對玩咸可喜.	마주하며 즐김에 모두가 즐겁기만 하구나.

주석

1) 新安(신안) : 군명郡名. 치소는 시신현(始新縣, 지금의 절강성 순안현淳安縣 서쪽)이다.
   桐廬口(동려구) : 지금의 절강성 동려현桐廬縣.
   제목이 〈막 신안에 가서 동려구에 이르러初往新安至桐廬口〉로 되어 있는 판본도 있다.

2) 絺綌(치격) : 고운 갈포과 거친 갈포. ≪시경·주남周南·칡덩굴葛覃≫에 "고운 갈포 만들고 거친 갈포 만들어, 옷 지어 입으니 즐겁네.(爲絺爲綌, 服之無斁)"라 하고, ≪시경·패풍邶風·녹색 옷綠衣≫에 "고운 갈옷이여 거친 갈옷이여, 바람에 서늘하구나.(絺兮綌兮, 淒其以風)"라 하였다.

   其(기) : 어조사.

3) 授衣(수의) : 겹옷을 내어 주다. 겹옷 입는 계절인 9월을 가리킨다. ≪시경·빈풍豳風·칠월七月≫에 "칠월에는 화성이 서쪽으로 기울고, 구월에는 겹옷을 내어 주네.(七月流火, 九月授衣)"라 하였다.

4) 亦云思(역운사) : 또한 생각을 말하다. '도역사徒役思'로 되어 있는 판본도 있으며 이 경우 뜻은 '헛되이 생각만 하다'이다.

5) 申(신) : 펼치다.

   百代意(백대의) : 대대로 전해내려 온 뜻. 세상사에 초탈하고 산수자연을 유람하며 즐겼던 옛사람들의 뜻을 말한다.

6) 愶(협) : 합치되다, 맞아 떨어지다.

   尙子(상자) : 상장尙長. 동한 조가(朝歌, 지금의 하남성 기현淇縣) 사람으로, 자는 자평子平이다. 왕망王莽에게 추천되었으나 관직에 나아가지 않고 집에 은거하였으며, 자녀들을 모두 여의고 난 다음에는 일체의 집안일에 관여하지 않고 자신을 죽은 사람으로 여기라 말하고 명산대천을 유람하며 생을 마쳤다.

7) 許生(허생) : 허순許詢. 동진 고양(高陽, 지금의 하북성 고양현高陽縣) 사람으로, 자는 현도玄度이다. 어려서부터 재능이 매우 뛰어나 신동으로 불렸으며, 회계會稽에 거주하면서 사안謝安, 왕희지王羲之 등과 함께 산수자연을 유람하며 낚시와 시문으로 교유하였다.

8) 泠風(영풍) : 서늘한 바람.

9) 駛(사) : 급히 달리다. 여기서는 배를 저어 빠른 속도로 나아가는 것을 말한다.

10) 開曠(개광) : 드넓게 환히 펼쳐지다. '개開'가 '한閒'으로 되어 있는 판본도 있으며 뜻은 같다.

11) 景夕(경석) : 낮과 저녁.

해설

　이 시는 신안新安의 동려구桐廬口를 지나며 쓴 것으로, 작시 시기는 분명하지 않으나 다음에 이어지는 〈칠리뢰七里瀨〉, 〈밤에 석관정을 출발하며夜發石關亭〉 시들 또한 모두 동려현桐廬縣 부근을 배경으로 하고 있는 것으로 보아 영초永初 3년(422) 영가태수로 부임하며 쓴 것으로 여겨진다. 시에서는 동려구 주변의 아름다운 자연경관을 묘사하고 산수자연 속에 은거하고 싶은 바람을 나타내고 있다.

　제1~4구에서는 지금이 여름 갈옷이 서늘하게 느껴지는 가을이자 또한 그 절정의 시기임을 말하며 옛 사람들에 대한 회고와 이에 대한 감회가 끊임없이 솟아남을 말하고 있다. 제5~8구에서는 옛사람들의 면면히 이어져 왔던 뜻이 바로 산수자연에 있었음을 말하고, 옛날 세속의 일을 끊고 은거생활을 실현했던 상장尙長과 허순許詢을 들어 자신 또한 이들처럼 살고 싶은 바람을 나타내고 있다. 제9~12구에서는 시원한 바람을 맞고 가을 강물 위를 달리며 천지사방에 펼쳐진 광활하고 아름다운 자연경관을 감상하고 있다. 마지막 제13~14구에서는 모든 사물들이 그 맑고 깨끗함으로 낮이나 밤이나 변함없이 아름다움을 간직하고 있음을 말하며 이를 보고 즐기는 자신의 즐거움 또한 다하지 않음을 말하고 있다. (주기평)

七里瀨[1] 칠리뢰 67

羈心積秋晨,[2]	나그네 마음 가을 새벽에 쌓여
晨積展遊眺,[3]	새벽에 쌓인 마음 노닐고 바라보며 펼치는데,
孤客傷逝湍,[4]	외로운 객은 흘러가는 여울에 가슴 아프고
徒旅苦奔峭,[5]	걸어 다니는 행자는 높은 산봉우리에 고달프네.
石淺水潺湲,[6]	돌이 얕아 물은 졸졸 흐르고
日落山照曜,[7]	해가 떨어져 산은 찬란히 빛나는데,
荒林紛沃若,[8]	거친 숲은 어지러이 무성하고
哀禽相叫嘯.[9]	애달픈 새는 서로 부르며 노래하네.
遭物悼遷斥,[10]	이런 경물 만나 쫓겨난 신세 슬퍼하지만
存期得要妙.[11]	은거의 기약 지녔다가 오묘한 요체를 얻어,
既秉上皇心,[12]	이미 천제의 마음을 잡았으니
豈屑末代誚.[13]	어찌 말세의 조소에 신경 쓰리오.
目覩嚴子瀨,[14]	눈은 엄자릉의 여울을 보고
想屬任公釣,[15]	생각은 임공자의 낚시질에 이어지니,
誰謂古今殊,[16]	누가 옛날과 지금이 다르다 말하는가?
異世可同調.[17]	시대는 달라도 지향은 같을 수 있는데.

주석

1) 七里瀨(칠리뢰) : 칠리탄七里灘이라고도 하며 지금의 절강성 동려현棟廬縣 엄릉산嚴陵山

서쪽에 있다. 양쪽으로 산이 칠 리나 뻗어 있으며 물살이 매우 빠르다.
2) 羈心(기심) : 나그네의 마음
3) 展(전) : 펴다. 해소하다.
    遊眺(유조) : 노닐며 바라보다. 좋은 경치를 보며 즐기는 것이다.
4) 孤客(고객) : 외로운 나그네. 여기서는 사령운을 가리킨다.
    逝湍(서단) : 흘러가는 여울. 여기서는 칠리뢰를 가리킨다.
5) 徒旅(도려) : 여행객. 여기서는 사령운을 가리킨다.
    奔峭(분초) : 높이 솟은 봉우리. 가파른 언덕. 여기서는 칠리뢰 양 강안의 산을 가리킨다.
6) 石淺(석천) : 돌이 얕다. 물이 얕아서 바위가 물 위로 솟아있는 것을 말한다.
    潺湲(잔원) : 물이 흐르는 모양.
7) 照曜(조요) : 밝게 빛나다.
8) 荒林(황림) : 거친 숲. 사람의 발길이 닿지 않은 숲.
    沃若(옥약) : 무성한 모습.
9) 哀禽(애금) : 애달픈 새.
    叫嘯(규소) : 높고 길게 지저귀는 소리. 새소리를 가리킨다.
10) 遭物(조물) : 사물을 만나다. 칠리뢰의 경관과 맞닥뜨린 것을 말한다.
    遷斥(천척) : 쫓겨나다. 사령운이 영가태수로 물러난 것을 가리킨다.
11) 存期(존기) : 기약을 보존하다. 여기서는 사령운이 은일하려는 뜻을 가지고 있음을 말한다.
    要妙(요묘) : 아름다운 것. 오묘한 요체. 여기서는 칠리뢰를 보며 은일의 뜻을 가지게 된 것을 말한다.
12) 秉(병) : 잡다. 얻다.
    上皇心(상황심) : 천제天帝의 마음. 자연과 함께 하며 자연의 이치에 순종하는 마음을 가리킨다.
13) 屑(설) : 마음에 두다.
    末代(말대) : 말세. 혼란스러운 정국을 가리킨다.
    誚(초) : 조소. 책망

이상 두 구는 사령운이 칠리뢰를 보면서 은거의 의지를 상기하며 느낀 것으로 이미 조물주의 마음을 알고 깨닫게 되었으니 혼란스런 정국 속에서 자신이 모함 받은 것에 대해서는 개의치 않는다는 뜻이다.

14) 覩(도) : 보다.

嚴子瀨(엄자뢰) : 엄광嚴光의 여울. 즉 엄릉뢰嚴陵瀨로 칠리뢰와 몇 리 떨어져 있다. 엄광은 후한後漢 때의 사람으로 자는 자릉子陵이다. 그는 어렸을 때부터 이름이 알려졌는데 광무제와 같이 공부하며 어울렸다. 그러다가 광무제가 황제에 즉위하자 그는 이름을 바꾸고 은거하였다. 이후 광무제가 불러 엄광에게 간의대부 벼슬을 제수했으나 엄광은 뜻을 굽히지 않고 끝내 부춘산富春山으로 돌아가서 농사를 지었다. 또한 그곳에 그가 낚시하던 곳이 있었는데, 후인들이 이를 엄릉뢰라고 불렀다. ≪후한서後漢書·일민전逸民傳·엄광전≫ 참조.

15) 屬(촉) : 이어지다.

任公釣(임공조) : 임나라 공자의 낚시질. 임나라 공자가 큰 낚싯대를 만들어 50마리의 소를 미끼로 하여 회계산에 걸터앉아 동해에 낚싯대를 드리우다가 큰 물고기를 낚았다. 그 물고기를 쪼개 포로 만드니 절강의 동쪽에서부터 창오산의 북쪽까지 그 물고기를 실컷 먹지 않은 이가 없었다. ≪장자莊子·외물外物≫ 참조. 이는 호방한 기개를 가지는 것을 표현한다.

16) 古今殊(고금수) : 옛날과 지금이 다르다.

이 구는 옛날 엄광과 임공자의 마음과 지금 사령운의 마음이 다르지 않다는 뜻이다.

17) 異世(이세) : 시대가 다르다.

同調(동조) : 지향을 같이 하다.

이 구는 엄광 및 임공자와 사령운의 시대가 다르지만 은일과 호방을 지향하는 마음은 같다는 뜻이다.

해설

이 시는 영초永初 3년(422) 사령운이 영가태수로 부임해 가다가 칠리뢰를 지나면서 느낀 감회를 지은 것으로, 은일하며 호방한 기개를 떨치고자 하는 뜻을 표현하였다.

제1~4구는 영가태수로 폄적되어 가는 사령운이 칠리뢰를 접하고 느낀 감정을 쓴 것으로, 힘든 여정으로 고달픈 심사를 서술하였다. 제5~8구에서는 칠리뢰 주위의 경물을 서술하였는데, 경물을 바라보는 사령운의 심사에 변화가 있는 것을 경물 묘사를 통해 알 수 있다. '일락', '황림', '애금'은 모두 가을 황혼 무렵의 경물로 모두 쓸쓸한 정조를 띠고 있지만, '조요', '옥약', '규소'는 밝고 무성한 긍정적인 의미를 지니고 있어, 이러한 경물 속에서 활력과 생기를 느끼게 되었음을 표현하였다. 이어지는 제9~12구에서 이러한 심경 변화를 구체적으로 서술하였는데, 비록 쫓겨난 신세이지만 이런 곳에서 은거하면서 자연의 요체를 터득하고 그에 순응하며 살아가게 되었으니 혼란스런 정국의 참언에는 신경 쓰지 않겠다는 뜻을 말하였다. 제13~16구에서는 엄릉뢰를 보며 엄광이 관직을 멀리하고 은거한 뜻을 본받고, 임공자가 낚시질 하던 것을 생각하며 호방한 의기를 가지고자 하는 바람을 표현하였다. (임도현)

夜發石關亭[1]
밤에 석관정을 출발하며 68

隨山逾千里,[2]	산을 따라 천 리를 지나왔는데
浮溪將十夕.[3]	강물에 배를 띄운 지 열흘일세.
鳥歸息舟楫,[4]	새 돌아가자 배를 멈추었고
星闌命行役.[5]	별이 지자 떠나자고 명하였네.
亭亭曉月暎,[6]	높이 뜬 새벽달이 비추고
泠泠朝露滴.[7]	맑은 아침 이슬 방울지네.

주석

1) 石關亭(석관정) : 석관은 동려현桐廬縣 동북 20리쯤에 있는 지명. 이곳에 있는 정자를 이른다.
2) 逾(유) : 넘다, 지나가다.
   千里(천리) : 천 리. 배를 타고 산을 따라 이미 천 리를 왔다는 것을 이른다.
3) 浮溪(부계) : 강물에 배를 띄우다.
   將(장) : 또한, 한편.
   十夕(십석) : 열흘.
4) 鳥歸(조귀) : 새가 돌아가다. 여기서는 날이 저물었음을 이른다.
   舟楫(주즙) : 배.
5) 星闌(성란) : 별이 지다. 여기서는 밤이 깊어져 다하려 함을 이른다.
   行役(행역) : 여행을 가다. 여기서는 배를 타고 떠남을 이른다.

6) 亭亭(정정) : 높은 모양.
　暎(영) : 비추다.
7) 泠泠(영령) : 청량한 모양.
　滴(적) : 방울지다.

해설

이 시는 영초永初 3년(422) 가을 영가군永嘉郡으로 가는 도중에 쓴 것으로, 동려현에 이르러 잠시 머물며 석관정을 유람한 후 밤이 되어 출발하는 내용을 담고 있다. 내용으로 보아 빠진 구절이 있는 듯하다.

제1~2구에서는 열흘 간 배를 타고 먼 길을 왔음을 말하였고, 제3~4구에서는 저녁 해 질 무렵 배를 멈추었다가 새벽이 가까워지자 배를 출발시켰다고 하였다. 제5~6구는 출발할 때의 주변 경치를 쓴 것으로 새벽달이 뱃길을 비추고 이른 아침 이슬이 떨어지고 있다고 하였다. (이지운)

發歸瀨三瀑布望兩溪[1]
귀뢰의 세 폭포를 출발하여 두 물줄기를 바라보며

我行乘日垂,[2]	내가 길을 가는데 해가 저물어서
放舟候月圓.[3]	배를 띄우고 둥근 달을 기다리네.
沫江免風濤,[4]	거품이 일던 강에 바람과 파도가 잦아들어
涉淸弄漪漣.[5]	맑은 물을 지나며 잔잔한 물결을 희롱하네.
積石竦兩溪,[6]	수북이 쌓인 암석들이 두 물줄기 사이에서 솟았고
飛泉倒三山.[7]	나는 듯한 샘물이 세 산에 거꾸로 걸렸네.
亦旣窮登陟,[8]	모두 이미 다 올랐는데
荒藹橫目前.[9]	온통 빽빽한 수풀이 눈앞에 가로놓였었네.
窺巖不睹景,[10]	암석들 사이로 보아도 해를 볼 수 없으니
披林豈見天.[11]	숲을 헤쳐도 어찌 하늘을 보았으랴.
陽烏尙傾翰,[12]	빛나는 까마귀가 도리어 날개를 기울이니
幽篁未爲邅.[13]	어두운 대숲에서 머뭇거릴 수 없었네.
退尋平常時,[14]	물러나 평소의 때를 생각해보면
安知巢穴難.[15]	어찌 은거의 삶이 힘들다는 것을 신경 썼으랴.
風雨非攸恡,[16]	비바람은 꺼리는 바가 아니나
擁志誰與宣.	지닌 뜻을 누구와 말을 할까.
倘有同枝條,[17]	만약 뜻을 같이 하는 사람이 있다면
此日卽千年.[18]	이 날이 바로 천 년과 같을 것이네.

주석

1) 歸瀨(귀뢰) : 지명. 어느 곳인지 알 수 없다. 사령운의 고향인 절강성 승현嵊縣의 석문산 石門山 일대일 수도 있다.
   三瀑布(삼폭포) : 세 폭포. 지명인지 알 수 없다. 귀뢰에 있는 것으로 보인다.
   兩溪(양계) : 두 물줄기. 지명인지 알 수 없다. 귀뢰 부근에 있는 것으로 보인다.
2) 日垂(일수) : 해가 지다.
3) 放舟(방주) : 배를 몰다. 배를 타다.
4) 沫江(말강) : 거센 물결이 흐르는 강. '유말'은 '유말流沫'의 의미로 거품이 크게 이는 강한 물살을 가리킨다. '말沫'을 '강에서 손으로 물을 뜨다'로 풀이하기도 한다.
5) 漪漣(의련) : 작고 잔잔한 물결.
6) 積石(적석) : 수북이 쌓인 암석. 지명인지 알 수 없다. 정확한 장소 역시 알 수 없다. 시의 내용으로 보아 양계兩溪 사이에 솟은 높은 바위산으로 보인다.
   竦(송) : 높이 솟다.
7) 飛泉(비천) : 나는 듯한 샘물. 즉 세 폭포를 의미한다.
   三山(삼산) : 세 산. 지명인지 알 수 없다. 위 구절의 적석에 있는 세 봉우리로 보인다.
8) 亦旣(역기) : 모두 이미.
   登陟(등척) : 오르다.
9) 荒藹(황애) : 초목이나 숲이 무성하게 우거진 모습.
10) 不睹景(부도경) : 해를 볼 수 없다.
11) 披林(피림) : 숲을 헤치다. 숲을 열고 나가다.
12) 陽烏(양오) : 삼족오三足烏. 전설상 태양 속에 산다는 다리가 세 개인 까마귀. 여기서는 해를 가리킨다.
   傾翰(경한) : 날개를 기울이다. 삼족오가 펼쳤던 날개를 기울인다는 것은 해가 진다는 뜻이다.
13) 邅(전) : 머뭇거리다.
14) 退尋(퇴심) : 물러나 생각하다. 예전 일을 생각하다.
   平常時(평상시) : 평소 사령운이 은거하던 생활.

15) 巢穴(소혈) : 은거지. 이 시에서는 은거 자체를 가리킨다.
16) 攸悋(유린) : 걱정하는 바. 아끼는 바. 꺼리는 바.
17) 同枝條(동지조) : 지향이나 사상, 생각, 취미 등이 같은 사람.
18) 此日(차일) : 이 날. 뜻을 같이 하는 사람과 서로 만난 날.

> 해설

　이 시는 정확히 언제 지었는지 근거가 없다. 그러나 많은 연구자들이 대체로 사령운이 원가元嘉 7년(430) 가을에 자신이 은거하던 석문산에서 지기인 담륭曇隆, 법류法流 두 법사와 이별한 다음 쓴 것으로 여긴다. 전체적인 시의 내용은 시인이 하루 종일 밤까지 산과 물을 돌아다닌 다음 은거의 험난함과 뜻을 함께하는 친구의 소중함에 대해 고백하는 것이다. 산을 돌아다닐 때 담륭, 법류와 함께였는지는 알 수 없다.

　제1~6구는 밤에 물에 배를 띄워 유람하는 내용이다. 해질 무렵 시인은 배를 띄우고 둥근 달이 뜨기를 기다렸다. 물결도 잔잔한 맑은 물을 건너면서 첩첩히 쌓인 산이 두 물줄기 사이로 솟은 것과 그 위의 세 봉우리에서 쏟아지는 폭포를 보았다. 제7~12구는 낮에 산을 돌아다닌 내용이다. 시인은 본래 산을 먼저 돌아다녔다. 사령운은 밤에 물놀이를 하다가 낮에 올랐던 두 물줄기에서 솟은 산과 그곳의 세 폭포를 보고 다시 낮에 노닐던 내용을 회상하였다. 제7~8구는 자신이 직접 올랐는데 그 산에 온통 빽빽하게 초목이 우거졌다는 이야기이고 제9~10구는 산이 매우 높고 숲이 어둡고 깊숙했다는 내용이다. 제11~12구는 해가 져서 깊숙한 대숲에서 급히 나왔다는 것인데 그 결과 물가에 와서 배를 타고 이 시의 제1구를 시작했던 것이다. 이 단락에서 사령운이 회상하는 산과 폭포의 모습은 높고 험하고 어둡다. 해도 하늘도 볼 수 없었던 그곳에서 빛나는 까마귀나 그윽한 대숲을 가까이 할 수도 없었다는 것에서 사령운의 현재 심정과 그의 처지에 대한 생각을 짐작할 수 있다. 그래서 제13~18구의 내용은 물 위의 이야기가 아니라 은거의 어려움과 지기의 소중함에 대한 고백으로 채워졌다. 제13~14구에서 사령운은 자신이 평소 은거하던 생활을 회상하는데 그가 낮에 올랐던 산의 모습과 그의 은거 생활은 별 차이가 없다. 제15~16구에서 은거 생활의 험난함은 그가 겁내는 것이 아니지만 뜻을 함께할 사람이 없다는 것은 힘들다고 말했다. 사는 것도 힘든데 지기도 없이 외롭다는 것이다. 그래서 제17~18구에서 지기의 소중함에 대해 다시 이야기를 했는데, 지기와 함께 하는 하루가 보통 사람이 보내는 천 년의 가치가 있을 것이라고 말을 맺었다. (서용준)

擬魏太子鄴中集詩八首幷序[1]
위 태자 조비의 ≪업중집≫을 모의하여 지은 시 여덟 수와 서문

70

建安末, 余時在鄴宮[2], 朝遊夕讌,[3] 究歡愉之極.[4] 天下良辰、美景、賞心[5]、樂事, 四者難幷, 今昆弟友朋[6]、二三諸彦,[7] 共盡之矣. 古來此娛, 書籍未見. 何者? 楚襄王時有宋玉、唐、景,[8] 梁孝王時有鄒、枚、嚴、馬,[9] 遊者美矣, 而其主不文.[10] 漢武帝徐樂諸才,[11] 備應對之能,[12] 而雄猜多忌,[13] 豈獲晤言之適?[14] 不誣方將[15], 庶必賢於今日爾.[16] 歲月如流, 零落將盡,[17] 撰文懷人,[18] 感往增愴.[19] 其辭曰:

건안 말 나는 이때 건업 궁궐에 있으면서 아침저녁으로 노닐거나 연회하면서 즐거움의 극치를 다하였다. 천하에 좋은 시절, 아름다운 경치, 마음 맞는 벗, 즐거운 일 이 네 가지는 병행하기 어려운데, 지금 형제와 친구, 두세 사람의 선비들과 함께 그것을 다하였다. 예부터 이런 즐거움은 서적에 보이지 않았다. 어째서인가? 초 양왕 때 송옥宋玉, 당륵唐勒, 경차景差가 있었고 양 효왕 때에는 추양鄒陽, 매승枚乘, 엄기嚴忌, 사마상여司馬相如가 있었는데, 노닐던 자들은 뛰어났으나 그 주인은 문학적이지 않았다. 한 무제 때 서악徐樂 등 여러 재사才士들이 황제의 질문에 대답하는 능력을 가지고 있었지만 (무제의) 시기심이 많았으니 어찌 서로 만나 대화하는 즐거움을 얻었겠는가? 미래에 대해 함부로 말할 수는 없지만 오늘날에 대해 반드시 현명하다 여기길 바랄 뿐이다. 세월은 흐르는 물 같아서 쇠락하여 다하려하기에 그들의 문장을 뽑으면서 그리워하자니 옛일에 느끼어 슬픔이 더해진다. 그 글은 다음과 같다.

주석

1) 魏太子(위태자) : 조비(曹丕, 187~226). 자는 자환子桓으로 조조曹操의 둘째아들이다. 동한東漢 건안建安 22년(217) 태자가 되었으며 25년(220) 1월 조조가 죽자 그 뒤를 이어 재상과 위왕魏王의 지위에 올랐다. 10월 황제라 칭하고 국호를 위魏라고 하였다. 조비는 문학을 매우 좋아하여 건안 연간에 업도(鄴都, 지금의 하북성 임장현臨漳縣 서남쪽)에서 왕찬王粲, 진림陳琳, 유정劉楨 등과 함께 술을 마시거나 시를 지으면서 의기투합하였다. 당시 조조는 군사와 정치 등의 일로 바빠서 거기에 참여할 겨를이 없었으므로 조비가 실질적인 영수였다고 할 수 있다.

鄴中集(업중집) : 조비曹丕가 편찬했다는 건안문인들의 문집 총집. ≪업중집≫에 대해서는 육조六朝의 전적 가운데 언급된 바가 없으며, ≪수서隋書·경적지經籍志≫에도 그 기록이 보이지 않는다. 그러나 이 시의 제목과 아울러, ≪문선文選≫ 이선李善 주에 인용된 조비의 〈오질에게 주는 서신與吳質書〉에 "서간徐幹, 진림陳琳, 응창應瑒, 유정劉楨이 일시에 모두 죽으니 애통함을 말할 수 있으랴…근래 그들의 남긴 문장을 편찬하여 모두 한 문집이 되었다.(徐陳應劉, 一時俱逝, 痛可言邪, …頃撰其遺文, 都爲一集)"라는 기록과, ≪초학기初學記≫ 권10에 인용된 ≪위문제집魏文帝集≫에 "조비가 태자였을 때 북원과 동각의 강당에서 시를 지은 후 왕찬, 유정, 완우, 응창 등에게 명하여 함께 시를 지었다.(爲太子時, 北園及東閣講堂, 幷賦詩, 命王粲、劉楨、阮瑀、應瑒等同作)"라는 기록이 그 근거가 되고 있다.

幷序(병서) : 이는 시 여덟 수의 총서總序로서 〈위태자魏太子〉 시의 서문을 겸하고 있다. 〈위태자〉 시의 서문으로 보는 견해도 있다.

이 시는 대체로 원가 3년(426)에서 원가 5년(428)년 사이에 지어졌는데, 당시 사령운은 수도에서 비서감祕書監과 시중侍中을 지내고 있었다. "이미 (수도에) 이르러 문제가 오직 문장의 뜻으로만 대우하여 매번 임금을 모시고 연회하면서 담론하고 품평했을 뿐이다.(既至, 文帝唯以文義見接, 每侍上宴, 談賞而已)"라는 ≪송서宋書·사령운전謝靈運傳≫의 기재에 의하면, 정치적으로 중용되지 못한 것에 불만을 품고 있었음을 짐작할 수 있다. 이런 상황에서 영가永嘉 초기 여릉왕廬陵王 유의진劉義眞, 안연지顔延之 등과의 친밀했던 교유를 떠올리며 강개함을 느낀 나머지 이 여덟 수의 시를 모의하여 지음으로써 자신의 의사를 기탁한 것으로 보인다.
2) 余(여) : 나. 조비曹丕 자신을 가리킨다.
   鄴宮(업궁) : 위魏 나라의 수도 업도鄴都에 세워진 궁궐.
3) 讌(연) : 연회하다. '연宴'과 통한다.
4) 究(구) : 다하다.
5) 賞心(상심) : 마음 맞는 벗. 지기知己를 가리킨다.
6) 昆弟(곤제) : 조식曹植을 가리킨다.
   友朋(우붕) : 왕찬王粲, 유정劉楨, 진림陳琳, 응창應瑒, 서간徐幹 등 건안칠자建安七子를 가리킨다.
7) 諸彦(제언) : 여러 문사文士들. '언彦'은 문사에 대한 미칭이다.
8) 楚襄王(초양왕) : 초楚나라 경양왕頃襄王.
   宋玉唐景(송옥당경) : 송옥宋玉, 당륵唐勒, 경차景差. 전국 시기 뛰어난 사부辭賦 작가들이다.
9) 梁孝王(양효왕) : 유무劉武. 한漢 문제文帝의 둘째 아들이다. 처음에는 대왕代王, 회양왕淮陽王이었는데 나중에 봉지를 양梁으로 옮기어 양왕梁王이 되었다. 호화로운 궁전과 정원을 짓고 사방의 호걸과 문사들을 불러들이기를 좋아하였다.
   鄒枚嚴馬(추매엄마) : 추양鄒陽, 매승枚乘, 엄기嚴忌, 사마상여司馬相如. 서한대 문장가들로 모두 양梁 지역에서 노닐다가 양 효왕의 문객이 되었다.
10) 不文(불문) : 문학적이지 않다. 이 구는 양 효왕에게 문학적 소양이 없었음을 가리킨다.
11) 漢武帝(한무제) : 유철(劉徹, B.C.156~87). 경제景帝의 아홉째 아들로서 재위기간이 54년이었다. 문학에 대한 애호가 남달랐다.
    徐樂(서악) : 한漢나라 무종(無終, 지금의 천진시 계현薊縣) 사람이다. 일찍이 엄안嚴安, 주부언主父偃 등과 함께 시세時勢에 대한 상서를 올렸다가 무제의 부름을 받고 낭중郞中에 임명되었다. ≪한서漢書≫에 본전이 전한다.
12) 應對之能(응대지능) : 대답하는 능력. 황제의 질문에 대답하는 능력을 가리킨다.
13) 雄猜多忌(웅시다기) : 시기심이 많다. '웅雄'은 크다는 뜻이다.
    이 구는 한 무제가 신하들에 대해 시기심이 많았음을 가리킨다.

14) 晤言(오언) : 만나서 대화하다.

適(적) : 즐거움. 열락悅樂과 만족滿足의 뜻이다.

15) 誣(무) : 함부로 말하다. 망언妄言의 뜻이다.

方將(방장) : 장래. 미래.

16) 庶(서) : 바라다.

於今日(어금일) : 오늘날에 대해. 즉 건안 시기 여러 문인들과 함께 교유하던 시기에 대해.

17) 零落(영락) : 쇠락하다. 늙어 죽는 것을 가리킨다.

將盡(장진) : 장차 다하려하다. 함께 교유하던 친구들이 거의 죽은 것을 가리킨다. 완우는 건안 17년(212)에 사망하였으며, 나머지 왕찬, 진림, 유정, 응창, 서간 등은 건안 22년(217)년에 사망하였다.

18) 撰文(선문) : 문장을 뽑다. 죽은 친구들의 문장을 모아 문집을 만드는 것을 가리킨다.

19) 增愴(증창) : 슬픔이 더하다.

魏太子[1]
위 태자 조비曹丕 70-1

百川赴巨海,[2]	온 강물이 큰 바다로 흘러들었고
衆星環北辰,[3]	뭇 별들이 북극성을 에워쌌나니,
照灼爛霄漢,[4]	반짝이며 하늘에서 찬란하였고
遙裔起長津,[5]	아득히 긴 물줄기를 일으켰네.
天地中橫潰,[6]	천지가 강둑이 터져 범람하게 되자
家王拯生民.[7]	부왕께서 백성들을 구제하셨네.

區宇既滌蕩,8	천하가 이미 맑게 씻긴지라
群英必來臻,9	뭇 영웅들이 기어이 이르렀네.
忝此欽賢性,10	외람되이 이 자리에 올라 현명한 성품을 흠모하여
由來常懷仁,11	원래부터 늘 어진 이를 그리워하던 차에,
況値衆君子,12	더구나 여러 군자들까지 만났으니
傾心隆日新,13	흠모의 마음 풍성하여 날로 새로웠네.
論物靡浮說,14	사물을 논함에 허황된 의론이 없었고
析理實敷陳,15	이치를 분석함에 실질적으로 진술하였네.
羅縷豈闕辭,16	상세하게 서술함에 어찌 빠트린 말이 있으랴?
窈窕究天人,17	심오하게 천리天理와 인리人理의 경지를 궁구하였네.
澄觴滿金罍,18	맑은 술은 금빛 술동이에 가득하고
連榻設華茵,19	연이은 좌석에는 화려한 자리 깔렸는데,
急絃動飛聽,20	빠른 현 소리가 날다 들으러 온 새들을 감동시키고
淸歌拂梁塵,21	맑은 노래가 들보의 먼지까지 털어내네.
何言相遇易,	서로 만나는 일 쉽다고 어이 말하랴
此歡信可珍.22	이 즐거움은 진실로 귀한 것을.

주석

1) 魏太子(위태자) : 조비(曹丕, 187~226). 자는 자환子桓이며 위 무제武帝 조조曹操의 장자로, 위 문제文帝에 올랐다. 재위기간은 220년부터 226년까지이다.

2) 赴(부) : 흘러들다. '입入'의 뜻이다.

3) 環(환) : 에워싸다.
   北辰(북신) : 북극성.

4) 照灼(조작) : 반짝이다.
   霄漢(소한) : 하늘.

5) 遙裔(요예) : 아득하다. 요원하다.

長津(장진) : 긴 물줄기.
6) 中(중) : ~상황에 이르다.
橫潰(횡궤) : 홍수가 나서 강둑이 터지고 강물이 범람하다. 이 구는 천하가 혼란한 상태에 빠진 것을 비유한다.
7) 家王(가왕) : 조비의 부왕父王인 위 무제 조조를 가리킨다.
8) 區宇(구우) : 천하.
滌蕩(척탕) : 맑게 씻기다.
9) 來臻(내진) : 와서 이르다.
이 구는 왕찬王粲, 유정劉楨, 진림陳琳 등 천하의 인재들이 조조의 문하에 속속 모여든 일을 가리킨다.
10) 忝此(첨차) : 이 자리에 부끄럽게도. '첨忝'은 '욕辱'의 뜻이고, '차此'는 태자의 지위를 가리킨다. 이는 조비 자신이 태자의 지위에 오른 것을 겸손하게 표현한 것이다.
賢性(현성) : 현명한 이. 현량賢良한 성품을 지닌 사람을 가리킨다.
11) 由來(유래) : 원래부터. 처음부터.
12) 値(치) : 만나다.
衆君子(중군자) : 여러 군자들. 왕찬, 유정, 진림 등을 가리킨다.
13) 傾心(경심) : 흠모의 마음.
14) 靡(미) : 없다.
浮說(부설) : 허황된 의론이나 담론.
15) 敷陳(부진) : 진술하다. 나열하여 서술한다는 뜻이다.
16) 羅縷(나루) : 상세하게 서술하다. ≪문선≫의 오신五臣 주에 "상세한 서술을 나열하다.(罗列缕述也)"라고 하였다.
17) 窈窕(요조) : 심오하다. 심원하다.
天人(천인) : 천리天理과 인리人理. 하늘의 이치와 인간세상의 이치를 두루 궁구하는 것을 가리킨다.
18) 澄觴(징상) : 맑은 술. 맛좋은 술을 가리킨다.
19) 連榻(연탑) : 연이은 좌석. 좌석이 한데 이어져 있는 것으로 친밀한 자리임을 의미한다.

華茵(화인) : 화려한 자리. 깔개자리.
20) 急絃(급현) : 빠르고 흥겨운 음악.
動飛聽(동비청) : 날다 (음악을) 들으러 온 새를 감동시키다. ≪문선≫의 이선李善 주에서 ≪포박자抱朴子≫를 인용하여 "호파가 금을 타면 새들이 그 때문에 내려와서 듣는다.(瓠巴操琴, 翔禽爲之下聽)"라고 하였으며, ≪열자列子·탕문湯問≫에 "호파가 금을 타면 새가 춤추고 물고기가 뛰어 오른다.(瓠巴鼓琴, 而鳥舞魚躍)"라고 하였다.
이 구는 날던 새들도 내려와서 들을 정도로 악곡이 감동적인 것을 가리킨다.
21) 拂梁塵(불량진) : 들보의 먼지까지 털어내다. 진晉 육기陸機의 〈의고시擬古詩·'동쪽 성벽은 어찌 저리 높은지'를 본떠擬東城一何高〉에 "한 번 노래하니 만 사내가 탄식하고 다시 노래하니 들보의 먼지가 날리네.(一唱萬夫嘆, 再唱梁塵飛)"라는 시구가 있다.
이 구는 들보 위의 먼지가 날릴 정도로 노래 소리가 드높은 것을 가리킨다.
22) 信(신) : 진실로.
마지막 두 구는 조비와 왕찬, 유정, 진림 등이 한자리에 모이기란 쉽지 않으므로 한데 모여 즐기는 이 연회가 매우 귀한 자리임을 말하였다.

해설

이 시는 조비의 입장에서 조조의 위나라 건국을 칭송하고 건안建安 문인들과의 교유가 매우 소중했음을 서술하였는데, 사령운이 영가 1년(420)부터 영가 3년(422)까지 약 이삼 년 동안 여릉왕廬陵王 유의진劉義眞을 모시고 여러 문사들과 함께 수도 건강建康에서 교유하던 시절을 추억한 것으로 볼 수 있다.

이 시는 크게 세 단락으로 나눌 수 있다. 첫 단락은 제1~8구로 별과 강물의 비유를 통해 천하의 인심이 조씨 부자에게 귀의하고 이를 기반으로 조조가 위나라를 건립하면서 천하의 인재들 또한 그들에게 모여든 일을 서술하였다. 둘째 단락은 제9~16구로 조비 자신이 태자로서 오래전부터 현인을 흠모해오던 차에, 왕찬, 유정, 진림 같은 뛰어난 문인들을 만나게 되어 그들과 함께 천리天理와 인리人理에 걸쳐 두루 담론하고 또 이를 세밀한 문장으로 펴내는 등 문아한 교유를 영위했음을 서술하였다. 셋째 단락은 제17~22

구로 그들과의 성대한 연회자리를 자세히 묘사한 후 이런 자리가 매우 즐겁고 소중했음을 말하였다. (김수희)

王粲[1] 왕찬 70-2

家本秦川,[2] 貴公子孫,[3] 遭亂流寓,[4] 自傷情多.
집은 본래 진천으로 왕공귀인의 자손인데 난리를 만나 타향에 거하니 절로 마음 아파하고 슬픈 심정이 많도다.

幽厲昔崩亂,[5]	유왕과 여왕은 옛날에 천하를 무너뜨려 어지럽혔고
桓靈今板蕩.[6]	환제와 영제는 지금 천하를 혼란스럽게 하여,
伊洛旣燎煙,[7]	이수와 낙수 가는 이미 불타서 연기되었고
函崤沒無像.[8]	함곡관과 효산은 함락되어 법도가 없어졌기에,
整裝辭秦川,	행장을 꾸려 진천을 떠나
秣馬赴楚壤.[9]	말을 먹이며 초 땅으로 나아왔네.
沮漳自可美,[10]	저수와 장수가 절로 가히 아름답지만
客心非外獎.[11]	나그네 심정은 외물에 고무되지 않았네.
常歎詩人言,[12]	항상 옛 시인의 말에 탄식하나니
式微何由往.[13]	쇠미해졌지만 어디로 돌아갈 텐가?
上宰奉皇靈,[14]	재상 조조께서 헌제를 받드시니
侯伯咸宗長.[15]	제후들도 모두 수장으로 받들어서,

雲騎亂漢南,16	구름 같은 기병들이 한수 이남으로 건너가서
紀郢皆掃蕩,17	형주 지역이 모두 평정되었으니
排霧屬盛明,18	안개를 물리쳐 성명한 이를 보게 되고
披雲對淸朗,19	구름을 헤쳐 맑고 밝은 분을 대하게 되었네.
慶泰欲重疊,20	길한 복의 형통함이 거듭되려는지
公子特先賞,21	공자시절 특별히 먼저 인정해주셨고,
不謂息肩願,22	어깨의 짐을 내려놓으려는 바람을 말하기도 전에
一旦値明兩,23	하루아침에 성명하신 황제를 만나게 되었네.
並載遊鄴京,24	수레를 나란히 하여 업경에서 노닐었고
方舟汎河廣,25	배를 나란히 대어 넓은 황하에 띄웠었네.
綢繆淸讌娛,26	정의가 얽히면서 청아한 연회 즐거워서
寂寥梁棟響,27	적막한 가운데 대들보까지 풍악소리 울리었네.
旣作長夜飮,	이미 밤새도록 술자리를 벌였는데
豈顧乘日養,28	어찌 한낮에 즐길 일까지 생각하랴.

주석

1) 王粲(왕찬) : 왕찬(177~217)은 자가 중선仲宣이며 산양군山陽郡 고평현(高平縣, 지금의 산동성 거야현巨野縣 일대) 사람이다. 어릴 적부터 문재가 뛰어나서 당시의 저명한 문인 채옹蔡邕의 인정을 받았다. 동탁의 난을 피하여 장안長安을 떠나 형주荊州로 피난하여 유표劉表에게 의탁하였으나 중용되지 못하였다. 건안建安 13년(208) 형주를 평정한 조조에게 귀의하여 조씨 부자의 두터운 신임을 얻었다. 관직이 시중侍中에까지 올랐으며 관내후關內侯의 작위를 받았다. 건안칠자建安七子 중의 한 사람으로 시詩, 부賦, 논論 등 60여 편의 작품을 남겼는데, 특히 사부辭賦에 뛰어났다. 〈등루부登樓賦〉가 유명하다.

2) 秦川(진천) : 장안 일대를 가리킨다.

3) 貴公(귀공) : 왕공귀인. 왕찬의 증조부 왕공王龔은 한漢 순제順帝 때 태위太尉였고, 조부 왕창王暢은 한 영제靈帝 때 사공司空이었다. 모두 삼공三公에 해당하는 높은 관직이다.

4) 遭亂(조란) : 난리를 만나다. 192년 동탁董卓의 부장인 이각李傕이 곽사郭汜 등과 함께 여포呂布와 왕윤王允을 죽이고 장안을 점거한 일을 가리킨다.

流寓(유우) : 타향에 거하다. 왕찬이 난리를 피하여 형주에 거하며 유표에게 의탁한 일을 가리킨다.

5) 幽厲(유려) : 주周 유왕(幽王, B.C.795~771)과 여왕(厲王, ?~B.C.828). 유왕은 서주西周의 마지막 황제이고 여왕은 이른바 '국인폭동國人暴動'으로 쫓겨난 황제로, 모두 서주의 폭군들이다.

6) 桓靈(환령) : 동한東漢의 환제(桓帝, 132~167)와 영제(靈帝, 157~189). 환제 때 당고黨錮의 화禍가 일어났고 영제 때 황건적의 난이 일어났다. 모두 동한 말 혼란한 시기를 이끈 어리석은 황제들이다.

板蕩(판탕) : 혼란하다. 원래는 ≪시경·대아≫의 편명인 〈판板〉과 〈탕蕩〉이다. ≪모시서毛詩序≫에 "(판은) 범백凡伯이 여왕厲王을 풍자한 것이다.", "(탕은) 여왕厲王이 무도하여 천하에 법도와 예의가 없어져서 이 시를 지었다."라고 하였다. 이로부터 정치적으로 사회적으로 천하가 혼란한 것을 가리키게 되었다.

7) 伊洛(이낙) : 이수伊水와 낙수洛水. 여기서는 낙양洛陽 일대를 가리킨다.

燎烟(요연) : 불에 타서 연기가 되다. 여기서는 동탁董卓의 군대에 낙양 일대가 불에 탄 것을 가리킨다.

8) 函崤(함효) : 함곡관函谷關과 효산崤山. 함곡관은 지금의 하남성 영보현靈寶縣 남쪽에 있다. 동쪽 효산崤山에서 서쪽 동진潼津에 이르는 험한 지역으로, 장안으로 통하는 중요한 관문이다.

無像(무상) : 법도가 없다. '상像'은 법도法道, 법식法式의 뜻이다.

9) 秣馬(말마) : 말을 먹이다.

楚壤(초양) : 초楚 지역. 여기서는 형주를 가리킨다.

10) 沮漳(저장) : 저수沮水와 장수漳水. 형주 일대를 흐르는 강으로, 여기서는 형주를 가리킨다.

11) 非外獎(비외장) : 외물에 의해 고무되지 않다. 형주의 아름다운 산수자연을 보고도 마음이 고무되지 않는 것을 가리킨다.

12) 詩人(시인) : 다음 구의 ≪시경·패풍邶風·쇠미하도다式微≫의 작자를 가리킨다.
13) 式微(식미) : ≪시경·패풍邶風≫의 편명. "쇠미해지고 쇠미해졌거늘, 어찌 돌아가지 않는가?(式微式微, 胡不歸)"라 하였는데, ≪모시서毛詩序≫에서는 여후黎侯가 위衛나라로 도망가서 거하자 수행하던 신하들이 그에게 고국으로 돌아갈 것을 권하는 시라고 하였다. 여기서는 고향 진천으로 돌아가고 싶은 심정을 나타낸다.
14) 上宰(상재) : 재상. 조조曹操를 가리킨다.
    皇靈(황령) : 한漢 헌제(獻帝, 181~234)를 가리킨다.
15) 侯伯(후백) : 제후.
    宗長(종장) : 수장으로 받들다. '종宗'은 '존숭尊崇'의 뜻이다.
16) 雲騎(운기) : 조조의 남정南征 군대가 구름 같이 많은 것을 가리킨다.
    亂(란) : 가로질러 건너가다. '횡도橫渡'의 뜻이다.
    漢南(한남) : 한수漢水 이남.
17) 紀郢(기영) : 전국시대 초楚나라 도성인 영(郢, 지금의 호북성 강릉현江陵縣 동남쪽). 여기서는 형주를 가리킨다.
    掃盪(소탕) : 평정하다. 소탕하다.
18) 排霧(배무) : 안개를 물리치다.
    屬(속) : 보다. '촉囑'과 통한다.
    聖明(성명) : 성명한 이. 여기서는 조조를 가리킨다.
19) 披雲(피운) : 구름을 헤치다.
    淸朗(청랑) : 맑고 밝은 분. 여기서는 조조를 가리킨다.
    위의 두 구는 조조가 한수 이남까지 진격하여 형주가 평정되자 그곳에 있던 왕찬이 조조를 만나게 되었음을 의미한다.
20) 慶泰(경태) : 길한 복이 형통하다. '경慶'은 '길경吉慶'의 뜻이고 '태泰'는 '통通'의 뜻이다.
    重疊(중첩) : 거듭되다. 조조를 만난 데 이어 조비의 인정까지 받게 된 일을 가리킨다.
21) 公子(공자) : 조비曹丕를 가리킨다. 이선李善 주에서는 조식曹植으로 보고 있다.
22) 息肩(식견) : 어깨 위의 짐을 내려놓다. 부담감에서 벗어나는 것을 가리킨다.
23) 値(치) : 만나다.

明兩(명량) : 황제. 위 문제文帝 조비를 가리킨다. ≪주역・이離≫의 "명량이 이괘가 되니 대인이 밝음을 계승하여 사방을 비춘다.(明兩作離, 大人以繼明照于四方)"의 공영달孔穎達 소에 "명량이 이괘가 되는 것은 이가 해가 되고 해가 밝음이 돼서이다. 지금 위아래로 두 실체가 있으므로 명량이 이가 된다고 이른 것이다.(明兩作離者, 離爲日, 日爲明. 今有上下二體, 故云明兩作離也)"라고 하였다. 위 무제武帝 조조가 앞서 천하를 밝게 하였고 그 뒤를 계승하여 문제文帝 조비가 다시 세상을 밝히었기 때문에 이렇게 칭한 것이다.

앞의 '배무排霧' 두 구는 형주에서 조조와 만난 일을 서술하였고, '경태慶泰'부터 '일단一旦'까지의 네 구는 왕찬이 공자 조비의 남다른 인정을 받아 그가 황제가 될 때까지 곁에 있었음을 서술하였다.

24) 並載(병재) : 수레를 나란히 하다.
鄴京(업경) : 위나라의 수도. 지금의 하북성 임장현臨漳縣 서쪽에 있다.
25) 方舟(방주) : 배를 나란히 대다. '방方'은 '비比', '병幷'의 뜻이다.
26) 綢繆(주무) : 정의情意가 끈끈하고 깊은 것을 가리킨다.
27) 梁棟響(양동향) : 대들보까지 풍악소리가 울리다. ≪열자列子・탕문湯問≫에 의하면, 한아韓娥가 제齊나라로 가면서 식량이 떨어지자 노래를 팔아 양식을 구하였는데, 이미 떠났는데도 그 울림소리가 들보에 감돌면서 삼일 동안 끊이지 않았다고 한다.
28) 乘日(승일) : 태양신이 모는 수레를 타다. 한낮을 가리킨다.
養(양) : 즐기다. '환락歡樂'의 뜻이다.

> **해설**

이 시는 왕찬의 목소리를 통해 난을 피해 형주로 와서 지내다가 조조와 조비의 인정을 받고 함께 교유하며 즐기던 일을 순차적으로 서술하였다.

이 시는 크게 네 단락으로 나눌 수 있다. 제1~6구는 동탁의 난으로 인해 진천 지역(즉 장안 부근)이 혼란해지자 고향을 떠나 초 땅인 형주로 향하게 되었음을 말하였다. 이는 서문의 '조란유우遭亂流寓'에 대한 상세한 서술이라고 할 수 있다. 제7~10구는 형주의 아름다운 산수자연을 대해도 나그네 신세이기에 별다른 감흥이 일지 않고, ≪시경・쇠미하도다式微≫의 시구와 달리 쇠미해졌지만 고향으로 돌아갈 수 없음을 말하였다. 제11~16구는 제후들의 지지 아래 조조가 한수 이남까지 진격하여 형주를 평정하게 되자 그곳에 있던 왕찬이 조조를 만나게 되었음을 서술하였다. 제17~26구는 조조에 이어 조비의 인정까지 받게 되어 그와 함께 교유하고 연회를 열어 즐기던 일을 말하였다. 이를 다시 양분하자면 제17~20구의 네 구는 조비가 공자일 때 일찍이 인정을 받은 뒤 그가 황제의 지위에 오를 때까지 곁에 머물렀음을 말하였고, 제21구~제26구는 함께 업도에서 교유하며 밤새도록 연회를 즐기던 일을 서술하였다. 시 전체적으로 천하의 혼란을 언급하고 이를 평정한 조조를 칭송한 후 조비를 만나 함께 연회하는 장면으로 끝맺었는데, 이는 앞서의 〈위태자 魏太子〉시와 유사하다고 할 수 있다. (김수희)

陳琳[1] 진림 70-3

袁本初書記之士,[2] 故述喪亂事多.
원소의 서기를 맡았던 까닭에 상란의 일을 쓴 것이 많다.

皇漢逢屯邅,[3]	한 황실이 곤경에 처함에
天下遭氛慝,[4]	천하는 사악한 재앙을 만나게 되었으니,
董氏淪關西,[5]	동탁은 관서 지역을 함락시키고
袁家擁河北,[6]	원소는 하북 지역을 장악하였네.
單民易周章,[7]	혼자인 몸으로 쉬 두려워하여
窘身就羈勒,[8]	곤궁한 신세로 얽매이는 곳으로 나아갔건만,
豈意事乖己,[9]	어찌 생각했으리, 일이 자신의 뜻과 어긋나

永懷戀故國,10	오래도록 고국을 그리워하게 될 줄을.
相公實勤王,11	승상께서는 실로 황제를 보위하며 헌신하시어
信能定蚩賊,12	참으로 해충 같은 도적들을 평정할 수 있었으니,
復睹東都輝,13	빛나는 동도 낙양을 다시 보게 되고
重見漢朝則,14	법도 있는 한 조정을 거듭 보게 되었네.
餘生幸已多,15	남은 인생에 행운은 이미 많았거늘
矧迺值明德,16	하물며 곧이어 밝은 덕의 태자를 만났으니,
愛客不告疲,17	빈객을 좋아하여 피곤하다 하지도 않고
飮讌遺景刻,18	술 마시고 연회하며 시간 가는 줄도 몰랐다네.
夜聽極星爛,19	밤부터 별빛 희미해질 때까지 풍악을 듣고
朝遊窮曛黑,20	아침부터 저녁놀 어두워질 때까지 노닐었으니,
哀咮動梁埃,21	슬픔 가득한 노래 소리는 대들보의 먼지를 들썩이고
急觴蕩幽黙,22	급히 도는 술잔은 깊은 침묵을 씻어내었네.
且盡一日娛,23	다만 하루의 즐거움을 다하는 것이었을 뿐
莫知古來惑,24	옛 사람의 미혹 따위는 생각하지 않았네.

주석

1) 陳琳(진림) : 진림(?~217)은 자가 공장孔璋이며 광릉(廣陵, 지금의 강소성 양주시揚州市) 사람이다. 처음에 하진何進의 주부主簿로 있다가 하진 사후에 원소袁紹의 막료가 되어 서기出記를 맡았다. 원소가 관도官渡의 전투에서 조조曹操에게 패하자 원상袁尙에게 잠시 의탁하였으며, 후에 조조에게 귀의하는 등 수많은 정치역정을 겪었다.

2) 袁本初(원본초) : 원소(袁紹, ?~202). 자는 본초本初이며 여양汝陽 사람이다. 한말漢末 군벌 중의 하나로 초평初平 원년(190) 반동탁연합군反董卓聯合軍의 맹주로 추존되었으며, 연합군이 와해된 후 기주冀州를 점거하고 공손찬公孫瓚의 유주幽州 지역까지 병합시켰다. 건안建安 5년(200) 조조와의 관도 전투에서 패한 후 사망하였다.

3) 皇漢(황한) : 한漢 황실.

屯邅(둔전) : 머뭇거리다. 곤경에 처하다.

4) 氛慝(분특) : 사특한 기운 또는 재앙.

5) 董氏(동씨) : 동탁董卓, ?~192).
   關西(관서) : 동관潼關 서쪽 지역. 여기서는 장안 부근을 가리킨다.

6) 袁家(원가) : 원소袁紹.
   河北(하북) : 황하黃河 북쪽 지역. 여기서는 기주冀州와 유주幽州 지역을 가리킨다.

7) 單民(단민) : 외롭게 홀로 있는 사람. 여기서는 진림陳琳을 가리킨다.
   周章(주장) : 놀라 두려워하는 모양.

8) 窘身(군신) : 궁색한 신세
   羈勒(기륵) : 얽매이다. 원소에게 의탁하여 서기書記를 맡은 것을 가리킨다.

9) 事乖己(사괴기) : 일이 자신과 어긋나다. 자신의 이상이 원소와 맞지 않아 실현되지 못한 것을 말한다.

10) 故國(고국) : 한漢 황실을 가리킨다.

11) 相公(상공) : 승상丞相. 조조曹操를 가리킨다.
    勤王(근왕) : 왕을 보좌하며 헌신하여 일하다.

12) 蝥賊(모적) : 해충 같은 도적.

13) 東都(동도) : 낙양洛陽.

14) 則(칙) : 법도.

15) 餘生(여생) : 남은 인생. 조조에게서 죽을죄를 면제받아 다시 목숨을 얻은 것을 말한다.
    幸已多(행이다) : 행운이 이미 많다. 진림은 원소의 서기로 있으면서 조조를 성토하고 그 조상을 모욕하는 글을 썼는데, 조조는 그 재주를 아끼어 벌하지 않고 오히려 사공군모좨주司空軍謀祭酒로 발탁하였다.

16) 矧(신) : 하물며.
    洒(내) : 이에, 곧이어.

17) 愛客(애객) : 빈객들과 어울려 즐기는 것을 좋아하다.
    不告疲(불고피) : 피곤하다 말하지 않다. 조식曹植의 〈공연公讌〉 시에 "공자(조비)께서는 손님들을 경애하시어, 연회가 끝나도록 피곤한 줄도 모르시네.(公子敬愛客, 終讌不知疲)"

라 하였다.
18) 讌(연) : 연회하다.
    遺(유) : 잊다.
    景刻(경각) : 시간.
19) 爛(란) : 희미해지다. 날이 밝아오는 때를 가리킨다. '란闌'으로 되어 있는 판본도 있으며 뜻은 같다.
20) 曛黑(훈흑) : 석양빛이 어두워지다.
21) 哀唯(애왜) : 슬픔이 극에 달한 노래. 감정이 절제되지 못한 노래를 의미한다. ≪법언法言·오자吾子≫에 "법도에 맞으니 전아하고, 흐느낌이 많으니 음란하다.(中正則雅, 多哇則鄭)"라 하였다.
    梁埃(양애) : 대들보의 먼지. 들보의 먼지를 털어 낼 정도로 소리가 크고 높은 것을 말한다.
22) 急觴(급상) : 급하게 움직이는 술잔.
23) 且(차) : 다만.
    一日娛(일일오) : 하루의 즐거움. 급시행락及時行樂 하는 것을 말한다.
24) 古來惑(고래혹) : 옛날부터 사람들이 미혹되는 것. ≪후한서後漢書·양병전楊秉傳≫에 "양병이 일찍이 편안히 있으며 말하기를, '나는 세 가지 미혹되지 않는 것이 있으니 술과 여색과 재물이다.'라고 하였다.(楊秉嘗從容言曰, 我有三不惑, 酒、色、財也)"라 하였다.

해설

이 시는 진림陳琳에 대해 읊은 것으로, 크게 세 부분으로 나누어 다난했던 진림의 삶의 역정과 조조에 대한 송덕 및 조비와 교유하며 연회를 벌이던 상황을 묘사하고 있다.
먼저 제1~8구에서는 동탁과 원소에 의해 농단된 한말의 혼란했던 시대 상황과 진림이 원소에게 귀의했던 일을 말하고 있는데, 그의 이와 같은 행동은 당시 생존을 위한 어쩔 수 없는 선택이었으며 원소와 정치적 이상을 같이 하지도 않았음을 말하며 그를 변호하고 있다. 제9~12구에서는 한 황실을 보위하며 사방의 혼란을 평정함으로써 다시금 한 조정을 중흥시킨 조조의 공업을 칭송하고 있다. 마지막 제13~22구에서는 조조에 의해 사면

받고 태자 조비와 교유할 수 있게 된 것에 감사하며, 밤새도록 함께 연회를 즐기고 또한 날이 저물도록 유람하며 인생의 즐거움을 누리는 상황이 나타나 있다. (주기평)

徐幹[1] 서간 70-4

少無宦情,[2] 有箕潁之心事,[3] 故仕世多素辭.[4]
젊었을 때 관직에 대한 마음이 없었으며 기산과 영수를 흠모하는 마음이 있어서 관직에 있을 때에도 질박한 말이 많았다.

伊昔家臨淄,[5]	옛날 임치에 살면서
提攜弄齊瑟,[6]	서로 어울려 슬을 탔으며,
置酒飮膠東,[7]	교동에서 술을 차려 마시고
淹留憩高密.[8]	고밀에서 머무르며 쉬었지.
此歡謂可終,[9]	이런 즐거움으로 죽을 수 있으리라 말했는데
外物始難畢.[10]	외물로 인해 다하기 어렵기 시작했으니,
搖蕩箕濮情,[11]	기산과 복수에 은거하고자 하는 마음이 뒤흔들렸고
窮年迫憂慄.[12]	한 해 내내 근심과 두려움이 닥쳤네.
末塗幸休明,[13]	말년에 명철하신 분을 만나
棲集建薄質.[14]	머물면서 비루한 몸을 일으켰으니,
已免負薪苦,[15]	이미 땔나무를 지는 고생을 면하고서
仍游椒蘭室.[16]	또 산초 난초 향 나는 집에서 노닐었네.

清論事究萬,17	맑은 담론은 만 가지 일을 탐구하고
美話信非一.18	아름다운 담화는 진실로 편협하지 않은데,
行觴奏悲歌,19	술잔 돌리고 비장한 노래를 연주하며
永夜繋白日.20	긴 밤이 한낮에 이어졌지.
華屋非蓬居,21	화려한 집은 은거할 쑥대집이 아니니
時髦豈余匹.22	당대의 준걸이 어찌 나의 짝이겠는가?
中飮顧昔心,23	술 마시다가 옛 마음을 돌아보니
悵焉若有失.24	슬프게도 마치 잃어버린 게 있는 듯하였네.

주석

1) 徐幹(서간) : 서간(170~217)은 자가 위장(偉長)이며, 북해군北海郡 극현(劇縣, 지금의 산동성 수광시壽光市) 사람이다. 동한의 유명한 문학자이자 철학자이며 건안칠자 중 한명이다. 집안이 가난했지만 학문에 힘썼으며 조조가 수차례 불렀지만 병을 핑계로 나아가지 않았다. 후에 조조가 북방을 평정하고 중국을 통일할 기미가 보이자 나아가 사공군모좨주연속司空軍謀祭酒掾屬이 되었으며 오관장문학五官將文學을 지내면서 조조의 문학시종이 되었다. 오륙 년 관직생활을 하다가 병으로 관직을 사임하고 귀향했으며 건안 22년(217)에 병으로 죽었다.

2) 宦情(환정) : 관직에 나아가고자 하는 마음.

3) 箕穎(기영) : 기산箕山과 영수穎水. 요 임금 시절에 허유許由와 소보巢父가 은거했던 곳으로 대체로 은거지를 가리킨다.

4) 仕世(사세) : 관직생활.
   素辭(소사) : 질박한 말. 평소 서간이 은거를 지향하고자 하는 마음을 표명하는 말이다.

5) 伊昔(이석) : 예전에.
   臨淄(임치) : 지금의 산동성 임치현이며 제齊나라의 도성이었다.

6) 提攜(제휴) : 손을 잡다. 친구들과 어울리는 모습이다.
   弄(농) : 악기를 연주하다.

齊瑟(제슬) : 제나라의 슬. 제나라 임치 사람들은 음악을 좋아했으며 누구나 슬을 연주했다고 한다.

7) 膠東(교동) : 옛 제 땅에 속했으며, 지금의 산동성 평도현平度縣이다.
8) 淹留(엄류) : 머무르다.
   憩(게) : 쉬다.
   高密(고밀) : 옛 제 땅에 속했으며, 지금의 산동성 고밀현이다.
   이상 두 구에 대해 조식이 임치에 있을 때 그를 따른 것을 적은 것이라는 설이 있지만 확실치 않다.
9) 此歡(차환) : 이러한 즐거움. 서간이 제 땅에서 유유자적하게 사는 즐거움을 말한다.
   可終(가종) : 죽을 수 있다.
   이 구는 죽을 때까지 이러한 즐거움을 누리고자 한다는 뜻이다.
10) 外物(외물) : 몸 밖의 일. 대체로 이익과 공명과 관련된 일을 가리킨다.
    難畢(난필) : 마치기 어렵다. 서간이 유유자적한 삶을 죽을 때까지 누리기 어려웠음을 말한다.
11) 搖蕩(요탕) : 흔들리다. 동요하다.
    箕濮情(기복정) : 기산과 복수濮水에 살려는 마음. 은일하는 마음을 가리킨다. 복수는 장주莊周가 낚시하던 곳이다.
12) 窮年(궁년) : 한 해 내내.
    憂慄(우률) : 근심과 두려움.
13) 末塗(말도) : 만년.
    幸(행) : 왕의 총애를 받다.
    休明(휴명) : 아름답고 밝은 이. 여기서는 위 무제武帝 조조와 조비를 가리킨다.
14) 棲集(서집) : 머물다.
    建(건) : 세우다. 일으키다. '逮逮'로 되어 있는 판본도 있으며 이 경우 뜻은 '미치다'이다.
    薄質(박질) : 자질이 비루하고 재능이 떨어지는 사람으로 자신을 낮추어 부르는 말이다.
15) 負薪苦(부신고) : 땔감을 지는 고통. 궁핍한 생활을 의미한다.
16) 椒蘭(초란) : 산초나무와 난초. 벽을 바를 때 첨가했던 향료로, 호화로운 집을 가리킨다.

17) 究萬(구만) : 만 가지 일을 궁구하다.
18) 美話(미화) : 정묘하고 빼어난 말. 또는 훌륭한 시문.
　　非一(비일) : 한 가지 면만이 아니다. 총체적으로 두루 살핀다는 뜻이다. 또는 하나가 아니라고 풀이하여 많다는 뜻으로 볼 수도 있다.
19) 行觴(행상) : 술잔을 돌리다.
20) 永夜(영야) : 긴 밤.
21) 華屋(화옥) : 화려한 집. 관직 생활을 비유한다.
　　蓬居(봉거) : 쑥대로 지붕을 엮은 집. 가난한 자의 허름한 집으로, 은거 생활을 비유한다.
22) 時髦(시모) : 당대의 준걸.
　　余匹(여필) : 나의 짝. 서간의 짝을 뜻한다.
23) 中飮(중음) : 술을 마시는 도중.
　　昔心(석심) : 예전의 마음. 은일을 지향하던 마음을 가리킨다.
24) 悵焉(창언) : 슬픈 모습.
　　若有失(약유실) : 잃어버린 것이 있는 듯하다. 마음속이 허전하고 아득한 상태로 은거에 미련이 있는 것을 뜻한다.

해설

　이 시는 서간徐幹에 대해 쓴 것으로, 그가 젊어서 은일의 삶을 실천하고 살다가 관직에 나아가 고담준론을 펼치며 화려한 생활을 하였지만 애초의 지향은 은일이었음을 말하였다.
　제1~4구에서는 서간이 제 땅에 살면서 유유자적하게 사는 모습을 그렸다. 제5~8구에서는 이러한 삶을 죽을 때까지 할 수 있기를 바랐지만 관직에 나아가는 바람에 그러한 기대는 틀어졌으며 오히려 항상 근심과 두려움 속에 살았다고 하였다. 제9~16구에서는 조조의 부름을 받아 관직에 나아간 이후의 생활을 묘사한 것으로 조비 및 건안칠자와 어울려 고담준론을 펼치고 밤새도록 술을 마시며 노래하는 것을 통해 그의 달라진 모습을 표현하였다. 제17~20구에서는 그러한 관직생활이 자신이 추구하던 은일 생활이 아니며 당대의 준걸이 자신과 교유해야 할 소박한 은자가 아님을 깨닫고는 창망해하는 서간의 모습을 그렸다. 결국 서간은 관직 생활을 그만두고 고향으로 돌아갔으니 초심을 회복했

다고 할 수 있으며, 이것이 또한 사령운이 지향하고자 하였던 바였다. (임도현)

劉楨[1]
유정
70-5

卓犖偏人,[2] 而文最有氣, 所得頗經奇.[3]
탁월하면서도 특출한 사람으로 문장에 기운이 가장 넘치며 지은 것은 자못 바르고 기묘하였네.

貧居晏里閈,[4]	가난하게 살면서 시골을 편안히 여겼고
少小長東平.[5]	어려서는 동평에서 자랐네.
河兗當衝要,[6]	요충지인 연주로부터
淪飄薄許京.[7]	유랑하다가 허경에 이르렀네.
廣川無逆流,[8]	넓은 강은 가는 물줄기를 마다하지 않아
招納厠羣英.[9]	불러들여 빼어난 이들 사이에 두었네.
北渡黎陽津,[10]	북쪽으로 여양 나루를 건넜고
南登紀郢城.[11]	남쪽으로 기영성에 올랐지.
既覽古今事,	고금의 일을 이미 널리 보았고
頗識治亂情.[12]	치란의 이치도 상당히 알 수 있었네.
歡友相解達,[13]	좋은 벗과 서로 담론하며 격려하고
敷奏究平生.[14]	정견을 펴고 상주하며 평생의 재주를 다하였네.
矧荷明哲顧,[15]	하물며 명철하신 분의 돌봄을 받아

知深覺命輕,16	알아봐주고 깊이 대우하시니 목숨 아깝지 않음을 알았네.
朝遊牛羊下,17	아침에 노닐면 소와 양이 내려오는 저물녘까지 이르렀고
暮坐栝揭鳴,18	저녁에 앉으면 닭이 우는 아침까지 이르렀네.
終歲非一日,19	해가 다 하도록 놀았으니 하루만 논 것이 아니고
傳卮弄淸聲,20	술잔을 전하며 맑은 노래를 연주하였네.
辰事既難諧,21	때와 인사는 본래 조화롭기가 어려운 법인데
歡願如今幷.	즐거움과 바람을 지금 동시에 이루었네.
唯羨肅肅翰,22	오직 선망하는 것은 푸드덕 날갯짓 하여
繽紛戾高冥.23	새들처럼 높은 하늘에 도달하는 것이었네.

주석

1) 劉楨(유정) : 유정(?~217)은 자가 공간公幹이며 후한 말기의 동평東平 영양寧陽 사람으로, 건안칠자建安七子의 한 사람이다.
2) 卓犖(탁락) : 탁월하다. 걸출하다.
   偏人(편인) : 어떤 방면에서 성취가 탁월한 사람. 유정은 오언시에 특히 뛰어났다.
3) 經奇(경기) : 바르고 기묘함. 시문이 정도正道에 부합되면서 기묘한 것을 이른다.
4) 晏(안) : 편안하다.
   里閈(이한) : 향리鄕里, 마을.
5) 東平(동평) : 지명. 지금의 산동성 동평현東平縣.
6) 河兗(하연) : 연주兗州. 지금의 산동성 복현濮縣 동쪽. 여기서는 유정의 고향을 이른다.
   衝要(충요) : 요충지.
7) 淪飄(윤표) : 유랑하며 떠돌다.
   薄(박) : 이르다.
   許京(허경) : 허창許昌. 지금의 하남성 허창시. 조조曹操가 헌제獻帝를 맞이하여 이곳에 도읍을 정했고, 조비도 황제에 등극할 때 이곳을 도읍으로 하였다.
8) 廣川(광천) : 넓은 강. 여기서는 조조를 비유한다.

逆(역) : 거절하다.

流(류) : 가는 물줄기. 여기서는 유정 등의 문사文士를 비유한다.

9) 招納(초납) : 초빙하여 받아들이다.

厠(측) : 곁에 두다.

이 두 구는 "넓은 강은 거스르는 물줄기가 없어 불러들여 빼어난 이들을 옆에 두었네."로도 해석할 수 있어 조비의 포용력이 무척 커서 다소 거스르는 사람도 능력이 뛰어나면 등용하였다는 의미로 볼 수 있다.

10) 北渡(북도) : 북쪽으로 건너다. 조조를 따라 북쪽의 원소袁紹를 정벌하러 간 것을 이른다.

黎陽津(여양진) : 여양 나루. 지금의 하남성 활현滑縣 동쪽.

11) 南登(남등) : 남쪽으로 오르다. 조조를 따라 남쪽의 유표劉表를 정벌하러 간 것을 이른다.

紀郢(기영) : 초나라의 도성인 영郢. 기산紀山 남쪽에 있어 이렇게 칭한다. 유표가 있던 형주荊州를 가리킨다.

12) 治亂(치란) : 잘 다스려진 세상과 어지러운 세상.

13) 歡友(환우) : 좋은 벗.

解達(해달) : 담론하며 격려하다.

14) 敷奏(부주) : 정치적 견해를 진술하고 상주上奏하다.

究(구) : 다하다.

平生(평생) : 사는 내내 동안. 여기서는 평생의 재능을 이른다.

15) 矧(신) : 하물며.

荷(하) : 입다, 지다.

明哲(명철) : 총명하고 사리에 밝음. 여기서는 조비曹丕를 가리킨다.

16) 知深(지심) : 알아봐주고 깊이 대우함.

17) 牛羊下(우양하) : 소와 양이 내려오는 때, 즉 해가 질 무렵을 이른다.

18) 括揭鳴(괄걸명) : 닭이 울다. '괄括'은 '이르다'는 뜻이고, '걸揭'은 '닭이 앉는 시렁'이란 뜻이다. '괄걸括揭'이란 시렁이나 우리로 돌아온 짐승이나 날짐승을 이르는데, 여기서는 아침에 우는 '닭'을 이르는 것으로 보았다. ≪시경·왕풍王風·님은 행역 가셨네君子于役≫에 "닭이 시렁에 앉아 있는데 해가 저무니 양과 소가 아래로 내려오네.(鷄棲于桀, 日之夕

矣, 羊牛下括)"이라 하였다. '걸桀'과 '걸揭'은 같다.

19) 非一日(비일일) : 하루만이 아니다. 여기서는 하루만 논 것이 아니라는 의미이다.
20) 卮(치) : 술잔.
    弄(농) : 연주하다.
21) 辰事(진사) : 때와 인사人事.
    既(기) : 본래. 종래로.
22) 肅肅(숙숙) : 새의 날개가 움직이는 소리.
    翰(한) : 깃털.
23) 繽紛(빈분) : 여러 새들이 날개를 나란히 하며 나는 모양.
    戾(려) : 도달하다.
    高冥(고명) : 높은 하늘.

해설

이 시는 유정劉楨에 관한 것으로, 초기 경력과 조조와 조비에게 인정받았던 경험을 개괄하면서 결국 그가 지향했던 것을 쓰고 있다. 서문에서는 유정과 그의 문학세계에 대해 총괄하며 그가 뛰어난 재주를 지니어 문장을 지으면 기운이 넘치며 바르고 기묘한 특징이 있다고 하였다. 그 후로는 유정의 생애를 펴내었는데 내용상 크게 네 단락으로 나눌 수 있다.

첫 번째 단락은 제1~4구로, 조조를 만나기 이전 초년의 경력을 쓰고 있다. 가난한 시골 출신이었는데 이리저리 떠돌다 허경에 이르렀다고 하였다. 두 번째 단락은 제5~12구로, 무제 조조에게 인정받아 원소 토벌을 위해 북쪽으로 가고 유표를 정벌하러 남쪽으로 갔던 것을 썼다. 이를 통해 고금을 통달하고 치란의 지혜에 밝아졌고 여러 사람들과 함께 토론하면서 재주를 드날릴 수 있었다고 하였다. 세 번째 단락은 제13구~20구로, 문제 조비에게 인정받아 시간 가는 줄 모르고 노닐었고, 즐거움과 바람이 다 이루어지는 만족스러운 삶을 살았다고 하였다. 마지막 단락은 제21~22구로, 유정이 마지막으로 추구하였던 것은 세속을 초월하여 정신상의 자유를 추구하는 것이었음을 말하였다. (이지운)

應場¹ 응창 70-6

汝潁之士,² 流離世故,³ 頗有飄薄之歎.⁴
여영의 선비로서 세상의 변란 때문에 유랑했으니 정처 없이 떠도는 탄식이 매우 많았다.

嗷嗷雲中雁,⁵	오오하고 우는 구름 속의 기러기
擧翮自委羽,⁶	저 멀리 위우산으로부터 날아왔다네.
求凉弱水湄,⁷	약수의 물가에서 서늘함을 찾았고
違寒長沙渚.⁸	장사의 물가에서 추위를 피했다네.
顧我梁川時,⁹	내가 양나라의 하천에 있던 것 돌아보니
緩步集潁許.¹⁰	걸음을 느리게 하여 영천과 허도에 머물렀네.
一旦逢世難,	하루아침에 세상의 난리를 만나서
淪薄恒羈旅.¹¹	표류하며 언제나 타향을 떠돌았네.
天下昔未定,	천하는 오래도록 평정되지 못했는데
托身早得所.	몸을 맡기는 것은 일찍이 장소를 얻었다네.
官渡厠一卒,¹²	관도에서는 병졸 하나로서 참여하였고
烏林預艱阻.¹³	오림에서는 고난과 역경에 참가하였네.
晚節值衆賢,¹⁴	만년에 여러 현명한 이들을 만나서
會同庇天宇.¹⁵	다 함께 하늘의 보살핌을 받았네.
列坐廕華榱,¹⁶	여러 자리를 화려한 서까래가 덮었고
金樽盈清醑.¹⁷	황금 술동이엔 맑은 미주가 가득하네.
始奏延露曲,¹⁸	처음에는 〈연로곡〉을 연주하고

繼以闌夕語,19	이어서 밤을 새워 이야기하네.
調笑輒酬答,20	농담을 하다가도 어느새 시를 주고받으니
嘲謔無慚沮.21	장난치며 놀리면서도 부끄럽게 하고 멈추게 하는 것은 없네.
傾軀無遺慮,22	온 몸을 기울여서 다른 생각을 남기지 않았으니
在心良已叙.23	마음속 생각을 분명하게 이미 표현하였다네.

주석

1) 應瑒(응창) : 응창(?~217)은 자가 덕련德璉이며 후한 말기의 여남(汝南, 지금의 하남성 여남현汝南縣 동남쪽) 사람으로, 건안칠자建安七子의 한 사람이다. 문사의 집안에서 태어났으나 시대의 혼란으로 떠도는 생활을 하였다. 뒤에 건업建鄴에 와서 조조曹操에게 등용되었는데 그의 시사에는 그의 힘든 인생 경험이 담겨있어서 조비曹丕는 응창의 시문에 대해서 "온화하며 장엄하지 않다.(和而不壯)"고 평하였다.

2) 汝潁之士(여영지사) : 하남성의 여수汝水와 영수潁水 지역의 문사. 이 지역 출신 문사를 여영지사라고 불렀는데 후한 말기에 당고지화黨錮之禍를 당한 대표적인 피해자 집단이다. 오랜 문화적 배경을 가졌으나 정치적 박해 때문에 지리멸렬했던 여영지사는 조조에 의해 발탁되면서 후에 위魏와 진晉을 이끄는 대표적인 지식인 집단이 되었다. 조조는 곽가郭嘉를 추모하는 글에서 "여영에는 참으로 뛰어난 선비가 많다.(汝潁固多奇士)"라고 하였다.

3) 流離(유리) : 재난이나 전란 등의 이유로 유랑하고 흩어지다.
   世故(세고) : 세상의 변란.

4) 飄薄(표박) : 표류하다. 떠돌다. 끊임없이 흔들리다.

5) 嗷嗷(오오) : 새가 슬프게 우는 소리. ≪시경·소아小雅·기러기鴻雁≫에 "기러기가 날며 슬프게 오오하고 우네.(鴻雁于飛, 哀鳴嗷嗷)"라 하였다.

6) 舉翮(거핵) : 날개를 펼치고 날아오르다.
   委羽(위우) : 전설상의 북방의 산 이름. 북극의 북쪽에 있다고 한다.

7) 求涼(구량) : 서늘함을 구하다.
   弱水(약수) : 전설상의 하천의 이름. 곤륜산崑崙山의 아래에 있다고 한다. 그 외에도 약수가 있다는 곳은 많다. 대체로 중국의 북쪽 지역에 있던 것으로 나온다.

湄(미) : 물가

8) 違寒(위한) : 추위를 피하다.

長沙(장사) : 군郡 이름. 지금의 호남성 장사시長沙市이다.

9) 顧(고) : 돌아보다. 회고하다. 이 시에서는 응창이 자신의 예전 일을 회고한다는 뜻이다.

梁(량) : 전국시대 위魏나라. 위혜왕魏惠王이 대량大梁으로 천도한 다음 생긴 이름으로, 대량은 지금의 하남성 개봉시開封市 부근이다.

10) 緩步(완보) : 천천히 걷다. 이 시에서는 응창의 일이 순조롭지 못했다는 뜻이다.

潁許(영허) : 영천군(潁川郡, 지금의 하남성 우주시禹州市 부근)과 허도(許都, 지금의 하남성 허창시許昌市 부근). 영천과 허도는 서로 인접한 지역이므로 결국 허도를 가리킨다.

11) 淪薄(윤박) : 떠돌다. 표류하다.

羈旅(기려) : 타향에서 기거하다.

12) 官渡(관도) : 지명. 지금의 하남성 중모현中牟縣 동북쪽. 건안建安 5년(200년)에 조조가 이곳에서 원소의 10만 대군을 대패시켰다. 조비 또한 관도전투의 1등 공신이었다.

厠(측) : 참여하다. 끼다.

13) 烏林(오림) : 지명. 지금의 호북성 홍호현洪湖縣 동북쪽 장강 북쪽 언덕의 오림기烏林磯. 건안 13년(208)에 손권孫權은 적벽赤壁과 오림에서 조조의 대군을 대파시켰다. 조비 또한 적벽의 전투에 참여하였다.

預(예) : 참여하다. 참가하다.

艱阻(간조) : 고생과 위험. 역경.

14) 晩節(만절) : 만년.

15) 庇(비) : 덮다. 보호하다. 여기에서는 피동으로 해석된다.

天宇(천우) : 하늘. 여기에서는 조조의 은총을 의미한다.

16) 列坐(열좌) : 순서대로 앉은 자리.

廕(음) : 덮다. 보호하다.

華榱(화최) : 조각이 화려한 서까래. 화려한 저택.

17) 金樽(금준) : 황금 술동이.

醑(서) : 좋은 술.
18) 延露(연로) : 이슬을 이끌다. 고대 민간 가요곡. 밤을 새워 즐기는 내용의 노래로 보인다.
19) 闌夕(난석) : 밤을 끝내다. 밤을 새우다.
20) 調笑(조소) : 서로 장난치며 농담하다.
　　酬答(수답) : 서로 시를 주고받다.
21) 嘲謔(조학) : 서로 놀리며 장난치다.
　　慚沮(참저) : 부끄럽게 하고 그만두게 하다. 부끄럽고 기가 죽다.
22) 傾軀(경구) : 온몸을 다하다. 전심전력을 기울이다.
　　遺慮(유려) : 남은 생각. 여한.
23) 良(량) : 분명하게.
　　叙(서) : 표현하다. 토로하다.

해설

　이 시는 건안칠자 중 한 사람인 응창應瑒에 관한 것이다. 다른 시들과 마찬가지로 이 시에서는 사령운이 응창의 목소리를 빌려서 응창의 초기 경력과 조조와 조비와의 만남과 역정에 대해 개괄한 다음 조비가 건안칠자들에게 베푼 주연의 묘사로 시를 마무리하였다. 서문에서는 응창의 출신과 그의 문학세계에 대해 총괄하였다. 응창은 여영 출신의 다른 인재들과 마찬가지로 뛰어난 재주를 가진 인물이었으나 불행한 생활환경으로 젊어서 고생을 많이 했다. 그래서 그의 문학 작품에는 우울하거나 슬픈 내용이 많았다고 한다.
　시의 내용은 유정의 힘들었던 젊은 날을 이야기한 다음 조조와 조비에게 발탁이 된 이야기를 하고 다시 조비가 베푼 잔치 이야기로 이어졌다. 불행했던 젊은 시절을 이야기한 첫 번째 단락은 제1~8구인데, 이 가운데에서 제1~4구는 정해진 집이 없이 계절에 따라 천하를 떠도는 기러기에 대한 묘사를 사용하여 응창이 이러한 기러기와 같았음을 비유하였다. 제5~8구는 응창이 자신의 젊은 시절을 직접적으로 회상하는 내용인데 제5~6구에서는 응창도 마치 외롭고 피곤한 기러기와 마찬가지였는데 타향에 머무는 것은 세상의 난리 때문이었다고 제7~8구에서 말하였다.

두 번째 단락은 제9~14구로, 불행했던 응창이 위나라에 발탁되어 공을 세우고 보살핌을 받았던 내용이다. 제9~10구에서는 비록 여전히 난리 도중이었으나 응창이 조조에게 발탁되어 의탁할 곳을 찾았음을 알렸고 제11~12구에서는 응창이 조조와 조비가 참전했던 위나라의 중요한 전투에 참여하여 승리의 기쁨과 패배의 아픔을 조조 부자와 함께 했음을 밝혔다. 제13~14구는 응창이 조비의 휘하에서 건안 칠자의 다른 인사들과 함께 보살핌을 받게 되었다는 내용이다.

　　세 번째 단락은 제15~22구는 조비가 건안칠자에게 베푼 술잔치에 대한 묘사이다. 제15~16구는 잔치 장소와 마시는 술이 얼마나 화려한가를 보여주었고 제17~18구는 노래와 담론으로 밤을 새운다는 것을 이야기했으며 제19~20구는 잔치에 참여한 건안칠자들이 매우 자유로우면서도 즐겁게 서로 장난치고 놀았다는 것을 이야기했고 제21~22구는 그러한 분위기 속에서 응창 역시 자신의 모든 감정을 쏟아서 술잔치를 즐겼다고 알려주었다. (서용준)

阮瑀[1] 완우 70-7

管書記之任, 有優渥之言.[2]
조조 휘하에서 서기의 임무를 맡았기에, '우악'이란 말이 들어 있다.

河洲多沙塵,[3]	황하의 모래톱에 모래 먼지가 많아서
風悲黃雲起.[4]	바람이 슬피 불어 누런 구름 일어났을 때
金羈相馳逐,[5]	화려한 병마들이 서로 뒤쫓으며 내달리니

聯翩何窮已.6	끝없이 이어져 어찌 그쳤으랴.
慶雲惠優渥.7	상서로운 구름이 융숭한 은혜를 베푸시어
微薄攀多士.8	미천한 몸으로 여러 현사들과 어울리게 되었네.
念昔渤海時.9	지난날 발해 땅에 있을 때를 생각해보니
南皮戲清沚.10	남피의 맑은 물가에서 즐거웠고,
今復河曲游.11	지금 또 다시 업경에서 노니니
鳴葭泛蘭汜.12	울리는 피리소리 난초 핀 물가에 떠다니네.
躧步陵丹梯.13	조용히 걸어 붉은 계단 올라가
並坐侍君子.14	더불어 앉아 군자를 모시네.
妍談既愉心.15	미담은 이미 마음을 기쁘게 하고
哀音信睦耳.16	슬픈 가락은 진실로 귀를 즐겁게 하네.
傾酤係芳醹.17	술 기울임에 향기로운 술이 이어지는데
酌言豈終始.18	따르고 이야기함에 어찌 끝이 있으랴.
自從食蓱來.19	〈사슴이 울다鹿鳴〉에서 사슴이 쑥 먹던 이래로
唯見今日美.20	오로지 지금에 이르러서야 이 성대한 광경 보게 되네.

주석

1) 阮瑀(완우) : 완우(?~212)는 자가 원유元瑜이며 진류陳留 위씨(尉氏, 지금의 하남성 위씨현尉氏縣) 사람으로, 건안칠자建安七子의 한 사람이다. 시문과 음악에 뛰어나 조조曹操와 조비曹丕로부터 중한 대우를 받았다. 처음에는 조조의 초청을 받고도 출사하지 않으려 했으나 조조는 그가 숨어 있는 산에 불을 지르면서까지 그를 찾아내어 휘하에 두려고 하였다. 후에 조조 밑에서 진림陳琳과 더불어 서기를 맡아 국가의 중요한 문서와 격문 등을 지었다. 조비가 제위에 오르기 전에 죽었으나 조비로부터도 신임을 받았다. 죽림칠현 중의 하나인 완적阮籍의 아버지이다.

2) 優渥(우악) : 융숭한 대우. 이 시 제5구에서 '상서로운 구름이 융숭한 은혜를 베푸시어慶雲惠優渥'라고 한 것을 염두에 둔 서문으로서, 완우가 조조 휘하에서 서기를 맡을 정도로

신임을 받았고 조비로부터도 융숭한 대우를 받았다는 사실을 근거로 한다.
3) 河洲(하주) : 황하의 모래톱.
4) 黃雲(황운) : 누런 구름. 모래와 먼지 등이 뒤섞인 구름을 말한다.
   이상 두 구는 혼란한 한나라 말의 정세를 표현한 것이라고 본다.
5) 金羈(금기) : 황금 장식이 있는 말 재갈. 여기서는 조조의 병마兵馬를 가리킨다.
   相馳逐(상치축) : 말을 달려 서로 뒤쫓다.
6) 聯翩(연편) : 말들이 연속해서 내달리는 행렬이 끊어지지 않는 모습으로서 조조의 군대가 연승한 일을 표현한 말이다.
   이상 두 구는 조비의 〈백마편白馬篇〉에서 "백마에 화려한 장식 걸고, 끝없이 이어지도록 서북으로 내달리네.(白馬飾金羈, 連翩西北馳)"라고 한 표현과 관련되어 있다.
   窮已(궁이) : 그치다.
7) 慶雲(경운) : 상서로운 구름. 보통 군주와 부모를 가리키는데 여기서는 조조를 가리키며 제2구의 황운黃雲과 대비되는 말이다.
   惠(혜) : 은혜를 베풀다.
8) 微薄(미박) : 보잘 것 없고 미천하다. 여기서는 완우를 가리킨다.
   攀(반) : 자기보다 신분이 높은 사람과 교제하다.
   多士(다사) : 많은 선비. 여기서는 여러 현사賢士들을 가리킨다.
   이 구에서는 완우가 서기가 된 후 여러 현사들과 교제하게 된 일을 말하였다.
9) 渤海(발해) : 발해군渤海郡, 지금의 하북성 지역). 치소治所는 남피(南皮, 지금의 하북성 남피현南皮縣)이다. 조비는 건안建安 20년(215)에 〈조가령 오질에게 주는 글與朝歌令吳質書〉을 써서 지난날 남피에서 오질吳質, 완우 등과 함께 연회와 사냥, 시문 짓기를 향유하였던 일을 회상한 바 있다.
10) 淸沚(청지) : 맑은 물가.
    이상 두 구는 지난날 조비와 여러 문사들이 남피에서 시문을 지으며 즐거운 시간을 보낸 것을 회상한 것이다.
11) 河曲(하곡) : 황하의 물굽이. 여기서는 업경鄴京을 가리킨다.
12) 鳴葭(명가) : 피리 불다.

泛(범) : 떠다니다.

蘭汜(난사) : 난초 핀 물가.

이상 두 구는 조비의 〈조가령 오질에게 주는 글〉에서 "이때 수레 타고 노닐 적에, 북으로는 황하 물굽이를 따라갔지. 따르는 이들은 피리 불어 길을 열고, 문학하는 이들은 뒤 따르는 수레에 탔지.(時駕而游, 北遵河曲, 從者鳴笳以啟路, 文學托乘於後車)"라 말한 것을 따른 것이다.

13) 躧步(사보) : 조용히 걷다.

陵(릉) : 오르다.

丹梯(단제) : 붉은 색으로 장식한 궁전 앞의 돌계단.

14) 並坐(병좌) : 더불어 앉다.

君子(군자) : 여기서는 조비를 가리킨다.

15) 姸談(연담) : 미담美談.

愉心(유심) : 마음을 기쁘게 하다.

16) 哀音(애음) : 슬픈 가락. 여기서는 감정이 풍부한 연주 소리를 가리킨다. '哀音'이 '농弄'으로 되어 있는 판본도 있으며 이 경우 뜻은 '연주하다'이다.

睦耳(목이) : 귀를 즐겁게 하다.

17) 傾酤(경고) : 술을 따르다.

系(계) : 이어지다.

芳醑(방서) : 향기로운 술.

18) 言(언) : 이야기하다. 어조사로 보기도 한다.

豈終始(기시종) : 어찌 시작과 끝이 있으랴? 주군과 신하가 함께 즐기는 연회가 밤낮으로 이어진다는 뜻이다.

19) 食苹(식평) : 쑥을 먹다. ≪시경·소아·사슴이 울다鹿鳴≫의 "유유 우는 저 사슴이여, 들판의 쑥을 먹는구나.(呦呦鹿鳴, 食野之苹)"를 축약한 구절로서, 군주와 신하가 화목하고 즐겁게 연회를 연 것을 의미한다. '평苹'과 '평萍'은 통한다.

20) 美(미) : 연회가 성대한 것을 말한다.

이상 두 구의 의미는 군신과 신하가 화목하게 연회를 연 것은 〈사슴이 울다鹿鳴〉 편을 지을 때 이후로는 지금이 처음이라고 말하여 조씨 부자가 신하들을 중히 여김에 찬사를 보낸 것이다.

> **해설**

이 시는 건안칠자 중 한 사람인 완우阮瑀에 대해 읊은 것이다.

제1~6구에서는 후한 말 정치적 혼란으로 병란이 끊이지 않는 상황에서 상서로운 구름처럼 조씨 부자가 나타나 전란을 종식시키고 신하들을 중히 여기는 시대가 왔음을 말하며, 특히 조조가 완우를 서기로 발탁하고 후하게 대우하였음을 이야기하였다. 제7~12구에서는 남피와 업경에서의 연회를 차례로 이야기하며 완우가 조조뿐만 아니라 조비와도 교유하였음을 말하였다. 제13~18구에서는 군신과 신하들이 업경에서 화목하게 지내는 모습을 묘사하였다. 특히 군주와 신하의 화목한 연회로는 〈사슴이 울다鹿鳴〉 편에서 묘사한 시대 이후로 자신들의 연회가 유일하다고 이야기하며 조씨 부자가 신하들을 후대하고 신하들 또한 군주를 받들었음을 말하였다. 이 시의 서문에서 이야기한 대로 조조와 조비에게 두터운 신임과 총애를 받았던 신하로서 완우의 심경을 잘 묘사한 시라고 하겠다. (정세진)

平原侯植[1] 평원후 조식 70-8

公子不及世事,[2] 但美遨遊,[3] 然頗有憂生之嗟.[4]
공자는 세상일에는 관여하지 않고 다만 즐겁게 노는 것만을 좋아하였지만, 삶을 근심하는 한탄이 자주 있었다.

朝遊登鳳閣,5	아침에 노닐 때는 봉황누각에 올랐는데
日暮集華沼.6	날이 저물어 화려한 연못에 모였네.
傾柯引弱枝,7	나무줄기를 기울여 약한 가지를 끌어당기고
攀條摘蕙草.	가지를 잡아당겨 혜초를 따네.
徙倚窮騁望,8	배회하며 아득히 끝까지 바라보고
目極盡所討.9	시야가 다하는 곳까지 전부 찾아본다.
西顧太行山,10	서쪽으로는 태항산을 돌아보고
北眺邯鄲道.11	북쪽으로는 한단의 길을 바라보네.
平衢脩且直,12	평평한 대로는 길고 또 곧은데
白楊信裏裏.13	백양나무는 참으로 하늘거리는구나.
副君命飮宴,14	태자께서 연회를 열라 명하시니
歡娛寫懷抱.	기쁘게 즐기며 회포를 풀어내는데,
良游匪晝夜,	즐겁게 노는 것은 밤낮을 가리지 않는 것이니
豈云晚與早.	어찌 시간이 늦고 이름을 말하리오.
眾賓悉精妙,	뭇 손님들은 모두 뛰어나고 훌륭하여
淸辭灑蘭藻.15	맑은 언사에서 난초 같은 기품을 쏟아내네.
哀音下迴鵠,16	애달픈 음악은 빙빙 도는 고니를 내려오게 하고
餘哇徹淸昊.17	여운의 소리는 맑은 하늘로 솟아오르네.
中山不知醉,18	중산의 술에도 취할 줄 몰랐는데
飮德方覺飽.19	덕을 마시니 비로소 배부른 것을 알겠네.
願以黃髮期,20	원컨대 누런 머리 되기를 기약하니
養生念將老.	양생하며 장차 늙어갈 것을 생각한다네.

주석

1) 平原侯植(평원후식) : 평원후平原侯 조식(曹植, 192~232). 자는 자건子建이며 시호는 사思이다. 패국沛國 초현(譙縣, 지금의 안휘성 박주亳州) 사람으로, 조조曹操의 아들이자 위

문제文帝 조비曹丕의 동생이다. 건안建安 16년(211) 평원후平原侯에 봉해졌고 19년(214) 임치후臨淄侯에 봉해졌다. 일찍부터 문재로 이름을 날려 아버지의 사랑을 받았으나 이후 자유분방한 성격 때문에 총애를 잃고 말았다. 조비가 황제가 되자 황초黃初 3년(222) 견성왕鄄城王에 봉해졌고, 다음 해 옹구왕雍丘王으로 옮겨 봉해졌지만 조비에게 핍박받아 불우한 생활을 하였다. 조비의 아들 명제明帝가 즉위한 뒤에는 태화太和 3년(229) 동아왕東阿王이 되었다가 다시 진왕陳王에 봉해졌는데, 끝내 등용되지 못하여 뜻을 이루지 못하였다. 태화 6년(232) 마지막 봉지인 진陳에서 죽었다. 건안 시기의 가장 뛰어난 시인 중 한명으로, 후대의 시가 발전에 큰 영향을 미쳤다. 송대에 그의 시문을 모은 ≪조자건집曹子建集≫이 있다.

2) 不及(불급) : 미치지 못하다. 여기서는 '관여하지 않다', '알지 못하다'는 뜻이다.
　　世事(세사) : 세상일. 속세의 일로 여기서는 정사에 참여하는 것을 말한다.
3) 美(미) : 잘하다. 좋아하다.
　　遨遊(오유) : 재미있고 즐겁게 노닐다.
4) 憂生(우생) : 삶을 근심하다. 짧은 인생에 대한 근심을 말한다. 조식이 아버지 조조의 사후에 형인 조비에게 핍박당한 것을 가리키는 것으로 보는 설도 있다.
5) 鳳閣(봉각) : 화려한 누각. 일반적으로 황궁의 누각을 가리킨다.
6) 華沼(화소) : 화려한 연못.
7) 傾柯(경가) 2구 : '경가傾柯'는 '나뭇가지를 기울이다'는 뜻이다. 아래구의 '반조攀條'와 같은 의미로, 향초를 따기 위해 나뭇가지를 잡아당기는 것을 말한다. 향초를 따는 것은 고상한 행위로, 이 두 구는 조식의 고아한 취향을 보여주는 대목이다.
8) 徙倚(사의) : 배회하다.
　　騁望(빙망) : 아득히 바라보다.
9) 目極(목극) : 시야가 닿는 곳까지 멀리 바라보다.
　　討(토) : 찾다. 구하다.
10) 太行山(태항산) : 하북성과 산서성 경계에 있는 산.
11) 邯鄲道(한단도) : 한단(邯鄲, 지금의 하북성 한단현邯鄲縣)의 길. 한단은 전국시대 조趙나라의 도읍이었던 곳이다.

12) 平衢(평구) : 평평한 대로. '구衢'는 네거리 길을 말한다.
13) 白楊(백양) : 버드나무과의 낙엽 교목.
    裊裊(뇨뇨) : 바람에 흔들거리는 모양.
14) 副君(부군) : 태자. 여기서는 위나라의 태자인 조비를 말한다.
    飮宴(음연) : 함께 모여 술 마시는 연회.
15) 蘭藻(난조) : 난초 같은 문채, 기품. 아름다운 문장을 비유하는 말이다.
16) 哀音(애음) 구 : ≪한비자韓非子≫에 나오는 사광師曠의 일화와 관련 있다. 사광이 진晉 평공平公의 청을 받아 어쩔 수 없이 음악을 연주하였는데, 그가 청치淸徵를 한번 연주하자 남쪽에서 검은 학 열여섯 마리가 날아와 낭문郞門의 담 위에 모여들었고, 다시 연주하자 열을 지었으며, 세 번 연주하니 날개를 펼쳐 춤을 추고 목을 길게 늘이며 울었다.
17) 餘哇(여와) : 여음餘音. 소리가 그친 뒤에도 아직 남아 있는 울림을 말한다.
    淸昊(청호) : 하늘.
    이 구는 ≪열자列子·탕문湯問≫에 나오는 진청秦靑의 일화와 관련 있는 것으로 보인다. 설담薛譚은 진청에게 노래를 배웠는데, 그 기술을 다 배우지도 못했으면서 스스로 더 배울 것이 없다고 여기고 고향으로 돌아가기로 하니 진청이 말리지 않았다. 설담을 전송하는 자리에서 진청이 슬픈 노래를 부르니 그 목소리가 숲을 흔들었고, 울림이 지나가는 구름을 멈추게 하였다. 이에 설담이 사죄하고 다시 돌아왔다고 한다.
    이상 두 구는 연회에서 연주되는 음악이 지극히 아름다운 것을 말한 것이다.
18) 中山(중산) : 지금의 하북성 정현定縣과 당현唐縣 일대. 좋은 술이 만들어지는 곳으로 유명하여 그 자체로 중산주中山酒, 혹은 좋은 술을 가리킨다. 장화張華의 ≪박물지博物志≫에는 중산주에 관한 고사를 기록하고 있다. 유원석劉元石이 중산의 술집에서 천일주千日酒를 사서 마셨다. 집에 돌아가서는 크게 취하여 며칠 동안이나 깨어나지 않으니 가족들이 그가 죽었다고 생각하여 관에 넣어 장사지냈다. 술집 주인이 천 일이 다 되었다고 생각하여 유원석을 찾아가 보니 가족들이 유원석이 죽은 지 삼 년이 되었고 이미 장사지냈다고 하였다. 이에 관을 열어보니 유원석이 비로소 술에서 깨어나 있었다.
19) 飮德(음덕) 구 : ≪시경·대아大雅·이미 취하여旣醉≫에 "술에 이미 취하고 덕에 이미 배불렀네.(旣醉以酒, 旣飽以德)"라 한 것을 차용한 것으로, 여기에서는 연회를 베푼 태자

조비의 덕을 찬양한 것이다.
20) 黃髮(황발) : 누런색의 머리털. 나이가 들면 머리가 하얗게 되고 이것이 더 오래되면 누렇게 된다고 하여 노인을 가리키게 되었다.

해설

이 작품은 조식의 시각에서 태자의 연회에 참여하여 즐겁게 노니는 상황을 그린 것이다. 제1~2구는 현재 상황을 총괄한 것으로, 시적 화자인 조식이 아침에는 화려한 누각에서 노닐었고 저녁이 되어서는 연못에 모여 연회에 참석했음을 이야기하였다. 제3~10구에서는 위의 두 구를 이어받아 화자가 아침저녁으로 노닐며 바라본 경관을 이야기하였다. 이곳에서 화자는 나뭇가지를 잡아당기고 향초를 따보기도 하며 고상하게 놀고, 이리저리 배회하며 멀리 바라보기도 하는데, 이때 그의 시선에 서쪽에 있는 태항산과 북쪽에 있는 한단으로 가는 길, 그리고 그곳의 길고 곧은 대로와 하늘하늘 날리는 백양나무가 보인다. 다음 제11~20구에서는 태자의 연회에 참석한 상황을 묘사하였다. 연회에 참석하여 즐거워진 작자는 밤낮을 가리지 않고 이런 노님을 즐겨야 한다고 말한 뒤, 이 연회에 참여한 손님들이 뛰어난 문재를 가졌고, 이곳에서 노래하고 연주하는 음악이 매우 뛰어남을 이야기하였다. 그리고는 좋은 술보다도 덕에 배부르다며 연회를 베푼 태자의 덕을 칭송하였다. 마지막 제21~22구는 작자의 감회가 직접적으로 드러나는 부분이다. 화자는 즐거움이 극에 달하다보니 문득 이런 즐거움이 오래도록 지속될 수 있을까 하는 생명에 대한 근심이 생긴다. 그리하여 마지막 2구에서 오래도록 즐기며 살 수 있도록 양생하며 천천히 늙어가기를 바라는 마음을 드러내며 작품을 마무리하였다. 득의하지 못하여 불행했던 조식의 후반부 인생보다는 뛰어난 재주를 가지고 있었고 자유롭게 노닐기 좋아했던 풍류공자로서의 삶을 잘 보여주는 작품이라 할 수 있다. (김하늬)

淨土咏[1]
정토를 읊다 71

法藏長王宮,[2]	법장비구는 왕궁에서 자랐으나
懷道出國城.[3]	불도를 깨닫고자 국성을 벗어났지.
願言四十八,[4]	서원은 마흔여덟 가지였고
弘誓拯羣生.[5]	큰 바람은 중생을 구제하는 것이었네.
淨土一何妙,	정토는 온통 어찌나 오묘한지
來者皆菁英.[6]	맞이하러 온 보살들 모두 빼어나다네.
頹言安可寄,[7]	병든 이 몸이 어디에 기탁할 수 있으랴!
乘化必晨征.[8]	자연에 순응해 반드시 새벽에 멀리 떠나야 하리.

주석

1) 淨土(정토) : 부처가 있는 청정한 국토. 아미타불이 다스리는 서방정토西方淨土 등이 있다.

2) 法藏(법장) : 아미타불이 성불하기 이전의 이름인 '담마가曇摩迦'를 중국어로 번역한 것으로 불법을 간직하고 잃지 않는다는 의미이다.

長王宮(장왕궁) : 왕궁에서 자라다. 아미타불은 본래 인도에서 무량無量한 수명을 가진 자라는 뜻의 '아미타유스', 혹은 무량한 광명을 지닌 자라는 뜻의 '아미타브하'라고 불렸는데 중국에서 모두 '아미타'라고 말했다. 아미타불은 살아 있는 모든 자를 구제하겠다는 48원願을 세우고 오랜 기간 윤회를 거듭하며 수행하여 성불하였다. 아미타불의 전생 중에는 석가모니불과 마찬가지로 한 나라의 왕자였으나 출가하여 불법을 닦았던 생도 있었다.

3) 懷道(회도) : 불도佛道를 품다.

    出國城(출국성) : 나라의 성을 벗어나다. 주2) 참조.

4) 願言四十八(원언사십팔) : 서원誓願은 마흔여덟 가지이다. 아미타불이 성불하기 전, 중생들을 구제하겠다는 마흔여덟 가지 서원을 세워 수행한 것을 말한다. 그 중에는 중생들이 부처의 지혜를 얻을 것, 중생들이 지옥에 빠지는 일이 없게 할 것, 아미타불을 일념으로 염불한 중생이 임종하게 되면 아미타불이 대중들과 함께 그를 직접 맞이해 서방정토로 데려가겠다는 등의 서원이 들어 있었다.

5) 弘誓(홍서) : 중생을 제도하고자 하는 부처와 보살의 큰 바람.

    拯(증) : 구제하다.

6) 來者(내자) : 오는 자. 여기서는 중생들을 극락세계로 인도하기 위해 내영來迎한 아미타불과 천인보살天人菩薩 등을 가리키는 것으로 보았다. 주4) 참조.

    菁英(청영) : 빼어나다.

7) 頹言(퇴언) : 병든 몸. '퇴頹'는 병든 사령운 자신을 가리킨다. '언言'은 어조사.

8) 乘化(승화) : 자연에 순응하다.

    晨征(신정) : 새벽에 먼 길을 가다.

해설

이 시는 아미타불이 다스리는 서방정토를 설명하고 그곳을 동경하는 사령운의 마음을 표현한 시이다. 중국의 정토 신앙은 혜원(慧遠, 334~416)이 백련결사白蓮結社로 아미타 염불 신앙을 전파한 4세기 무렵부터 본격화되었는데 사령운 역시 당시의 정토 신앙에 영향을 받아 이 시를 지은 것으로 보인다.

제1~4구에서 사령운은 먼저 아미타불을 설명하였다. 아미타불은 중생을 구제하고자 하는 마흔여덟 가지의 큰 서원을 세워 수행한 끝에 성불하여 마침내 서방정토를 주관하는 부처가 되었다. 제5~6구에서 시인은 서방정토가 참으로 오묘한 곳이며 이곳으로 갈 중생을 맞이하러 오는 아미타불과 천인보살들이 모두 빼어난 모습이라고 말하여 서방정토의 신비로움과 그에 대한 동경을 표현했다. 마지막 두 구에서 시인은 병든 몸으로 기탁할 곳이 어디이겠냐고 되물어, 자신은 반드시 서방정토를 향해 갈 수밖에 없음을 말하였다. 사령운이 살아생전에는 산수에서 은거할 것을 동경했지만 죽어서는 아미타불이 맞이해주는 정토를 꿈꾸었음을 말해주는 시이다. (정세진)

咏冬[1]
겨울을 읊다

72

七宿乘運曜,[2]   일곱 별자리는 천지의 운행을 따라 밝게 빛나고
三星與時滅.[3]   세 별은 시간에 따라 사라지네.
履霜冰彌堅,[4]   서리를 밟게 되니 얼음은 더욱 단단해지고
積寒風愈切.   추위가 쌓이니 바람은 점점 가혹해지네.
繁雲起重陰,[5]   층층구름이 흐린 하늘에서 일어나고
迴飆流輕雪.[6]   회오리바람에 가벼운 눈이 날리네.
園林粲斐皓,[7]   뜰의 나무는 선명하여 하얗게 반짝이고
庭除秀皎潔.[8]   정원의 섬돌은 빼어나 맑고 깨끗하구나.
墀瑣有凝汙,[9]   뜰과 문에는 고인 물이 얼어붙었고
達衢無通轍.[10]   큰길에는 수레 지나간 흔적 없네.

주석

1) 이 시는 ≪예문류취藝文類聚≫를 비롯한 다수의 판본에 사혜련謝惠連의 작품으로 수록되어 있다.
2) 七宿(칠수) : 일곱 개의 성좌. 고대 중국인들은 하늘의 적도 주위에 있는 별들을 28개 구역으로 구분해서 28수宿라고 했는데, 이것을 동서남북 네 방위에 따라 각각 일곱 성좌씩 할당하였으니 이것이 동방칠수東方七宿, 서방칠수西方七宿, 남방칠수南方七宿, 북방칠수北方七宿이다.
    乘運(승운) : 시운時運에 편승하다. 천지의 운행을 따르는 것을 말한다.

이 구는 시간이 흘러 겨울로 계절이 변화함에 따라 별자리의 위치가 변화했음을 말한 것이다.

3) 三星(삼성) : 삼수參宿, 심수心宿, 하고河鼓에 있는 세 별. ≪시경詩經·당풍唐風·주무綢繆≫에 "…삼성이 하늘에 있네(三星在天), …삼성이 모퉁이에 있네(三星在隅), …삼성이 문 위에 있네(三星在戶)"라고 하였는데, 최근의 연구에 따르면 각각 삼수의 세 별, 심수의 세 별, 하고의 세 별을 가리킨다고 한다. 여기서는 시간의 흐름을 말한다.

與時滅(여시멸) : 시간과 함께 사라지다. 시간의 흐름에 따라 사라지는 것을 말한다. 이 구는 시간이 흘러 날이 밝아옴에 따라 별이 지는 것을 말하는 것이다.

4) 履霜(이상) : 서리 내린 땅을 밟다. ≪역경易經≫에 "서리를 밟으니 단단한 얼음이 이르네.(履霜堅氷至)"라 하였다. 서리를 밟는다는 것은 곧 추운 겨울이 올 것이라는 의미이다.

彌(미) : 더욱.

5) 繁雲(번운) : 층층구름.

重陰(중음) : 구름이 가득 끼어있는 흐린 하늘.

6) 迴飆(회표) : 회오리바람.

7) 粲(찬) : 선명하다. 깨끗하다.

斐皓(비호) : 화려하고 깨끗하다. '비斐'는 '문채가 있는 모습', '호皓'는 '하얗다'는 의미이다.

8) 庭除(정제) : 정원의 계단, 또는 정원.

皎潔(교결) : 밝고 깨끗하다.

이상 두 구는 모두 하얗게 눈이 내린 풍경을 묘사한 것이다.

9) 墀鎖(지쇄) : 계단과 문. '지墀'는 계단이나 지대址臺 위의 공간. 또는 계단 그 자체를 가리키기도 한다. '쇄鎖'는 문 위에 그렸거나 새겨놓은 고리 모양의 그림. 주로 궁문에 많이 사용되어 궁문 그 자체를 가리키기도 한다.

汙(오) : 뒤덮이다. '얼음'이라는 의미의 '호冱'로 되어 있는 판본도 있다. 여기서는 후자의 의미를 따랐다.

10) 達衢(달구) : 사방으로 통하는 큰길. ≪이아爾雅≫에 의하면 네거리 길을 '구衢'라 한다. '규구逵衢'로 되어 있는 판본도 있으며 의미는 같다. ≪이아≫에 의하면 '규逵'는 구거리 길을 말한다.

通轍(통철) : 수레가 통행한 흔적.

해설

　이 시는 겨울의 풍경을 읊은 것으로, ≪예문류취≫를 비롯한 다수의 판본에는 사령운의 작품이 아닌 사혜련의 작품으로 수록되어 있다.
　전반부 제1~4구는 계절이 변화하여 겨울이 되었음을 이야기하였다. 제1~2구에서는 가을에서 겨울로, 밤에서 새벽으로 시간이 흘러 천체가 변화하는 상황을 이야기하였다. 제3~4구에서는 얼음이 얼고 거센 바람이 부는 추위를 이야기하여 겨울이 왔음을 말하였다. 제5구에서 마지막 구까지는 시선을 위에서 아래로, 원경에서 근경으로 옮겨가며 겨울의 풍경을 묘사하고 있다. 제5~6구에서 작자는 시선을 위쪽에 두어 흐린 하늘에서 구름이 가득 일어나고 가볍게 내리는 눈에 회오리바람이 부는 상황을 그렸다. 그리고는 다음 제7~8구에서 시선을 아래쪽으로 옮겨 하얀 눈이 내려 맑고 깨끗한 뜰과 정원을 묘사하였다. 마지막 제9~10구에서는 계단과 문에 얼음이 엉기고, 눈과 추위 때문에 문밖의 큰길에 아무도 다니지 않는 상황을 묘사하며 작품을 마무리하였다. 겨울의 매서운 추위와 눈 내린 경관의 아름다움, 아무도 없는 겨울 거리의 고요함이 잘 묘사된 작품이라 할 수 있다. (김하늬)

歲暮[1]
세밑

殷憂不能寐,[2]	깊은 근심으로 잠들지 못하고
苦此夜難頹.[3]	괴로움에 이 밤을 보내기 어렵네.
明月照積雪,	밝은 달은 쌓인 눈을 비추는데
朔風勁且哀.[4]	삭풍은 거세고 또 애달프네.
運往無淹物,[5]	시간이 흘러 오래도록 머무는 것 없으니
年逝覺易催.[6]	세월 지나가며 쉬이 재촉하는 것을 알겠네.

주석

1) 歲暮(세모) : 세밑. 한해의 마지막 때.

2) 殷憂(은우) : 깊은 근심.

3) 頹(퇴) : 흘러가다. ≪초사·구장九章·슬프게 바람은 불어悲回風≫에 "세월은 빠르게 흘러 물이 흘러가는 것 같으니 (노년의) 시간 또한 차츰 이르려 하네.(歲忽忽其若頹兮, 時亦冉冉而將至)"라 하였다.

4) 朔風(삭풍) : 북풍. 겨울바람.
   勁(경) : 굳세다. 바람의 기세가 세찬 것을 말한다. ≪초학기初學記≫에는 '청淸'으로 되어 있으며 이 경우 뜻은 '맑다'이다.

5) 運往(운왕) : 시운時運이 지나가다. 시간이 흘러가는 것을 말한다.
   無淹物(무엄물) : 오랫동안 머무는 사물이 없다. 생명이 지속되는 것이 짧음을 말하는 것이다.

6) 易(이) : 쉽다. '이易'가 '이已'로 되어 있는 판본도 있으며 이 경우 뜻은 '이미'이다.

해설

　이 시는 한해의 마지막 날 밤을 보내는 감회를 쓴 것으로, 대략 의희義熙 12년(416) 연말에 지어진 것으로 보는 설이 있으나 작품의 내용만으로는 이를 확신할 수 없다.
　제1~2구에서 작자는 세밑에 잠 못 이루고 있음을 이야기하였다. 본디 세밑에는 수세守歲하는 풍습이 있으나 작자는 단순히 명절 행사로 밤을 세는 것은 아니며, 근심과 괴로움 때문에 잠들지 못하는 것이다. 다음 제3~4구에서는 달빛이 하얀 눈을 비추고 거센 바람이 부는 세밑의 쓸쓸한 풍경을 묘사하였다. 마지막 5~6구에서는 작자가 무엇을 근심하고 있었는지가 드러난다. 작자는 빠르게 흐르는 세월 속에서 그 어떤 만물도 오랫동안 생명을 지속할 수 없음을 깨닫게 된 것이다. 세밑은 독특한 시간적 의미, 즉 겨우 하루의 시간을 넘어왔을 뿐인데 일 년의 시간을 뛰어넘는 셈이 되어 보다 분명하게 세월의 흐름을 인식하게 된다는 특성을 가지고 있다. 이 때문에 작자는 한 해의 마지막 날 생명에 대한 안타까움을 느껴 괴로움에 잠 못 이루게 된 것이다. (김하늬)

七夕詠牛女[1]
칠석날 견우와 직녀를 읊다

火逝首秋節,[2]	화성이 기우는 초가을
明經弦月夕,[3]	밝은 빛 비치는 반달 뜬 밤이라네.
月弦光照戶,	반달의 빛은 집을 비추고
秋首風入隙.	초가을의 바람은 문틈으로 들어오네.
陵風步曾岑,[4]	바람 헤치며 겹겹의 산에 올라
憑雲肆遙脈.[5]	구름에 기대어 마음껏 먼 곳을 바라보네.
徙倚西北庭,[6]	직녀는 서북쪽 정원을 배회하며
竦踴東南覿.[7]	간절히 동남쪽을 바라보고 있나니,
紈綺無報章,[8]	비단을 다 짜지도 못했건만
河漢有駿軛.[9]	은하수 건너 견우는 빨리도 달리고 있구나.

주석

1) 牛女(우녀) : 견우牽牛와 직녀織女.
2) 火逝(화서) : 화성이 서쪽으로 내려가다. ≪시경·빈풍豳風·칠월七月≫에 "칠월에는 화성이 서쪽으로 기울고, 구월에는 겹옷을 내어 주네.(七月流火, 九月授衣)"라 하였다.
   首秋節(수추절) : 가을의 첫 시기. 음력 7월을 가리킨다.
3) 明經(명경) : 밝은 빛이 보이다. '신명新明'으로 되어 있는 판본도 있다. '경經'은 '보이다'는 뜻으로, ≪광아廣雅≫에 "경經은 시示이다.(經, 示也)"라 하였다.
   弦月(현월) : 활 모양의 반원형 달.

4) 陵風(능풍) : 바람을 헤치고 나아가다. '륭陵'은 '륭淩'의 뜻이다.
    曾岑(증잠) : 겹겹의 산. '증曾'은 '층層'의 뜻이다.
5) 肆(사) : 마음대로 하다.
    遙脈(요맥) : 멀리 바라보다. '맥脈'은 '맥眽'의 뜻이다.
6) 徙倚(사의) : 이리저리 배회하는 모양.
7) 竦踴(송용) : 바라고 갈구하는 모양.
    覿(적) : 보다.
8) 紈綺(환기) : 흰 비단과 무늬비단. 여기서는 비단을 통칭한다.
    報章(보장) : 베틀의 북이 왕복하여 무늬를 만들다. 비단을 제대로 잘 짜는 것을 의미한다. '보報'는 '반反'의 뜻으로, 왕복을 의미한다. ≪시경詩經·소아小雅·대동大東≫에 "발돋우어 저 직녀를 바라보니 하루 종일 일곱 번이나 베틀에 오르네. 비록 일곱 번을 오르면서도 비단을 제대로 짜지도 못하네.(跂彼織女, 終日七襄. 雖則七襄, 不成報章)"라 하며 백성들의 고통스러운 노동현실을 비유하였다.
9) 河漢(하한) : 은하수. '운한雲漢' 또는 '은한銀漢'이라고도 한다.
    駿軛(준액) : 빨리 달리는 멍에. 견우성을 의미한다.

해설

이 시는 사혜련謝惠連에게도 〈칠석날 밤에 견우와 직녀를 읊다七月七日夜詠牛女〉라는 유사한 제목의 시가 전하고 있는 것으로 보아, 사령운이 그와 시녕始寧에서 함께 지내던 원가元嘉 6년(429) 전후에 쓰여진 것으로 여겨진다. 사혜련의 시는 이 시와 비교하여 시의 서술구조나 방식 뿐 아니라 정조나 용어까지도 매우 유사하다. 그러나 이 시에서 견우와 직녀에 대한 서술이 마지막 4구에 그치고 있는 것에 비해, 사혜련의 시에서는 이후 보다 긴 편폭에서 이를 더욱 상세하게 다루고 있다. 따라서 이 시는 아마도 후반부분이 누락되어 전해진 것으로 여겨진다.

제1~4구에서는 서쪽으로 기우는 화성과 초승달에 피어나는 옅은 달빛으로 지금이 칠월의 칠석임을 말하고, 집을 비추는 달빛과 문틈에 스며드는 가을바람으로 고요하고 쓸쓸한 분위기를 나타내고 있다. 제5~6구에서는 바람을 헤치고 높은 산에 올라 하늘을 올려다보는 시인의 모습이 나타나 있다. 마지막 4구에서는 하늘 위로 올려다 본 견우성과 직녀성의 모습을 묘사하고 있는데, 제7~8구에서는 서북쪽에서 배회하며 그리움으로 동남쪽의 견우성을 바라보고 있는 직녀성의 모습을 서술하고 있다. 한편 이 두 구의 주체를 각각 직녀성과 견우성으로 구분하여 서로가 서로를 그리워하는 모습을 묘사한 것으로 볼 수도 있을 듯하다. 마지막 제9~10구에서는 아직 완성되지 못한 직녀의 비단과 빠른 속도로 지나가는 견우의 소를 대비시키며, 제대로 된 만남조차 갖지 못한 채 칠석날이 빨리 저물어 가는 것을 아쉬워하고 있다. (주기평)

離合詩[1]
떼었다 합치는 시

古人怨信次,[2]　　옛 사람들은 사나흘 떠나있는 것도 원망하였는데
十日眇未央.[3]　　열흘이면 아득하여 끝이 없으리.
加我懷繾綣,[4]　　게다가 나는 계속 붙어 있으려 했는데
口咏情亦傷.　　　입으로 읊조리노라니 마음이 또 아프네.
劇哉歸遊客,[5]　　너무하구나 떠도는 나그네 신세여
處子勿相忘.[6]　　그대는 날 잊지 마시게.

주석

1) 離合詩(이합시) : 잡체시의 일종으로 구절의 특정 글자의 일부를 취한 뒤 다시 합쳐서 의미를 전달하는 문자유희시이다. 가장 이른 시로는 후한 공융孔融의 〈떼었다 합쳐서 군, 성, 이름의 글자를 만든 시離合作郡姓名字詩〉가 있는데, 4구를 단위로 하여 자신의 고향, 이름, 자인 '노국공융문거魯國孔融文擧'의 글자를 조합하였다. 사령운의 이 시에서는 각 구절의 첫 자를 살펴보면, '고古'에서 '십十'을 빼면 '구口'가 되고, '가加'에서 '구口'를 빼면 '력力'이 되고, '극劇'에서 '처處'를 빼면 '도刂'가 되는데, 이 세 글자를 다시 합치면 '별別'이 된다. 따라서 이 시는 헤어짐의 아쉬움을 노래한 것이다.

2) 信次(신차) : 삼일 이상 또는 삼일 정도 묵는 것을 말한다. ≪좌전左傳·장공莊公 3년≫에 "무릇 군대가 하루 묵는 것은 '사'이고 이틀 묵는 것은 '신'이며, 이틀이 넘는 것을 '차'라고 한다.(凡師一宿爲舍, 再宿爲信, 過信爲次)"라고 되어있다.

3) 眇(묘) : '묘渺'와 통해서 아득하다는 뜻이다.

未央(미앙) : 끝이 없다. 다하지 않다.
4) 繾綣(견권) : 떨어지지 않다. 항상 붙어있다.
5) 劇(극) : 심하다. 너무하다.
遊客(유객) : 떠도는 나그네. 이곳을 떠나게 되었다는 뜻이다.
6) 處子(처자) : 은자.

해설

　이 시는 헤어짐을 아쉬워하면서 지은 것으로, 사령운이 회계에 은거했을 때 사귄 왕홍지王弘之나 공순지孔淳之 등의 은자와 헤어져 건강建康으로 돌아가며 지은 것으로 추정하는 설이 있지만 확실치는 않다.

　이합시는 유희성이 강하기 때문에 이 시는 심각한 이별이라기보다는 친한 이와 잠깐 헤어지는 경우 또는 여인과 헤어지는 경우에 해당할 것이다. 열흘 정도의 짧은 헤어짐이지만 당사자의 입장에서는 아마 몇 십 년의 이별로 생각될 것이다. 더군다나 헤어지리라 생각지도 못했던 상황에서의 이별이라 더욱 안타까웠을 것이다. 하지만 결국 서로 잊지 말자는 약속을 통해 아쉬움을 달랠 따름이다. (임도현)

臨川被收[1]
임천에서 체포되어 76

韓亡子房奮,[2]	한나라가 망하자 장량은 떨쳐 일어났고
秦帝魯連恥,[3]	진나라가 황제라 칭하자 노중련은 수치스러워했네.
本自江海人,[4]	본래 나는 초야에 묻힌 사람인데
忠義感君子.[5]	충성과 절의 높은 군자에 감동하였네.

주석

1) 被收(피수) : 체포되다. 원가 10년(433), 사령운은 임천(臨川, 지금의 강서성 무주시撫州市 서쪽) 내사內史에 부임하였는데, 영가군에서 태수를 지낼 때와 마찬가지로 이때도 마음대로 종일 유람하고 정무를 돌보지 않았다. 결국 그의 근무태만은 유사有司에게 알려졌고 사도司徒 유의강劉義康이 수주종사隨州從事를 보내어 사령운을 체포하려 하였다. 이에 사령운은 반란을 일으켰고 이즈음에 이 시를 지었다.
   ≪송서宋書・사령운본전謝靈運本傳≫에 따르면 원래 제목이 없었으나 초본焦本 ≪사강락집謝康樂集≫에 제목이 덧붙여져 있다. ≪한위육조백삼명가집漢魏六朝百三名家集≫에는 〈자서自叙〉로 되어 있다.

2) 子房(자방) : 장량(張良, B.C.?~B.C.186)의 자. 전국시대 한韓나라 명문출신인데, 진나라가 한나라를 멸하자 장량은 한나라 수복에 뜻을 두고 가산을 들여 자객을 사서 박랑사(博浪沙, 지금의 하남성 박랑현博浪縣)에서 시황제始皇帝를 습격했으나 실패하고 하비(下邳, 지금의 강소성 하비현下邳縣)에 은신하였다. 후에 한나라 고조 유방劉邦을 도와 천하를 얻었다.

奮(분) : 성내다, 분격하다.
3) 魯連(노련) : 노중련魯仲連. 전국시대 제나라 사람이다. 높은 절개를 지닌 선비로, 어려운 일을 풀고 분규를 해소하기를 좋아했다. 그는 무력을 앞세우는 진나라의 신하가 되느니 차라리 동해 에 빠져 죽겠다고 하였다.
4) 江海(강해) : 강과 바다. 여기서는 자연, 은거지를 이른다. ≪장자莊子・양왕讓王≫에 "몸은 강과 바다에 있어도, 마음은 늘 높은 궁궐에 있네.(身在江海之上, 心居乎魏闕之下)"라 하였다.
5) 忠義(충의) : 충성과 절의.
君子(군자) : 학식과 덕행이 높은 사람. 여기서는 장량과 노중련을 가리킨다.

해설

이 시는 사령운이 임천내사를 지내다 체포당하게 되자 반란을 일으키며 지은 것으로, 두 역사적 인물을 통해 심경을 전달하였다.

제1~2구에서는 진나라에게 멸망한 한나라의 원수를 갚고자 했던 장량이 분연히 떨치고 일어났던 고사와 진시황 아래에 사는 것은 죽는 것보다 못한 것임을 역설한 노중련에 대해 말하였다. 자신의 심정이 그들과 비슷함을 기탁한 것이다. 제3~4구는 사령운 자신의 말을 써내었다. 자신은 본래 시골에서 은거하며 지낼 사람인데 현실은 여의치 못하여 충성과 절의 높은 옛 성현을 보며 감동하였다고 하여 반기를 들게 된 심정을 은근히 드러내었다. 즉 시인 자신은 진晉을 무너뜨리고 건국한 송宋에 대해 정통성을 인정할 수 없으며, 진나라에 대해 충의를 지니고 있다고 한 것이다. 그러나 사령운은 송나라에서도 계속 벼슬을 하며 국가의 녹을 받은 사람으로서, 이러한 토로는 자가당착적이어서 실소를 금할 수 없다. (이지운)

臨終詩[1]
임종시 77

龔勝無遺生,[2]	공승은 남은 삶이 없었고
李業有窮盡,[3]	이업은 스스로 죽음을 얻었네.
嵇叟理旣迫,[4]	혜소의 이치가 이미 핍박받았고
霍子命亦殞,[5]	곽원의 생명이 또한 다했다네.
悽悽陵霜柏,[6]	서글프게 서리에 맞서는 측백나무
網網衝風菌,[7]	옴짝달싹 못하게 꽉 갇혀 바람에 부딪히는 죽순.
邂逅竟無時,[8]	만남이란 결국 정해진 때가 없으니
修短非所愍,[9]	목숨이 길고 짧은 것이야 근심할 바가 아니네.
恨我君子志,[10]	한스럽다네, 내가 품었던 군자의 소망이
不得巖上泯,[11]	산 속 바위 위에서 소멸되는 경지를 얻지 못한 것이.
送心正覺前,[12]	참된 깨달음 얻기 전에 목숨을 잃으니
斯痛久已忍,[13]	이 고통을 오래도록 참았다네.
唯願乘來生,[14]	오직 바라나니, 다음 생이 되면
怨親同心朕,[15]	원수나 친구나 마음을 같이 하길.

주석

1) 제목이 〈임종臨終〉으로 되어 있는 판본도 있다.
2) 龔勝(공승) : 서한西漢 팽성(彭城, 지금의 강소성 서주시徐州市) 사람으로, 서한에서 광록대부光祿大夫 등을 역임하였다. 왕망王莽이 제위를 찬탈하고 신新을 세운 다음 공승에게

벼슬을 시키려 하자 거절하고 여러 날을 단식하다가 죽었다.

遺生(유생) : 여생. '여생餘生'으로 되어 있는 판본도 있다.

3) 李業(이업) : 서한西漢 재동(梓潼, 지금의 사천성 재동현梓潼縣) 사람으로, 왕망王莽 때에 병을 핑계로 산에 숨었다. 공손술公孫述이 촉蜀 지역에서 칭제稱帝를 하고 그를 불렀으나 끝내 거절하였다. 몇 년 뒤에 이업에게 독주를 내리며 양자택일을 강요하였고 이업은 '견위치명見危致命'을 이야기하며 독을 먹고 죽었다.

窮盡(궁진) : 종말. 최후. 죽음. '종진終盡'으로 되어 있는 판본도 있다.

4) 嵇叟: 혜씨 늙은이. 혜소嵇紹를 가리킨다. '혜공嵇公'으로 되어 있는 판본도 있다. 서진西晉 때 초국譙國의 질(銍, 지금의 안휘성 숙현宿縣 부근) 사람으로, 죽림칠현 중의 하나인 혜강嵇康의 아들이다. 아버지가 위魏에서 벼슬을 하다가 사마씨司馬氏에 의해 살해되었음에도 불구하고 자신은 사마씨의 서진西晉에서 두루 벼슬을 하였다. 성품이 강직하고 대의를 중시하며 정직하고 두려움 없는 높은 기상을 지녔다고 한다. 팔왕八王의 난 때 전투에서 성도왕成都王 사마영司馬穎에게 장사왕長沙王 사마의司馬義가 피살되려는 것을 구원하러 가서 홀로 장사왕에게 쏟아지는 화살을 막다가 죽었다.

理(이) : 이치. 합리적인 도리. 혜소는 장사왕을 도우러 전쟁에 참여하면서 "왕이 친정을 해서 바름으로 어긋난 것을 벌하는 것이기 때문에 이치 상 싸우지 않고도 이길 것이며, 만약 왕이 위기에 빠지면 자신의 절개가 있을 것이니 준마는 필요가 없다."는 말을 했다고 한다.

5) 霍子(곽자) : 곽원霍原. '곽생霍生'으로 되어 있는 판본도 있다. 서진西晉 때 광양(廣陽, 지금의 북경시北京市 부근) 사람으로, 어려서부터 강직한 성격과 현명한 지혜로 명성이 높았으나 정치에 나가기를 거절하였다. 광양산廣陽山에 은거하자 따르는 사람이 수백이었다. 당시 조정을 좌우하며 폭정을 펼치던 왕준王浚이 기용하려했으나 응하지 않았다. 후에 왕준이 황제가 바뀔 거라는 민요를 근거로 곽원을 참수하였다. 당시 명사들이 모두 곽원을 추모하였고 이 사건은 왕준의 폭정의 대표적인 사례가 되었다.

이상 4구에서 인용한 공승, 이업, 혜소, 곽원은 모두 원칙과 신념을 언제나 확고하게 견지했다가 불행하게 죽음을 당한 사람들이다.

6) 悽悽(처처) : 슬프고 처량한 모양. '처처凄凄'로 되어 있는 판본도 있으며 뜻은 같다.

陵霜(능상) : 서리에 맞서다. 서리 속에서도 꼿꼿하다. '능상後霜'으로 되어 있는 판본도 있으며 뜻은 같다. '후상後霜'으로 되어 있는 판본도 있으며 이 경우 뜻은 '서리 뒤에 남은'이다.

柏(백) : 측백나무. '엽葉'으로 되어 있는 판본도 있다.

7) 網網(망망) : 그물에 갇혀 꼼짝하지 못하는 모습. '납납納納'으로 되어 있는 판본도 있으며 이 경우 뜻은 '바람에 흠뻑 맞은'이다.

衝風(충풍) : 바람을 맞다.

菌(균) : 죽순. '균箘'과 통한다.

8) 邂逅(해후) : 우연히 만나다. 뜻을 펼칠 기회를 만나는 것을 말한다.

無時(무시) : 정해진 때가 없다. 가능할 때가 없다. '기하幾何'로 되어 있는 판본도 있으며 이 경우 뜻은 '얼마나 될까?'이다.

9) 修短(수단) : 길고 짧다. 목숨의 길고 짧음을 의미한다.

愍(민) : 걱정하다.

10) 君子志(군자지) : 군자로서의 지향. 뜻. 소망. 다음 구절의 '산 속 바위 위에서 소멸되는 것'을 가리킨다.

11) 不得(부득) : 얻지 못하다. '불획不獲'으로 되어 있는 판본도 있으며 뜻은 같다.

巖上泯(암상민) : 산 속에서 소멸하다. 은거자로서 사망하다. 연구자에 따라 불교적인 가치의 완성으로 이해하기도 한다.

12) 送心(송심) : 집착의 마음을 떠나보내다. 여기서는 죽음을 의미한다.

正覺(정각) : 바른 깨달음. '자각自覺'으로 되어 있는 판본도 있으며 뜻은 같다.

13) 斯痛(사통) : 이러한 고통. 삶이 나의 뜻대로 되는 것이 아니라는 고통.

14) 乘(승) : 타다. 기회를 빌다.

來生(내생) : 윤회를 겪은 다음 생애.

15) 心朕(심짐) : 마음의 조짐. 마음의 본바탕. 마음의 기본.

> 해설

이 시는 사령운이 반란을 꾀했다는 죄목으로 사형을 당한 원가元嘉 10년(433)에 지은 것으로 알려져 있다. 형의 집행 이전에 사령운이 지었다는 이 시는 본래 작품의 제목이 없었다. 작품의 내용을 보면 죽음을 앞둔 사람이 지은 작품으로 보이지만 시의 내용이 사령운의 삶과 부합되는지는 해석의 여지가 있다.

제1~4구는 역사적인 실존 인물들에 대한 회고를 통해 사령운 자신의 죽음에 의미를 부여하였다. 제1~2구의 공승과 이업은 전시대 왕조와의 의리를 지켜 스스로 그들 당시의 정통성이 없는 왕조를 거부하였고 그 때문에 죽임을 당하였다. 제3구의 혜소는 자신의 이성적 신념을 바탕으로 자신이 선택한 군왕을 지키려다 사망하였고 제4구의 곽원은 온전히 자신의 본분을 지키며 폭정자와 비타협을 하였으나 결국 모함과 시기 때문에 죽임을 당했다. 이들 모두의 올바름은 그들의 죽음을 통해서 증명되었다. 따라서 사령운의 죽음 또한 사령운의 정당함을 대변한다.

제5~8구는 사령운 자신의 절개로 인해 그가 받는 핍박에 대한 비유를 하였다. 그는 서리를 견디는 서글픈 측백나무이며 거센 바람의 벗어날 수 없는 압박에 의해 죽어가던 죽순(대나무)이었다. 그의 절개만으로는 제7구처럼 그가 바라는 이상을 펼칠 기회를 얻을 수 없었지만 제8구에서 사령운이 밝힌 것처럼 목숨을 아까워하며 후회할 사령운은 아니었다.

제9~12구에서 사령운은 이전과 다른 의미에서 자신의 아쉬움과 후회와 고통에 대해 이야기한다. 그가 그의 절개와 신념 때문에 기회를 얻지 못해 죽는 것은 후회할 일이 아니었다. 그러나 그 자신이 소망한 삶의 완성을 얻지 못한 것은 아쉽기만 하다. 사령운은 제9구에서 그가 가졌던 이상적인 군자로서의 희망에 대해 말을 하며 제10구에서 은거를 통한 자아의 완성과 소멸을 이루지 못한 것을 한스러워했다. 그래서 사령운의 고통과 후회는 사람 인생의 보편적인 그것들과 이어진다. 제11구에서 사령운이 죽을 때까지 깨닫지 못한 바른 깨달음은 어쩌면 제12구에서 스스로 고백하듯 인생은 자기 마음대로 되는 것이 아니라는 고통의 깨달음일 수 있다.

이제 그에게 남은 것은 죽음뿐이기에 그가 모든 집착의 마음을 보내버린 이상 그에게 어떤 의지나 희망이 남을 수 없다. 그러나 제13~14구에서는 사령운은 다음 생애에서는 모두가 같은 마음을 가지길 바라며 시를 마무리 하였다. 마음의 작은 처음이 달라지면서 세상의 모든 구별과 고통이 생겨났기 때문이다. (서용준)

齋中讀書[1]
독서재 안에서 책을 읽으며 78

昔余遊京華,[2]	예전에 나는 경성에서 노닐면서도
未嘗廢丘壑,[3]	일찍이 산수은거의 뜻을 그만두지 않았거니와,
矧廼歸山川,[4]	하물며 이에 산천으로 돌아와서
心跡雙寂漠.[5]	생각과 행동이 모두 적막한 때임에랴.
虛館絶諍訟,[6]	한가한 관사에는 분쟁이 끊어지고
空庭來鳥雀.[7]	텅 빈 정원에는 작은 새들 날아오네.
臥疾豐暇豫,[8]	와병 중에 한가한 즐거움이 많아서
翰墨時間作.[9]	문장이 때때로 간혹 지어지고,
懷抱觀古今,[10]	품에 안고 고금의 책 보다보니
寢食展戲謔.[11]	잘 때나 먹을 때나 재미가 펼쳐지네.
既笑沮溺苦,[12]	이미 장저와 걸닉이 고생한 일 비웃고
又哂子雲閣.[13]	또한 양웅이 누각에서 뛰어내린 일 비웃나니,
執戟亦以疲,[14]	집극 벼슬 또한 피곤하였고
耕稼豈云樂.[15]	밭 갈고 씨 뿌리는 농사가 어찌 즐거웠으랴.
萬事難並歡,[16]	세상만사 다 즐겁기는 어렵겠지만
達生幸可託.[17]	인생통달의 일을 다행히 맡길 만하리라.

주석

1) 齋(재) : 독서재. 영가군(永嘉郡, 지금의 절강성 온주시溫州市) 성 안에 있었던 사령운의

독서재이다. ≪온주부지溫州府志≫에 "성 안 서쪽에 사령운의 독서재가 있다.(城內西偏有謝康樂讀書齋)"라고 하였다.

2) 京華(경화) : 경성京城. 건강(建康, 지금의 강소성 남경시南京市)을 가리킨다.
3) 丘壑(구학) : 심산유곡深山幽谷. 여기서는 은자들이 거처하는 곳으로, 산수에 은거하는 것을 의미한다.
4) 矧(신) : 하물며.
   迺(내) : 이에.
5) 心跡(심적) : 생각과 행동.
6) 虛館(허관) : 한가한 관사.
7) 鳥雀(조작) : 작은 새들.
8) 暇豫(가예) : 한가한 즐거움. '예豫'는 '낙樂'의 뜻이다.
9) 間(간) : 간혹.
10) 懷抱(회포) : 품에 안다. 책을 품에 안는 것을 가리킨다.
11) 寢食(침식) : 잘 때나 먹을 때나.
    戲謔(희학) : 재미.
12) 沮溺(저닉) : 장저長沮와 걸닉桀溺. 춘추시대의 은자로서 벼슬을 하지 않고 몸소 밭을 가는 등 힘든 노동을 하며 살았다.
13) 哂(신) : 비웃다.
    子雲(자운) : 양웅(揚雄, B.C.53~B.C.18). 자운은 그의 자字이다. 왕망王莽이 왕위를 찬탈했을 때 대부가 되어 견씨甄氏 부자를 죽이고 유흠劉歆의 아들 유분劉棻을 유배 보냈다. 이로 인해 옥리의 사자가 그를 잡으러왔을 때 마침 궁궐 서고인 천록각天祿閣에서 책을 교정하고 있다가 화를 면치 못할 줄 알고 누각에서 뛰어내렸다.
14) 執戟(집극) : 관직명. 진한秦漢 시기 궁정의 시위侍衛 관리들이 집무할 때 손에 창을 잡았다. 여기서는 낮은 관직에 있으면서 고된 임무를 수행하는 것을 가리킨다.
15) 耕稼(경가) : 밭 갈고 씨 뿌리다. 농사짓는 것으로 은자들이 은거하는 일을 가리킨다.
16) 並歡(병환) : 다 즐겁다. 이 구는 세상사가 다 좋을 수만은 없는 것을 의미한다.
17) 達生(달생) : 인생통달의 일. ≪장자·달생達生≫에 "인생의 실체에 달하는 것은 인생에

서 할 수 없는 바에 힘쓰지 않는 것이다.(達生之情者, 不務生之所無以爲)"라고 하였다.
託(탁) : 맡기다. 의탁하다.

해설

　이 시는 사령운이 영초永初 3년(422) 영가태수永嘉太守로 있을 때 지은 것으로 독서재에서 책을 읽으며 소일하는 즐거움을 노래하였다.

　시는 세 단락으로 나뉘는데, 첫째 단락은 제1~4구로 경성에 있을 때부터 산수은거의 뜻이 있었음을 천명하였다. 둘째 단락은 제5~10구로 영가군에서 한가하게 관직생활을 하면서 때때로 문장을 짓고 고금의 책을 읽는 즐거움을 누리고 있음을 말하였다. 셋째 단락은 제11~16구로 춘추시대의 은자 장저와 걸닉처럼 힘들게 농사를 짓거나 한대 양웅처럼 낮은 관직에 있으면서 고된 업무에 시달리기를 거부하고, 독서를 통해 불가능한 일에는 힘쓰지 않는 달생의 도를 터득하고자 하였다. (김수희)

從遊京口北固應詔[1]
경구 북고산에서 천자를 모시고 노닐다 명을 받들어 쓰다 79

玉璽戒誠信,[2]	옥새는 정성과 신의를 지키도록 경계하고
黃屋示崇高.[3]	노란 수레는 숭고함을 드러내는데
事爲名教用,[4]	명교를 위해 일을 하시고
道以神理超.[5]	신비한 이치로써 치도를 초월하셨네.
昔聞汾水遊,[6]	요임금이 분수에서 노닐었던 일 옛날에 들었는데
今見塵外鑣.[7]	오늘 세속 밖에서 말 달리는 모습 뵈었네.
鳴笳發春渚,[8]	피리 불며 봄 모래섬을 출발해
稅鑾登山椒.[9]	수레 세우고 산꼭대기에 오르시네.
張組眺倒景,[10]	장막 펼치고 물에 비친 그림자 바라보시고
列筵矚歸潮.[11]	자리 늘어놓고 장강 조수를 주시하시네.
遠巖映蘭薄,[12]	멀리 바위에서 난초 빛나고
白日麗江皋.[13]	밝은 햇빛으로 강 언덕 아름답네.
原隰荑綠柳,[14]	들판의 습지에 푸른 버드나무 싹 트고
墟囿散紅桃.[15]	마을의 동산에 붉은 복사꽃 흩날리네.
皇心美陽澤,[16]	황제의 마음에 아름다운 은택 넘쳐
萬象咸光昭.[17]	만물이 모두 빛나는 것이네.
顧己枉維縶,[18]	저를 돌아보고 몸을 굽혀 만류하시고
撫志慚場苗.[19]	마음을 어루만져 주시니 밭의 싹에 부끄럽네.
工拙各所宜,[20]	뛰어난 자와 우둔한 자에게 각기 마땅한 바가 있을 터이니

| 終以反林巢.21 | 내 끝내 돌아갈 곳은 숲속 둥지라네.
| 曾是縈舊想.22 | 옛날부터 오랜 계획에 얽혀 있었나니
| 覽物奏長謠.23 | 경치 보며 지은 긴 노래를 불러보네.

주석

1) 從遊(종유) : 학식이나 덕행이 높은 사람을 좇아 더불어 노닐다. 여기서는 사령운이 원가元嘉 4년(427)에 송 문제文帝 유의륭劉義隆을 따라 북고산을 노닐었을 때를 가리키는 것으로 보인다.
   京口北固(경구북고) : 경구(京口, 지금의 강소성 진강시鎭江市)에 있는 북고산北固山. 북고산은 장강 하류에 임해 있다.

2) 玉璽(옥새) : 황제의 인장.
   戒誠信(계성신) : 정성과 신의를 지킬 것을 경계하다.
   이 구의 의미는 황제의 옥새가 보는 이로 하여금 정성과 신의를 지키도록 경계한다는 뜻으로 황제의 권위를 드러낸 것이다.

3) 黃屋(황옥) : 노란 지붕. 여기서는 노란 비단으로 덮은 황제의 수레를 가리키는데 역시 황제의 권위를 상징한다.

4) 事(사) : 일. 여기서는 황제 유의륭이 하는 일을 가리키는 것으로 보았다.
   名敎(명교) : 명분과 교화.

5) 道(도) : 여기서는 치도治道로 보았다.
   이상 네 구에서 시인은 황제의 옥새와 수레로써 황제의 권위를 드러낸 동시에, 황제가 명교를 전파하고 신비한 이치로써 치도를 초월하는 뛰어난 존재임을 표현하였다.

6) 汾水游(분수유) : 분수에서 노닐다. ≪장자·소요유≫에서 "요임금이 천하의 백성을 다스리고 해내의 정치를 평안케 한 후, 막고야 산에서 네 명의 신인을 만났는데, 분수의 북쪽에서 멍하니 천하를 잊어버렸다.(堯治天下之民, 平海內之政, 往見四子藐姑射之山, 汾水之陽, 窅然喪其天下焉)"라 한 것에서 나온 말로서, 외물外物을 초월한 초연한 상태를 가리킨다. 이때의 분수가 어디인지에 대해서는 요임금의 도읍이라는 설, 신인神人이 산다는 막고야산이라는 설 등이 있다.

7) 塵外(진외) : 세속의 바깥. 여기서는 북고산을 가리킨다.

　　鑣(표) : 말 재갈. 여기서는 황제가 말을 타고 노닌 것을 가리킨다.

　　이상 두 구는 지난날 요임금이 분수에서 외물을 초월한 채 노닐었던 것처럼 지금의 황제인 유의륭도 북고산에서 초연히 노닌다는 것을 말한 것이다.

8) 笳(가) : 피리.

9) 稅鑾(탈란) : 말을 풀고 수레를 멈추다. 여기서의 '탈稅'은 '탈脫'과 같으며 '풀다'라는 뜻이다.

　　山椒(산초) : 산꼭대기.

10) 張組(장조) : 장막을 펼치다. '조組'는 '조위組幃'를 가리킨다.

　　倒景(도영) : 수면에 비친 그림자.

11) 列筵(열연) : 자리를 늘어놓다.

　　矚(촉) : 주시하다.

　　歸潮(귀조) : 돌아가는 물. 여기서는 북고산 아래에 있는 장강 하류의 물길이 바다로 흘러가는 것을 가리킨다.

12) 薄(박) : 풀이나 나무가 무성한 곳. '임박林薄'과 같다.

13) 江皋(강고) : 강 언덕.

14) 原隰(원습) : 들판의 습지대.

　　荑(이) : 싹 트다.

15) 墟囿(허유) : 마을의 동산.

16) 陽澤(양택) : 황제의 은택.

17) 萬象(만상) : 만물.

　　이상 네 구는 북고산에서 바라본 경물을 묘사한 것으로 황제의 은택으로 인해 마을과 자연 모두 평화롭고 아름다울 수 있음을 말한 것이다.

18) 顧己(고기) : 황제가 사령운을 돌아보았다는 뜻이다.

　　枉(왕) : 높은 사람이 몸을 굽히다. 황제가 외람되게도 사령운을 만류하기 위해 몸을 굽혔다는 의미이다.

　　維縶(유집) : 만류하다. 재주 없는 시인을 황제가 만류하여 관직에 있도록 은혜를 내려주었다는 의미이다. '집繫'이 '계系'로 되어 있는 판본도 있으며 뜻은 같다.

19) 撫志(무지) : 황제가 사령운의 마음을 어루만졌다는 의미이다.
場苗(장묘) : 밭의 벼 싹. 여기서는 황제의 은택을 비유한다.
이상 두 구는 ≪시경·소아·흰 망아지白駒≫에서 "희디 흰 망아지, 내 밭에 싹 먹이네. 잡아두고 매어두고 오늘 아침 내내 붙잡아야지.(皎皎白駒, 食我場苗, 繫之維之, 以永今朝)"라 한 것과 관련되어 있다. 〈흰 망아지白駒〉 편은 손님을 붙잡아두기 위해 손님의 흰 망아지를 붙들어 놓는다는 내용으로, 현사賢士를 초빙하여 머물게 함을 의미한다. 이 시에서는 황제가 인재를 아끼는 마음으로 부족한 시인 자신을 만류하여 곁에 두었다는 의미로 쓰였다.

20) 工拙(공졸) : 뛰어난 자와 우둔한 자. 여기서 우둔한 자는 사령운 자신을 가리킨다.
21) 反(반) : 돌아가다.
22) 縈(영) : 얽히다.
舊想(구상) : 오래도록 생각해 온 계획. 자연에 귀의해 은거하고자 하는 계획을 가리킨다.
23) 覽物(남물) : 경치를 감상하다.
奏(주) : 부르다, 연주하다. 사령운이 쓴 이 시를 연주하거나 부르는 것을 말한다.
長謠(장요) : 긴 노래. 사령운이 쓴 이 시를 말한다.
이상 두 구의 의미는, 시인이 분에 넘치는 황은을 입어 황제를 모시고 유람하고 있으나 시인은 오래도록 품어온 은거에 대한 바람을 갖고 있다는 뜻이다.

해설

이 시는 사령운이 원가元嘉 4년(427)에 송 문제文帝 유의륭劉義隆을 따라 북고산을 유람할 때 지은 것으로, 북고산에서 바라본 자연 경물과 황제의 은택을 이야기한 시이다. 제1~4구에서 시인은 황제가 세속의 정치에서 뛰어난 면모를 가졌음을 칭송하였다. 제5~8구에서는 지금의 황제가 명교와 치도 방면에서 뛰어난 것은 물론이고 요임금처럼 외물을 벗어나 초연히 노닐 수 있는 인물임을 묘사하였다. 제9~12구에서 시인은 북고산에 올라 바라보는 경치를 묘사하였다. 제13~16구에서는 앞의 단락을 이어 마을과 자연 경물이 모두 아름다울 수 있는 것은 황제의 은택 때문이라며 황제의 은덕을 칭송하였다.

제17~22구에서는 재주가 부족한 시인이 과분한 은택을 입어 황제를 모시는 신분이 되었다고 말하면서, 은근히 자신의 소망을 황제에게 드러내보였다. 자신은 우둔한 사람이라 황제를 모시는 데에는 알맞지 않으니 마땅히 은거해야 한다며 은거에 대한 바람을 표현한 것이다. 전체적으로 천자의 명을 받들어 쓴 시에 걸맞게 황제를 칭송하는 데에 많은 편폭을 할애하였으나 마지막에 자신의 소망을 넌지시 노출하여 사령운이 진정으로 원했던 것이 은거였음을 잘 보여주는 시라고 하겠다. (정세진)

答中書[1]
종서에게 답하여 80

懸圃樹瑤,[2]	현포에 심어진 옥돌이며
崑山挺玉.[3]	곤륜산의 빼어난 옥이로다.
流采神皋,[4]	광채 흐르는 신령한 언덕이며
列秀华岳.[5]	열 지어 빼어난 오악의 화산이로다.
休哉美寶,[6]	좋도다, 아름다운 보배여!
擢穎昌族.[7]	성대한 가문에서 탁월하도다.
灼灼风徽,[8]	풍도는 환하게 빛나고
采采文牍.[9]	문장은 화려하고 아름답도다.
伊昔昆弟,[10]	옛날 우리 형제는
敦好閭里.[11]	마을에서 돈독하고 좋았으며,
我曁我友,[12]	나와 나의 친구로서
均尚同耻.[13]	영욕을 함께 하였다네.
仰儀前修,[14]	전대의 현인을 우러러 본받고
綢繆儒史.[15]	유학과 역사를 깊이 탐구하며,
亦有暇日,	한가로운 날이 있으면
嘯歌宴喜.	읊고 노래하며 즐기고 기뻐하였네.
聚散無期,[16]	헤어졌다 다시 만남은 기약이 없건만

乖仳易端,17	헤어짐은 쉬 닥쳐오네.
之子名扬,18	이 사람은 이름을 드날리건만
鄙夫忝官.19	비루한 나는 관직을 더럽히고 있네.
素質成漆,20	흰 바탕이 칠흑으로 변했으니
巾褐懼蘭.21	초야의 선비가 난초를 두려워하게 되었네.
遷流推薄,22	이리 저리 떠돌며 궁박한 곳으로 옮겨가니
云胡不歎.23	어찌 탄식하지 않으리?
中子備列,24	나는 그저 자리만 채울 뿐이었건만
子贊時庸.25	그대는 태평성대를 보좌하였네.
偕直東署,26	함께 동쪽 관서에서 근무하며
密勿游從.27	성실히 일하면서 즐기고 노닐었네.
彼美顯價,28	아름답고 뛰어난 명성으로
煌煌逸踪.29	빛나고 탁월한 행적으로
振迹鼎朝,30	조정에서 커다란 공적 떨쳐
翰飛雲龍.31	궁궐 높이 날아올랐네.
嗟玆飄轉,	아! 이리저리 떠도는 이 신세여
随流如萍.	물 따라 흘러가는 부평초와 같구나.
台岳崇觀,32	조정의 높은 관직에서
僚士推明.33	동료들은 빛을 발하건만,
璅璅下陪,34	미미한 낮은 직책으로
從公于征.35	유공을 따라 원정길을 나섰네.
溯江踐漢,36	장강을 거슬러 올라 한수를 지나
自徐徂荆.37	서주에서 형주까지 갔네.

契闊北京,38	북쪽 도성에서 힘들게 수고하다
劬勞西郢.39	서쪽 영 땅에서 바쁘게 일하네.
守官末局,40	혼란한 시국에 관직자리 지키고 있은 지
年月已永.	시간이 이미 오래되었네.
孰是疲劣,41	무엇 때문에 지치고 부족한 몸으로
逢此多□.42	이처럼 많은 (고생을) 겪고 있는가?
厚顔既積,43	낯 두꺼움도 이미 오래되어
在志莫省.	마음에 반성조차 없다네.

凄凄離人,	처량하도다, 떠나온 이여!
愾乖悼己.44	이별을 한탄하며 스스로를 애도한다네.
企佇好音,45	발돋움하며 좋은 소식 기다리고
傾渴行李.46	고개 기울이며 심부름꾼 기다렸는데
矧乃良朋,47	하물며 좋은 친구가
貽我瓊玘.48	내게 아름다운 옥을 보내 주었네.
久要既篤,49	오래된 약속은 이미 독실하여
平生盈耳.50	평소에 귀에 가득하다네.
申復情言,51	정겨운 말 다시 펼쳐보니
欣歎互起.52	기쁨과 탄식이 함께 일어나네.
何用托誠,	무엇으로 나의 진심을 담아
寄之吾子.53	그대에게 보낼까나.

在昔先師,54	옛날의 스승은
任誠師天.55	본성을 맡겨 자연의 도를 스승으로 삼았나니
刻意豈高,56	뜻을 굳건히 한들 어찌 고상해질 것이며

江海非閑,57	강과 바다를 노닌들 한가로워지는 것은 아니라네.
守道順性,58	도를 지키고 본성에 순응하며
樂玆丘園,59	이 시골 언덕에서 즐기리.
偕友之唱,60	친구와 함께 할 것을 노래하며
敬悅在篇,61	공경과 기쁨을 시편에 담는다네.
霜露荏苒,62	서리와 이슬은 천천히 지나가고
日月如捐,63	해와 달도 버린 듯 흘러가니
相望式遄,64	시간이 속히 흘러
言歸言旋,65	돌아오기를 돌아가기를 바란다네.

주석

1) 이 시는 《문관사림文館詞林》 권152에 실려 있다.
   中書(중서) : 중서시랑中書侍郞. 시의 내용으로 보아 사령운의 종형인 사첨謝瞻으로 여겨진다. 사첨은 동진 때 낭야왕대사마참군琅邪王大司馬參軍, 중서시랑中書侍郞 등을 지냈으며, 송조宋朝에 들어와 중서시랑, 황문시랑黃門侍郞 등을 지냈다.
2) 懸圃(현포) : 전설상 신선이 산다는 곤륜산崑崙山의 꼭대기. '현포玄圃' 또는 '현포縣圃'라고도 한다.
3) 崑山(곤산) : 전설상 신선이 산다는 서역西域의 산. 요지瑤池, 낭원閬苑, 증성增城, 현포縣圃 등의 선경이 있다.
4) 神皐(신고) : 신령한 언덕.
5) 华岳(화악) : 화산華山. 오악五岳 중의 하나로, 지금의 섬서성 화음현華陰縣 지역에 있다.
6) 休(휴) : 훌륭하다, 기쁘다.
7) 擢穎(탁영) : 뛰어나다, 탁월하다.
   昌族(창족) : 번성한 가문.
8) 灼灼(작작) : 환히 빛나는 모습
   风徽(풍휘) : 풍도, 법도, 미덕.

9) 采采(채채) : 문채 있고 아름다운 모양.
   文牘(문독) : 문장.
10) 伊(이) : 발어사
11) 敦好(돈호) : 형제간에 우애가 돈독하고 사이가 좋다.
12) 暨(기) : ~와. '급及'과 같다.
13) 均尙同恥(균상동치) : 영예를 같이 하고 부끄러움을 함께 하다.
14) 前修(전수) : 이전의 현인.
15) 綢繆(주무) : 얽어매다, 심오하다. 여기서는 한 곳에 깊이 침잠하여 탐구하는 것을 의미한다.
    儒史(유사) : 유학儒學과 사학史學.
16) 聚散(취산) : 헤어졌다가 만나다.
17) 乖仳(괴비) : 헤어지다, 떠나다.
    端(단) : 발단하다, 시작되다.
18) 之子(지자) : 이 사람. 중서를 가리킨다. '지之'는 지시사.
19) 鄙夫(비부) : 비루한 사내. 자신을 낮추어 말한 것이다.
    忝官(첨관) : 관직을 더럽히다, 욕되게 하다. 무능하게 관직을 차지하고 있음을 말한다.
20) 素質(소질) : 흰 바탕.
    成漆(성칠) : 옻칠로 검게 되다. 자신의 뜻을 꺾고 관직에 나아간 것을 말한다.
21) 巾褐(건갈) : 두건과 갈옷. 벼슬하지 않고 초야에 묻혀 사는 선비를 의미한다.
    懼蘭(구란) : 난초를 두려워하다. 난초는 곧고 깨끗한 절개를 상징하는 것으로, 여기서는 관직에 나아감으로써 은자의 절개와 지조를 잃은 까닭에 차마 난초를 대하지 못하는 것을 말한다.
22) 遷流(천류) : 이리저리 옮기며 떠돌다.
    推薄(추박) : 궁박窮迫한 곳으로 옮겨가다. 낮은 관직을 전전하는 것을 의미한다.
23) 云胡(운호) : 어찌하여. '운云'은 어조사. '호胡'는 '하何'와 같다.
24) 中子(중자) : 항렬이 가운데인 사람. 여기서는 사령운을 가리킨다.
    備列(비열) : 대열을 갖추다. 관직에 있으며 그저 자리만 채우고 있음을 말한다.

25) 贊(찬) : 보좌하다, 이끌다.
    時庸(시용) : 시대의 평화로움. 태평성대.
26) 直(직) : 직숙直宿하다, 일을 맡다.
    東署(동서) : 동쪽의 관서. 낭야왕대사마琅邪王大司馬의 막부를 가리킨다. 낭야가 산동 일대 지역임으로 이와 같이 불렀다. 의희義熙 원년(405) 낭야왕 사마덕문司馬德文이 대사마에 임명되면서 사령운과 사첨은 함께 그의 참군參軍을 맡았다.
27) 密勿(밀물) : 근면성실하게 일하다. '민면黽勉'과 같다. ≪시경·소아小雅·시월지교十月之交≫의 '열심히 일하며 힘들다 말하지도 못했네.(黽勉從事, 不敢告勞)'에서 유래하였다.
    游從(유종) : 교유하며 따라 다니다.
28) 顯價(현가) : 크고 높은 평판.
29) 煌煌(황황) : 빛나는 모양
    逸踪(일종) : 뛰어난 자취, 흔적.
30) 振迹(진적) : 공적을 떨치다.
    鼎朝(정조) : 조정.
31) 翰飛(한비) : 높이 날다.
    雲龍(운룡) : 운룡문. 한대 궁궐 문의 이름. 여기서는 궁궐을 의미한다.
32) 台岳(태악) : 삼공三公의 높은 지위.
    崇觀(숭관) : 조정의 높은 관직.
33) 僚士(요사) : 동료
    推明(추명) : 드러나다, 떨치다.
34) 瑣瑣(소소) : 자질구레하다. '쇄쇄瑣瑣'와 같다. 자신의 지위가 낮음을 말한다.
35) 公(공) : 형주자사荊州刺史 유의劉毅를 가리킨다.
36) 溯江踐漢(소강천한) : 장강을 거슬러 한수를 지나다. '강江'과 '한漢'은 각각 장강長江과 한수漢水를 가리킨다.
37) 自徐徂荊(자서조형) : 서주에서 형주까지 가다. '서徐'와 '형荊'은 각각 서주徐州와 형주荊州를 가리킨다.
38) 契闊(결활) : 힘들게 수고하다.

北京(북경) : 동진東晉의 도성인 건강建康. 건강에서는 장강의 물이 북쪽을 향해 흐르기 때문에 이와 같이 불렀다.

39) 劬勞(구로) : 바쁘게 일하다.
西郢(서영) : 전국시대 초楚의 도성인 영郢. 건강의 서쪽에 있어 이와 같이 불렀다.

40) 末局(말국) : 혼란한 시국.

41) 孰是(숙시) : 무엇 때문에, 어찌하여.
疲劣(피열) : 지치고 능력이 떨어지다. 자신을 낮추어 말한 것이다.

42) 多□(다) : 한 글자가 빠져 있다. 압운자로 보아 '생眚'자로 여겨지며 다재다난多災多難함을 뜻한다.

43) 厚顔(후안) : 부끄러움을 모르는 두꺼운 얼굴.
積(적) : 오래되어 누적되다.

44) 惋乖(완괴) : 이별을 한탄하다.

45) 企佇(기저) : 발돋움하며 기다리다.

46) 傾渴(경갈) : 고개를 기울이며 갈망하다.
行李(행리) : 심부름꾼. 편지를 전해주는 사람을 가리킨다.

47) 矧(신) : 하물며.

48) 瓊玘(경기) : 옥구슬과 패옥. 사첨이 보내온 편지를 가리킨다.

49) 久要(구요) : 오래된 약속. 사첨과의 옛날의 약속을 말한다.

50) 平生(평생) : 평소.
이상 두 구는 ≪논어論語·헌문憲問≫의 "오래된 약속을 평소의 말에서 잊지 않으면, 또한 성인이 될 수 있다.(久要, 不忘平生之言, 亦可以爲成人矣)"는 말을 차용하여 사첨과의 신의를 지키고 있음을 말한 것이다.

51) 情言(정언) : 정이 담긴 말. 사첨의 편지를 가리킨다.

52) 欣歎(흔탄) : 기쁨과 탄식. 사첨의 편지를 받은 기쁨과 자신의 처지로 인한 탄식을 말한다.

53) 吾子(오자) : 그대. 사첨을 가리킨다.

54) 先師(선사) : 옛날의 스승. 여기서는 장자莊子를 가리킨다.

55) 任誠(임성) : 본성을 맡기다. '성誠'은 본성을 의미한다.
   師天(사천) : 천지자연의 도를 스승으로 삼다.
56) 刻意(각의) : 뜻을 갈고 닦아 굳건하게 하다. 고상해지기 위해 인위적으로 노력하는 것을 의미한다.
57) 江海(강해) : 강과 바다에서 노닐다. 한가로워지기 위해 의도적으로 자연을 찾아가는 것을 의미한다.
   이상 두 구는 ≪장자莊子·각의刻意≫의 "뜻을 굳건히 하지 않아도 고상해지고 인의가 없이도 몸이 닦여지며 공명이 없어도 나라가 다스려지고 강해를 노닐지 않아도 한가로워지며 기운을 끌어들이지 않아도 오래 사는 것과 같은 것은, 잊지 않는 것이 없는 것이며 가지고 있지 않는 것도 없는 것이다. 담담히 끝이 없지만 모든 미덕이 그것을 따른다. 이것이 천지의 도이며 성인의 덕이다.(若夫不刻意而高, 無仁義而修, 無功名而治, 無江海而閑, 不導引而壽, 無不忘也, 無不有也. 澹然無極, 而衆美從之, 此天地之道, 聖人之德也)"에서 차용한 것으로, 일체의 인위적이고 의도적인 노력을 부정한 것이다.
58) 順性(순성) : 본성에 순응하다.
59) 丘園(구원) : 언덕과 정원. 향촌의 은거지를 가리킨다.
60) 偕友(해우) : 친구와 함께 하다. 사첨과 함께 자연에 은거하고 싶은 것을 가리킨다.
61) 敬悅(경열) : 공경과 기쁨. 사첨의 시에 공경과 기쁨을 표시한 것이다
62) 霜露(상로) : 서리와 이슬. 세월을 의미한다.
   荏苒(임염) : 시간이 점차 흘러가는 모양. 여기서는 시간이 더디 지나는 것을 말한다.
63) 如捐(여연) : 버린 듯하다. 헤어져 지내는 시간이 아무런 의미가 없음을 말한다.
64) 式遄(식천) : 시간이 빨리 흘러가다. '식式'은 어조사.
65) 歸旋(귀선) : 돌아오고 돌아가다. 각각 사령운과 사첨의 입장에서 말한 것이다. '언言'은 어조사.

해설

이 시는 중서시랑에게 증답한 것으로, 시의 내용으로 보아 동진東晉 의희義熙 8년(412) 강릉(江陵, 지금의 호북성 강릉현江陵縣)의 형주자사荊州刺史 유의劉毅의 군중에 있으며 종

형인 사첨謝瞻의 시에 중답한 것으로 여겨진다. 시에서는 사첨의 덕성과 재능을 칭송하고 옛날 함께 했던 기억들을 회상하며 자신의 미천하고 고달픈 관직생활에 대한 회의와 사첨과의 조속한 상봉에 대한 바람을 나타내고 있다.

 제1장에서는 현포와 곤륜산의 아름다운 옥과 웅장하고 빼어난 화산의 형세를 들어 사첨의 덕성과 재주를 칭송하고, 제2장에서는 고향에서 함께 학습하고 노닐며 우애롭게 지냈던 과거의 생활을 말하고 있다. 제3장에서는 고향을 떠나 강릉으로 오게 되며 사첨과 헤어지게 되었음을 말하고, 당시 유의의 군막에서의 자신의 지위와 역할에 대한 불만을 나타내고 있다. 제4장에서는 사첨과 함께 낭야왕대사마琅邪王大司馬의 막부에서 참군을 지냈던 일을 회상하며 그가 커다란 공적으로 조정에까지 명성을 떨쳤음을 말하고 있다. 제5장에서는 미천한 지위로 유의를 따라 여러 곳을 떠도는 자신의 상황을 조정의 높은 지위에 있는 친구들과 비교하며 탄식하고, 제6장에서는 지위는 미천하고 일은 고달프며 시대 또한 혼란함에도 차마 관직을 버리고 떠나지 못하고 연연해하고 있는 자신을 자책하고 있다. 제7장에서는 사첨의 소식을 간절히 기다리다 마침내 그의 소식을 얻게 되었으며, 그가 보내온 시로 인해 기쁨과 탄식이 함께 생겨남을 말하고 있다. 마지막 제8장에서는 일체의 인위적인 노력을 배제하고 본성에 순응하며 자연에 귀의하여 살고 싶은 지향을 나타내며 빨리 시간이 흘러 고향으로 돌아가 서로 만날 수 있게 되기를 고대하고 있다.
(주기평)

贈安成幷序 七章[1]
안성태수에게 주다 및 서문 7장

從兄宣遠,[2] 義熙十一年正月作守安成.[3] 其年夏贈以此詩, 到其年冬有答.[4]
종형 선원이 의희 11년 정월에 안성태수가 되었다. 그 해 여름에 이 시를 주었는데 그 해 겨울이 되어서 답시가 있었다.

주석

1) 安成(안성) : 지명. 안성군安成郡. 현재의 강서성 안복현安福縣 동남쪽.
   이 시는 《문관사림文館詞林》에 실려서 전하였으나 서문은 실리지 않았다. 《문선文選》에 수록된 사첨謝瞻의 〈안성에서 사령운에게 답하다「安成答靈運」〉 시의 주석에서 이선李善이 사령운의 시를 언급하면서 이 서문을 소개하였다. 그래서 이 시에 서문이 더해졌다.
2) 宣遠(선원) : 사첨(謝瞻, 385~421)의 자字. 사첨은 사중謝重의 아들로 사령운의 종형이다. 유유劉裕 휘하에서 중서시랑中書侍郎 등 여러 벼슬을 역임하였고 송宋에서도 예장태수豫章太守를 지냈다. 의희 14년(418)에는 사령운과 함께 팽성彭城에서 근무하기도 하였다. 사첨은 성격이 근면하고 신중하였으며 문장은 화려하고 아름다웠는데 당시 족숙族叔인 사혼謝混, 족제族弟인 사령운과 함께 삼절三絶로 불리기도 하였다.
3) 義熙(의희) : 동진東晉의 안제安帝 사마덕종司馬德宗의 네 번째 연호. 405년부터 418년에 쓰였다. 의희 11년은 415년이다.
4) 答(답) : 답시答詩. 사첨의 답시는 현재 《문선》에 실려 전해지는 〈안성에서 사령운에게 답하다「安成答靈運」〉로 알려졌다.

時文前代,1	당대를 풍미한 조상님의 뛰어난 문장을 쓰시니
徽猷系從.2	빛나는 업적을 이어받으셨네.
於邁吾子,3	먼 길 가시는 우리 형님
誕俊華宗.4	우리 귀한 가문의 최고 재능이시네.
明發迪古,5	조상의 공업을 밝게 드러내어 옛 법도로 나아가니
因心體聰.6	온 마음을 다해 기꺼이 몸소 밝히셨네.
微言是賞,7	경전의 미묘한 말씀을 이로써 감상하고
斯文以崇.8	예악과 전장을 이로써 받드셨네.
用舍誰階,9	관직에 등용되거나 물러나는 것을 누구에게 의지하리
賓名相傳.10	형님의 이름을 서로 전하였다네.
秘丘發軫,11	우거진 언덕에서 수레를 출발하셔서
千里知賢.12	천 리 먼 곳까지 형님의 뛰어남을 알게 되었네.
撫翼宰朝,13	조정에서는 분발하여 공업을 쌓으셨고
翰飛戚蕃.14	지방에서도 하늘을 높이 나셨네.
佐道以業,15	도를 보좌하는 것으로 공업을 삼으셨고
淑問聿宣.16	송사를 투명하게 처리하심을 베푸셨네.
相彼景響,17	나와 그대는 그림자와 메아리와 같으니
有比形聲.18	가까이 있으며 형체와 소리를 따랐네.
始云同宗,19	처음에는 같은 친척이었고
終焉友生.20	나중에는 친구와 같다네.
棠棣隆親,21	〈아가위棠棣〉에서는 친지의 정을 높이 여겼고
頍弁鑒情.22	〈점잖은 관頍弁〉에서는 형제에 대한 정을 살필 수 있었네.
綿邈歲月,23	길고 긴 세월 속에서
繾綣平生.24	두텁고 곡진하게 평생을 보냈네.

明政敦化,25	밝은 정치와 두터운 교화를 내리시니
矜恤載懷,26	백성을 긍휼하심으로 늘 마음 쓰시네.
用掇良彦,27	뛰어난 인재를 뽑아 쓰셔서
循我人黎,28	우리 백성들을 보살피시네.
江旣永矣,29	장강의 물이 이미 길게 이어지는데
服亦南畿,30	복무할 곳이 또한 남쪽 멀리이네.
解袂告離,31	소매를 나누고 작별을 고하는데
雲往風飛,32	구름이 떠나갔고 바람이 날렸다네.

揮手未幾,33	이별을 한 지 얼마 되지 않았으나
鑽燧推斥,34	불씨 나무가 바뀌며 시간이 지나갔네.
靑春屛轡,35	푸른 봄이 수레의 고삐를 뒤로 물렸고
素秋系迹,36	하얀 가을이 여름의 뒤를 따라 왔네.
媚彼時漁,37	저 제철 만난 어부는 즐겁겠지만
戀此分拆,38	이 이별한 사람은 아쉬워하네.
我勞行久,39	나는 떠나신 지 오래된 것에 힘들어 하니
實獲予戚,40	참으로 나를 슬프게 하네.

昔在先道,41	예부터 앞선 가르침이 있었으니
垂誥亨鮮,42	작은 생선을 삶는 것과 같이 하라고 가르치셨네.
亦曰于豹,43	또한 말하기를 동안우와 서문표가
調和韋弦,44	가죽띠와 활줄로써 장점과 단점의 조화를 이루었다네.
淸靜有默,45	맑고 고요하고 묵묵하게
平正無偏.	공평하고 바르게 치우지 않게 하시게.
欽隆令績,46	그대의 아름답고 훌륭한 업적을 사람들이 추앙하고 공경하니
慰沃願言,47	나의 바람을 위로하고 충족시켜 주시게나.

駑不逮駿,48	노둔한 말은 뛰어난 말을 따라갈 수 없고
蕕不間薰,49	누린내 나는 풀은 향기 나는 풀에 섞일 수가 없네.
三省朽質,50	썩어버릴 내 몸을 여러 번 살폈으니
再沾慶雲,51	다시금 상서로운 구름에 젖었네.
仰慚蓼蕭,52	우러러 〈무성한 쑥蓼蕭〉에 부끄럽고
俯惕惟塵,53	구부려 먼지만 자욱한 것 두렵네.
將拭舊褐,54	장차 오래된 베옷 깨끗하게 닦아서
揭來虛汾,55	공활한 분수로 떠나가려 하네.
疇咨亮款,56	밝고 정성스런 마음을 찾아서
敬告在文.	이 글에 실어 정중히 아뢰네.

주석

1) 時文(시문) : 당대當代의 문화. 이 시에서는 당대를 풍미한 조상의 문장을 의미한다.
   前代(전대) : 조상. 이 시에서는 사령운의 가문의 조상을 가리킨다.
2) 徽猷(휘유) : 아름다운 업적. '유猷'는 도道나 미덕을 의미함.
   系從(계종) : 이어받다. 따르다.
3) 於邁(어매) : 먼 길을 가다. 원행遠行하다. ≪시경·대아大雅·백유나무棫樸≫에서 "주나라 임금이 멀리 가시니 여섯 군대가 그를 따르네.(周王於邁, 六師及之)"라 하였다.
   吾子(오자) : 상대방에 대한 존칭. 보통 남자 사이에 쓰였다. 여기에서는 사첨을 가리킨다.
4) 誕俊(탄준) : 커다란 재능.
   華宗(화종) : 뛰어난 가문. 귀족. 동족이나 동성인 사람의 미칭으로도 쓰였다. 여기에서는 사령운과 사첨이 모두 소속된 사씨 가문을 가리킨다.
5) 明發(명발) : 밝게 밝히다. 여기에서는 조상의 빛나는 업적을 사첨이 밝게 드러낸다는 뜻이다.
   迪古(적고) : 옛 법도로 나아가다. 옛 법도를 따르다. '적길迪吉'로 되어 있는 판본도 있다. 적길은 본래 '도를 따르면[迪] 길吉하다'는 뜻으로, 후에 '길한 상태'를 가리키게 되었다.

6) 因心(인심) : 마음을 따라. 온 마음을 다해서.
體聰(체총) : 몸소 밝게 하다.

7) 微言(미언) : 정심精深하고 미묘微妙한 언사言辭. 미언대의微言大義. 경전의 정교하고 함축적인 내용을 가리킨다.
是(시) : 이로써. 그리함으로써.

8) 斯文(사문) : 예악교화禮樂敎化와 전장제도典章制度. 고대의 문화.

9) 用舍(용사) : 벼슬을 하는 것과 벼슬을 하지 못하는 것. 《논어論語·술이述而》에 "공자가 안연에게 말하기를, '쓰이면 도를 행할 것이고, 버려지면 은거할 것이니, 오직 나와 너만이 이와 같을 것이다.(子謂顏淵曰, 用之則行, 舍之則藏, 唯我與爾有是夫)"라 하였다.
階(계) : 의지하다. 기대다.

10) 賓名(빈명) : 명성. 이름. 《장자莊子·소요유逍遙遊》에 허유許由가 요임금이 준다는 천하를 마다하며 말하기를, "이름이란 실질의 손님인데 내가 장차 손님이 되겠습니까?(名者實之賓也, 吾將爲賓乎)"라 하였다. 이름[名]과 실질[實]의 관계는 손님[賓]과 주인[主]의 관계와 같은 것으로 이해할 수 있다.

11) 秘丘(비구) : 산림의 장소로 은거지를 가리킨다. '비구泌丘' 또는 '비구秘丘'라고도 하며, 각각 '샘물이 흐르는 언덕', '나무가 서있는 언덕'을 뜻한다.
軫(진) : 수레의 통칭.

12) 賢(현) : '상賞'으로 되어 있는 판본도 있으며 시의 운韻에 의거하여 '현賢'을 따랐다.

13) 撫翼(무익) : 날개를 부딪치다. 날갯짓 하다. 분기奮起하다.
宰朝(재조) : 조정朝廷.

14) 翰飛(한비) : 높이 날다.
戚蕃(척번) : 본래는 근친近親의 번왕藩王을 가리키는 말로 제후국을 의미하기도 하였다. 이 시에서는 이전에 사첨이 벼슬을 역임했던 지방을 나타낸다.

15) 佐道(좌도) : 도의 실행을 돕다.
業(업) : 공업功業으로 삼다.

16) 淑問(숙문) : 깨끗하게 묻다. 송사訟事를 처리할 때 그 내용을 잘 파악하여 심판을 적절

하게 하다. 여기에서는 사첨이 지방관으로서 행정을 공정하고 어질게 처리하였다는 의미이다.

聿(율) : 어조사.

17) 相(상) : 나. 사령운을 가리킨다.

景響(영향) : 그림자와 메아리.

18) 有比(유비) : 가까이 있다.

形聲(형성) : 형체와 소리. 형체에서 그림자가 생겨나고 소리를 메아리가 따르는 것처럼 사령운과 사첨이 서로 상대방의 형체와 소리를 따르는 그림자와 메아리와 같을 정도로 친밀하다는 뜻이다. ≪서경書經·대우모大禹謨≫에 "도를 따르면 길하고 역도를 따르면 흉하리니 오직 그림자가 형체를 따르고 메아리가 소리를 따르는 것과 같다.(惠迪吉, 從逆凶, 惟影響)"라 하였다.

19) 同宗(동종) : 한 가족이나 동성同姓과 동족同族. 사령운과 사첨이 친척이라는 뜻이다.

20) 終焉(종언) : 끝에는. '종연終然'으로 되어 있는 판본도 있다.

友生(우생) : 친구. ≪시경·소아小雅·아가위常棣≫에 "죽음과 어지러움이 평정되어 안전하고 편안해지면 비록 형제가 있어도 친구만 못하게 여긴다.(喪亂既平, 既安且寧, 雖有兄弟, 不如友生)"라 하였다. 〈아가위常棣〉의 이 구절은 어려움이 닥쳤을 때는 형제가 가장 의지가 되고, 즐겁고 편할 때는 친구가 좋다는 뜻이다.

始云(시운) 2구 : 사령운과 사첨이 기쁨과 슬픔을 함께 나누는 친구와 친척과 같다는 것이다.

21) 棠棣(당체) : ≪시경·소아≫의 편명. 〈아가위常棣〉와 같다. 이 시는 형제 사이의 우애를 강조하였다.

隆親(융친) : 친지를 존중하다.

22) 頍弁(기변) : ≪시경·소아≫의 편명. 〈점잖은 관頍弁〉이다. 이 시는 머리에 가죽 고깔을 쓰고 주인이 형제와 친척에게 잔치를 베푸는 내용으로, 역시 형제를 친히 여기는 감정에 대해 썼다.

23) 綿邈(면막) : 길다. 유장하다. 멀다.

24) 繾綣(견권) : 실이 꽉 뭉치다. 감정이 두텁고 곡진하다.

25) 明政(명정) : 맑고 깨끗한 정치.
　　敦化(돈화) : 두터운 교화. 천자의 큰 덕의 두터운 은혜로 만물을 변화시키고 성장시킨다.
26) 矜恤(긍휼) : 불쌍히 여기고 동정하다.
　　載懷(재회) : 마음에 있다. 항상 생각한다.
27) 用掇(용철) : 기용하다. 뽑아 쓰다.
　　良彦(양언) : 좋은 선비. 훌륭한 인재.
28) 循(순) : 살펴 보살피다.
　　人黎(인려) : 평민 백성.
　　이상 4구는 황제가 백성을 생각하여 훌륭한 정치를 베풀어주신다는 내용이다.
29) 江旣永矣(강기영의) : 장강물이 길다. 임금님의 교화의 덕이 아주 멀리까지 미친다는 뜻이다. 이 구절은 ≪시경·주남周南·한수는 넓어漢廣≫의 "장강의 물의 길어 뗏목으로 갈 수 없다.(江之永矣, 不可方思)"를 차용한 것으로, 역대로 문왕文王의 교화가 멀리 장강 끝까지 이른 것을 찬미한 노래로 이해되었다.
30) 服(복) : 종사하다. 노력하다. ≪시경·주송周頌·희희噫嘻≫에 "또한 네 밭가는 일을 일삼으니 만 명으로 두 사람씩 짝을 하라.(亦服爾耕, 十千維耦)"라 하였다.
　　南畿(남기) : 남방 먼 지역. '기畿'는 변경의 먼 곳을 가리킨다. 여기서는 사첨이 태수가 되어 가는 안성을 가리킨다.
　　이상 2구는 천자의 은혜가 멀리까지 미쳐서 사첨이 안성으로 부임하여 간다는 내용이다.
31) 解袂(해메) : 서로 잡은 손을 놓다. 이별을 하다.
32) 雲往風飛(운왕풍비) : 구름이 빠르게 가고 바람도 나는 듯 불다. 사첨이 떠나가는 속도가 매우 빨랐다는 것을 비유하였다.
33) 揮手(휘수) : 손을 흔들어 이별을 하다.
34) 鑽燧(찬수) : 불씨를 만드는 나무. 시간의 변화를 의미한다. ≪논어論語·양화陽貨≫의 "불씨 만드는 나무도 불의 소재를 바꾸니(鑽燧改火)"에 대한 주자朱子의 주석에 따르면 계절에 따라 불씨 나무의 종류를 바꾸었다고 한다.
　　推斥(추척) : 추이推移. 시간의 변화를 가리킨다.
35) 屛轡(병비) : 고삐를 잡아 누르다. 여기에서는 봄이 운행을 멈추고 사라졌다는 뜻이다.

36) 系迹(계적) : 앞사람의 발자취를 잇다. '계적繼迹'이라고도 하며, 여기에서는 가을이 여름을 이어 다가온다는 뜻이다.
37) 媚(미) : 좋아하다. 사랑하다.
38) 分拆(분탁) : 헤어지다.
39) 勞(로) : 힘들어 하다.
40) 戚(척) : 슬픔.
41) 先道(선도) : 앞선 가르침.
42) 垂誥(수고) : 가르침을 베풀다.
亨鮮(팽선) : 작은 물고기를 삶다. '팽亨'은 '팽烹'의 본자本字이다. 백성을 다스리거나 국정을 처리하는 일을 가리킨다. ≪노자老子≫에 "큰 나라를 다스리는 것은 작은 생선을 삶는 것과 같다.(治人國若亨小鮮)"라 하였다. 작은 물고기를 요리할 때 비늘이나 내장을 떼어 내지 않는 것처럼 나라를 다스리는 자는 너무 번거로운 수단, 법령 따위를 피하고 될 수 있는 대로 자연에 맡겨야 한다는 뜻이다.
43) 于豹(우표) : 춘추시대 진晉나라의 동안우董安于와 전국시대 위魏나라의 서문표西門豹.
44) 韋弦(위현) : 가죽띠와 활줄. 개인의 단점을 깨우치는 외부적인 경계나 깨우침. 주로 경계나 권면의 뜻으로 쓰였다. ≪한비자·관행觀行≫에 "서문표는 성품이 급하였기 때문에 가죽띠를 차서 스스로를 누그러뜨렸고 동안우는 마음이 느긋했기 때문에 활줄을 차서 스스로를 급하게 하였다. 그러므로 남은 것으로 부족한 것을 보충하고 장점으로 단점을 잇는 것을 밝은 군주라고 일컫는다.(西门豹之性急, 故佩韦以自缓. 董安于之心缓, 故佩弦以自急. 故以有餘补不足, 以长续短之谓明主)"라 하였다.
45) 默(묵) : 묵묵히. '묵묵默默'과 같다.
46) 欽隆(흠융) : 극진히 공경하다.
令績(영적) : 아름다운 업적. 훌륭한 공적.
47) 沃(옥) : 충족시키다.
48) 駑(노) : 노둔한 말. 나쁜 말.
駿(준) : 뛰어난 말. 좋은 말.
49) 蕕(유) : 누린내가 나는 풀.

薰(훈) : 향기가 나는 풀. 훈과 유는 역대로 선악善惡, 현우賢愚 등을 비유하는 용도로 자주 쓰였다. ≪좌전左传・희공僖公≫에서 "하나가 향기 나는 풀이고 하나가 누린내 나는 풀이면 십년이 지나도 여전히 악취가 난다.(一薰一蕕, 十年尚猶有臭)"라 하였다. 나쁜 것과 좋은 것이 섞이면 좋은 것이 나쁜 것에 의해 손상 받는다는 뜻이다.

50) 三省(삼성) : 세 번 살피다. 세 가지로 살피다. 여러 번 살피다. 자기 자신에 대한 반성을 의미한다. ≪논어論語・학이學而≫에서 "나는 내 자신을 날마다 세 번 살핀다.(吾日三省吾身)"라 하였다.

朽質(후질) : 썩어서 사라져버릴 자질. 사령운 자신에 대한 겸사로 쓰였다.

51) 沾(점) : 젖다. 스며들다.

慶雲(경운) : 오색구름. 상서로운 구름. 경사나 길상 등을 의미하며, 여기에서는 상서로운 군주의 은혜를 비유한다. ≪사령운집교주≫나 ≪문선≫에서는 사령운이 다시 벼슬을 했다는 것으로 이해한다. 교주에 따르면 의희 11년에 사령운은 유유의 아래에서 자의참군咨議參軍에 임명되었다가 다시 중서시랑中書侍郎으로 옮겼다고 하는데 정확히 어떤 일인지는 분명하지 않다.

52) 蓼蕭(육소) : ≪시경・소아≫의 편명. 〈무성한 쑥蓼蕭〉이다. ≪모시서毛詩序≫에서는 이 시를 천자의 은택이 온 천하에 미치는 내용으로 이해하였다. 후에는 이 시로 군주의 은택을 가리켰다.

53) 惕(척) : 두렵다.

惟塵(유진) : 먼지. '유진維塵'과 같다. ≪시경・소아・큰 수레를 몰지 마라無將大車≫에 "큰 수레를 몰지 마라, 다만 먼지만 자욱할 뿐이니.(無將大車, 維塵冥冥)"라 하였다. ≪모시서毛詩序≫에서는 이 시를 대부大夫가 소인小人과 함께 일한 것을 후회하는 내용으로 이해하였다. 후에는 '유진惟塵'으로 소인이나 악인을 가리켰다. 여기에서는 사령운 본인이 소인이라는 뜻이다.

54) 拭(식) : 닦다. 깨끗하게 하다.

褐(갈) : 털옷. 베옷. 가난한 선비의 옷.

55) 揭來(걸래) : 떠나다.

虛汾(허분) : 텅빈 분수汾水가. 사령운이 장차 은거할 곳을 가리킨다. 분수는 산서성山西

省에서 발원하여 서쪽으로 흘러 황하黃河로 들어간다. ≪사령운집교주≫에서는 ≪장자·소요유≫의 "요가 천하의 백성을 다스리고 해내의 정치를 평정한 다음 네 은자를 막고야의 산과 분수의 북쪽에 가서 만나고는 슬퍼하며 그 천하를 버렸다.(堯治天下之民, 平海內之政, 往見四子邈姑射之山, 汾水之陽, 窅然喪其天下焉)"를 인용하여 이를 은거지로 보았다. 또는 ≪시경·위풍魏風·분수가의 진펄汾沮洳≫의 아름다운 이가 뽕따고 나물 캐는 검소한 분수가를 의미하는 것으로 볼 수 있다.

56) 疇咨(주자) : 묻다. 찾다. 방문하다. ≪서경書經·요전堯典≫에서 "누가 이에 때에 맞추어 등용할 만한가?(疇咨若時登庸)"라 하였다. 나중에 뜻이 '찾아가다', '물어보다'로 변하였다.

亮款(양관) : 밝은 정성. 큰 정성. 밝은 마음. 사첨의 뛰어나고 정직한 품성을 가리킨다. 이 구절은 사첨에게도 은거의 생각이 있는지 묻는 것이다.

해설

서문에 따르면 이 시는 415년에 사령운이 종형인 사첨에게 써서 준 작품이다. 전체 7장의 사언체四言體 조시組詩이다. 이 시는 새로 지방관으로 발령되어 가는 사첨을 칭송하는 내용을 가지며, 중국시에서 대표적인 사언체 조시인 ≪시경詩經·소아小雅≫의 시들과 비슷한 형식과 내용의 구조를 가진다.

제1장은 사첨의 사씨 집안의 위대한 전통을 이어 받아 그 뛰어남을 몸소 증명하였다는 것이다. 제2장은 사첨이 이번 발령 이전에도 이미 조정에서나 지방에서나 관리로서 뛰어남을 발휘하였다는 것이다. 제3장은 사령운과 사첨이 평생 매우 사이가 좋아서 슬픔과 기쁨을 함께 나누었다는 것이다. 제4장은 황제가 아름다운 교화와 궁휼이 천하의 끝까지 멀리 미치셔서 사첨이 지방관으로 가게 되었고 그 결과 사령운과 사첨이 헤어졌다는 것이다. 제5장은 봄에 이별했는데 벌써 가을이 다 되어서 사첨을 향한 그리움에 사령운이 슬퍼한다는 것이다. 제6장은 사첨에게 당부하는 좋은 다스림에 대한 바람이다. 제7장은 사령운 자신의 상황에 대해 겸양의 말을 하며 장차 은거하려는 뜻을 밝히고 사첨에게 은거에의 동참 여부를 묻는 것이다. (서용준)

贈從弟弘元幷序 六章[1]
종제 사홍원에게 주다 및 서문 6장

從弟弘元, 爲驃騎記室參軍,[2] 義熙十一年十月十日,[3] 從鎭江陵,[4] 贈以此詩.
종제 사홍원이 표기기실참군이 되어 의희 11년 10월 10일에 강릉에 진주하는 이를 따랐기에 이 시를 주다.

悠彼明泉,[5]	저 밝은 샘이 흘러나가니
馥矣芳荑.[6]	향기롭구나, 향초의 싹이.
揚曄神皐,[7]	신령한 물가에서 빛을 드날렸으니
澂清靈谿.[8]	신령한 계곡에서도 맑고 깨끗하리라.
灼灼吾秀,[9]	밝고 환하게 우리 문중의 인재가
徽美是諧.[10]	아름다운 품덕을 이루었으니,
譽必德昭,[11]	명예는 반드시 덕으로 밝혀지고
志由業栖.[12]	뜻은 공업을 따라 깃들이리라.
憩鳳于林,[13]	숲에서 봉황이 쉬고
養龍在泉.[14]	샘에서 용이 길러졌는데,
捨潛就躍,[15]	잠겨 있음을 버리고 도약함으로 나아가니
假雲翔天.[16]	구름을 타고 하늘로 솟아오르네.
餗以味變,[17]	요리의 가르침으로 세상의 맛을 변화시키고
台以明宣.[18]	삼태성의 직위로 밝음을 펼치리니,

言辭戚朝,19	친척과 조정을 떠나
聿來鼎藩,20	솥 다리와 울타리가 되어서 가는구나.

昔爾同事,21	예전에 너는 같은 일을 맡아서
謂予偕征,22	나와 함께 나가자고 말했는데,
暌合無朕,23	헤어지고 합쳐짐에 징조가 없고
聚散有情,24)	모이고 흩어짐에 감회가 이는구나.
我端北署,25	나는 북쪽 관서에서 일을 하고
子騰南溟,26	너는 남쪽 바다로 솟아오르게 되었구나.
申非授乖,27	헤어지게 됨을 거듭 원망하며
飮淚凄聲,28	눈물을 삼키며 처량한 소리를 내네.

緬邈荊巫,29	아득한 형산과 무산
杳翳江湍,30	희미한 장강의 거센 물결.
三千旣曠,31	삼천리 길 머니
繇役實難,32	요역이 진실로 힘들리라.
想象微景,33	그대의 희미한 그림자 상상하며
延佇音翰,34	우두커니 소식을 기다릴 것이니,
因雲往情,35	구름 따라 마음은 가지만
感風來歎,36	바람 타고서 탄식만 생기겠지.

寢處燕說,37	잠자고 머물며 연회를 즐기다가
指辰忌薄,38	태양을 가리키며 시간이 얼마 남지 않았음을 싫어하네.
仳離未幾,39	헤어지고 얼마 되지 않아
節至采穫,40	계절이 수확하는 때가 되겠지.
靜念霜繁,41	무성한 서리에 조용히 생각하고

長懷景落,42	떨어지는 태양에 오래도록 그리워하리라.
人道分慮,43	사람의 도리란 근심을 나누는 것이지만
前期靡託,44	앞으로의 기약은 이룰 길이 없구나.

視聽易狎,45	보고 듣는 것에는 쉬이 친해지지만
沖用難本,46	겸화한 도리를 근본으로 삼기는 어렵구나.
違眞一差,47	참됨에서 벗어나 한번 어긋나면
順性誰卷,48	본성에 따르는 것 누군들 품을 수 있으리.
顔子悔傷,49	안연은 후회하고 가슴 아파했으며
蘧生化善,50	거백옥은 변화하는 데 능했지.
心愧雖厚,51	부끄러운 마음은 비록 두텁지만
行迷來遠,52	길 잘못 든 것이 이미 오래되었구나.
平生結誠,53	평생 정성으로 맺었으니
久要罔轉,54	오래된 약속은 변하지 말아야지.
警掉候風,55	노 젓는 일 조심하고 바람 살펴야 할지니
側望雙反,56	서로 돌아가 만나기를 몸 기울여 바라네.

주석

1) 이 시는 ≪문관사림文館詞林≫ 권152에 수록되어 있다.
   弘元(홍원) : 사홍원은 사령운의 친척동생으로 자세한 기록은 남아 있지 않고 사령운이 그에게 준 시 두 편만 남아있어 이로써 그의 행적을 추측할 뿐이다.
2) 驃騎記室參軍(표기기실참군) : 관직명. '표기'는 표기장군으로 당시 형주자사荊州刺史로 부임한 유도련劉道憐을 가리킨다. '기실'은 문서를 작성하는 관직이며, '참군'은 참모직을 뜻한다.
3) 義熙(의희) : 동진 안제安帝의 연호로, 의희 11년은 서기 415년이다.
4) 鎭(진) : 진주하다. 다스리다.

江陵(강릉) : 현의 이름으로 당시 형주에 속해 있었다. 지금의 호북성 강릉현江陵縣이다.
5) 毖(비) : 샘이 흘러나오는 모습. ≪시경·패풍邶風·샘물泉水≫에 "저 샘물이 흘러나와 기수로 또 흘러가는구나.(毖彼泉水, 亦流於淇)"라 하였다.
明泉(명천) : 맑은 샘물.
6) 馥(복) : 향기롭다.
芳荑(방이) : 향초의 싹. 사홍원의 품덕과 재주가 출중함을 비유한다.
이상 두 구는 사홍원이 지방으로 나가게 되어 자신의 재주가 떨쳐질 것을 표현한 것이다.
7) 揚曄(양엽) : 빛을 드날리다.
神皐(신고) : 신령한 물가. 수도 지역을 가리킨다. ≪문선文選≫에 수록된 임방任昉의 <제나라 경릉문선왕 행장齊竟陵文宣王行狀>에서 "공은 안으로는 넓은 밝음을 심으셨고 밖으로는 간명한 은혜를 베푸셔서 신령한 물가가 화목해지고 수도가 맑아졌습니다.(公內樹寬明, 外施簡惠, 神皐載穆, 轂下以淸)"라고 하였는데, 이주한李周翰의 주해에서 "신고는 경기 지역 안을 말한다.(神皐, 謂都畿之內)"라 하였다.
8) 澂淸(징청) : 맑고 깨끗하다.
靈谿(영계) : 강 이름으로 강릉현 북쪽에 있다.
이상 두 구는 수도 지역에서 활동하던 사홍원이 강릉으로 가서 재능을 발휘하리라는 뜻이다.
9) 灼灼(작작) : 밝게 빛나는 모습. 무성한 모습. 사홍원의 재주를 표현하였다.
吾秀(오수) : 나의 빼어난 이. 우리 집안의 인재. 사홍원을 가리킨다.
10) 徽美(휘미) : 아름답고 훌륭하다. 아름다운 품덕을 가리킨다.
諧(해) : 조화를 이루다.
11) 昭(소) : 빛나다. 드러나다.
12) 業(업) : 공업. 업적.
栖(서) : 깃들이다.
이 구는 뜻이 공업을 세우는 데 있어야 한다는 말이다.
13) 憩(게) : 쉬다.

14) 龍(룡) : 위 구절의 봉황과 함께 사홍원을 비유한다.
15) 捨潛(사잠) : 잠겨 있음을 버리다. 자신의 재능이 쓰이지 못하는 상황에서 벗어나는 것을 말한다. ≪주역·건괘乾卦≫에서 "물에 잠긴 용은 쓰이지 않는다.(潛龍勿用)"라고 하였다.
　就躍(취약) : 도약함으로 나아가다. 자신의 재능을 발휘하려고 도약하는 것을 말한다. ≪주역·건괘≫에서 "혹 연못에서 뛰어 오른다.(或躍在淵)"라고 하였다.
16) 假雲(가운) : 구름을 빌리다.
　翔天(상천) : 하늘을 날다. 하늘로 솟아오르다.
17) 飪(임) : 요리.
18) 台(태) : 삼태성三台星. 재상을 비유한다.
　이상 두 구는 요리를 통해 탕왕에게 왕도를 전달한 재상 이윤을 염두에 두고 한 말로 사홍원이 황제를 잘 보필하는 높은 관리가 되기를 바라는 것으로 보인다.
19) 言(언) : 어조사.
　辭(사) : 떠나다.
　戚朝(척조) : 친척과 조정.
20) 聿(율) : 어조사.
　來(래) : 여기서는 가다는 뜻으로 사용되었다.
　鼎藩(정번) : 솥과 울타리. 원래는 황제를 보필하는 재상이나 제후국을 가리키는데 여기서는 궁궐과 지방을 지키는 중요한 임무를 아울러 가리킨다.
21) 爾(이) : 너. 사홍원을 가리킨다.
　同事(동사) : 같은 일을 하다.
22) 予(여) : 나. 사령운 자신을 가리킨다.
　偕征(해정) : 함께 나아가다.
23) 睽合(규합) : 헤어짐과 합쳐짐. 이별과 만남.
　朕(짐) : 징조.
　이 구는 이번 헤어짐이 갑작스럽다는 뜻이다.
24) 聚散(취산) : 모이는 것과 흩어지는 것. 만남과 이별.

25) 端(단) : 바르게 하다. 정무를 공정하게 보는 것을 말한다.

北署(북서) : 북쪽의 관서. 당시 사령운이 시랑侍郞으로 재직하던 중서성中書省을 가리킨다. 사홍원이 가는 강릉과 대비하여 사령운이 있는 건강이 북쪽에 있었기 때문에 이렇게 말하였다.

26) 南溟(남명) : 남쪽 바다. 원래는 ≪장자≫에 나오는 전설 속의 바다로 곤이 붕으로 변해서 날아가는 곳이다. 여기서는 사홍원이 가는 강릉을 가리킨다.

27) 申(신) : 거듭

非(비) : 원망하다.

受乖(수괴) : 헤어짐을 당하다. 헤어지게 되다.

28) 飮淚(음루) : 눈물을 삼키다.

淒聲(처성) : 처량한 소리. 헤어짐을 애달파하는 소리이다.

29) 緬邈(면막) : 아득한 모습.

荊巫(형무) : 형산과 무산. 형산은 지금의 호북성 남장현南漳縣 남쪽에 있으며, 무산은 지금의 중경시에 있다. 여기서는 모두 강릉 일대를 가리킨다.

30) 杳翳(묘예) : 희미한 모습.

江湍(강단) : 장강의 거센 물결. 동진의 수도인 건강에서 강릉까지는 장강으로 연결되어 있다.

31) 曠(광) : 멀다.

32) 繇役(요역) : 요역徭役. 사홍원이 강릉으로 가서 일하는 것을 말한다.

33) 微景(미영) : 희미한 그림자. 멀리 있는 사홍원을 가리킨다.

34) 延佇(연저) : 오랫동안 서있다. 무언가를 절실하게 기다리는 모습이다.

音翰(음한) : 소식. 서신.

35) 因雲(인운) : 구름을 통하다.

36) 感風(감풍) : 바람에 느끼다.

이상 두 구는 구름을 통해 자신의 그리움을 보내지만 해소할 수 없어서 바람결에 한탄만 생긴다는 뜻으로 소식을 기다리며 그리워하는 마음을 표현하였다.

37) 寢處(침처) : 잠자고 머물다. 같이 지내는 것이다.

燕說(연열) : 연회를 즐기다. 이별연을 하는 것을 말한다.

38) 指辰(지신) : 태양을 가리키다. 시각이 얼마나 되었는지 보는 것이다. 또는 별자리를 가리키다는 뜻으로 보아 이별연회를 밤새도록 하고 동이 트기까지 얼마 남지 않았다는 뜻으로 볼 수도 있다.

忌薄(기박) : 시간이 얼마 남지 않았음을 싫어하다. 헤어질 시간이 되었다는 뜻이다. '박'을 근접하다는 뜻으로 보아 이별 시간이 임박했다는 뜻으로 볼 수도 있다.

39) 仳離(비리) : 헤어지다.

未幾(미기) : 얼마 되지 않아. 곧.

40) 節(절) : 계절.

采穫(채확) : 곡식을 수확하다. ≪시경·소아·작은 빛小明≫에서 "한 해가 저무니 쑥도 베고 콩도 거두네.(歲聿云莫, 采蕭穫菽)"라 하였다.

이상 두 구는 이별한 지 얼마 되지 않아 수확을 하는 계절인 가을이 되면서 해를 넘기게 되리라는 뜻이다.

41) 霜繁(상번) : 된서리. 밤을 새며 새벽까지 있는 것을 의미한다. 조식의 〈낙신부洛神賦〉에서 "밤에 불안하여 잠 못 들고 된서리 맞으며 새벽이 되네.(夜耿耿而不寐, 霑繁霜而至曙)"라 하였다.

42) 景落(영락) : 해가 지다.

이상 두 구는 사령운이 사홍원을 항상 그리워할 것이라는 뜻이다.

43) 分慮(분려) : 근심을 나누다. 두 사람이 만나서 그간의 근심을 풀며 서로 위로하는 것을 말한다.

44) 前期(전기) : 앞으로의 기약. 이후 만날 기약을 가리킨다.

靡託(미탁) : 기탁할 수 없다. 할 수 없다는 뜻이다.

45) 視聽(시청) : 보는 것과 듣는 것. 사물의 본질이 아닌 겉모습을 접하는 것이다.

狎(압) : 친하고 가깝게 지내다.

46) 沖用(충용) : 겸허함을 사용하다. ≪노자老子≫에 "도는 겸허하여 사용하더라도 혹 가득 차지는 않는다.(道沖, 而用之或不盈)"라 하였다.

이상 두 구는 사람이 세상을 사는 도리가 겉으로 보이는 것에 현혹되지 말고 겸손함과 온화함을 가지고 참된 본성을 따라야 함을 말한 것으로 보인다.

47) 違眞(위진) : 참됨에서 어긋나다. '진眞'은 위 구의 '충용沖用'을 가리킨다.

48) 順性(순성) : 참된 본성을 따르다.

卷(권) : 말다. 마음속에 품다.

49) 顔子(안자) : 공자의 제자인 안회.

悔傷(회상) : 후회하고 가슴 아파하다. ≪논어·옹야雍也≫에서 "(안회는) 노여움을 다른 사람에게 옮기지 않고 같은 잘못을 두 번 저지르지 않는다.(不遷怒, 不貳過)"라 하였는데 자신의 과오에 대해 반성하고 자신의 잘못을 후회하는 모습을 가리키는 것으로 보인다.

50) 蘧生(거생) : 춘추시대 위衛나라 사람인 거백옥蘧伯玉.

化善(화선) : 변화하는 데 능하다. ≪회남자淮南子·원도훈原道訓≫에 "그는 나이 오십에 사십구년이 잘못임을 알았다.(年五十而知四十九年非)"라는 구절이 있는데, 자신의 과오를 고치는 것을 잘하는 것을 뜻한다.

이상 두 구는 안회와 거백옥이 자신의 잘못에 대해 반성하여 항상 참된 본성을 유지하려고 했다는 뜻으로, 그 이면에는 사령운 자신이 이러한 삶을 살지 못하고 잘못된 길을 오랫동안 걸어왔다는 의미가 담겨있다.

51) 愧(괴) : 부끄럽다.

52) 行迷(행미) : 길을 잃다. 잘못된 길을 가다. 사령운은 원래 자연의 순리에 따라 자연 속에 은거하려는 삶을 살려고 하였는데, 지금 세속의 명리를 좇아 관직 생활을 하고 있는 것을 잘못된 길을 가고 있는 것에 비유하였다.

來(래) : 어조사. '미未'로 되어 있는 판본도 있다.

이상 두 구는 사령운이 참된 본성을 유지하지 못해 잘못된 길을 온 것이 이미 오래되었다는 뜻이다. '미'로 된 판본에 따르면 "부끄러운 마음은 비록 두텁지만 길을 잃은 것이 아직 멀지는 않았다."라는 뜻이 되어 다시 참된 본성으로 돌아갈 여지가 있음을 나타낸다.

53) 結誠(결성) : 정성으로 맺다.

54) 久要(구요) : 오랜 약속. 본성을 좇아 자연 속에서 살려는 약속으로 아마 사홍원과 이러한 이야기를 했을 것이다.

55) 罔轉(망전) : 변하지 않다.
　　警掉(경도) : 노 젓는 일을 조심하다.
　　候風(후풍) : 바람을 살피다. 배의 풍향을 살피는 것이다.
56) 側望(측망) : 몸 기울여 바라다. 몹시 애타게 바란다는 뜻이다.
　　雙反(쌍반) : 두 사람이 돌아가다. 사령운과 사홍원이 원래의 바람대로 자연으로 돌아가 같이 지내는 것을 가리키는 것으로 보인다.
　　이상 두 구는 사홍원이 강릉으로 무사히 가기를 기원한 뒤 이후 고향으로 돌아가 은거하기를 바라는 마음을 표현하였다.

해설

　이 시는 의희義熙 11년(415) 표기기실참군이 되어 강릉으로 가는 사홍원과 헤어지면서 감회를 적어 써 준 것으로 당시 사령운은 건강에 있었던 것으로 보인다.
　1장에서는 사홍원의 재주와 품덕을 칭송하고는 강릉으로 가서 재주를 드날려 훌륭한 공적을 세우기를 바라는 마음을 표현하였으며, 2장에서는 사홍원이 용이나 봉황과 같은 재주를 가지고 있다가 이제 지방으로 나아가 황제를 보필할 수 있게 되었음을 말하였다. 3장에서는 같이 궁궐에서 일을 하다가 헤어지게 된 아쉬움을 표현하였으며, 4장에서는 멀고 험난한 여정길과 힘든 요역일에 대해 걱정한 뒤 그의 모습을 그리워할 것을 추측하여 묘사하였다. 5장에서는 이별연 이후 헤어짐을 아쉬워하는 마음과 헤어진 뒤 항상 그리워하겠지만 만날 기약이 없음을 안타까워하는 마음을 표현하였다. 마지막 6장에서는 자연의 순리에 따라 살아야하는 참된 본성을 지키는 것이 어렵다는 것과, 혹 잘못을 저지르더라도 안회나 거백옥을 본받아 항상 반성하여 고쳐야 한다는 것을 말하면서, 자신이 그렇게 하지 못하고 오랫동안 그릇된 길을 살아왔음을 반성하였다. 마지막 네 구절에서는 사홍원과 평소 나누었던 이러한 약속을 상기시키며 함께 관직을 떠나 자연에 순응하는 삶을 살기 위해 돌아가기를 바란다는 마음을 적었다. 관직에 있으면서도 항상 자연의 순리에 따라 은거하고자 하는 마음을 표현하였으며 이러한 도리를 친구 같은 친척인 사홍원과 함께 하고자 하는 바람을 드러내었다. (임도현)

贈從弟弘元 時爲中軍功曹住京 五章[1]
종제 사홍원에게 주다. 이때 중군공조가 되어 경성에 머물렀다 5장

於穆冠族,[2]	아 좋구나 부귀하고 현달한 사씨 가문
肇自有姜.[3]	강의 성姓에서 시작되었네.
峻極誕靈,[4]	높은 숭산에서 신령함을 내어주고
伊源降祥.[5]	발원지에서 상서로움을 내려주었네.
貽厥不已,[6]	자손에게 물려줌이 그치지 않아
歷代流光.	세대를 거치며 후광을 전하였네.
邁矣夫子,[7]	빼어난 장부인 그대
允迪清芳.[8]	진실로 실천하여 맑고 향기롭네.
昔聞蘭金,[9]	예전에 향기롭고 예리한 사귐에 대해 들었나니
載美典經.[10]	경전에서 찬미되었지.
曾是朋從,[11]	일찍이 친구로서
契合性情.[12]	성정이 맞았는데,
我違志概,[13]	내가 절조를 어겨서
顯藏無成.[14]	현달과 은거에 이룬 바 없지만,
疇鑒予心,[15]	누가 내 마음을 살펴주랴
托之吾生.[16]	그대에게 이를 맡기었네.
維翰孔務,[17]	국가보위에 심히 힘쓰며

明時勞止,18	성명한 이때 수고로이 일해야 하네.
我求髦俊,19	내가 걸출한 인재를 구하여
以作俊士.	뛰어난 인재로 삼는 터에,
僉曰爾諧,20	모두 말하길 그대가 적합하다 하니
俾蕃是紀.21	변방을 방위하게 함이 법도이리니,
逝將去我,22	장차 나를 떠나가
言戻北鄙.23	북방에 이르려하네.

契闊群從,24	여러 종형제들과 서로 사귀어
繾綣游娛.25	두터운 우정 맺으며 노닐며 즐거워했지.
歷時越歲,	시간을 보내고 해를 넘기면서
寒暑屢徂.26	추위와 더위가 누차 지나갔고,
接席密處,27	자리와 처소를 가까이하며
同軫修衢.28	큰 길에서 수레를 같이 탔었지.
孰云異對,29	누가 다르게 대한다고 이르는가
翔集無殊.30	날다가 내려앉는 데는 다름이 없는 것을.

子既極命,31	그대 이미 명을 받들어
餞此離襟.32	여기서 전송하며 헤어지네.
良會難期,	좋은 만남 기약하기 어려운데
朝光易侵.33	아침 해가 쉬이 떠오르네.
人之執情,34	사람인지라 정에 집착하나니
吝景悼心.35	시간이 아까워서 마음 아프네.
分手遵渚,36	헤어지고 모래섬을 따라 떠나니
傾耳淑音.37	좋은 소식에 귀를 기울이리라.

> 주석

1) 弘元(홍원) : 사홍원(謝弘元, ?~?). 사혜련의 종제이나 생애와 사적에 관한 사서 기록은 전무하다. 당시 족숙族叔 사방명謝方明이 표기장군장사驃騎將軍長史, 남군상南郡相에 임명되어 형주자사 유도련劉道憐을 보좌하였는데, 사홍원은 그를 따라 표기기실참군驃騎記室參軍이 되어 의희 11년(415) 10월 10일 강릉(江陵, 지금의 호북성 강릉현江陵縣)에 주둔하였다. 의희 13년(417) 유유劉裕는 북벌하고자 대군을 거느리고 건강을 떠나서 9월 팽성(彭城, 지금의 강소성 서주시徐州市)에 이르렀는데, 이 시의 내용으로 볼 때 사홍원이 이때 유유의 북정을 따라간 것으로 추정된다. 이에 의하면 사홍원이 사령운과 함께 건강에 머문 것은 의희 11년(415) 10월 이후부터 의희 13년(417) 9월 이전의 약 1년 10개월 이내의 기간이라고 할 수 있다.

功曹(공조) : 군공軍功을 가늠하여 기록하는 일을 맡은 관리.

2) 於(오) : 감탄사.

冠族(관족) : 현달하고 부귀한 가문. 여기서는 사씨 집안을 가리킨다.

3) 肇自(조자) : ~에서 시작되다.

有姜(유강) : 강姜의 성씨. '유有'는 어조사.

4) 峻極(준극) : 극히 높다. 높은 숭산嵩山을 가리킨다.

5) 伊(이) : 어조사.

이상 두 구는 숭산嵩山에서 신령함이 내려와서 사씨謝氏의 시조 신백申伯을 낸 일을 가리킨다. 신백은 본래 강姜의 성姓으로 서신국西申國의 공자公子 성誠이었다. 주周 선왕宣王을 보좌하는 데 큰 공을 세워서 그에게 신백申伯의 이름을 하사하고 사읍(謝邑, 지금의 하남성 남양시南陽市)을 봉해주었으며, 또한 소백召伯을 보내어 사읍에 도성을 짓도록 하였다. 그를 환송하는 의식에서 재상 중산보仲山甫가 지은 시가 바로 ≪시경·대아·높다랗다崧高≫이다. "높은 오악吳嶽이 하늘에 치솟았구나. 오악에서 신령이 강림하셔서 보씨와 신씨를 낳았구나.(崧高維岳, 峻極于天, 惟岳降神, 生甫及申)"라 하였다.

6) 貽厥(이궐) : '이궐자손貽厥子孫'의 줄임말. 자손에게 물려주다. ≪서경·오자지가五子之歌≫에 "밝디 밝은 우리 시조이자 온 나라의 군주님, 전례가 있고 법칙이 있어 자손에게 물려주네.(明明我祖, 萬邦之君, 有典有則, 貽厥子孫)"라고 하였다.

7) 邁(매) : 빼어나다. 초일超逸하다.

夫子(부자) : 고대 남자에 대한 존칭. 여기서는 사홍원을 가리킨다.

8) 允迪(윤적) : '윤적궐덕允迪厥德'의 줄임말. 진실로 (그 덕을) 실천하다. ≪서경·고요모皐陶謨≫에 "진실로 그 덕을 실천한다.(允迪厥德)"라 하였다.

9) 蘭金(난금) : 난초처럼 향기롭고 쇠를 자를 정도로 예리한 사귐. 사홍원과의 교유를 비유한 말이다. ≪역경·계사系辭≫에 "두 사람이 마음을 같이하면 그 예리함이 쇠를 자르고 마음을 같이 한 말은 그 냄새가 난초와 같다.(二人同心, 其利斷金, 同心之言, 其臭如蘭)"라 하였다.

10) 載(재) : 어조사.

典經(전경) : 경전. ≪역경≫을 가리킨다.

11) 朋從(붕종) : 친구. 같은 부류가 서로 따르다.

12) 契合(계합) : 들어맞다. 의기투합하다.

13) 志槪(지개) : 절조節操.

14) 顯藏(현장) : 현달顯達과 은거隱居.

15) 疇(주) : 누구.

16) 托(탁) : 맡기다. 의탁하다.

吾生(오생) : 동년배나 연소자에 대한 존칭. 여기서는 사홍원을 가리킨다.

17) 維翰(유한) : 보위하다. 호위하다. '한翰'은 원래 '기둥榦'으로, 보위한다는 뜻이다. ≪시경·소아·청작새桑扈≫에 "울타리와 기둥으로서 보위하니 모든 제후들이 본받으시네.(之屛之翰, 百辟爲憲)"라 하였다.

孔(공) : 심히. 매우.

18) 明時(명시) : 성명한 때.

勞止(노지) : 수고로이 맡은 바 일을 하다. '지止'는 어조사.

19) 髦俊(모준) : 재능이 걸출한 인재.

20) 僉(첨) : 모두. 다.

21) 俾(비) : ~로 하여금.

蕃(번) : 방위하다. 번병藩屛으로 방위하다, 호위하다의 뜻이다.

紀(기) : 법도. 준칙.
22) 逝將去我(서장거아) : 장차 나를 떠나다. ≪시경·위풍·큰 쥐碩鼠≫에 "장차 너를 떠나가서 저 즐거운 땅으로 가리라.(逝將去女, 適彼樂土)"라 하였다.
23) 言(언) : 어조사.
戾(려) : 이르다.
北鄙(북비) : 북쪽의 변방.
이 구는 사홍원이 자신이 있는 건강을 떠나 유유劉裕의 북방정벌을 따라갈 것이라고 미리 예상한 것이다.
24) 契闊(결활) : 서로 사귀다.
群從(군종) : 종형제들. 여기서는 사씨 종형제들, 즉 사혼謝混, 사첨謝瞻 등을 가리킨다.
25) 繾綣(견권) : 마음속에 굳게 맺혀 잊히지 않다. 사씨 종형제들과 우정이 깊은 것을 의미한다.
26) 徂(조) : 가다. 지나가다.
27) 接席密處(접석밀처) : 좌석을 이어지게 하고 거처를 친밀히 하다. 사씨 종형제들이 건강의 오의항烏衣巷에 모여 살며 교유하던, 이른바 '오의지유烏衣之游'를 가리킨다.
28) 同軫(동진) : 수레를 같이 타다.
修衢(수구) : 큰 길. 길게 뻗은 대로大路.
29) 異對(이대) : 다르게 대하다. 다른 사람 대하듯이 멀리하는 것을 가리킨다.
30) 翔集(상집) : 날다가 내려앉다. ≪논어·향당鄕黨≫에 "기색이 나쁘면 날아오르니 빙빙 난 이후에야 내려앉는다.(色斯擧矣, 翔而後集)"라고 하였다.
31) 極命(극명) : 명을 받들어 출정하다. 사홍원이 유유를 따라 북정하는 것을 가리킨다.
32) 離襟(이금) : 헤어지다. 이별하다.
33) 侵(침) : 점차 나아가다. 아침 해가 점차 떠오르는 것을 가리킨다.
34) 執情(집정) : 정에 집착하다. 여기서는 사홍원과의 교유의 정이 두터운 것을 가리킨다.
35) 吝景(인경) : 시간이 가는 것을 아까워하다.
36) 遵渚(준저) : 모래섬을 따라가다. 사홍원이 배에 올라 모래섬을 따라 떠나는 것을 가리킨다.

37) 淑音(숙음) : 좋은 소식. 사홍원이 북방에서 보내오는 소식을 가리킨다.

해설

　이 시는 사령운이 의희義熙 12년(416) 중군공조中軍功曹인 종제 사홍원과 건강建康에서 함께 거하면서 가까이 교유하다 이듬해 그가 유유劉裕의 북정을 따라가게 되자 그를 송별하면서 쓴 것이다. 모두 5장으로 이루어진 사언시四言詩로서 각 장마다 압운을 달리하였다.
　제1장은 사씨 가문의 유래를 칭송한 후 그 자손인 사홍원 또한 인덕이 훌륭함을 말하였다. 제2장은 사홍원과 성정이 잘 맞아서 깊은 교유를 맺게 되었음을 말하였다. 제3장은 지금은 마땅히 일에 힘써야 하는 때이므로 사홍원 또한 장차 북방으로 떠나 임무를 수행함이 마땅하다고 역설하였다. 제4장은 사홍원을 비롯한 사씨 종형제들과 건강에서 함께 지내며 즐겁게 노닐던 일들을 회상하였다. 제5장은 사홍원이 유유의 명을 받들어 북방으로 떠나게 되자 그를 전송하면서 헤어지기 아쉬운 마음을 노래하였다. 좋은 소식을 기다린다는 말로써 떠나가는 사홍원을 축복해주고 아울러 자신의 마음을 위로하였다. 이 시를 통해 사씨 종형제들이 건강의 오의항烏衣巷에 모여 살며 함께 교유하던 이른바 '오의지유烏衣之游'를 대강이나마 그려볼 수 있다. (김수희)

答謝咨議 八章[1]
자의 사씨에게 답하다 8장

玉衡迅駕,[2]   북두칠성이 빨리도 달리니
四節如飛,[3]   사계절 변화가 나는 듯하여
急景西馳,[4]   급히 지는 해가 서쪽으로 내달리고
奔浪赴沂.[5]   몰아치는 파도는 기슭으로 달리네.
英華始玩,[6]   아름다운 꽃은 막 감상할 만하나 했더니
落葉已稀.[7]   낙엽도 거의 남지 않았으니
惆愴衡皐,[8]   두형 핀 언덕에서 슬퍼하지만
心焉有違.[9]   마음에 어찌 원망이 있으랴.

告離甫爾,[10]   이별을 고한 지 얼마 되지 않았는데
荏冉回周.[11]   시간이 쉬이 흘러 계절이 바뀌었으니
懷風感遷,[12]   풍모를 그리워하다 옮겨 간 것을 느끼니
思我良疇.[13]   내 좋은 벗이 그립구나.
豈其無人,[14]   어찌 사람이 없으랴만
莫與好仇.[15]   함께할 좋은 벗이 없어서라네.
孰曰晏安,[16]   누가 안락하다고 말하는가?
神往形留.[17]   정신이 떠나고 형체만 남아 있거늘.

感昔戎行,[18]   생각하면 지난날 군대 따라 출정하여

遠曁西垠,19	멀리 서쪽 변방에 이르렀을 때
俾勉於役,20	부역에서 열심히 일하고도
不敢告勤.21	감히 노고를 고하지 못했지.
爾亦同事,22	너 또한 나와 같은 일을 하게 되어
契闊江濆.23	강 언덕에서 고생할 터인데
庶同支離,24	지리소 같이 못난 나처럼
攘臂解紛.25	팔 걷어붙이고 분란을 해결하길 바라네.

鳴鵠在陰,26	우는 학은 음지 속에 있어도
自幽必顯.27	어둠 속에서부터 반드시 드러나서
旣曰有聲,28	일단 소리를 내면
因風易演.29	바람에 실려 쉬이 전파되는 법이네.
逶迤雲閣,30	구불구불 이어진 구름 위 전각에서
司帝之典.31	황제의 전적을 관장하여
蔚彼遺藉,32	성대한 저 전인들의 전적들이
如寶如洗.33	보배 같고 씻은 듯이 맑을 수 있네.

齊仲善交,34	제나라 안영처럼 사귐을 잘하여
在久彌敬.35	오랜 사이일수록 더욱 공경하였는데,
自我之遺,36	나에게 그 혜택이 이어져
一遇而定.37	한 번 만나자 사귐이 단단해졌지.
於穆謝生,38	아 아름답구나! 사밀이여!
以和繕性.39	온화함으로써 품성을 수양하니
有言屬耳,40	말을 하면 경청하게 되고
有文在詠.41	문장을 쓰면 읊조리게 되는구나.

寡弱多幸,42	부족하고 연약하나 운이 따라주어
遺玆道泰.43	이처럼 큰 은덕을 남겨주시니
荷榮西荒,44	서쪽 변방에서 영예를 짊어졌다가
晏然解帶.45	편안히 관직을 그만두게 되었네.
剪削前識,46	앞으로 일어날 일들을 예단하지 말고
任此天籟.47	이 같은 자연의 이치에 내맡기게.
人旣遇矣,48	사람이 일을 이미 맞닥뜨렸거늘
何懼何害.49	무엇을 두려워하고 무엇이 해가 되랴!
搔首北眷,50	머리 긁적이며 북쪽을 바라보니
清對未從.51	그저 이별을 마주하면서 따르질 못하였네.
瞻雲累歎,52	구름 바라보며 누차 탄식하고
思□御風.53	바람 타고 휙 떠나간 사람 그리워하네.
良願易違.54	오랜 바람은 쉬이 어겨지고
嘉樂難逢.55	아름다운 낙도 만나기 어렵나니,
微我無衣.56	내가 옷이 없는 것은 아니지만
溫涼誰同.57	따뜻함과 차가움을 누구와 함께 하랴!
古人善身,58	옛 사람은 수양을 잘하여
實畏斯名.59	실로 이름나는 것을 두려워하였나니
緣督何貴.60	중도를 지킴이 얼마나 귀한가?
卷耀藏馨.61	빛을 거두고 향을 숨겨야 하리.
九言之贈.62	아홉 구절의 충고를 보낸 것은
實由末冥.63	실로 명철한 데서 비롯된 것이니
片音或重,64	몇 마디 말도 어쩌면 중할 수 있고
瓊璠可輕.65	보옥도 오히려 가벼울 수 있으리라.

> 주석

1) 謝咨議(사자의) : 자의 벼슬하는 사씨. 사령운의 종제從弟인 사밀(謝密, 391?~433)을 가리킨다. 사밀은 자가 홍미弘微이며, 유의륭이 즉위하기 전부터 그를 보좌하였다. 유의륭이 영초永初 원년(420)에 의도왕宜都王에 봉해지고 뒤이어 진서장군鎭西將軍이 되었을 때, 사밀은 진서자의참군鎭西咨議參軍을 맡아 유의륭 막하에서 문학을 담당하였다. 이때 사밀과 사령운은 여러 차례 시와 서신을 주고받으며 돈독한 우의를 다졌고, 이 시 역시 그런 취지에서 사령운이 사밀에게 보낸 답시이다. 사밀은 청렴하고 올곧은 성품을 지녀 유의륭이 즉위한 후로 황문시랑黃門侍郞, 시중侍中 등의 벼슬에 올랐다.

2) 玉衡(옥형) : 북두칠성. 옥형은 본래 북두칠성의 다섯 번째에 위치한 별이다. 북두칠성은 시간에 따라 북극성을 중심으로 돌고, 계절에 따라 자루 부분이 가리키는 방향이 달라지기 때문에 계절이나 시간 자체를 가리키는 단어로 쓰인다.
迅駕(신가) : 빨리 달리다. 여기서는 북두칠성의 이동이 빠르다는 것으로 시간이 빨리 지나갔음을 의미한다.

3) 四節(사절) : 사계四季.

4) 急景(급경) : 급히 지는 해. 여기에서 '경景'은 '해'라는 뜻이다.

5) 奔浪(분랑) : 몰아치는 파도.
沂(기) : 강기슭. '기圻'와 통한다.
이 구는 파도가 강기슭에 부딪혀 스러지는 것으로 시간의 소멸과 변화를 표현하였다.

6) 英華(영화) : 아름다운 꽃과 나무.

7) 稀(희) : 드물다. 여기서는 낙엽조차 드물어진 풍경을 묘사하여 계절이 겨울로 들어감을 표현하였다.
이상 여섯 구는 계절과 시간이 빨리 흘렀음을 의미한다.

8) 衡(형) : 두형杜衡. 족두리풀의 일종으로 향기가 강하고 약재로 쓰인다. 군자나 현인을 비유한다.

9) 違(위) : 원망.
이 구는 시절이 빨리 감을 슬퍼할 뿐, 마음에 원망은 없음을 말한 것이다.

10) 甫爾(보이) : 막, 처음에, 시작하다. '이爾'는 어조사. 여기서는 사밀과 헤어진 지 얼마

지나지 않은 것처럼 느낀다는 뜻이다.
11) 荏冉(임염) : '임염荏苒'과 같은 말로서 시간이 쉬이 지나간다는 뜻이다.
    回周(회주) : 시간과 계절이 돌고 돈다는 뜻으로 여기서는 해가 바뀌었음을 뜻한다.
12) 懷風(회풍) : 사밀의 풍모를 그리워한다는 뜻이다.
    感遷(감천) : 사밀이 떠나간 것을 느끼다.
13) 良疇(양주) : 좋은 벗.
14) 豈其(기기) : 어찌.
15) 好仇(호구) : 좋은 벗. 여기서는 사밀을 가리킨다.
16) 晏安(안안) : 안락함.
17) 神往形留(신왕형류) : 정신은 떠나고 형체만 남아 있다. 사령운이 사밀을 그리워한 나머지 사밀이 있는 곳으로 정신이 떠나 있고 몸만 이곳에 남아 있다는 뜻이다.
18) 戎行(융행) : 군대를 따라 출정하다.
19) 曁(기) : 도착하다.
    西垠(서은) : 서쪽 변방. 여기서는 형주荊州를 가리킨다.
20) 俛勉(민면) : 애쓰고 노력하다.
21) 告勤(고근) : 노고를 고하다.
    이상 두 구는 ≪시경·소아·시월지교十月之交≫의 "애써 일을 하고서도, 감히 노고를 고하지 못하네.(俛勉從事, 不敢告勞)"와 관련된 말로서 사령운이 예전에 유유劉裕 등을 따라 형주에서 성심껏 일한 일을 가리킨다.
22) 同事(동사) : 같은 일. 사밀 역시 자의참군이 되어 사령운이 예전에 그랬듯이 변방에서 일하게 된 것을 가리킨다고 보았다.
23) 契闊(결활) : 노고.
24) 庶(서) : 바라다. 여기서는 사령운의 사밀에 대한 바람을 나타낸다.
    支離(지리) : 지리소처럼 못난 나. ≪장자·인간세人間世≫에 나오는 곱사등이 지리소支離疏를 말하는데, 여기서는 사령운 스스로 재주가 모자란 자신을 비유한 것이다. 사령운은 〈영초 3년 7월 16일 영가군으로 가려고 막 도성을 떠나며永初三年七月十六日之郡初發都〉에서 "나 또한 몸이 온전치 않은데다, 도에 기대기를 일찍이 흠모했네.(曰余亦支離,

依方早有慕)"라 한 바 있다.
25) 攘臂(양비) : 두 팔을 걷어붙이고 적극적으로 일을 하다.
26) 鵠(곡) : 고니. 여기서는 학鶴을 가리킨다.
27) 自幽(자유) : 어두운 곳으로부터.
　　이상 두 구는 ≪역·중부中孚≫의 "어미 학이 어두운 곳에서 울어도, 그 새끼는 그에 화답하여 운다.(鳴鶴在陰, 其子和之)"라는 구절과 관계된 표현으로, 덕이 있는 사밀과 같은 인물은 어려움과 어두움 속에 처해도 저절로 드러나게 됨을 뜻한다.
28) 曰(왈) : 어조사.
　　有聲(유성) : 소리를 내다. 위 두 구의 내용을 이어받아 고니, 즉 사밀이 세상을 향해 소리를 낸다는 뜻이다.
29) 易演(이연) : 쉬이 전파되다.
30) 逶迤(위이) : 구불구불 이어지다. 여기서는 조정의 전각들이 줄지어 이어진 모양을 형용한다.
　　雲閣(운각) : 구름 위로 우뚝 솟은 누각. 여기서는 조정을 비유한다.
31) 司(사) : 관장하다.
　　帝之典(제지전) : 황제의 문서.
　　이상 두 구에서는 사밀의 재주가 세상에 절로 드러나 황제에게 발탁되어 문서를 관장하게 되었음을 말하였다.
32) 遺藉(유자) : 전인前人이 남긴 전적典籍. '자藉'는 '적籍'과 통한다.
33) 如寶如洗(여보여세) : 보배 같고 씻은 듯이 깨끗하다. 사밀이 전적들을 잘 다루어 이처럼 귀하고도 맑다는 의미로 보았다.
34) 齊仲(제중) : 안평중晏平仲. 안평중은 춘추시대 제齊나라의 대부로, 이름이 영嬰이다. 이 구는 제나라 안영이 사람을 후대하고 우의를 돈독히 하여 명성이 높았듯이 사밀의 사령운에 대한 대우가 남다름을 의미한다.
35) 彌(미) : 더욱.
36) 遺(유) : 이어지다. 안영처럼 사람을 잘 대우하는 성품을 가진 사밀이 그 혜택을 사령운에게도 이어지도록 베풀었다는 뜻이다.

37) 一遇而定(일우이정) : 한 번 만나자마자 둘의 사귐이 단단해지다.
38) 於(오) : 감탄사.
    穆(목) : 아름답다.
    謝生(사생) : 사밀을 가리킨다.
39) 繕性(선성) : 품성을 수양하다.
40) 屬耳(촉이) : 귀 기울여 경청하다.
41) 在詠(재영) : 읊게 되다.
    이상 네 구는 사밀이 스스로의 인품을 수양하므로 그의 말을 경청하게 되고 그의 시문을 절로 읊게 된다는 의미이다.
42) 寡弱(과약) : 부족하고 연약하다. 사령운 자신을 가리키는 말이다.
43) 道泰(도태) : 큰 도. 여기서는 황제를 가리키며 사령운이 황제의 은덕을 얻게 되었음을 의미한다.
44) 荷榮(하영) : 영예를 짊어지다. 황제가 내려주는 관직을 받은 것을 의미한다.
    西荒(서황) : 서부 변방의 지역. 여기서는 형주를 가리킨다.
45) 晏然(안연) : 편안하게.
    解帶(해대) : 관복의 허리띠를 풀다. 관직을 그만두는 것을 가리키는데 여기서는 사령운이 형주에서의 임무를 마친 것을 의미한다.
46) 剪削(전삭) : 잘라내다.
    前識(전식) : 앞날을 예단하는 것.
47) 天籟(천뢰) : 자연에 존재하는 온갖 소리.
48) 遇(우) : 만나다. 사밀이 일을 맞닥뜨리는 것을 의미한다.
49) 懼(구) : 두려워하다.
    이상 네 구의 의미는 사밀에 대한 충고로서, 닥쳐올 일에 함부로 예단하지 않고 자연스럽게 대처한다면 두려워하거나 해가 될 일이 없을 것이라 말한 것이다.
50) 搔首(소수) : 머리를 긁다. 생각하고 있다는 뜻이다.
    北眷(북권) : 북쪽을 돌아보다. 형주에 있는 사밀을 그리워한다는 뜻이다.
51) 未從(미종) : 따르지 못했다. 사밀을 따라 떠나지 못했음을 말한다.

52) 瞻雲(첨운) : 구름을 바라보다. 이때의 구름은 벗을 비유하는 말이다.
53) □ : 빠진 글자가 있는데 알기 어렵다.
御風(어풍) : 바람을 타고 날다. 여기서는 바람을 탄 것처럼 빨리 떠나간 사밀을 가리킨다.
54) 良願(양원) : 오랜 바람.
55) 嘉樂(가락) : 아름다운 즐거움.
56) 微(미) : 아니다.
이 구는 ≪시경·진풍秦風·옷이 없다無衣≫의 "어찌 옷이 없다 말하리, 그대와 함께 두루마기 입으리. 왕께서 군대를 일으키면 내 창을 손질하여, 그대와 함께 원수를 물리치리.(豈曰無衣, 與子同袍. 王于興師, 脩我戈矛, 與子同仇)"라 한 것과 관련되어 있다. 〈옷이 없다無衣〉는 상대방과 함께 하며 적을 물리치는 내용으로, 사령운이 사밀과 함께 변방에 가고 싶다는 소망을 밝힌 것이다.
57) 溫涼誰同(온량수동) : 따뜻함과 차가움을 누구와 함께 하리. 사밀과 함께 하고 싶은 사령운의 소망과는 달리 사령운의 현실은 사밀과 함께 할 수 없다는 뜻이다.
58) 善身(선신) : 몸을 잘 수양하다.
59) 實畏斯名(실외사명) : 그 이름나는 것을 실로 두려워하다. 사밀에게 명성이 도리어 화가 될 수 있음을 충고한 것이다.
60) 緣督(연독) : 중도를 지켜서 자연에 순응하다.
61) 卷耀藏馨(권요장형) : 빛을 거두고 향기를 숨기다. 재주를 숨기고 은거하는 것을 말한다.
62) 九言(구언) : 아홉 구의 충고. ≪좌전·정공定公 4년≫의 "(정나라 자대숙子大叔이 죽자) 진나라 조간자가 그를 위해 조문하면서 매우 슬퍼하며 말하기를, '황부(춘추시대 진晉의 땅)의 회합에서 그 분은 나에게 아홉 가지를 일러주셨지요. 난을 만들지 말라, 부유함을 믿지 말라, 총애를 믿지 말라, 동료와 다투지 말라, 예의를 벗어나 교만하지 말라, 능력을 뽐내지 말라, 노여움을 거듭하게 하지 말라, 덕이 아닌 일을 도모하지 말라, 의리가 아닌 일을 범하지 말라라고 말입니다.'라 하였다.(晉趙簡子爲之臨, 甚哀曰, '黃父之會, 夫子語我九言曰, 無始亂, 無怙富, 無恃寵, 無違同, 無敖禮, 無驕能, 無復怒, 無謀非德, 無犯非義)"라 한 데서 나온 말로, 충고를 말한다.

63) 冥(명) : 어리석음.
64) 片音(편음) : 몇 마디 말. 사령운이 사밀에게 해준 충고를 말한다.
65) 璵璠(여번) : 보옥寶玉.

해설

이 시는 총 8장으로 구성된 64구의 장편으로, ≪문관사림文館詞林≫ 158권에 실려 있으며, 영초永初 3년(422) 무렵 사령운이 건강建康 등지에 있으면서 관직을 지낼 때 쓴 것으로 보인다. 사령운은 종제 사밀에게 답하기 위해 쓴 이 시에서 세월의 무상함, 사밀에 대한 그리움, 사밀에 대한 충고를 드러내었다.

제1장은 시인은 시간이 빨리 지나간다는 여러 표현을 통해 젊음과 영화의 무상함을 나타내었다. 제2장은 사령운이 사밀과 헤어진 후 시간이 너무도 빨리 지나갔고, 사밀에 대한 그리움 때문에 안락함을 즐길 수 없을 정도라고 말하였다. 제3장은 사령운은 지난날 형주에서 열심히 일하였던 일을 회고하며 현재 자의참군으로서 변방에 있는 사밀 또한 임무를 잘 수행하기를 바란다는 소망을 밝혔다. 제4장은 사밀이 숨길 수 없는 재주로 발탁된 후 황제와 전인들의 전적을 다루는 임무를 맡아 업적을 쌓았음을 칭송하였다. 제5장은 사밀의 고상한 인품과 돈독한 인간관계를 칭송하였다. 제6장에서는 앞날에 대해 예단하지 말고 닥쳐올 일에 자연스럽게 대처하다보면 두려워하거나 해가 될 일이 없을 것이라며 사밀에 대한 사령운의 당부를 드러내었다. 제7장은 사령운의 사밀에 대한 그리움을 표현하였다. 제8장은 역시 사밀에 대한 사령운의 충고로서, 수양에 힘쓰고 명성을 감추며 처신하기를 당부하였다. 사령운과 종제 사이의 돈독한 우정을 64구를 통해 잘 표현한 시라고 하겠다. (정세진)

讀書齋[1]
독서재

春事時已歇,[2]	봄기운 이미 때가 다하였으니
池塘曠幽尋.[3]	연못은 횅한데 깊숙한 곳을 찾았네.
殘紅被徑隧,[4]	떨어진 꽃잎들이 길을 덮고
初綠雜淺深.	막 돋아난 푸른 잎들은 옅은 것 짙은 것 섞여있네.
偃仰倦芳褥,[5]	드러누웠다 일어났다 하다 향기로운 이불이 지겨워져
顧步憂新陰.[6]	돌아보고 배회하다 새로운 녹음을 걱정하네.
謀春不及竟,[7]	봄날의 할일 계획했던 것 다 마치지도 못하였는데
夏物遽見侵.	여름 경물이 갑자기 닥쳐왔구나.

주석

1) 이 작품은 ≪건륭온주부지乾隆溫州府志≫ 권23에 사령운의 작품으로 수록되어 있으나 ≪전당시≫에는 〈군재에서 3월 하순에 짓다郡齋三月下旬作〉라는 제목으로 되어 있으며 권369에는 최호崔護의 작품으로, 권479에는 장우신張又新의 작품으로 수록되어 있다. 讀書齋(독서재): 영가군(永嘉郡, 지금의 절강성 온주시溫州市)에 있는 건물로 주로 독서용으로 사용하였다.

2) 春事(춘사): 봄의 기운. 봄의 변화. 꽃이 피고 새싹이 돋는 등 봄에 생기는 일련의 자연현상들을 말하는 것으로 보인다.

3) 池塘(지당): 연못. 여기서는 후세 사람이 '사공지謝公池'라고 불렀던 연못을 가리키는데 지금의 절강성 온주시에 있다.

曠(광) : 텅 비다. 황폐하다. 여기서는 봄이 끝나 연못에 찾아오는 사람이 없음을 말한다.
4) 殘紅(잔홍) : 시든 꽃. 낙화.
被徑隧(피경수) : 길을 뒤덮다. '피被'는 '덮다', '경徑'과 '수隧'는 모두 '길'을 가리킨다.
5) 偃仰(언앙) : 드러누웠다 일어났다 하다. 편안하게 지내다. 이 시기 사령운은 병으로 오랜 시간 자리에 누워 지냈는데 이를 말하는 것이다.
芳褥(방욕) : 향기로운 이불.
6) 顧步(고보) : 돌아보고 천천히 걸어 다니다.
新陰(신음) : 새로운 녹음. 봄과 여름 사이에 가지와 잎이 새로 나서 짙어지는 녹음을 말한다.
7) 謀春(모춘) : 봄날의 계획을 세우다.
竟(경) : 마치다. 다하다.

해설

이 시는 경평景平 원년(423), 봄과 여름 사이에 지어진 것으로 보인다. 계절이 봄에서 여름으로 넘어갈 때쯤 바라본 풍경을 묘사하고 이에 느낀 감회를 적은 작품이다.

제1~2구에서 작자는 늦봄에 연못을 방문하였는데, 이 연못은 눈에 잘 띄지 않는 깊숙한 곳에 위치한 것으로 봄이 다하여 구경하러 오는 사람이 없어 텅 비어 있다. 제3~4구는 바로 이곳에서 작자가 바라본 늦봄의 풍경으로, 봄에 핀 꽃들이 지고 새로이 푸른 잎들이 나는 모습을 묘사하였다. 제5~8구는 늦봄의 풍경을 바라본 작자의 아쉬운 감정이 드러나는 부분이다. 제5~6구에서는 실내에서 실외로의 공간 이동이 이루어진다. 그동안 병 때문에 이불 속에서만 지내다 오랜만에 밖에 나와 다니다보니 어느새 봄이 다 하고 여름이 되어 녹음이 짙어진 것이 걱정스럽다. 마지막 제7~8구에서는 아직 봄 풍경을 채 다 즐기지도 못했는데 어느새 여름이 와버렸음을 탄식하며 작품을 마무리하였다. 빠르게 지나가버린 봄에 대한 아쉬움이 드러나 있는 작품이다. (김하늬)

舟向仙巖尋三皇井仙迹[1]
배를 타고 선암산으로 가 삼황정의 신선 자취를 찾다 86

弭棹向南郭,[2]	노를 멈추고 남쪽 성곽으로 향하나니
波波浸遠天.[3]	물결은 먼 하늘을 적시네.
拂鯈故出沒,[4]	피라미들 건드리니 나왔다가 사라지고
振鷺更澄鮮.[5]	해오라기 날아오르니 더욱 맑고 깨끗하네.
遙嵐疑鷲嶺,[6]	아득한 산아지랑이는 영취산인 듯하고
近浪異鯨川.[7]	가까운 물결은 고래 있는 강과 다르네.
躡屐梅潭上,[8]	매우담 가에서 나막신 신고
冰雪冷心懸.[9]	얼음과 눈 같은 차가운 마음을 매다네.
低徊軒轅氏,[10]	고개 숙여 헌원씨의 유적지를 배회하나니
跨龍何處巓.[11]	용을 타고 승천한 곳은 어느 봉우리였던가?
仙踪不可卽,[12]	신선의 자취 찾을 수 없는데
活活自鳴泉.[13]	콸콸 샘물은 절로 우네.

주석

1) 이 시는 ≪건륭온주부지乾隆溫州府志≫ 권23에 실려 있으며, 제목이 〈삼황정三皇井〉으로 되어 있는 판본도 있다.
  仙巖(선암) : 산 이름. 영가군永嘉郡 안고현(安固縣, 지금의 절강성 서안현瑞安縣) 동북쪽에 있다.
  三皇井(삼황정) : 우물 이름. 선암산에 있다. ≪건륭온주부지乾隆溫州府志≫에 "매우담 위에 삼황정이 있고 또한 단정이 있는데, 황제의 연못이다. 옛날에 황제 헌원이 이곳에서 단약을 만들었다고 전한다.(梅雨潭上有三皇井, 又有丹井, 黃帝池也. 舊傳軒轅黃帝修煉於此)"라 하였다.

2) 弭棹(미도) : 노를 멈추다. 물결의 흐름에 맡기는 것을 의미한다.
3) 波波(파파) : 물결, 파도.
4) 鰷(조) : 물고기 이름. 피라미. 기다란 모양의 흰색의 작은 물고기로, '백조白鰷'라고도 한다.
5) 澄鮮(징선) : 물이 맑고 깨끗하다.
6) 遙嵐(요람) : 아득한 산아지랑이. 여기서는 멀리 산아지랑이가 피어 있는 선암산을 가리킨다.
   鷲嶺(취령) : 산 이름. 영취산靈鷲山을 가리킨다. 고인도古印度 마갈타국摩揭陀國에 있으며, 석가모니가 설법한 곳이다.
7) 近浪(근랑) : 가까이 흐르는 물결. 시인이 타고 내려온 강을 가리킨다.
   鯨川(경천) : 고래가 사는 강. 물이 깊고 파도가 거센 강을 가리킨다. 좌사左思〈오도부吳都賦〉의 "모든 강은 갈래가 다르지만 바다로 돌아가 모이나니, … 커다란 고래가 배를 삼키고, 기다란 피라미가 물결을 토해낸다.(百川派別, 歸海而會. … 長鯨吞航, 修鰷吐浪)"에서 유래하였다.
8) 躡屐(섭극) : 나막신을 신다.
   梅潭(매담) : 연못 이름. 매우담梅雨潭을 가킨다.
9) 冷心懸(냉심현) : 차가운 마음을 매달다. 관직에 대한 미련이 없음을 비유한다.
10) 軒轅氏(헌원씨) : 황제黃帝. 전설상의 삼황오제三皇五帝 중 삼황의 하나. ≪상서서尙書序≫와 ≪제왕세기帝王世紀≫ 및 ≪십팔사략十八史略≫에 따르면 '삼황'은 태호太昊 복희伏羲·염제炎帝 신농神農·황제黃帝 헌원軒轅이며, '오제'는 소호少昊 금천金天·전욱顓頊 고양高陽·제곡帝嚳 고신高辛·제요帝堯 도당陶唐·제순帝舜 유우有虞를 가리킨다.
11) 跨龍(과룡) : 용을 타고 하늘로 날아오르다. ≪사기史記·봉신서封神序≫에 따르면 황제가 수산首山에서 동銅을 캐어 형산荊山에서 세 발 달린 솥을 주조하였는데 솥이 다 완성되자 용이 나타나 수염을 드리워 황제를 맞이하였다. 황제가 수염을 당겨 올라타

고 군신들과 후궁들 70여 명이 함께 타니 용이 하늘로 승천하였다.
12) 卽(즉) : 찾다.
13) 活活(괄괄) : 물이 세차게 흐르는 소리.

해설

사령운은 경평景平 원년(423) 가을 영가태수永嘉太守 직을 그만두고 고향으로 돌아왔는데, 이 시는 이해 겨울 황제의 자취를 찾아 선암산으로 가 삼황정을 유람하며 쓴 것이다.

제1~4구에서는 물길로 선암산을 찾아가는 과정이 나타나 있는데, 물결이 하늘까지 이어지며 피라미가 노닐고 하늘을 나는 해오라기의 그림자가 비치는 모습으로 광활하면서도 맑고 깨끗한 강물의 경관을 나타내고 있다. 제5~7구에서는 산아지랑이가 피어 있는 선암산을 석가모니의 설법이 행해진 영취산에 비유하며 신비로움을 부각시키고, 산에서 흐르는 개울 또한 잔잔하고 고요함을 말하고 있다. 이어 나막신 신고 매우담 가를 오르며 세속에 대한 관심과 관직에 대한 미련에서 벗어나게 되었음을 말하고 있다. 마지막 제8~12구에서는 이곳에서 단약을 만들고 용을 타고 승천한 황제 헌원씨를 떠올리며, 그의 흔적을 찾는 모습으로 세속을 떠나 신선의 세계로 가고 싶은 바람을 나타내고 있다.
(주기평)

北亭與吏民別[1]
북정에서 관리와 백성들과 헤어지며 87

刀筆愧張杜,[2]	붓 잡은 낮은 관리에서 입신했던 장탕과 두주에 부끄럽고
棄繻慚終軍,[3]	무명 통행증을 버리고 성공했던 종군에게 부끄러웠지만,
貴史寄子長,[4]	역사를 귀히 여기는 것은 사마천에게 기탁하고
愛賦託子雲,[5]	부를 사랑하는 것은 양웅에게 의지하여,
昔值休明初,[6]	예전에 막 아름답고 밝은 시대를 만났을 때
以此預人群,[7]	이러한 것으로 여러 사람과 함께 하였네.
常呼城旁道,[8]	항상 성의 갓길에서 소리 지르며
更歌憂逸民,[9]	또 떠도는 백성을 근심하는 노래를 하면서,
猶抱見素樸,[10]	본질을 보이고 소박함을 껴안고는
兼勉擁來勤,[11]	게다가 부지런함을 면려하였으니,
定自懲伐檀,[12]	정말로 스스로 〈벌단〉의 뜻을 징험했고
亦已驗惟塵,[13]	또한 이미 먼지뿐인 소인들의 모습을 경험했네.
晚來牽餘榮,[14]	늘그막에 넘치는 영광을 입고서
憩泊甌海濱,[15]	구 땅 바닷가에서 쉬며 머물렀는데,
時易速還周,[16]	시간은 쉬이 빨리 흘러 돌아가고
德乏難濟振,[17]	덕도 부족해 백성들 구제함이 어려웠네.
眷言徒矜傷,[18]	되돌아보니 헛되이 긍휼하며 마음 아팠고
靡術謝經綸,[19]	재주가 없어 경륜도 쇠미했는데,
矧乃臥沈痾,[20]	게다가 오랜 병으로 누웠으니

針石苦微身.21	돌침으로 여윈 몸이 괴로웠지.
行久懷丘窟.22	객지 생활 오래다 보니 고향이 그리워지고
景昃感秋旻.23	태양이 기우니 가을 하늘에 느껴워지는데,
旻秋有歸棹.24	가을 하늘에 돌아갈 노가 있지만
昃景無淹津.25	기운 태양에 정박할 나루터는 없구나.
前期眇已往.26	예전 기약은 까마득히 이미 지나가버렸고
後會邈未因.27	후의 만남은 아득히 기약이 없구나.
貧者闕所贈.28	내가 가난하여 그대들에게 줄 것이 없으니
風寒護爾身.29	바람과 추위로부터 그대들 몸을 보호하시게.

주석

1) 이 시는 ≪건륭온주부지乾隆溫州府志≫ 권23에 실려 있다.
   北亭(북정) : 당시 온주(溫州, 지금의 절강성 온주시) 북쪽 5리 영가강변에 있었다.
   吏民(이민) : 관리와 백성. 여기서는 영가군의 관리와 백성을 가리킨다.

2) 刀筆(도필) : 칼과 붓. 예전에는 죽간에 글을 썼는데 잘못된 글자를 지울 때 칼을 사용하였다. 이로부터 글을 쓰는 하급 관리를 가리키게 되었다.
   張杜(장두) : 한나라의 장탕張湯과 두주杜周를 가리킨다. 이들은 글을 쓰는 작은 관리에서 시작하여 삼공의 지위까지 올랐다.

3) 棄繻(기수) : 무명으로 만든 통행증을 버리다. '수繻'는 옛날 통행을 증명하는 무명천이다. 그 위에 이름을 써서 둘로 찢어 하나는 관에 두고 하나는 사람이 간직했다. 다시 관문을 통과할 때 그 둘을 맞춰보고 사람을 통과시켰다. 여기서는 한나라 종군終軍의 이야기를 인용하였다. ≪한서漢書·종군전終軍傳≫에 따르면, 종군이 젊었을 때 제남으로부터 서쪽에 있는 장안으로 들어가 공부를 하려고 하였다. 관문을 지날 때 관리가 종군에게 무명 통행증을 주자 종군은 "사내대장부가 서쪽으로 왔는데 돌아갈 때 이런 걸 증표로 삼지는 않겠다"면서 통행증을 버리고 관문을 통해 장안으로 들어갔다. 이는 자신이 반드시 크게 성공하겠다는 결심을 보여준 것이었다. 그가 알자謁者가 되어 지방

을 순시하러 나갈 때 천자가 내린 부절을 가지고 관문을 통과하는데 관문의 관리가 그를 알아보고는 "저 분이 예전에 통행증을 버리고 가신 분이구나."라고 하였다.

4) 子長(자장) : ≪사기史記≫를 지은 사마천司馬遷의 자字.

5) 子雲(자운) : 한나라 문학가 양웅揚雄의 자. 특히 부를 잘 지어 황제로부터 총애를 받았다.

6) 值(치) : 닥치다. 마주하다.
休明(휴명) : 아름답고 밝은 시대. 태평성세를 가리킨다. 여기서는 구체적으로 남조 송나라가 갓 건국되어 사령운이 산기상시, 태자좌위솔사 등의 관직을 맡고 있을 때를 가리킨다.

7) 此(차) : 이러한 것. 사마천과 양웅에 비견될만한 역사지식과 부 창작 능력을 가리킨다.
預(예) : 참여하다. 함께 어울리다.

8) 城旁道(성방도) : 성의 갓길.
이 구절의 뜻에 대해서는 고찰할 수 없다. 다만 백성들을 위해 노력하는 모습이나 자신의 능력을 드러내기 위해 노력하는 모습으로 추정할 따름이다.

9) 逸民(일민) : 떠도는 백성.

10) 抱見素樸(포견소박) : ≪노자老子≫에 "본질을 보이고 소박함을 껴안으며, 사사로움을 적게 하고 욕심을 줄인다.(見素抱樸, 少私寡欲)"는 구절을 인용하였다.

11) 勉擁來勤(면옹래근) : 부지런함을 면려하고 견지하다. '래來'는 어조사.
이상 네 구는 사령운이 백성들을 위해 소박한 뜻을 품고 부지런히 노력하는 모습을 표현하였다.

12) 懲(징) : 징험하다. 경계로 삼다.
伐檀(벌단) : ≪시경·위풍魏風≫의 편명. 부유한 자가 별다른 노력 없이 치부한 것을 풍자한 시인데, ≪모시서毛詩序≫에서는 이 시에 대해 "이는 탐욕스러움을 꾸짖는 것이다. 관직에 있는 자는 탐욕스럽고 인색하여 공이 없으면서도 녹봉을 받고, 군자는 나아가 벼슬을 하지 못한다.(刺貪也. 在位貪鄙, 無功而受祿, 君子不得進仕爾)"라고 하여, 탐욕스런 자가 관직에 있으며 녹봉만 축내는 한편 진정한 군자가 관직에 나아가지 못하는 것을 비판한 것으로 보았다.

13) 驗(험) : 징험하다. 경험하다.

惟塵(유진) : 먼지. ≪시경·소아小雅·큰 수레를 몰지 마라無將大車≫에 "큰 수레를 몰지 마라, 다만 먼지만 자욱할 뿐이니.(無將大車, 惟塵冥冥)"라는 구절이 있는데, 이에 대해 정현鄭玄은 "소인이 나아가 임용될 뿐 자신의 공덕은 가려져 가슴아파하는 것이다.(猶進擧小人, 蔽傷己之功德)"라고 풀이하였다. 이로부터 '유진'은 소인을 가리키게 되었다. 이상 두 구는 사령운이 관직에 있으면서 목격한 다른 관리들의 행태를 표현한 것이다. 사령운은 이러한 이들과 갈등을 겪고 결국 영가태수로 물러나게 된다.

14) 牽(견) : 받다.

　餘榮(여영) : 넘치는 영광. 황제의 은택을 말한다.

15) 憩泊(게박) : 쉬며 머물다.

　甌(구) : 옛 지명으로 사령운이 내려간 영가 지역을 가리킨다.

16) 周(주) : 한 바퀴가 돌다. 한 해가 지나가는 것을 말한다. 사령운은 영가태수로 1년을 지냈다.

17) 濟振(제진) : 백성을 구제하다.

18) 眷(권) : 되돌아보다. 회상하는 것이다.

　言(언) : 어조사.

　矜傷(긍상) : 불쌍해하고 가슴 아파하다.

19) 靡術(미술) : 재주가 없다.

　謝(사) : 시들다. 쇠미하다.

　經綸(경륜) : 백성을 다스리다.

20) 矧(신) : 하물며.

　沈痾(침아) : 고질병. 오래도록 치료가 되지 않은 병.

21) 針石(침석) : 돌로 만든 침. 옛날에는 돌을 갈아서 침을 만들었다.

　微身(미신) : 쇠미한 몸. 병으로 약해진 사령운의 몸을 가리킨다.

22) 行久(행구) : 나가 노님이 오래되다. 객지생활을 오래했다는 뜻이다.

　丘窟(구굴) : 언덕과 굴. 여우가 죽을 때가 되면 머리를 옛 언덕을 향한다는 말에서 연유한 것으로, 고향을 가리킨다.

23) 景昃(영측) : 태양이 기울다. 해가 저문다는 뜻이다.

秋旻(추민) : 가을 하늘.

이상 두 구는 객지생활이 오래되니 고향이 생각나는데 가을 하늘 해질녘에 더욱 떠날 생각이 든다는 뜻이다.

24) 歸棹(귀도) : 고향으로 돌아갈 때 타는 배를 가리킨다.
25) 淹津(엄진) : 정박지. 나루터.
26) 前期(전기) : 예전의 기약. 예전에 백성들을 잘 다스리겠다는 다짐을 말한다.
   眇(묘) : 아득하다.
27) 後會(후회) : 이후의 만남. 지금 떠난 뒤 다시 백성들을 만나는 것을 가리킨다.
   邈(막) : 아득하다.
   未因(미인) : 말미암을 바가 없다. 후에 다시 만날 기약이 없다는 뜻이다.
28) 貧者(빈자) : 가난한 자. 여기서는 사령운 자신을 가리킨다.
   闕(궐) : 없다.
   所贈(소증) : 주는 바. 관리와 백성들과 헤어지면서 선물로 주고자 하는 것을 가리킨다.
29) 爾(이) : 너희들. 영가군의 관리와 백성을 말한다.

해설

이 시는 경평景平 원년(423) 9월 사령운이 병을 이유로 영가태수를 그만두고 떠날 때 영가군의 관리와 백성과 북정에서 헤어지면서 지은 것으로, 자신의 무능과 병으로 백성들을 잘 다스리지 못한 회환을 표현하였다.

제1~6구에서는 조정의 관직에 있을 때의 모습을 그린 것으로 비록 능력과 야망이 있는 관리는 아니었지만 역사지식과 문학 창작으로 즐겼음을 말하였다. 제7~12구에서는 그러한 관직 생활 속에서 자신이 활동하고 느낀 바를 서술하였는데, 백성을 구제하겠다는 소박한 마음과 부지런함으로 항상 노력하였지만 당시 조정에는 능력이 없고 탐욕스런 자들이 관직을 차지하고 있었음을 밝혔다. 제13~20구에서는 중앙관직을 물러나 영가태수로 내려온 뒤의 일을 적었는데, 능력이 부족하여 백성을 구제하지 못했으며 게다가 병으로 인해 몸이 고생했음을 말하였다. 그래서 제21~24구에서는 가을이 되어 영가태수직을 사임하고 고향으로 돌아가고자 하는 뜻을 말하였다. 이어서 제24~28구에서는 영가군의 관리와 백성들과 다시 만날 기약이 없음을 안타까워하고 이후 찬바람에 고생할 것을 염려하면서 이들에게 아무 것도 해줄 수 없는 자신의 무능을 한탄하였다. (임도현)

初至都[1]
막 도성에 이르러서 88

臥疾雲高心,[2]　　병으로 누웠지만 구름처럼 높은 마음
愛閑宜靜處,[3]　　한가로움을 좋아하니 고요함에 어울리는 곳.
寢憩託林石,[4]　　휴식은 산림과 바위에 의지하였고
巢穴順寒暑.[5]　　은거지는 추위와 더위에 순응하였네.

주석

1) 이 시는 당唐 우세남虞世南이 편찬한 ≪북당서초北堂書鈔≫에 실려 있다.
   都(도) : 도성. 건강(建康, 지금의 강소성 남경시南京市)을 가리킨다.
2) 臥疾(와질) : 병 때문에 자리에 눕다. 사령운은 영가태수를 병 때문에 사직하였고 고향에 돌아와서도 오랫동안 병에 걸려있었다고 하였다.
   雲高心(운고심) : 구름처럼 높은 마음. 마음의 상태가 맑고 고상하다는 뜻이다.
3) 宜靜處(의정처) : 고요함에 어울리는 곳. 속세의 시끄러움이 없는 곳. 사령운이 은거한 고향 시녕始寧을 가리킨다.
4) 寢憩(침게) : 쉬다.
   林石(임석) : 숲과 암석. 속세와 떨어진 깊은 산속을 가리킨다.
5) 巢穴(소혈) : 둥지와 동굴. 은자가 사는 곳을 의미한다.

해설

이 시는 원가 3년(426)에 사령운이 조정의 부름에 응해 고향의 은거지를 떠나 수도인

건강健康에 막 와서 쓴 작품으로 보인다. 시의 제목이나 전하는 시의 내용에 근거하면, 이 시는 사령운이 그 당시 느꼈을 정치적이거나 개인적인 감정을 그가 고향에 은거했을 때의 상황과 도성에 도착했을 때의 상황을 대비시킴으로써 시적으로 형상화한 작품으로 추측할 수 있다. 그러나 현재 전하는 내용이 겨우 4구에 불과하여 전체 시의 내용을 알 수 없다. 다만 현재 남은 작품이 전체 시가 아니라는 것은 판단할 수 있는데 시의 제목과 달리 도성에 대한 이야기가 시 안에 전혀 없기 때문이다.

    제1~4구의 내용은 모두 고향에 은거했을 때의 사령운의 생활에 대해 썼다. 사령운은 와병 중이었지만 마음은 고상하였다. 한가로움을 사랑하여 고요한 곳에 자리를 잡았다. 은거하면서 숲과 산에 머물렀고 추위와 더위를 자연 그대로 받아들이며 검소하게 지냈다. (서용준)

贈王琇[1]
왕수에게 주다 89

邦君難地嶮,[2]　태수께선 땅이 험하다고 곤란해 하지만
旅客易山行.[3]　나그네는 산으로 가는 것이 쉽습니다.

주석

1) 王琇(왕수) : 宋末 원가元嘉 6년(429) 사령운이 임해臨海에 이르렀을 당시의 임해태수이다. 이 시는 ≪송서·사령운전≫에 위의 두 구만 수록되어 있다. ≪송서·사령운전≫에 "(원가 6년 사령운은) 시녕의 남산으로부터 나무를 베어 길을 내어 곧장 임해까지 이르렀는데 따르는 이들이 수백 사람이었다. 임해태수 왕수가 놀라서 산적이라고 말하였다가 뒤늦게 사령운임을 알고 이에 안심하였다. 또 왕수에게 좀 더 나아갈 것을 요청하였지만 왕수가 허락하지 않자 사령운이 왕수에게 시를 보내어 '태수께서는 땅이 험하다고 곤란해 하지만 나그네는 산으로 가는 것이 쉽습니다.'라고 하였다.(嘗自始寧南山伐木開徑, 直至臨海, 從者數百人. 臨海太守王琇驚駭, 謂爲山賊, 徐知是靈運乃安. 又要琇更進, 琇不肯, 靈運贈琇詩曰, "邦君難地嶮, 旅客易山行")라 하였다.

2) 邦君(방군) : 지방관. 여기서는 임해태수 왕수를 가리킨다.
   嶮(험) : 험하다. '험險'과 통한다.
   이 구는 땅이 험난해서 길을 더 내기가 어려운 것을 가리킨다.

3) 旅客(여객) : 나그네. 여기서는 사령운 자신을 가리킨다.

해설

　이 시는 원가元嘉 6년(429) 사령운이 시녕의 남산으로부터 나무를 베어 길을 내어 곧장 임해까지 이르렀을 때 임해태수 왕수王琇에게 길을 더 낼 수 있도록 허락을 구하면서 지어 보낸 것으로, ≪송서·사령운전≫에 두 구만 전한다. 사령운의 산수 유람을 거론할 때 자주 거론되는 일화이다. (김수희)

山家[1]
산 속의 집

中爲天地物,[2] 그 속에서 천지의 자연물이 되어야 하거늘
今成鄙夫有.[3] 지금은 비루한 사람의 소유물이 되었구나.

주석

1) 山家(산가) : 산 속에 있는 인가. 이 시는 ≪양사梁史·서면전徐勉傳≫에 기록된 두 구만이 전한다. 청렴결백하기로 유명했던 서면(466~535)은 아들 숭崧에게 "사령운의 〈산가〉 시에 '그 속에서 천지의 자연물이 되어야 하거늘, 지금은 비루한 사람의 소유물이 되었구나.'라고 이른 것을 기억한다. 내가 이 정원을 소유한지 이십 년, 지금은 천지의 자연물이 되었나니 이것이 나와 서로 본받음이 그 얼마이겠는가?(憶謝靈運山家詩云, 中爲天地物, 今成鄙夫有. 吾此園有之二十載矣, 今爲天地物, 物之與我, 相校幾何哉)"라 하였다.
2) 中(중) : 그 속에서. 이 구절 앞에 이 집이 위치한 배경에 대한 묘사가 있었으리라 추측되므로 좋은 산수풍광 속에서 이 집이 어우러지고 있음을 말하였다고 보았다.
   天地物(천지물) : 천지의 자연물. 산 속의 집은 본래 사람이 만든 인공물이지만 자연과 어우러지는 과정에서 하늘과 땅의 자연물이 되었다는 뜻이다.
3) 鄙夫(비부) : 비루한 사람. 사령운 자신을 낮추어 말하는 것으로 생각된다.

해설

이 시는 ≪양사≫에 두 구절만이 실려 전해지는데 앞뒤의 내용이 없어 주지를 파악하기 힘들다. 다만 인공물인 산 속의 집이 천지와 어우러진 자연물이 되어야 한다는 사령운의 생각을 읽을 수 있다. (정세진)

殘句[1] 잔구 91

| 朝發飛猿嶠,[2] | 아침에 비원교에서 출발하여 |
| 暮宿落峭石.[3] | 저녁에 낙초석에 묵네. |

주석

1) 이 시는 ≪태평환우기太平寰宇記≫에 두 구만 남아있다.
2) 飛猿嶠(비원교) : 비원령飛猿嶺. 지금의 강서성 여천현黎川縣 동쪽 60여리 되는 곳에 있다.
3) 落峭石(낙초석) : 강서성 남성현南城縣 동남쪽 65리 되는 곳에 있으며 비원관飛猿館과는 115리 떨어져 있다. 크고 거대한 돌로 하늘 높이 솟아있어 몇 리 떨어진 곳에서도 볼 수 있다고 한다.

해설

≪태평환우기太平寰宇記≫에 제목도 없이 두 구절만 남아있는 시로 전체적인 내용을 알기 어렵다. 다만 남아있는 두 구절에서 작자의 이동경로를 알 수 있다. 비원교나 낙초석 같은 지명이 등장하는 것을 보아 사령운이 임천臨川에 부임한 원가元嘉 9년(432)에 지어진 작품으로 추정된다. (김하늬)

送雷次宗[1]
뇌차종을 보내며 92

符瑞守边楚,[2]	부신 들고 변방 초 땅을 지키나니
感念凄城壕,[3]	상념에 성의 해자는 쓸쓸하기만 하네.
志苦離念结,[4]	맺히는 이별생각에 뜻은 괴롭고
情傷日月慆.[5]	흘려보낼 세월에 정은 아파하네.

주석

1) 이 시는 《초학기初學記》 권18에 실려 있다.

   雷次宗(뇌차종) : 뇌차종(386~448)은 예장豫章 남창(南昌, 지금의 강서성 남창시南昌市) 사람으로 자는 중륜仲倫이다. 일찍이 여산廬山에 들어가 승려 혜원慧遠을 섬겼고 은거하며 세상사에 관여하지 않았다. 원가元嘉 10년(433) 건강建康으로 불려나와 계롱산鷄籠山에서 문도를 모아 강학하다 여산으로 돌아갔다. 원가 25년(448) 다시 조정의 부름을 받아 종산鍾山에서 황태자와 제왕들에게 《상복경喪服經》을 강의하다 같은 해 세상을 떠났다.

2) 符瑞(부서) : 부신符信. 옥이나 대나무, 쇠 등으로 만들며 반으로 쪼개어 하나는 조정에 보관하고 하나는 외방으로 나가는 사신에게 주어 징표로 삼는다.

   边楚(변초) : 변방 초楚 땅. 여기서는 임천(臨川, 지금의 강서성 무주시撫州市)을 가리킨다.

3) 城壕(성호) : 성의 해자垓字. 적의 침입을 막기 위해 성 둘레에 판 연못.

4) 日月慆(일월도) : 세월이 흘러가다. 《시경·당풍唐風·귀뚜라미蟋蟀》에 "지금 우리 즐기지 않으면 세월이 흘러가리.(今我不樂, 日月其慆)"라 하였는데, 여기서는 뇌차종과 헤어져 함께 즐길 수 없게 된 것을 말한다.

> 해설

　이 시는 궐문闕文으로, 본문의 '변방 초 땅을 지킨다[守邊楚]'는 말과 뇌차종의 생애를 고려했을 때 대략 원가元嘉 9년(432) 임천내사臨川內史를 지낼 때 도성으로 불려가는 뇌차종을 전송하며 쓴 것으로 여겨진다.

　제1~2구에서는 임천에서 관직생활을 하고 있는 자신을 말하며 쓸쓸한 성의 경관으로 상념에 빠져있는 외롭고 처량한 자신의 상황을 나타내고 있다. 제3~4구에서는 이별의 괴로움과 함께 즐기지 못할 아쉬움을 말하며 뇌차종과의 이별을 안타까워하고 있다. (주기평)

93 嶺表[1]
고개 바깥

照澗凝陽水,[2]　　반짝이는 개울에는 남쪽 물이 엉겨 있고
潛穴□陰□.[3]　　깊숙한 동굴에는 …….
雖知視聽外,[4]　　비록 여태 보고 들은 것 바깥에 있음을 알겠지만
用心不可無.[5]　　마음 두는 곳이 없을 수는 없겠지.

주석

1) 이 시는 당唐 우세남虞世南이 편찬한 유서인 ≪북당서초北堂書鈔≫ 권158에 수록되어 있는데, 일부만 수록되어 있는 것으로 보인다.
   嶺表(영표) : 고개의 바깥쪽. 여기서는 대유령大庾嶺의 남쪽을 가리킨다.
2) 照澗(조간) : 햇살에 반짝이는 개울.
   凝(응) : 엉겨 붙다. 여기서는 얼음이 언 것을 가리킨 것으로 보인다.
   陽水(양수) : 햇볕이 드는 곳의 물. 대체로 산 남쪽을 '양'이라고 하며, 여기서는 대유령 남쪽에 있는 물을 가리키는 것으로 보인다.
3) 潛穴(잠혈) : 깊숙한 동굴.
4) 視聽外(시청외) : 보고 들은 바의 바깥. 대유령 남쪽이 평소 듣고 보고 했던 일상적인 풍경과 다르다는 것을 뜻한다.
5) 用心(용심) : 마음을 쓰다. 마음을 두다.

해설

이 시는 원가元嘉 10년(433) 사령운이 광주廣州로 폄적되어 갈 때 대유령을 넘어가면서

지은 것으로 보인다. 사령운의 작품 중에 〈영표부嶺表賦〉가 있는데 동일한 시기에 지었을 것이다. 〈영표부〉는 대체로 대유령 일대의 경관에 대해 묘사하였다. 이 시는 대유령에서 본 경관을 묘사한 뒤 낯선 곳이지만 마음을 두고 살고자 하는 다짐을 표현하였다. (임도현)

登狐山[1]
호산에 올라 94

迴曠沙道開,[2]　　널찍하고 멀리 모래사장의 길이 열렸고
逶紆山逕折.[3]　　길게 굽은 산길이 꺾였네.
波□青密林,[4]　　파도는 푸른빛 빽빽한 숲에 □하고,
□暎丹穴壁.[5]　　□는 동굴이 있는 붉은 빛 산의 절벽에 비치네.

주석

1) 이 시는 당唐 우세남虞世南이 편찬한 ≪북당서초北堂書鈔≫에 실렸으나 일부 구절만 인용되었고 탈자가 보이며 ≪북당서초≫의 판본에 따라 실리지 않은 곳도 많다.
   狐山(호산) : 산 이름. 어디인지 알 수 없다.
2) 迴曠(형광) : 널찍하고 멀다.
   沙道(사도) : 모래사장 위의 길
3) 逶紆(위우) : 구불구불 끊어지지 않고 길게 이어진 모양.
   山逕(산경) : 산 사이의 작은 길
4) 青密林(청밀림) : 푸른빛이 빽빽한 숲. 나무가 무성한 숲을 가리킬 수도 있고, 연기가 가득한 운무나 안개를 비유할 수도 있다.
5) 暎(영) : 비치다. '영映'의 속자이다.
   丹穴壁(단혈벽) : 동굴이 있는 산의 절벽. 보통 동굴이 있는 산의 벽은 바위만 있어서 색이 붉다. 특별히 도사가 수련을 하는 동굴을 단혈이라 부르기도 하지만 이 시와는 무관한 것으로 보인다.

해설

 이 시 역시 시의 일부만 구절로 전하는 작품인데 제1, 2구는 사령운의 시구로 어느 정도 알려져 있다. 시를 지은 것으로 보이는 호산狐山이 어디인지 알 수 없기 때문에 그 외의 다른 사실을 확인할 수 없다. 대체로 현재 전하는 내용은 긴 시의 처음 부분인 것으로 보인다. (서용준)

入㨂溪[1]
송계에 들어와서

95

平明發風穴,[2]	날 밝을 무렵 찬바람 생겨나는 동굴을 출발하여
投宿憩雲巘,[3]	투숙하며 구름 속의 높은 봉우리에서 쉬노라.
初時當薄木,[4]	처음 떠날 때는 수풀이 우거졌지만
迄今草已搴,[5]	지금은 풀이 이미 뜯긴 듯하구나.

주석

1) 이 시는 ≪북당서초北堂書鈔≫ 권158에 수록되어 있다.

㨂溪(송계) : 계곡 이름. 어디인지 알 수 없다.

2) 平明(평명) : 날이 밝다.

風穴(풍혈) : 바람이 생겨나는 동굴. ≪회남자淮南子·남명훈覽冥訓≫의 "약수에서 날개를 씻고 저녁에 풍혈에서 묵네.(羽翼弱水, 暮宿風穴)"에 대한 허신許愼 주에는 "풍혈은 북방의 찬바람이 땅에서 나오는 곳이다.(風穴, 北方寒風從地出也)"라고 하여 전설상의 지명으로 보지만, 여기서는 다음 구의 '운헌雲巘'과 대구를 맞추기 위해 사용된 것으로 보인다.

3) 憩(게) : 쉬다.

雲巘(운헌) : 구름 속까지 높이 솟은 산봉우리.

4) 薄木(박목) : 나무에 풀이 우거지다. ≪회남자·숙진훈俶眞訓≫의 "새들은 천길 위를 날아다니고 짐승들은 초목 우거진 곳을 내달린다.(鳥飛千仞之上, 獸走叢薄之中)"의 고유高誘 주에 "나무가 모여 있는 곳은 '총'이라 하고 풀이 우거진 곳은 '박'이라 한다.(聚木曰

叢, 深草日薄)"라고 하였다.
5) 迄今(흘금) : 지금. 지금에 이르러.
　　搴(건) : 뜯어내다.
　　이 두 구는 수풀이 무성한 산언저리에서 출발하여 풀이 듬성듬성 나있는 높은 산봉우리에 이르렀음을 가리킨다. 이번 여정이 여름에 출발하여 이제 초가을이 되었음을 의미할 수도 있다.

해설

　이 시는 송계㴳溪에 들어가는 과정을 노래한 것으로 일부 구절만 전하고 있다. 제1~2구는 아침에 동굴을 출발하여 저녁에 높은 산봉우리에서 묵는 하루의 여정을 서술하였고 제3~4구는 출발할 때 산언저리에 수풀이 무성했지만 높은 산봉우리에 도착하고 나니 풀이 뜯긴 듯이 듬성해진 것을 노래하였다. 송계가 이번 여정의 최종 목적지인지에 대해서는 구체적으로 알 수 없다. (김수희)

董逃行[1]
동도행

春虹散彩銀河,[2]　봄 무지개 은하수처럼 빛을 흩뿌리네.

주석

1) 董逃行(동도행) : 후한 때 아이들이 부르고 다닌 〈동도가董逃歌〉에서 비롯되었다고 한다. 실제로 동탁(董卓, ?~192)이 난을 일으켜 도망[逃]하다가 끝내 멸족의 화를 입게 되자 후세 사람들이 〈동도가〉를 모방한 악부시 〈동도행〉을 지어 경계의 뜻을 밝혔다. 그러나 이후에는 본사本事의 의미는 희석되어, 육기陸機의 〈동도행〉과 같은 경우 인생의 짧음과 청춘이 지나고 난 뒤의 슬픔 등을 담았다.
2) 銀河(은하) : 은하수.

해설

이 시는 ≪악부시집≫ 권34의 제해題解에 인용된 ≪악부해제≫에 사령운이 지은 것이라고 기록된 한 구만이 전한다. 앞뒤의 내용을 파악하기 힘들지만, 육기의 〈동도행〉이 짧은 인생에서 때맞추어 즐기자는 내용을 담고 있음으로 보아 사령운도 이와 유사한 내용의 시를 지었으리라 추측할 수 있다. (정세진)

相逢行[1]
상봉행

行行即長道,	가고 또 가며 먼 길을 가는데
道長息班草.[2]	길이 멀어 쉬느라 풀을 깔고 앉았네.
邂逅賞心人,[3]	내 마음 알아주는 이를 만나니
與我傾懷抱.[4]	나와 함께 마음을 털어놓네.
夷世信難值,[5]	태평한 시대는 참으로 만나기 어려우니
憂來傷人,[6]	근심이 오면 마음 아프네.
平生不可保.[7]	이 한평생을 보전할 수가 없구나.
陽華與春渥,[8]	태양 아래 핀 꽃은 봄과 더불어 윤택했지만
陰柯長秋槁.[9]	그늘을 이루던 가지는 긴 가을에 말라버렸네.
心慨榮去速,	마음은 꽃이 빨리 지는 것을 탄식하고
情苦憂來早.	감정은 근심이 일찍 오는 것을 괴로워하네.
日華難久居,[10]	태양빛은 오래 머물기 어려우니
憂來傷人,	근심이 오면 마음 아프네.
諄諄亦至老.[11]	약하고 약해져 참으로 늙어버렸네.
親黨近恤庇,[12]	무리와 친하게 지내면 가까이에서 돌보고 감싸주지만
昵君不常好.[13]	임금과 가까이 지내는 것은 늘 좋은 것은 아니네.
九族悲素霰,[14]	구족들은 하얀 싸라기눈을 슬퍼하였고

三良怨黃鳥,15	백성들은 세 현인을 위해 〈황조〉 노래로 원망하였지.
邇朱白即頳,16	붉은 것을 가까이 하면 흰색도 곧 붉은 색이 되는 법이고
憂來傷人,	근심이 오면 마음 아프네.
近縞潔必造.17	흰 것을 가까이 하면 깨끗함이 반드시 이르리라.

水流理就濕,	물줄기는 이치상 습한 곳으로 나아가고
火炎同歸燥.18	불꽃은 모두 마른 것으로 돌아가는 법인데,
賞契少能諧,19	서로 마음이 맞는 이와 어울리는 것은 드문 일이니
斷金斷可寶.20	쇠를 자를 듯한 보배로운 우정 끊겼구나.
千計莫適從,21	천 가지 계책이 있어도 의지하여 따를 바 없어
憂來傷人,22	근심이 오면 마음 아프네.
萬端信紛繞.23	만 갈래 근심이 참으로 어지러이 얽혔네.

巢林宜擇木,24	숲에 둥지 트는 것은 마땅히 나무를 잘 골라야 하고
結友使心曉.	친구를 사귀는 것은 마음으로 이해하도록 해야 하네.
心曉形跡畧,25	마음으로 이해하면 예법이 간략해지고
畧邇誰能了.26	간략해져서 친해지면 누구나 이해할 수 있네.
相逢既若舊,	서로 만나자마자 이미 오래 사귄 것과 같으니
憂來傷人,	근심이 오면 마음 아프네.
片言代紵縞.27	짧은 이 시로써 모시옷과 명주 띠를 대신한다네.

주석

1) 相逢行(상봉행) : 악곡 이름. ≪악부시집樂府詩集·상화가사相和歌辭≫의 〈청조곡淸調曲〉에 실려 있는데 〈상봉협로간행相逢狹路間行〉, 〈장안유협사행長安有狹斜行〉이라는 제목으로 부르기도 한다. ≪악부시집≫의 해제에서는 장안의 젊은이가 좁은 길에서 젊은 아낙을 만나 희롱하자 여인이 남편 가문의 부귀함을 자랑하여 젊은이를 단념시키는

이야기를 기록하고 있다. 사령운의 이 작품은 ≪악부시집≫ 권34에는 사혜련의 작품으로 수록되어 있으나 ≪예문류취藝文類聚≫ 권41에는 이 작품의 제1장을 수록하고 사령운의 작품이라 하였다. 이에 의거하여 ≪시기詩紀≫와 ≪사강락집謝康樂集≫ 등에서는 이 작품을 사령운의 작품으로 수록하고 있다.

2) 班草(반초) : 풀을 펼쳐 자리를 만들어 앉다.
3) 賞心人(상심인) : 마음을 알아주는 이.
4) 傾懷抱(경회포) : 속마음을 털어놓다.
5) 夷世(이세) : 태평한 세상.
6) 憂來傷人(우래상인) 구 : 이 구는 일종의 여흥구로 특별한 의미는 없다. 이 작품은 총 다섯 장으로 나뉘는데 매 단락의 제5구와 제6구의 사이에 "우래상인憂來傷人" 네 글자를 삽입하였다.
7) 平生(평생) : 한평생. 평생의 뜻, 또는 오래된 사귐을 가리키기도 한다. '평생平生'이 '부생浮生'으로 되어 있는 판본도 있으며 이 경우 뜻은 '덧없는 인생'이다.
8) 陽華(양화) : 햇빛을 받은 꽃.
   渥(악) : 젖다. 윤택하다.
9) 陰柯(음가) : 그늘을 만드는 무성한 가지.
   槁(고) : 마르다.
10) 日華(일화) : 태양빛.
11) 諄諄(순순) : 쇠약하여 굼뜨고 우둔해진 모습을 말한다.
12) 親黨(친당) : 무리와 친하게 지내다.
    恤庇(휼비) : 돌보아주고 감싸주다.
13) 昵君(닐군) : 임금과 가깝게 지내다.
    不常好(불상호) : 늘 좋은 것은 아니다. '상불호常不好'로 되어 있는 판본도 있으며 이 경우 뜻은 '늘 좋지 않다'이다.
14) 九族(구족) : 위로는 고조高祖부터 아래로는 현손玄孫까지 9대의 직계 친족을 말한다.
    素霰(소산) : 흰 싸라기눈. ≪시경·소아小雅·점잖은 관頍弁≫에 "가죽 고깔모자 진실로 머리에 쓰고 있구나. 맛있는 술에 좋은 안주 푸짐하네. 어찌 다른 사람이겠는가? 형제와 숙질이지. 마치 저 눈이 오기 전에 먼저 싸라기눈이 모이듯 하였구나. 죽을 날 머지않아 곧 만날 수 없을 것 같으니 이 밤에 술을 즐기며 그대들과 잔치를 여네.(有頍者弁, 實維在首. 爾酒既旨, 爾殽其阜. 豈伊異人, 兄弟甥舅. 如彼雨雪, 先集維霰. 死喪無日, 無幾相見. 樂酒今夕, 君子維宴)"라 하였다. 이 시는 친족들을 대접하는 상황을 노래한 시로 이때 '소산素霰'은 눈이 올 징조, 즉 위급한 일이 일어날 징조를 말한다. ≪모시서毛詩序≫에서는 주나라 유왕이 잔인하여 가까운 이가 없으니 동성同姓을 위해 잔치를 열어 즐길 수도 없었고 구족九族과 친목할 수도 없어 혼자가 되어 망할 위험에 처하게 되어 공경들이 이 시를 지어 그것을 풍자한 것이라고 하였다.

15) 三良(삼량) : 세 명의 현명한 신하. 진秦나라 자거子車씨의 세 아들 엄식奄息, 중항仲行, 겸호鍼虎를 가리킨다. 진秦 목공穆公이 죽자 함께 순장되었는데 당시 사람들이 훌륭한 신하였던 이들의 죽음을 몹시 슬퍼했다고 한다.

黃鳥(황조) : ≪시경·진풍秦風≫의 편명. 당시 사람들이 자거엄식, 자거중항, 자거겸호 세 현신의 죽음을 애도하여 부른 노래라고 한다.

이상 2구는 임금과의 관계로 인하여 불행한 결과를 얻게 된 예를 말한 것이다.

16) 邇朱(이주) : 붉은 것을 가까이하다.

頳(정) : 붉은 빛.

17) 縞(호) : 흰 빛깔. 본래는 염색하기 전의 명주를 말한다.

18) 水流(수류) 2구 : 이 두 구는 ≪역易·건乾≫에서 "같은 소리는 서로 응하고 같은 기운은 서로를 구하니, 물은 습한 곳으로 흐르고 불은 마른 곳으로 나아간다.(同聲相應, 同氣相求, 水流濕, 火就燥)"라 한 것에 의거한 것이다. 여기서는 마음이 맞는 친구를 찾아 사귀고자 하는 것은 당연한 이치라는 의미이다.

19) 賞契(상계) : 서로의 마음을 알고 투합하는 것. 여기서는 그러한 사람을 가리킨다.

20) 斷金(단금) : 쇠를 자르다. 친구간의 교분이 두터움을 말한다. ≪역易·계사상繫辭上≫에 "두 사람이 같은 마음이니 그 날카로움이 쇠를 자른다.(二人同心, 其利斷金)"라 하였다.

21) 千計(천계) : 천 가지 계책. 생각함이 많음을 말한다.

適從(적종) : 의지하여 따르다.

이 구는 그 어떤 방법을 강구해 보아도 마음 맞는 친구를 찾기가 어려웠음을 말하는 것이다.
22) 憂來傷人(우래상인) 구 : 이 구가 빠져있는 판본도 있다. 여기서는 ≪시기≫ 권47, 집본 ≪사강락집≫ 등의 판본에 따라 보충하였다.
23) 萬端(만단) : 만 갈래의 생각, 근심.
紛繞(분요) : 서로 어지러이 얽히다.
24) 擇木(택목) : 좋은 나무를 고르다. ≪좌전·애공哀公 11년≫에 "새는 나무를 가리지만 나무가 어찌 새를 택할 수 있으리오?(鳥則擇木, 木豈能擇鳥)"라 하였다. 여기서는 새가 둥지를 틀기 위해 좋은 나무를 고르는 것으로 좋은 친구를 가려 사귀는 것을 비유한 것이다.
25) 形跡略(형적략) : 예법이 간략해지다. '형적形跡'은 예의에 얽매이는 것을 말한다.
26) 略邇(약이) : 간략하고 친근하다.
27) 片言(편언) : 간단한 말. 이 시를 가리키는 것으로 보인다.
紵縞(저호) : 모시옷과 명주 띠. 친구간의 증표, 혹은 선물을 말한다. ≪좌전·양공襄公 29년≫에 "(계찰이) 정나라에 가서 자산을 만났는데 오래 알고 지내던 사람과 같으니 그에게 명주 띠를 주었고, 자산은 그에게 모시옷을 선사하였다.(聘於鄭, 見子産, 如舊相識, 與之縞帶, 子産獻紵衣焉)"라 하였다. 여기서는 바로 이 전고를 사용하여 새로 만난 친구와 마치 오래 사귄 것처럼 정이 깊어졌음을 말한 것이다.

> 해설

이 시는 어지러운 세상에서 마음을 알아주는 친구를 만나는 것의 어려움과 그러한 상황에서 우연히 지기를 만난 것에 대한 기쁨을 노래한 것이다. 총 다섯 장으로 나뉘는데 매 장이 여섯 구로 이루어져있으며, 제5구와 6구 사이에 "우래상인憂來傷人"이라는 여흥구가 들어가 있다.

첫 번째 단락에서는 먼 길을 가던 작자가 우연히 쉬다가 마음을 터놓을 수 있는 지기를 만난 상황을 이야기하였다. 좋은 시대가 자주 오지 않아 한평생을 오래도록 보존할 수 없어 진정한 벗을 만나기 어려운데도 불구하고 자신의 마음을 알아주는 이를 만나게 된 것이다. 두 번째 단락에서는 세월이 빠르게 흘러가는 것에 대한 아쉬움을 드러내고,

이미 늙고 쇠약해진 자신의 신세를 슬퍼하였다. 짧은 생애에서 마음 맞는 지기를 빨리 찾지 못한 것에 대한 안타까움이 숨겨져 있다고 할 수 있다. 세 번째 단락에서는 여러 가지 전고를 통해 누군가와 사귀는 것의 결과를 이야기하고 있다. 무리 짓는 이들과 가깝게 지내면 보호받지만 임금과 가깝게 지내다보면 오히려 나쁜 결과를 맞게 되기도 한다. 작자는 〈점잖은 관(頍弁)〉 시를 통해 친족들과 가깝게 지내지 못하여 위기에 처하게 된 주나라 유왕의 전고를 암시하고, 현신임에도 불구하고 진 목공과 함께 순장되는 결과를 맞이했던 삼현의 전고를 통해 누군가를 가까이 하거나 혹은 가까이하지 못하여 나쁜 결과를 맞는 사례를 제시하였다. 그리고는 어떠한 색이 다른 색을 만나면 물들어버리는 이치를 이야기함으로써 누군가를 사귀는 것은 큰 결과를 가져올 수 있는 것이므로 신중히 해야 하는 것임을 이야기하였다. 네 번째 단락에서는 마음을 알아주는 친구는 보배와 같이 소중한 존재이지만, 그런 친구를 만나는 것은 매우 어려운 일임을 말하였다. 물줄기가 습한 곳으로 나아가고 불이 마른 나무에 옮겨가듯 친구를 찾게 되는 것은 아주 자연스러운 일이나 마음을 맞는 친구는 그 어떤 방법을 써도 찾기 어려워 작자를 근심스럽게 한다. 마지막 단락에서는 친구를 사귈 때는 신중히 해야 하며 어려운 예법에 구속받기 보다는 마음으로 이해해야 함을 이야기한 뒤, 마음을 알아주는 친구를 만나니 마치 오래된 친구를 만난 것 같다고 말하여 친구에 대한 정을 드러내며 작품을 마무리하였다. 짧은 인생과 어지러운 사회 상황 속에서 자신을 이해해주는 진정한 지기를 찾고 싶어 하는 작자의 바람이 드러난 작품이라 할 수 있다. (김하늬)

衡山¹
형산 98

嚴下一老翁,	바위 아래 한 노인과
四五年少者,²	네댓 명의 젊은이.
衡山采藥人,	형산의 약초 캐는 사람
路迷糧亦絶.	길을 잃고 식량도 떨어졌네.
遇息嚴下坐,	우연히 바위 아래 쉬며 앉아 있다가
正見相對說.³	마침 만나 서로 대하며 이야기하였네.
一老四五少,	한 노인과 네댓 명의 젊은이 있는데
仙隱不可別.	신선과 은자를 구별할 수 없구나.
其書非世教,⁴	그 글이 세속의 가르침 아니니
其人必賢哲.⁵	그 사람들 반드시 현자이리라.

주석

1) 이 시는 ≪초학기初學記≫ 권5와 권23에 수록되어 있다. 권5에는 위와 같은 제목으로 시로 수록되어 있으나 권23에는 제1~2구가 본문에서 빠져 있으며, 〈바위 아래의 한 노인과 다섯의 젊은이嚴下一老翁五少年贊〉라는 제목의 찬贊으로 분류되어 있다.
이 시는 남조 송나라의 유경숙劉敬叔이 편찬한 ≪이원異苑≫에 수록된 요조姚祖의 일화와 관련 있다. 동진東晉 태원太元 말, 상동湘東 사람인 요조姚祖가 군리群吏로 있을 때 형산을 지나다 바위 아래에서 젊은이들이 모여 붓을 잡고 글을 짓고 있는 것을 보았는데 나그네들이 쉬는 것이라 생각하고 지나가려 하였다. 그런데 채 백 보도 가지 않았는데 젊은이들이 날아가 버렸고, 그들이 앉아있던 곳에는 글이 적힌 종이 하나만이 남아있었다. 그 글의 앞 몇 구는 옛글자였으나 뒤로는 모두 새 발자국 글자[鳥篆]였다고 한다. 衡山(형산) : 호남성 중부에 있는 산. 오악五嶽의 하나로 남악南嶽이라고 불린다.
2) 巖下(암하) 2구 : 이 두 구는 이 작품을 시로 수록하고 있는 ≪초학기初學記≫ 권5에는 작품의 제1~2구로 되어 있으나, 이 작품을 찬으로 수록하고 있는 권23에는 본문에서 빠져 있다. 아래의 8구와는 다른 운韻을 사용하고 있고, 이 2구가 없을 때 완정한 시의 형태를 띠는 것을 보면 혹 부제가 본문에 잘못 들어간 것은 아닐까 의심된다.
3) 說(설) : 이야기하다. 또는 '기뻐하다'는 의미의 '열說'로 볼 수도 있다.
4) 世教(세교) : 세상의 가르침. 주로 세속에서 추구하는 정통 사상이나 가치, 또는 예교를 말한다.
5) 賢哲(현철) : 현명하고 사리에 밝다. 또는 그런 사람.

해설

이 작품은 작자가 고향인 시녕始寧에 있을 당시에 쓴 것으로 추정된다. 동진의 요조姚祖가 형산에서 겪었다고 전해지는 옛 고사를 이야기한 작품이다. 다만 작자는 군의 관리였던 요조 대신 약초 캐는 노인을 등장시켜 이야기를 약간 변형시켰다.

제1~6구에서는 약초꾼이 형산에서 약초를 캐다 지쳐 쉬다가 우연히 신비로운 인물들을 만나게 된 경위를 이야기하고 있다. 여기서 등장하는 약초 캐는 노인은 아마도 작자 자신을 투영한 인물로 보이는데, 전설에서 요조가 젊은이들의 신령스러움을 알아보지 못하고 그들이 떠난 뒤에야 그들이 신선이었음을 알아챘던 것과 달리, 이 작품에서 노인은 바위 아래에서 젊은이들과 어울리며 이야기를 나눈다. 즉, 노인 자신도 보통의 인간이 아닌 은자인 것이다. 다음 제7~10구에서는 이 신비로운 인물들의 면모에 대해서 이야기하고 있다. 노인과 젊은이들이 어울리는 모습을 보면 그들이 신선인지 은자인지 정확히 구별해낼 수 없을 것이나, 그들의 글이 세속에서 전하는 가르침과는 거리가 먼 것이니 아마도 이들은 세상과 떨어져 사는 현자일 것이다. 전체적으로 옛 전설을 신비롭게 그려낸 작품이라 할 수 있다. (김하늬)

사혜련

秋胡行二首[1]
추호행 2수

제1수

春日遲遲,[2]	봄날은 길어져
桑何萋萋.[3]	뽕잎은 어찌 그리 무성한지,
紅桃含夭,[4]	붉은 복숭아는 싱그러움을 머금고
綠柳舒荑.[5]	푸른 버들에는 어린 싹이 맺혔네.
邂逅粲者,[6]	아름다운 이를 우연히 만났나니
游渚戲蹊.[7]	물가를 노닐고 산길을 거닐고 있네.
華顔易改,[8]	젊은 얼굴 쉬 바뀌어버리나니
良願難諧.[9]	오랜 소망 이루어지기 어렵네.

제2수

係風捕影,[10]	바람 묶어두고 그림자 잡아두는 것
誠知不得.[11]	이룰 수 없음을 진정 아나니,
念彼奔波,[12]	저 달리는 물결을 생각하니
意慮廻惑.[13]	정신은 아득히 혼미하네.
漢女悠忽,[14]	한수의 두 여인은 홀연 사라지고
洛神飄揚,[15]	낙수의 여신은 날아가 버렸나니,
空勤交甫,[16]	공연히 정교보만 힘들게 하였으며
徒勞陳王.[17]	헛되이 진사왕만 수고롭게 하였구나.

> 주석

1) 이 시는 ≪예문류취藝文類聚≫ 권41, ≪악부시집樂府詩集≫ 권36, ≪고시기古詩紀≫ 권59에 실려 있다.
   秋胡行(추호행) : 악부의 곡조명. ≪악부시집樂府詩集·상화가사相和歌辭≫의 〈청조곡淸調曲〉에 실려 있다. 옛 제목의 내용은 춘추 시기 노魯의 추호秋胡가 부인을 희롱했던 일을 쓴 것이다.
2) 遲遲(지지) : 해가 더디다. 날이 길어진 것을 의미한다. ≪시경詩經·빈풍豳風·칠월七月≫의 "봄날은 길어져 여럿이서 쑥을 뜯네.(春日遲遲, 采蘩祁祁)"를 차용하였다.
3) 萋萋(처처) : 무성한 모양.
4) 夭(요) : 어리고 싱싱한 모습. ≪예문류취≫와 ≪악부시집≫에는 '妖요'로 되어 있으며, 아름답다는 뜻이다. ≪시경·주남周南·복숭아나무桃夭≫의 "복숭아는 싱싱하고 꽃잎은 환하네.(桃之夭夭, 灼灼其华)"를 차용하였다.
5) 荑(제) : 나뭇가지의 어린 싹, 움.
6) 粲者(찬자) : 아름다운 사람. ≪시경·당풍唐風·땔나무 묶어綢繆≫에 "오늘 밤은 무슨 밤인가, 이 아름다운 사람을 만났네.(今夕何夕, 见此粲者)"라 하였다.
7) 蹊(혜) : 좁은 산길.
8) 華顔(화안) : 아름다운 얼굴. 청춘을 가리킨다.
9) 良願(양원) : 오랜 소망. '숙원宿願'과 같다.
10) 係風捕影(계풍포영) : 바람을 묶어두고 그림자를 붙잡다. 실현될 수 없는 일을 가리킨다. ≪한서漢書·교사지하郊祀志下≫의 "바람을 묶어두고 그림자를 붙잡는 것은 끝내 이룰 수가 없다.(系风捕景, 终不可得)"를 차용한 것이다.
11) 誠(성) : 진실로.
12) 奔波(분파) : 달려가는 강물.
13) 意慮(의려) : 생각, 정신.
    廻惑(회혹) : 정신이 혼미하고 황홀하다.
14) 漢女(한녀) : 한수漢水의 두 여인. 한漢 유향劉向의 ≪열선전列仙傳≫에 따르면 정교보鄭

交甫가 장강長江과 한수漢水 가를 노닐다 강비江妃 두 여인을 만났다. 정교보가 패옥을 줄 것을 청하여 두 여인이 허리에 찬 패옥을 풀어 정교보에게 주었는데, 몇 걸음 가지 않아 품속에 넣어둔 패옥은 사라지고 여인들 또한 보이지 않았다.
倏忽(숙홀) : 홀연히 사라지다.
15) 洛神(낙신) : 낙수洛水의 여신. 복희씨宓犧氏의 딸로 낙수에 빠져 낙신洛神이 되었다고 한다. 조식曹植의 〈낙신부洛神賦〉에 따르면 조식이 낙수를 건너다 낙수의 여신을 만났는데 그녀의 아름다운 모습에 반하여 넋을 잃었으나, 홀연 날아가 버려 종적을 찾을 수 없었다.
16) 交甫(교보) : 정교보鄭交甫.
17) 陳王(진왕) : 진사왕陳思王 조식曹植.

해설

이 시는 봄날 아름다운 사람을 만난 설렘과 함께 할 수 없는 아쉬움을 나타낸 것으로, 사라져버린 선녀들의 고사를 차용하여 황홀하고 환상적인 분위기를 자아내고 현실에서는 이루어질 수 없는 소망에 대한 절망을 나타내고 있다.

제1수에서는 길어진 날과 무성한 뽕잎, 붉은 복숭아와 푸른 버들의 색채대비를 통해 화려하고 아름다운 봄의 경관을 특징적으로 묘사하고 있다. 이어 물가와 산길을 거닐고 있는 아름다운 사람을 보고 그에 대한 흠모의 정을 나타내고 있는데, '우연히 만났대邂逅'와 '오랜 소맹良願'이라는 표현을 통해 그와 함께 하는 것이 평소 자신이 꿈꾸어 왔던 것이었음을 알 수 있다.

제2수에서는 제1수의 마지막 구를 이어 받아 바람과 그림자를 붙잡으려 하는 행동으로 그에 대한 자신의 지향과 추구를 나타내는 한편, 이것의 실현 불가능함을 아울러 말하고 있다. 이어 눈앞에 흐르는 강에서 한수와 낙수를 떠올리며 정교보와 조식을 떠나간 한녀漢女와 낙신洛神의 비유를 통해 그와 함께 할 수 없는 자신의 이루어질 수 없는 소망을 안타까워하고 있다. (주기평)

隴西行二首[1]
농서행 2수

02

제1수

運有榮枯,[2]	운명에는 영화로움과 쇠함이 있고
道有舒屈.[3]	도는 펼 때와 굽힐 때가 있으니,
潛保黃裳,[4]	누런 옷을 몰래 보관하기도 하고
顯服朱紱.[5]	붉은 인끈을 드러내어 입기도 하네.
誰能守靜,[6]	누가 청정함을 지켜서
棄華辭榮.[7]	화려함과 영화로움을 버릴 수 있으리오?
窮谷是處,[8]	궁벽한 골짜기가 바로 거처해야 할 곳이고
考槃是營.[9]	즐거움을 이루는 것이 바로 영위해야 할 바이니,
千金不廻,	천금은 돌아오지 않겠지만
百代傳名.[10]	백세에 이름을 전하리라.
厥包者柚,[11]	저 껴안고 있는 것은 유자이고
忘憂者萱.[12]	근심을 잊는 데는 원추리인데,
何爲有用,[13]	뭣 하러 유용함이 있어서
自乖中原.[14]	원래 있던 들판으로부터 절로 멀어졌는가?
實摘柯摧,[15]	유자 열매를 따느라 나뭇가지가 꺾였고
葉殞條煩.[16]	원추리 잎 따느라 줄기가 성가심을 받았지.

411

주석

1) 隴西行(농서행) : ≪악부시집樂府詩集·상화가사相和歌辭≫의 〈슬조곡瑟調曲〉에 실려 있다. ≪악부해제≫에 따르면 아름다운 여인이 예의바르게 손님을 잘 응대하고 접대함을 노래했다고 하였다. 이후의 작품에서는 전쟁에 나간 어려움과 부인의 그리움을 읊기도 하였다. 사혜련의 이 시는 이와 달리 관직에 나아가 영화를 누리기보다는 은일하며 살기를 바라는 마음을 읊었다. '농서'는 전국시대 진秦나라가 설치한 군의 이름으로 지금의 감숙성 임조현臨洮縣 농산隴山의 서쪽이다. 시의 내용으로 보아 일부만 전해지는 것으로 보이며, 다음에 나오는 시와 내용이 유사하여 한 편으로 볼 수도 있다.
2) 榮枯(영고) : 영화로움과 쇠함.
3) 舒屈(서굴) : 펴는 것과 굽히는 것. 자신의 도를 세상에 펴서 실행하는 것과 안으로 굽혀 자신을 수양하는 것을 말한다.
4) 潛保(잠보) : 몰래 보관하다. 숨어서 수양하다.
   黃裳(황상) : ≪주역·곤괘坤卦≫에서 "누런 치마는 크고 길하다.(黃裳元吉)"라고 하였는데, 주나라 사람들은 이를 존귀하고 상서로운 물건으로 여겼으며 사람이 가진 덕의 아름다움을 비유하였다.
   이 구는 도를 안으로 굽혀 자신의 덕망을 수양한다는 뜻이다.
5) 顯服(현복) : 드러내어 입다.
   朱紱(주불) : 붉은 인끈. 관복을 의미하며 관직을 비유한다.
   이 구는 도를 펼쳐 관직에 나아간다는 뜻이다.
6) 守靜(수정) : 청정함을 지키며 구하는 바를 없이 하다. ≪노자老子≫에서 "비어있음에 끝까지 이르고 청정함을 독실하게 지킨다.(致虛極, 守靜篤)"라고 하였다.
7) 棄華(기화) : 화려함을 버리다.
   辭榮(사영) : 영화로움을 사양하다.
8) 窮谷(궁곡) : 궁벽한 골짜기. 깊은 골짜기. 세속을 벗어나 청정함을 지키며 은일하는 곳을 말한다.
9) 考槃(고반) : ≪시경·위풍衛風≫의 편명. "계곡에서 즐거움을 이루니, 위대한 이가 관대하구나.(考槃在澗, 碩人之寬)"라고 하였다. 모씨의 전에서 "'고'는 이루다, '반'은 즐거움이

다.(考, 成, 槃, 樂)"라고 하였다. 또는 '쟁반을 두드리다'라고 해석하여 은일하며 살고 있는 모습을 형용한 것으로 볼 수도 있다.

10) 千金(천금) 2구 : 비록 은거하며 살면 부귀영화는 누리지 못하지만 오래도록 이름을 남길 수 있다는 뜻이다.

11) 厥(궐) : 그.
柚(유) : 유자. ≪서경·우공禹貢≫에서 "저 화려한 비단을 광주리에 담고 저 귤과 유자를 품에 안고 공물을 바친다.(厥篚織貝, 厥包橘柚)"라고 하였다. 귀한 과일로서 공물로 바쳐진 것을 말한다.

12) 萱(훤) : 원추리. 고대에는 이를 통해 근심을 잊을 수 있다고 하였다.

13) 何爲(하위) : 무엇 때문에. 왜.
有用(유용) : 쓸모가 있다. 위 구절의 유자와 원추리를 말한 것으로, 이들은 자신의 쓰임새가 있어서 다른 사람들에 의해 취해졌다. 이로써 재능이 있어 관직에 나아가는 것을 비유한다.

14) 中原(중원) : 들판. 유자와 원추리가 원래 있던 곳을 말한다. 자신이 원래 존재하던 곳으로 은일하는 곳을 가리킨다.

15) 實摘(실적) : 열매를 따다. 유자가 공물에 바쳐지기 위해 딴 것을 말한다.

16) 葉殞(엽운) : 잎이 떨어지다. 원추리가 근심을 없애는 용도로 사용되는 것을 말한다.
條煩(조번) : 가지가 어지럽다.
이상 두 구는 유자와 원추리가 각기 용도가 있어서 다른 사람의 쓰임을 받는데, 그 과정에서 자신의 몸을 해치게 된다는 뜻이다. 이로써 재능으로 관직에 나아가는 것이 실제로는 자신을 해치는 일이니 경계해야 된다는 것을 말하였다.

해설

이 시는 자연에 은거하면서 자신의 도를 수양하는 것을 지향하며 세속에 나가 부귀영화를 추구하는 일은 하지 않겠다는 의지를 표현하였다.

제1~4구에서는 사람이 살아가면서 영화로움과 쇠함이 있어 때로는 자신의 뜻을 굽혀 은일하기도 하고 때로는 자신의 뜻을 펼쳐 관직에 나아가기도 한다고 말하였다. 하지만 사혜련의 지향은 은일하며 자신의 몸을 수양하는 것인데, 이를 제5~10구에서 말하였다. 청정함을 지켜서 영화로움을 떨쳐버려야 하는데, 그 장소는 궁벽한 골짜기여야 하고 일삼는 것은 즐거움을 이루는 것이어야 한다. 그리하면 비록 천금이 돌아오지는 않겠지만 백세에 이름을 전할 수 있다고 하였다. 제11~16구에서는 유자와 원추리의 예를 들어서, 용도가 있어서 자신의 몸을 해치게 된 상황을 표현하였다. 이를 통해 자신의 몸을 잘 보존하기 위해서는 세속을 떠나 무위를 지향해야 함을 말하였다.

제2수[1]

未若蔽牛,[2]	소를 덮을 만큼 크게 자라서
永保液瞞.[3]	오래 보존하여 진액이 질질 흐르는 것만 못하리라.
嗟我君子,[4]	안타깝구나, 우리 군자들은
勛爾何言.[5]	공적을 세워서 무엇을 하려는가?

주석

1) 이 시는 송나라 오역吳棫의 ≪운보韻補≫에 실려 있다. '만瞞'자의 용례로서 소개되어 있는데, 시의 일부만 수록한 것으로 보인다. 앞 시의 내용과 유사하며 그 일부로 여겨진다.
2) 蔽牛(폐우) : 소를 덮다. 나무가 아주 크게 자란 것을 형용한다.
3) 永保(영보) : 오래도록 보존하다.
   液瞞(액만) : 진액이 질질 흐르다. '만瞞'은 '진액'으로, '만樠'과 통한다.
   이상 두 구는 ≪장자·인간세人間世≫에 있는 다음과 같은 고사를 인용한 것이다. 장석匠石이 제나라로 갈 때 상수리나무가 사당의 나무로 심어져 있는 것을 보았다. 그 크기는 천 마리의 소를 덮을 정도였으며 백 아름이나 되었고 높이는 산과 같았다. 하지만 장석은 거들떠보지도 않고 지나갔다. 이에 제자들이 이상하게 여기며 물어보니, 장석은 "쓸데없는 나무이다. 배를 만들면 가라앉을 것이고, … 문을 만들면 진액이 질질 흐를 것이며 기둥을 만들면 좀이 슬 것이다. 이는 재목으로 쓸 수 없는 나무이니 아무 쓸 데가 없다. 그래서 이렇게 오래 산 것이다.(散木也. 以爲舟則沈 … 以爲門戶則液樠,

以爲柱則蠹, 是不材之木也, 無所可用, 故能若是之壽)"라고 하였다.

4) 嗟(차) : 탄식하는 모습.
5) 勛(훈) : 공을 세우다.
   何言(하언) : 무엇을 말하려는가? 또는 '언言'을 어기조사로 보아 '어쩌려는가?'로 풀이할 수도 있다.

해설

이 시는 관직에 나아가 몸을 상하게 하는 것보다는 자연 속에 은일하며 무위를 일삼는 것이 좋다는 것을 말하였다. 오래도록 자신을 보존하면 큰 나무가 될 수 있는 것은 비록 문을 만들어도 진액만 질질 흐를 정도로 쓸데없는 재목이기 때문인데, 이렇게 오래도록 생을 보존하는 것이 세속의 군자들이 공을 세우려고 노력하는 것보다 낫다고 말하였다.
(임도현)

豫章行[1]
예장행

03

軒帆遡遙路,[2]   수레와 배가 먼 길을 가게 되어
薄送瞰遐江.[3]   저물녘 전송하며 긴 강을 굽어보네.
舟車理殊緬,[4]   배와 수레는 먼 길 갈 채비를 하는데
密友將遠從.   친한 벗이 먼 그 길을 따르려 하네.
九里樂同潤,[5]   한 마을에서 함께 윤택함을 즐거워했는데
二華念分峯.[6]   두 화산처럼 봉우리 갈라질 것 생각하네.
集歡豈今發,   같이 있을 때의 기쁨을 어찌 지금 펴겠는가.
離歎自古鍾.   헤어짐의 탄식은 예부터 고여 있었는데.
促生靡緩期,[7]   촉박한 인생이라 기약을 늦출 수 없고
迅景無遲蹤.[8]   빠른 세월은 자취를 늦추지 않네.
緇髮迫多素,[9]   검은 머리는 곧 흰머리 성성해질 것이고
憔悴謝華芉.[10]   초췌함은 꽃다운 모습 떠나보내리.
婉娩寡留琴,[11]   유순하고 얌전하지만 세월 머무르게 하지 못하고
窈窕閉淹龍.[12]   아름답고 정숙하나 시간을 머물게 할 방법이 없네.
如何阻行止,   어떻게 가고 머무는 것을 막을 수 있으리.
憤悩結心胸.   분노와 원망이 가슴에 맺히네.
旣微達者度,[13]   나는 통달한 이의 풍도가 없으니
歡戚誰能封.[14]   기쁨과 슬픔을 뉘라서 감출 수 있으리오.
願子保淑慎,[15]   원컨대 그대는 어짊과 신중함을 잘 지켜

良訊代徽容.16　　아름다운 모습 대신해서 좋은 소식 전해주시길.

주석

1) 豫章行(예장행) : ≪악부시집樂府詩集·상화가사相和歌辭≫의 〈청조곡淸調曲〉에 실려 있다. ≪악부해제≫에 따르면 예장행은 이별에 아파하면서 세월이 빨리 흘러 젊음이 길지 않음을 한탄한 내용으로 되어 있다. 예장은 고을 이름으로, 지금의 강서성 남창시南昌市이다.

2) 軒帆(헌범) : 수레와 배.
   遡(소) : 거스르다. 여기서는 길을 떠난다는 의미로 쓰였다.

3) 薄(박) : 황혼, 저물녘. '임박하다'는 의미로도 쓰이는데, 이 경우 '이별에 임박하여'라고 번역할 수 있다.
   瞰(감) : 굽어보다.

4) 理(리) : 채비를 하다
   緬(면) : 멀다. 여기서는 먼 길을 이른다.

5) 九里(구리) : 무엇인지 알 수 없다. 여기서 임시로 한 마을로 번역하였다.

6) 二華(이화) : 태화太華와 소화少華 두 산을 이른다. 섬서성 화음현華陰縣 남쪽에 있다. 이 두 구는 함께 만나 즐거웠지만 이제 이별을 앞두고 있음을 이른 것이다.

7) 靡(미) : 없다.

8) 迅景(신영) : 빠르게 지나는 세월.

9) 緇髮(치발) : 검은 머리.

10) 華崋(화봉) : 화려하고 무성함. 여기서는 젊고 아름다운 모습을 이른다.

11) 婉娩(완만) : 부드럽고 온순함.
    寡(과) : 버리다, 포기하다. 여기서는 할 수 없다는 의미로 보았다.
    晷(구) : 해 그림자, 세월.

12) 窈窕(요조) : 아름답고 정숙함.
    閉淹龍(폐엄룡) : 잠긴 용을 막다. 정확한 의미를 알 수 없어 위 구절과 비슷한 의미로 보았다.

13) 微(미) : 없다.
　　達者(달자) : 통달한 이.
　　度(도) : 풍도風度.
14) 封(봉) : 막다, 봉하다.
15) 淑愼(숙신) : 어질고 신중함.
16) 徽(휘) : 아름답다.

해설

이 시는 벗과 헤어지면서 아쉬운 감정과 세월의 흐름에 대한 한탄을 함께 담아내었다. 제1~4구에서는 이별의 상황으로, 시인이 강가에서 긴 여정을 채비하는 벗을 전송하고 있다. 제5~10구에서는 만남과 이별의 장면을 그리면서 함께 했던 즐거운 시간을 뒤로 하고 이별의 아쉬움에 탄식을 한다 하였다. 이별을 늦추고 싶지만 시간이 허락하지 않기에 그럴 수 없다고 하였다. 제11~16구에서는 세월이 빠르게 지나감에 따라 늙어가니 아무리 덕을 갖춘 이라도 흐르는 세월을 어찌지 못한다고 하였다. 어쩔 수 없는 현실에 분노와 원망이 쌓인다. 제17~20구는 세상이치에 통달했다면 감정을 제어할 수 있으련만, 시인은 그렇지 못해 원망과 슬픔을 드러낼 수밖에 없다 하면서 벗에게 먼 곳에서도 어짐과 신중함을 지키며 소식이나 전해달라고 당부하였다. (이지운)

塘上行[1]
못가의 노래 04

芳萱秀陵阿,[2]	향기로운 원추리가 언덕에서 아름답지만
菲質不足營,[3]	모자란 자질이라 경작하기엔 부족하네.
幸有忘憂用,[4]	다행히 근심을 잊게 하는 쓰임이 있어서
移根託君庭.	뿌리를 옮겨서 낭군의 뜰에 맡겼네.
垂穎臨清池,[5]	꽃잎 드리우고 맑은 연못 옆에 서서
擢彩仰華甍.[6]	고운 색 자아내며 화려한 용마루 우러렀네.
霑渥雲雨潤,[7]	촉촉한 비구름에 흠뻑 잠겼고
葳蕤吐芳馨.[8]	좋은 향기 뿜어내며 짙게 우거졌네.
願君眷傾葉,[9]	낭군께 바라오니 해를 향해 기울어진 잎을 돌아보시어
留景惠餘明.[10]	종일토록 넘치는 밝음의 은혜를 베푸소서.

주석

1) 塘上行(당상행) : 위魏 문제文帝 조비曹丕의 황후였던 문소황후文昭皇后 견씨甄氏가 죽기 전에 지었다는 시 〈포생편蒲生篇〉을 그 근원으로 하는 악부시. 〈포생편〉의 대강의 내용은 '부들이 내 연못가에 무성하게 자랐는데 임과 생이별을 하였다. 새롭고 좋은 것이 생겼다고 오래되고 나쁜 것을 버리지 말라는' 것이다. 후에 진晉의 육기陸機가 〈강의 피가 외진 물가에 자랐네江蘺生幽渚〉를 불렀는데 부인이 늙고 쇠하여 버려진 다음 연못가를 지나며 노래를 부르는 내용이었다. 이로써 악부시 〈당상행〉의 내용이 정해졌다. 사혜련의 〈당상행〉은 ≪예문류취藝文類聚≫, ≪악부시집樂府詩集≫, ≪광문선廣文選≫,

《고시기古詩紀》 등에 전한다.

2) 芳萱(방훤) : 향기로운 원추리. 원추리는 백합과의 다년생 뿌리 식물이며 망우초忘憂草라고도 한다. 뿌리는 약용이나 구황작물로 먹었고 봄의 어린 순은 나물로 먹었으며 그 외에 꽃, 열매, 줄기, 잎 등을 다양한 방법으로 먹을 수 있다. 한여름에 노란색 계통의 꽃이 핀다. 잡초와 비슷한 생명력을 지녔으며 산과 들에 군집한다.
   陵阿(능아) : 언덕. 산.

3) 菲質(비질) : 보잘 것 없는 자질. 원추리가 고급의 식용 식물은 아니다.
   營(영) : 경작하다.

4) 忘憂用(망우용) : 근심을 잊게 하는 쓰임. 훤초萱草는 《시경詩經》에는 '훤초諼草'라고 쓰여서 〈위풍衛風·내 님伯兮〉에 나온다. 남편을 그리워하는 부인이 망우초를 얻어 북당北堂에 심기를 바라는 내용이 들어있다. 주자朱子의 주석에 따르면 훤초를 먹으면 근심을 잊는다고 하였다. 훤초의 맛이 달고 시원해서 기분을 즐겁게 하여 망우초라고 불렀다는 이야기도 있다. 북당에 심기를 바랐다는 내용으로부터 전해져서 원추리는 북당에 심는 꽃이 되었다. 또한 원추리는 망우초 외에 '의남초宜男草'라고도 불렸다. 꽃의 모양과 꽃이 진 다음 씨방의 모양이 모두 남자아이의 고추를 연상시켰기 때문이다. 그래서 아들을 원하는 부인들은 원추리 꽃을 허리춤에 차거나 머리에 꽂았으며, 꽃을 말려 베개에 넣거나 뿌리를 달여서 남편에게 먹이기도 하였다.

5) 垂穎(수영) : 꽃잎을 드리우다. 본래는 벼 종류의 곡식이 이삭이나 열매를 드리운 것을 의미하는데, 이 시에서는 원추리의 꽃잎이 벼 이삭 모양처럼 뾰족한 것에 착안하여 꽃을 나타냈다. 원추리는 여름에 꽃대가 자라며 그 끝에 여러 봉우리가 한 데 생겨나서 하루에 한 송이씩 아침에 피어 저녁에 지면서 여러 날을 핀다.

6) 擢彩(탁채) : 고운 색을 뽑아내다.
   華甍(화맹) : 화려한 용마루. 화려한 저택.

7) 霑渥(점악) : 젖다. 촉촉이 스며들다.

8) 葳蕤(위유) : 초목이 우거진 모습.
   芳馨(방형) : 풀 향기. 좋은 향기. 꽃 향기.

9) 眷(권) : 돌아보다. 돌보다. 《예문류취》, 《악부시집》, 《고시기》에는 '춘春'으로

되어 있다.
傾葉(경엽) : 해를 향해 기울어진 잎. 이 시에서는 낭군을 향한 잎으로 이해할 수 있다.
10) 留景(유경) : 종일. '유일留日'과 같게 이해하였다.
餘明(여명) : 넘치는 빛. 석양으로 해석할 수도 있다.

해설

전통적으로 악부시 〈당상행〉은 버림받은 아내가 못가의 풀을 보고 자신의 신세를 한탄하는 내용으로 되어 있다. 사혜련의 〈당상행〉은 원추리를 사랑하는 사람의 정원에 심는 것에 빗대어 여인이 상대방의 애정을 바라는데 전통적인 〈당상행〉과 비교해서 아직 애정을 포기하지 않았다는 점이 다르다. 이 시는 독법에 따라서는 간알시로 해석할 여지도 있다.

제1~2구는 언덕 위의 원추리가 나름 향기롭고 아름답지만 절대적인 기준에는 부족하다고 말하였다. 시의 화자인 버림받은 여인이 자신의 미모와 품덕을 원추리에 비유한 것이다. 어떤 이유에서든 소중하게 사랑 받기엔 부족하다는 것이다. 제3~4구는 원추리에게 근심을 잊게 하는 효용이 있어서 낭군의 뜰에 심을 수 있었다는 것이다. 이 부분은 여인이 집 밖으로 버려지진 않았다는 의미이다. 옛날 문화에서 원추리는 아내가 남편을 그리워하면서 자신의 뜰에 심는 것이었는데 이 시에서는 남편이 자신을 잊지 않도록 하기 위해 남편의 정원에 심었다는 것으로 이야기를 변화시켰다. 제5~8구는 원추리가 집 안에 자라면서 아름다운 꽃을 피우고 좋은 향기를 풍겼다는 것이다. 비록 최고 수준의 미모는 안 되지만 대신 다른 가치가 있는 원추리이니 적절한 곳에서 적절한 보살핌만 받는다면 충분히 자신의 가치를 발휘할 수 있다. 이와 마찬가지로 여인 역시 충분히 자신의 미모와 재능을 발휘할 수 있는 것이다. 마지막 제9~10구는 그러므로 이 정도의 아름다움을 지니고 낭군만을 바라는 이 원추리와 같은 여인을 다시 돌아봐달라는 것이다. 그녀는 혼자서도 아름다움을 간직했으니 돌아봐준다면 더욱 빛이 날 것이다. (서용준)

却東西門行[1]
각동서문행

慷慨發相思,	강개함 속에 그리움을 드러내고
惆悵戀音徽.[2]	슬픔 속에 소식을 그리워하네.
四節競闌候.[3]	사계절은 다하는 시절로 나아가고
六龍引頹機.[4]	여섯 마리 용은 스러지는 시간을 이끄네.
人生隨時變.	인생은 때에 따라 변하는 법이니
遷化焉可祈.[5]	변화를 어찌 간구할 수 있으랴.
百年難必保.	백년인생 보존되길 기필할 수 없으니
千慮盈懷之.[6]	천 가지 근심을 한가득 품노라.

주석

1) 却東西門行(각동서문행) : ≪악부시집·상화가사相和歌辭≫의 〈슬조곡瑟調曲〉에 위魏 무제武帝 조조曹操의 〈각동서문행却東西門行〉이 있다. 조조의 작품은 철따라 오고가는 기러기와 달리 대장부는 전쟁에 참여하여 타향을 떠돌지만 결코 고향을 잊지 않는다는 것을 노래하였다.

2) 音徽(음휘) : 소식.
   이상 두 구는 누군가를 그리워하면서 그의 소식이 오길 기다리는 것을 말하였다.

3) 競(경) : 나아가다.
   闌候(난후) : 다하는 시절. 다하는 계절.

4) 六龍(육룡) : 태양을 모는 여섯 마리 용. 태양을 가리킨다.

頹機(퇴기) : 사라지는 시간. 다하는 시기.

이상 두 구는 계절이 바뀌고 시간이 흘러가는 것을 의미한다.

5) 遷化(천화) : 변화

焉(언) : 어찌. 의문사.

祈(기) : 간구하다. 기구하다.

6) 千慮(천려) : 천 가지 근심. 근심이 많은 것을 가리킨다.

之(지) : '천려千慮'를 대신 가리킨다.

해설

이 시는 누군가를 그리워하면서 그의 소식을 애타게 기다리지만, 인생이란 때에 따라 변화하기 마련이므로 그저 근심만 하며 살게 됨을 노래하였다. 제1~2구의 '강개慷慨', '추창惆悵'을 통해 드러낸 슬픔이 마지막 구의 '천려千慮'와 호응하면서, 걱정근심 속에 살아가야 하는 삶의 비애를 표현하였다. (김수희)

長安有狹邪行[1]
장안유협사행   06

紀郢有通逵,[2]	기영에는 대로가 있는데
通逵幷軒車,[3]	대로에는 대부의 수레도 아우를 수 있어
氛氳雕輪馳,[4]	화려하게 조각된 수레가 내달리고
軒軒翠蓋舒.[5]	높다란 비취빛 수레 덮개도 느긋하게 지나네.
撰策之五尹,[6]	채찍 쥐고 여러 관리들이 지나다니고
振轡從三閭.[7]	고삐 떨치며 명문대가들을 따르는데
推劍馮前軾,[8]	검을 빼어 수레 손잡이에 기대놓고
鳴佩專後輿.[9]	패옥 울리며 수레 뒷자리 차지하고 있네.

주석

1) 長安有狹邪行(장안유협사행) : 이 시는 ≪예문류취藝文類聚≫ 41권, ≪악부시집樂府詩集≫ 35권, ≪시기詩紀≫ 49권에 실려 전한다. 곽무천郭茂倩의 ≪악부시집·상화가사≫의 설명에 따르면 〈상봉행相逢行〉은 〈상봉협로간행相逢狹路間行〉이나 〈장안유협사행長安有狹邪行〉이라고도 부른다고 하였다. 이 악부시는 주로 귀족과 부호들의 생활을 묘사하였다. 육기陸機의 〈장안유협사행〉은 육기가 원강元康 6년(296)에 당시의 권귀權貴인 가밀賈謐의 이십사우二十四友가 되면서 지은 악부시로 귀족들의 교유와 생활을 묘사하고 그들에게 합류하는 자신의 정치적 방향을 표현한 것이다. '협사狹邪'는 작은 길과 좁은 골목이라는 뜻이다.
2) 紀郢(기영) : 전국시대 초楚의 도성인 영郢. 기산紀山의 남쪽에 있다는 의미이다.

通逵(통규) : 큰 길.
3) 軒車(헌거) : 병풍이 있으며 대부 이상이 탈 수 있는 수레. 수레를 범칭한다.
　 幷(병) : 아우르다.
　 이상 두 구의 의미는 기영의 길이 대부 이상이 타는 큰 수레도 아우를 수 있을 만큼 널찍하다는 것이다. 한나라 악부시 〈상봉행〉에 "좁은 길에서 만났는데, 좁은 길은 수레를 수용하지 못하네.(相逢狹路間, 道隘不容車)"라 하여 장안의 좁은 길을 묘사한 부분과 대조적이다.
4) 奕奕(역역) : 화려하고 다채로운 모습을 형용하는 말이다. '혁혁奕奕'으로 되어 있는 판본도 있으며 뜻은 같다.
　 雕輪(조륜) : 꽃 등을 아로새겨 장식한 화려한 수레.
5) 軒軒(헌헌) : 높다랗다.
　 翠蓋(취개) : 비취새의 깃털로 장식한 제왕의 수레 덮개.
　 舒(서) : 느긋하다.
　 이상 두 구의 의미도 앞 두 구와 마찬가지로 기영의 길이 넓어 화려한 수레가 내달릴 수 있고 제왕의 수레도 느긋하게 지날 수 있을 정도라는 것이다.
6) 攢策(찬책) : 채찍을 쥐다.
　 五尹(오윤) : 여러 관리. 기영의 길을 수레 타고 지나다니는 관리를 가리킨다.
7) 振轡(진비) : 고삐를 떨치다. 고삐를 다잡아 속력을 높이는 것을 말한다.
　 三閭(삼려) : 초나라 왕족의 세 성姓인 소昭, 굴屈, 경景을 말하는데 여기서는 명문대가들을 가리키는 것으로 보았다.
　 이상 두 구는 기영의 길을 지나다니는 여러 관리들과 명문대가들의 수레 행렬을 묘사하였다.
8) 馮(풍) : 기대놓다. '빙憑'으로 되어 있는 판본도 있으며 뜻은 같다.
　 軾(식) : 수레가 흔들릴 때 잡고 지탱할 수 있는 수레 장식인 수레 앞 가로막이 턱.
9) 專(전) : 차지하다.
　 이상 두 구는 기영의 길을 지나다니는 수레에 탄 사람들의 모습을 묘사한 것이다.

해설

　이 시는 내용으로 보아 일부만 남아 있는 것으로 생각된다. 제1~4구에서 시인은 초나라 수도인 기영의 길이 넓어 큰 수레도 수용할 정도임을 묘사하였다. 제5~6구에서는 기영의 길을 다니는 관리와 명문대가의 수레 행렬을 표현했다. 제7~8구는 칼을 빼어 수레 손잡이에 기대놓고, 패옥을 쩔렁이며 수레 뒷자리를 차지한 사람들의 모습을 묘사하였다. 이 여덟 구에는 기영의 널따란 길을 끊임없이 오고가는 수레 행렬과 수레를 탄 관리와 귀족들의 모습을 주로 묘사하였다. (정세진)

從軍行[1]
종군행

趙騎馳四牡,[2]	조나라 군대는 네 필의 말이 끄는 전차를 달리고
吳舟浮三翼,[3]	오나라 군대는 세 종류의 배를 띄웠지.
弓矛有恒用,	활과 창은 늘 사용할 데가 있고
殳鋋無蹔息.[4]	몽둥이와 작은 창은 잠시도 쉴 새가 없구나.

주석

1) 이 시는 ≪태평어람太平御覽≫ 353권에 수록되어 있다.
   從軍行(종군행) : ≪악부시집樂府詩集·상화가사相和歌辭≫의 〈평조곡平調曲〉에 실려 있다. 내용은 대체로 변방의 상황이나 전쟁에 나선 병사들의 생활을 묘사한 것이 많다.
2) 四牡(사모) : 수레를 끄는 네 필의 수말.
3) 三翼(삼익) : 고대의 전선戰船. 대, 중, 소의 구분이 있어 삼익이라 불린다. ≪문선文選≫ 이선李善 주에 의하면 ≪월절서越絶書·오자서수전병법내경伍子胥水戰兵法內經≫에 "대익 한 척은 길이가 10장, 중익 한 척은 길이가 9장 6척, 소익 한 척은 길이가 9장이다.(大翼一艘, 長十丈, 中翼一艘, 長九丈六尺, 小翼一艘, 長九丈)"라고 하였다.
4) 殳(수) : 몽둥이 종류로 고대의 병기다.
   鋋(연) : 자루가 철로 된 작은 창.
   蹔(잠) : 잠시, 잠깐. '잠暫'과 같다.

해설

　이 작품은 전쟁이 끝나지 않고 계속되는 상황을 노래한 시이다. 전반부 2구에서는 육지에서 전차를 달리는 조나라 군대와 수전을 치르는 오나라 군대의 모습을 묘사하였고, 후반부 2구에서는 여러 가지 무기가 늘 사용되고 있을 정도로 전쟁이 계속되고 있음을 이야기하였다. (김하늬)

燕歌行[1]
연가행

四時推遷迅不停,	계절의 변화는 빨라 멈추지 않나니
三秋蕭瑟葉辭莖,[2]	가을날 쓸쓸히 잎은 가지에서 떨어지네.
飛霜被野雁南征,	날리는 서리는 들을 덮고 기러기는 남으로 나는데
念君客遊羇思盈.[3]	나그네로 떠돌며 객수에 가득할 그대를 생각하네.
何爲淹留無歸聲,[4]	어이하여 오래 머무르며 돌아온다는 소리 없는지
愛而不見傷心情.	그리워도 볼 수 없으니 마음만 아프다네.
朝日潛輝華燈明,[5]	아침 해가 저물어 아름다운 등불 밝히니
林鵲同棲渚鴻幷.	숲의 까치는 함께 깃들이고 물가 기러기도 함께 있다네.
接翩偶羽依蓬瀛,[6]	날개 나란히 맞댄 채 선경에 깃들고
仇依旅類相和鳴.[7]	무리와 짝하여 의지한 채 화답하며 우는구나.
余獨何爲志無成,	어찌하여 나만 홀로 뜻을 이루지 못한 채
憂緣物感淚沾纓.[8]	인연을 슬퍼하고 사물에 감동하며 눈물로 언약의 띠를 적시고 있나?

주석

1) 이 시는 ≪악부시집樂府詩集≫ 권32에는 사령운謝靈運의 작품으로 되어 있다. ≪광문선廣文選≫ 권14, ≪고시기古詩紀≫ 권49에 실려 있으며, ≪예문류취藝文類聚≫ 권42에는 전반 6구만 인용되어 있다.

燕歌行(연가행) : 악부의 곡조명. ≪악부시집·상화가사相和歌辭≫의 〈평조곡平調曲〉에 실려 있으며, 주로 정벌 나간 남편을 그리는 내용이다. ≪악부해제樂府解題≫에 "진나라 음악에 위문제 조비曹丕의 〈가을바람秋風〉과 〈이별한 날別日〉 두 곡을 연주하였는데, 계절이 바뀌어도 행역 갔다 돌아오지 않으니 부인이 홀로 있음을 한스러워하며 하소연할 데가 없음을 말한 것이다.(晉樂奏魏文帝〈秋風〉·〈別日〉二曲, 言時序遷換, 行役不歸, 婦人怨曠, 無所訴也)"라 하였다. ≪악부광제樂府廣題≫에 "연燕은 땅 이름이다. 남편이 연 땅으로 행역을 나갔기에 이 곡을 지었음을 말한 것이다.(燕, 地名也. 言良人從役于燕, 而爲此曲)"라 하였다.

2) 三秋(삼추) : 삼 개월의 가을. 음력 7, 8, 9월을 가리킨다.
蕭瑟(소슬) : 잎이 시들어 떨어지는 모양.
辭莖(사경) : 가지에서 시들어 떨어지다. ≪악부시집≫, ≪광문선≫, ≪고시기≫에는 '해경解輕'으로 되어 있으며 이 경우 뜻은 '가볍게 떨어지다'이다.

3) 羇(기) : 나그네. ≪예문류취≫에는 '기羈'로 되어 있으며 뜻은 같다.

4) 淹留(엄류) : 오래도록 머물다.

5) 潛輝(잠휘) : 빛이 물속에 잠기다. 해가 저문 것을 가리킨다.

6) 接翮偶羽(접핵우우) : 날개를 나란히 하고 짝하다. 까치가 쌍쌍이 의지하고 있는 것을 가리킨다.
蓬瀛(봉영) : 봉래산蓬萊山과 영주산瀛洲山. 전설상 신선이 거처하는 곳.

7) 仇依(구의) : 짝하고 의지하다. 기러기가 무리지어 있는 것을 가리킨다.
旅類(여류) : 떠도는 무리. 여기서는 남으로 날아가는 기러기를 가리킨다.

8) 憂緣(우연) : 인연을 근심하다. 결혼을 약속한 사람과 헤어져 있는 상황을 말한다.
物感(물감) : 외물에 감동하다. 계절과 사물에 마음이 움직이다.
纓(영) : 채색 띠. 고대에 결혼을 허락받은 여인이 매었던 것으로, 이미 다른 사람에게 묶여 있음을 나타내었다.

해설

이 시는 결혼을 약속한 이와 헤어져 만나지 못하는 여인의 그리움을 노래한 것으로, 쓸쓸한 가을 경관의 묘사와 함께 쌍쌍이 무리지어 있는 사물들과의 대비를 통해 홀로 남은 자신의 외롭고 서글픈 심정을 나타내고 있다.

　제1~4구에서는 이별한 후 시간이 빨리 흘러 이미 가을을 되었음을 말하고, 서리가 날리며 기러기가 날아가는 스산한 가을 경관을 통해 홀로 남은 외로움과 떠나간 이에 대한 그리움을 나타내고 있다. 이어 제5~6구에서는 오랫동안 멀리 떠나 있으며 돌아올 소식조차 없는 이를 안타까워하며 그리움으로 인한 고통을 직접적으로 토로하고 있다. 제7~10구에서는 밤이 되어 쌍쌍이 무리 지어 함께 깃들이고 있는 새들을 묘사하며 홀로 있는 자신의 외로운 모습과 대비시키고, 마지막 제11~12구에서는 사랑하는 사람과 함께 있고 싶어도 뜻을 이루지 못하는 자신의 운명을 한탄하며 가을의 경관을 마주한 채 회한의 눈물을 흘리고 있다. (주기평)

猛虎行二首[1]
맹호행 09

제1수

貧不攻九嶷玉,[2]	가난해도 구의산의 옥을 캐지 않고
倦不憩三危峰.[3]	피곤해도 삼위산의 봉우리에서 쉬지 않으니,
九嶷有惑號,[4]	구의산은 그 이름이 의혹스럽고
三危無安容.[5]	삼위산은 편안한 모습이 없어서라네.
美物標貴用,[6]	아름다운 물건은 귀히 쓰이기를 표방하고
志士勵奇蹤.[7]	뜻있는 선비는 뛰어난 종적에 힘쓰는 법인데,
如何祇遠役,[8]	어찌하여 멀리 행역을 가는가?
王命宜肅恭.[9]	왕명에 엄숙하고 공경해야 해서라네.
伐鼓功未著,[10]	북이 울림에 공이 아직 드러나지 않았으니
振旅何時從.[11]	군대 정비하여 전투하는 일 어느 때에야 따를까?

주석

1) 猛虎行(맹호행) : ≪악부시집·상화가사相和歌辭≫의 〈평조곡平調曲〉에 실려 있다. 동일한 제목의 고악부는 대체로 어려움 속에서도 절조를 바꾸지 않겠다는 뜻을 말하였다.
2) 攻(공) : 공략하다. 여기서는 캐다는 뜻이다.
   九嶷(구의) : 지금의 호남성 영원현寧遠縣 남쪽에 있는 산. 창오산蒼梧山이라고도 한다. 아홉 봉우리의 모습이 모두 비슷하여 구의산九疑山이라고 한 데서 유래하였다.
3) 三危(삼위) : 지금의 감숙성 돈황현敦煌縣 남동쪽에 있는 산. 세 봉우리가 높이 솟아

있는데 마치 넘어질 듯하다고 해서 이렇게 불러졌다. 돈황석굴이 부근에 있다.
4) 惑號(혹호) : 의혹스러운 이름. 구의산에 의심하다는 뜻인 '의疑'가 들어간 것을 가리킨다.
5) 安容(안용) : 편안한 모습. 삼위산에 위험하다는 뜻인 '위危'가 들어간 것을 염두에 두고 말하였다.
6) 標(표) : 표방하다.
7) 勵(려) : 힘쓰다.
  奇蹤(기종) : 기이한 종적. 빼어난 업적을 말한다.
8) 祗(지) : 마침.
  遠役(원역) : 멀리 행역을 가다. 아래 내용으로 보아 변방으로 전쟁을 나가는 것이다.
9) 肅恭(숙공) : 엄숙하게 여기고 공경하다.
  이상 네 구는 자신과 같이 뜻 있는 선비는 귀히 쓰이며 뛰어난 업적을 세워야 하는데, 지금 위험한 변방으로 행역을 가는 것은 왕명에 의해 어쩔 수 없는 것이라는 뜻이다.
10) 伐鼓(벌고) : 북을 울리다. 출정하는 것을 가리킨다.
11) 振旅(진려) : 군대를 정비하다. 전투준비를 하는 것이다.
  이상 두 구는 지금 출정하게 되었는데 얼른 전투를 하여 공을 세우겠다는 뜻이다.

해설

이 시는 전쟁에 나아가 큰 공을 세우려는 뜻을 표현하였다. 제1~4구에서는 구의산과 삼위산은 이름이 좋지 않기 때문에 피한다고 하였다. 이는 공자가 목이 말라도 도둑이라는 글자가 들어간 도천盜泉의 물은 마시지 않은 것과 비슷한 이치로 아무리 가난하고 힘들어도 의심이 받거나 위험할 수 있는 일은 하지 않겠다는 뜻이다. 제5~8구에서는 이러한 태도를 가지고 있기에 자신과 같이 뜻 있는 선비는 귀하게 대우받으면서 빼어난 공적을 세워야 하는 법이지만 지금 위험한 변방으로 출정을 가는 것은 지엄한 왕명을 따른 것임을 말하였다. 하지만 그러한 환경 속에서도 시급히 공적을 세우기를 바라는 마음이 마지막 두 구에 드러나 있다.

제2수

猛虎潛深山,1	사나운 호랑이 깊은 산에 숨어서
長嘯自生風.2	길게 울부짖으니 절로 바람이 이네.
人謂客行樂,3	사람들은 나그네길이 즐겁다고 말하는데
客行苦心傷.	나그네길 진실로 마음 아프다네.

주석

1) 潛(잠) : 숨다.
2) 長嘯(장소) : 길게 울부짖다.
3) 客行(객행) : 나그네길.

해설

이 시는 나그네길이 힘들다는 것을 표현하였는데, 시의 일부만 전해진 것으로 보인다. (임도현)

鞠歌行[1]
국가행 10

翔馳騎,[2]	나는 듯 달리는 말
千里姿,	천 리를 달리는 바탕을 지녀도
伯樂不擧誰能知.[3]	백락이 천거하지 않으면 누가 알 수 있으랴.
南荊璧,[4]	초나라의 둥근 옥
萬金貲,[5]	만금의 값어치 있건만
卞和不斲與石離.[6]	변화가 다듬지 않으면 돌과 무엇이 다르랴.
年難留,	세월은 머물기 어렵고
時易隕,[7]	시간은 쉬이 가는데
厲志莫賞徒勞疲.[8]	뜻을 북돋아보지만 알아주는 이 없고 부질없이 피곤할 뿐.
沮齊音,[9]	제나라 음악 그치고
溺趙吹,[10]	조나라 음악도 숨겼으나
匠石善運郢不危.[11]	장석은 손을 잘 놀려 영 땅 사람이 위험해 하지 않았네.
古綿眇,[12]	옛 시간은 아득하고
理參差,[13]	이치는 어긋났으니
單心慷慨雙淚垂.[14]	충성스런 마음 슬퍼 한탄하며 두 눈물만 떨구네.

주석

1) 鞠歌行(국가행) : ≪악부시집·상화가사相和歌辭≫의 〈평조곡平調曲〉에 실려 있다. 고악부의 〈국가鞠歌〉는 축국蹴鞠할 때 부르던 노래였다. 육기陸機의 〈국가행·조운朝雲〉에는

자신이 등용되기를 바라는 마음이 담겨 있고, 앞서 사령운의 15. 〈국가행鞠歌行〉과 사혜련의 이 시에는 지기知己가 없어진 후의 상실감이 담겨 있다.

2) 翔馳(상치) : 나는 듯 달리다.
3) 伯樂(백락) : 전국시대 사람으로 말 감정가. 천리마의 진가를 알아보는 혜안을 가졌다.
4) 南荊(남형) : 초나라 남쪽 지역.
   璧(벽) : 둥근 옥.
5) 貲(자) : 물건의 값.
6) 卞和(변화) : 춘추시대 초楚나라 사람으로, 초楚 여왕厲王과 무왕武王에게 형산荊山에서 캔 박옥璞玉을 바쳤다가 두 발을 잘렸다. 후에 문왕文王에게 인정받아 다듬어 보옥을 낳게 하였으니 이를 '화씨지벽和氏之璧'이라 한다.
   斲(착) : 깎다, 새기다.
7) 隕(운) : 떨어지다, 잃다.
8) 厲志(여지) : 의지를 북돋다, 단련하다.
   莫賞(막상) : 감상할 이 없다, 알아주는 이가 없다.
9) 沮(저) : 막다, 그치다.
   齊音(제음) : 제나라 음악.
10) 趙吹(조취) : 조나라 음악. 제음과 함께 고상하며 굽히지 않은 뜻을 이른다.
    이 두 구의 의미는 알 수 없다. ≪악부시감상사전樂府詩鑑賞辭典≫에서는 '제음'과 '조취'를 고상하며 굽히지 않은 뜻이라 풀면서 이 두 구를 공업에 대한 의지와 뜻을 접고 은거를 하고자 하는 뜻을 함축하고 있다고 했는데, 근거가 희박하다. 또한 '제음'에 대해 ≪예기禮記·악기樂記≫에 "제나라 음악은 오만하고 편벽되어 뜻을 교만하게 한다.(齊音驁辟驕志)"라는 기록이 있기는 하나, 뒤의 장석의 고사와 잘 연결이 되지 않는다. 따라서 일단 여기서는 해설을 비워두고 제현의 의견을 기다리겠다.
11) 匠石(장석) : 장인匠人 석씨石氏. 이름이 석石이라고도 하며 자가 백伯이다. 초楚의 유명한 목수이자 조각가. ≪장자莊子·서무귀徐無鬼≫에 "영 땅 사람이 백토를 코끝에 파리 날개같이 얇게 바르고 장석에게 깎아내게 하였다. 장석이 도끼를 놀리니 바람소리가 나고 맡기어 깎게 하니 백토를 다 깎아냈는데 코가 상하지 않았으며, 영 땅 사람도

선 채로 얼굴빛을 잃지 않았다. 송나라 원군이 이를 듣고 장석을 불러 말하기를 '시험 삼아 내게도 이것을 해 보라.'라 하니, 장석은 '저는 일찍이 그렇게 할 수 있었습니다. 그러나 제 그 기술의 바탕이 되는 사람이 죽은 지 오래되었습니다.'라 하였다. (郢人堊漫其鼻端, 若蠅翼, 使匠石斲之. 匠石運斤成風, 聽而斲之, 盡堊而鼻不傷, 郢人立不失容. 宋元君聞之, 召石匠曰, '嘗試爲寡人爲之.' 匠石曰, '臣則嘗能斲之, 雖然, 臣之質死久矣.")라 하였다.

이 구절은 장석의 재주를 믿고 인정하였던 영 땅 사람을 들어 지기知己가 없음을 한탄한 것이다.

12) 綿眇(면묘) : 유장(悠長)한 모양.
13) 參差(참치) : 고르지 못한 모양. 여기서는 어긋나다, 불공평하다는 뜻으로 쓰였다.
14) 單心(단심) : 홀로 바치는 충성스런 마음.
    慷慨(강개) : 슬퍼하고 한탄함.

해설

이 시는 재주가 있으나 불우함에 대한 원망과 불공평한 세상에 대한 불만을 담고 있다.

제1~6구에서는 백락의 천리마 고사와 화씨지벽 고사를 사용하여 재주를 알아보고 발탁해내는 이의 중요함을 말하였다. 자신은 그러한 지기를 만나지 못했음을 은근히 드러내고 있다. 제7~9구에서는 장석이 재능을 펼칠 수 있었던 것은 그의 재능을 믿어준 영 땅 사람이 있었기 때문이라 하면서 시인 자신이 그와 같은 이를 만나지 못했음을 넌지시 드러내었다. 제10~12구에서는 예부터 자기와 같이 불공평한 경우가 많았기 때문에 충성스런 마음을 지녔어도 원망하고 슬퍼할 수밖에 없다고 하였다. (이지운)

前緩聲歌[1]
전완성가

羲和纖阿去嵯峨,[2]	희화와 섬아는 높은 산으로 지고
覩物知命.	만물을 보니 그 짧은 운명을 알겠네.
使余轉欲悲歌,[3]	나를 슬픈 노래 부르도록 만드니
憂戚人心胸.[4]	근심스럽구나 사람의 마음은.
處山勿居峯	산에 머무르면 봉우리에 살지 말고
在行勿爲公.[5]	사람들 무리에 있으면 공경의 지위를 맡지 마시게.
居峯大阻銳,[6]	봉우리에 살면 험하고 가파르기가 심하고
爲公遇讒蔽.[7]	공경이 되면 중상과 기만을 당할 것이네.
雅琴自疏越,[8]	전아한 거문고 소리가 절로 느리고 완만하나
雅韻能揚揚.[9]	아정한 음률이 기세 있게 빠를 수 있다네.
滑滑相混同,[10]	탁하게 서로를 뒤섞어 하나로 만들면
終始福祿豐.[11]	언제나 복운과 녹봉이 풍요로울 것이네.

주석

1) ≪악부시집·잡곡가사雜曲歌辭≫에 〈전완성가前緩聲歌〉가 있다. 작가가 알려진 가장 오래된 〈전완성가〉는 서진西晉 육기陸機의 작품인데 그 내용은 신선이 화려한 신선세계에서 노니는 것을 환상적으로 상상하며 노래한 유선시遊仙詩였다. 그래서 예전에는 '완성가'를 '사람의 목숨을 늘리고 싶은 노래'라고 해석하기도 하였으나 곽무천郭茂倩이 ≪악부시집≫에서 '곡조가 느린 노래'라 추측하며 〈전완성가〉의 고사古辭를 먼저 기록한

이후로는 대부분 곽무천의 의견을 따른다. 〈전완성가〉의 옛 가사의 내용은 의기와 능력은 있으나 다른 도움이 없어서 뜻을 이루지 못하는 것을 탄식하는 것인데 뒤쪽에 황제에게 무언가 바라는 내용이 나오려다가 시가 끊겼다.

사혜련의 〈전완성가〉는 ≪악부시집≫ 65권과 ≪가정본고시기嘉靖本古詩紀≫ 49권에 실려 있다. 곽무천이 해제에서는 사혜련에게 〈후완성가後緩聲歌〉가 있다고 했다가 본문에서는 제목을 〈전완성가〉와 같다고 하는 바람에 사혜련의 〈전완성가〉를 〈후완성가〉라고 부르는 사람도 있다.

2) 羲和(희화) : 중국 고대 전설에서 해를 모는 신.

    纖阿(섬아) : 중국 고대 전설에서 달을 모는 여신.

    嵯峨(차아) : 높이 솟은 산.

3) 轉(전) : 바뀌다. 변화하다.

4) 憂戚(우척) : 근심

    人心胸(인심흉) : 사람의 마음. 명明 장부張溥가 편찬한 ≪한위육조백삼명가집漢魏六朝百三名家集≫에는 '입심흉入心胸'으로 되어있으며 이 경우 뜻은 '근심이 마음으로 들어왔다'이다.

5) 在行(재항) : 여러 사람의 무리에 끼여 있다.

    公(공) : 지위가 높은 관직.

6) 阻銳(조예) : 험하고 급박하다.

7) 讒蔽(참폐) : 중상과 기만.

8) 雅琴(아금) : 금琴의 한 종류. 시를 노래할 때 반주로도 쓰였다. ≪악부시집≫에는 '야금邪琴'으로 되어있으나 ≪한위육조백삼가명집≫과 ≪고시기≫에 '아금雅琴'으로 되어있다. 글자 모양과 음이 비슷하기 때문에 혼동된 듯하다.

    疏越(소월) : 소리가 느리고 완만하다. 본래는 거문고의 바닥에 만든 구멍을 가리켰다.

9) 雅韻(아운) : 전아한 음률.

    揚揚(양양) : 표일飄逸한 모습. 기세 있고 빠른 모습.

10) 滑滑(골골) : 물이 콸콸 흐르는 모양. 혼탁한 모양.

    混同(혼동) : 합일시키다. 통일시키다. 뒤섞어서 하나로 만들다.

11) 福祿(복록) : 복운과 녹봉.
　　豐(풍) : 풍성하다. 넘치다.

> **해설**

　　악부시 〈전완성가〉는 보통 유선시의 성격을 띠며 신선세계를 그리는 내용이 주를 이뤘다. 사혜련의 〈전완성가〉는 다른 〈전완성가〉와 반대적인 시각에서 시를 썼다. 그는 신선이 될 수 없는 인간의 짧은 운명을 슬퍼하는 것에서 시작하여 벼슬자리에 오른 사람의 곤란함에 대한 내용으로 뒤를 이었다. 이 시는 기존의 〈전완성가〉에서 착안하여 사혜련 자신의 신세에 대한 한탄으로 시를 마쳤다.

　　제1~4구는 해와 달이 모두 높은 산으로 진 어둠 속에서 만물은 찰라의 운명을 가졌음을 깨닫고 이 때문에 생긴 근심으로 슬픈 노래를 부른다는 것이다. 제5~8구는 거주할 때나 벼슬할 때는 높은 위치는 피하라는 내용이다. 아마도 사혜련은 고결하고 높은 이상을 가지고자 했는데 세상에 의해 핍박받았다고 생각한 것 같다. 높은 이상과 고결한 행동으로는 남의 시기와 질투만 받을 뿐이다. 제9~12구는 자신이 부르는 슬픈 노래에 맞추던 아정한 음악의 거문고도 소리를 느리거나 빠르게 바꿀 수 있듯이 세상에서도 홀로 부각되지 않고 비슷하게 섞여 살면 남의 시기나 질투도 받지 않고 잘 살 수 있을 것이라는 내용이다. (서용준)

順東西門行[1]
순동서문행 12

哀朝菌.[2]	아침 버섯을 슬퍼하고
閔頹力.	쇠락하는 힘을 마음 아파하지만
遷化常然焉肯息.[3]	변화는 항상 이러해서 어찌 그치려 하겠는가.
及壯齒.[4]	장년에 이르러
遇世直.	곧은 세상 만났으니
酌酪華堂集親識.[5]	화려한 당에서 술 마시고 취하고자 친한 친구 모아서
舒情盡歡遣悽惻.[6]	정을 펴고 즐거움 다하면서 슬픔을 달래노라.

주석

1) 順東西門行(순동서문행) : 《악부시집·상화가사相和歌辭》의 〈슬조곡瑟調曲〉에 진晉 육기陸機와 사령운謝靈運의 〈순동서문행順東西門行〉이 있다. 육기의 작품은 서문을 나서서 하늘을 바라보며 인생의 짧음을 탄식한 후 술자리를 열어 친구들과 한껏 즐기는 것을 읊었고, 사령운의 작품 또한 서문을 나서서 하늘을 바라보며 인생의 짧음을 탄식한 후 운도 다하고 나이도 다했으니 친구들과 함께 즐겨야 함을 노래하였다. 육기가 인생 철리에 대한 객관적인 시각을 보여준다면, 사령운은 자신의 경험과 감정을 바탕으로 한 주관적인 인식을 노래하여 비애의식이 좀 더 강하다.
2) 朝菌(조균) : 아침 버섯. 아침에 나서 저녁에 시드는 버섯. 짧은 생명력을 비유한다.
3) 常然(상연) : 항상 이와 같다. 자연의 본성.
4) 壯齒(장치) : 장년.

5) 酌酩(작명) : 술을 마시고 취하다.
　　親識(친식) : 친한 친구.
6) 悽惻(처측) : 처량하고 슬픔.

> [!NOTE] 해설

　이 시는 아침 버섯이 시들거나 사람의 힘이 다하는 모습을 보고 '만물은 쇠락하기 마련'이라는 성쇠의식을 자각한 후, 친한 친구들과 술이나 마시면서 즐김으로써 인생의 비애를 극복하려는 심정을 노래하였다. 만물의 쇠락함을 순순히 받아들여서인지 '급시행락及時行樂'에 대한 욕구도 상대적으로 강하지 않다. 이로 인해 작품 속의 비애가 육기의 〈순동서문행〉보다는 슬프게 다가오지만 사령운의 〈순동서문행〉보다는 심후하지 않다. (김수희)

三月三日曲水集詩[1]
3월 3일 ≪곡수집≫ 13

四時著平分,[2]	사계절 잘 나누어져
三春稟融爍,[3]	모춘에는 화락함과 빛남을 내려주시네.
遲遲和景婉,[4]	길어지는 온화한 해는 고와서
夭夭園桃灼,[5]	아리따운 정원의 복사꽃이 무성해졌네.
攜朋適郊野,[6]	벗 이끌고 교외로 가려고
昧爽辭鄽廓,[7]	여명에 도시를 떠났네.
蜚雲興翠嶺,[8]	떠다니는 구름은 푸른 산 고개에서 피어나고
芳飆起華薄,[9]	향기로운 바람은 꽃무더기에서 일어나네.
解轡偃崇丘,[10]	고삐 놓고 높은 구릉에 누웠다가
藉草繞廻壑,[11]	풀 깔고 굽이치는 물굽이에 둘러앉았네.
際渚羅時蔌,[12]	물가에는 제철 맞은 나물 늘어서 있는데
託波泛輕爵,[13]	물결에 부탁해 가벼운 잔 띄우네.

주석

1) 三月三日(삼월삼일) : 삼월 삼짇날. 상사일上巳日이라고도 한다. 이날에는 물가에서 더러움을 씻어내고 신에게 제를 지내는 계제사禊祭祀를 열었으며, 후에는 물가에서 음주연을 열고 교외에서 봄놀이를 하게 되었다.

曲水集(곡수집) : 유상곡수연流觴曲水宴을 열며 지은 시의 모음집. 유상곡수는 굽이치는 물길에 술잔을 띄우고 시를 지으며 노는 것을 말하는 것으로, 동진東晉의 왕희지王羲之

가 난정蘭亭에 명사를 불러 모아 곡수연을 열었던 것이 대표적이다. 왕희지가 이때 지은 시를 모아 ≪난정집蘭亭集≫을 만들었던 것이 선례가 되어 사혜련도 이날 함께 있었던 사람들의 시를 모았던 것으로 보이고 위의 시도 이 모음집 중 한 수라 여겨진다. 이 시의 제목이 〈상사곡수집上巳曲水集〉이라고 되어 있는 판본도 있으며 이 경우에도 역시 상사일에 지은 시를 모은 모음집 중의 시임을 암시한다.

2) 著(저) : 확연히, 잘.
   平分(평분) : 균등하게 나누다. ≪초사楚辞·구변九辯≫에 "하늘신이 사시를 균등하게 나누네.(皇天平分四时兮)"라 하였다. '평平'이 '반半'으로 되어 있는 판본도 있으며 뜻은 같다.

3) 三春(삼춘) : 석 달 간 지속되는 봄 중에서 음력 3월인 모춘暮春을 가리키는 말이다.
   稟(품) : 내려주다.
   融爍(융삭) : 화락하고 빛나다.

4) 遲遲(지지) : 느린 모양. 여기서는 봄이 되어 해가 길어지는 것으로 보았다.
   和景(화경) : 온화한 해.
   婉(완) : 곱다.

5) 夭夭(요요) : 아름답고 무성한 모양.
   園桃(원도) : 정원의 복숭아. 여기서는 상사일에 한창 핀 복사꽃을 의미한다.
   灼(작) : 밝거나 성대한 모양.

6) 攜(휴) : 이끌다.
   適(적) : 가다. '사斯'로 되어 있는 판본도 있으며 이 경우 뜻은 '~하면 즉'이다.

7) 昧爽(매상) : 여명. '상爽'이 '단旦'으로 되어 있는 판본도 있으며 뜻은 같다.
   辭(사) : 떠나다.
   廛廓(전곽) : 가게와 외성. '곽廓'이 '곽郭'으로 되어 있는 판본도 있으며 뜻은 같다. 여기서는 사람이 많이 살거나 번잡한 도시를 가리킨다.
   이상 두 구는 상사절 나들이를 위해 벗들과 함께 새벽에 도시를 떠났다는 뜻이다.

8) 蜚雲(비운) : 떠다니는 구름. '비蜚'가 '비斐'로 되어 있는 판본도 있으며 이 경우 뜻은 '아름답다'이다.

9) 芳飆(방표) : 향기로운 바람.
   華薄(화박) : 화초가 무더기로 모여 피어 있는 곳.
10) 偃(언) : 눕다.
11) 廻壑(회학) : 구불구불 굽이치는 산의 도랑이나 계곡. 여기서는 사혜련과 벗들이 곡수유상하는 구불구불한 물길을 가리킨다.
12) 蔌(속) : 나물. '속籔'으로 되어 있는 판본도 있으며 이 경우 뜻은 '대나무로 만든 체'이다.
13) 輕爵(경작) : 가벼운 잔.

해설

이 시는 ≪예문류취≫ 4권 등에 실려 전하며, 상사일의 온화한 봄 날씨 속에서 청신한 경치를 즐기며 벗들과 함께 곡수유상으로 흥취를 즐기는 시인의 모습을 그린 시이다.

제1~4구에서 시인은 조물주가 사계절을 균등하게 안배한 결과, 삼월 삼짇날이 되자 해가 길어지고 온기가 넘쳐 복사꽃이 무성해졌다고 말하였다. 제5~6구에서는 시인이 이 좋은 시절을 만나 벗들과 함께 교외로 나가게 되었음을 표현하였다. 제7~10구에서는 교외의 아름다운 정경 속에서 시인과 벗들이 곡수유상을 시작했음을 말했다. 제11~12구에서는 시인과 벗들이 봄날 물가에서 잔을 띄우고 노는 장면을 그렸다. (정세진)

泛南湖至石帆詩[1]
남쪽 호수에 배를 띄워 석범산에 이르다

14

軌息陸塗初,[2]	육로에서 수레가 막 멈춰서고
枻鼓川路始,[3]	강 길에서 노를 젓기 시작했네.
漣漪繁波漾,[4]	살랑살랑 가득한 물결이 출렁이는데
參差層峰峙,[5]	들쭉날쭉 층층의 봉우리 우뚝 솟아있네.
蕭疏野趣生,[6]	청려한 자연의 정취 생겨나고
逶迤白雲起,[7]	구불구불 흰 구름 일어나네.
登陟苦跋涉,[8]	올라가는 길 험난하여 괴롭지만
瞵盼樂心耳,[9]	돌아보니 마음과 귀는 즐겁네.
即翫翫有竭,[10]	감상하는 것은 끝이 있지만
在興興無已.	흥은 다함이 없구나.

주석

1) 南湖(남호) : 감호鑒湖, 즉 경호鏡湖를 말한다. 지금의 절강성 소흥시紹興市 남서쪽에 있다. 전설상 황제黃帝가 이곳에서 거울을 주조하였다 하여 '경호'라고 부른다. 한漢 영화永和 5년(140)에 회계태수 마진馬臻이 제방을 쌓고 물을 저장하였는데 회계에서는 이를 동호東湖로, 산음현에서는 남호南湖라 불렀다고 한다.
石帆(석범) : 석범산. ≪태평환우기太平寰宇記≫에 인용된 ≪영가기永嘉記≫에 의하면 영가 남쪽 언덕에 석범이 있는데, 요임금 때 신인神人이 돌을 깨어 돛을 만들었다고 한다.

남호와 석범의 위치에 대해서는 여러 가지 설이 있으며, 사혜련은 일찍이 영가에 가본 적이 없기 때문에 이 작품을 사혜련이 아닌 사령운의 작품으로 보는 설도 있다.
2) 軌(궤) : 수레바퀴 자국. 즉 '수레'를 말한다.
3) 枻(예) : 노.
   鼓(고) : 두드리다. 여기서는 노 젓는 것을 말한다.
   이 구는 남호에 이르러 배를 띄운 상황을 말한다.
4) 漣漪(연의) : 잔물결.
   漾(양) : 출렁거리다.
5) 參差(참치) : 들쭉날쭉한 모양.
   峙(치) : 우뚝 서있다. '치跱'로 되어 있는 판본도 있으며 뜻은 같다.
6) 蕭疏(소소) : 청려하다.
   野趣(야취) : 산과 들의 정취. 자연의 아름다움에서 느끼는 정취를 말한다.
7) 逶迤(위이) : 구불구불 멀리 이어진 모양.
8) 登陟(등척) : 오르다.
   跋涉(발섭) : 산을 넘고 물을 건너다. 여정이 험난한 것을 말한다.
9) 瞱盼(비혜) : 곁눈질해 보다. 돌아보다. '비瞱'는 '비睥'와 같다.
   心耳(심이) : 마음과 귀. 생각하고 느끼는 기관을 두루 가리킨다.
10) 翫翫(완완) : 감상하는 시간이 오랜 것을 말한다. '완翫'은 '감상하다', '즐기다'의 의미이다.

해설

이 작품은 남호에서 석범산에 이르기까지의 풍경을 묘사하고 아름다운 풍경을 감상하여 즐거워진 마음을 표현한 시이다.

제1~4구는 석범산에 이르기까지의 과정으로, 제1~2구에서는 육로를 거쳐 호수에 이르러 배로 이동하는 여정이 시작되었음을 말하였고, 제3~4구에서는 남호 위에서 바라본 석범산의 풍경을 묘사하였다. 제5~10구는 석범산을 오르며 느낀 감회를 표현한 것이다. 제5~6구는 산에서 바라본 풍경으로, 자연 속에서 자유로워진 작자와 한가롭게 떠다니는 구름의 모습을 조화시켰다. 제7~10구는 석범산의 풍경을 감상하고 느낀 감정을 이야기한 것이다. 이동하는 과정은 험난하지만 그 과정에서 아름다운 풍경을 감상하게 되니 흥취가 일어난다. 작자는 산수를 즐기는 흥취가 쉽게 사그라지지 않음을 이야기하며 작품을 마무리하였다. (김하늬)

西陵遇風獻康樂[1]
서릉에서 바람을 만나 사령운께 드리다 15

我行指孟春,[2]	나의 행차를 1월로 기약했건만
春仲尚未發.	2월이 되도록 여전히 출발하지 못하였네.
趣途遠有期,[3]	가는 길 멀어도 다다를 기약은 있건만
念離情無歇.	헤어짐을 생각하니 아쉬운 정은 다함이 없네.
成裝候良辰,	행장 꾸리고 좋은 때 기다리며
漾舟陶嘉月.[4]	배 띄우고 아름다운 달에 흠뻑 빠지네.
瞻塗意少悰,[5]	길 바라보니 생각에 즐거움이 적고
還顧情多闕.[6]	돌아보니 정에 아쉬움만 많다네.
哲兄感仳別,[7]	총명하신 형님께선 이별을 슬퍼하시어
相送越坰林.[8]	전송하며 머나먼 숲을 넘어오셨네.
飲餞野亭館,[9]	야외 주막에서 전별연을 열고
分袂澄湖陰.[10]	맑은 호수 남쪽에서 이별하였네.
悽悽留子言,[11]	남아 있는 이의 말은 슬프고
眷眷浮客心.[12]	떠나는 객의 마음은 아쉽기만 하네.
廻塘隱艫栧,[13]	제방 돌아 배의 모습 사라지니
遠望絶形音.	멀리 바라보이다 모습과 소리가 끊어졌다네.
靡靡即長路,[14]	느릿느릿 먼 길을 가며

戚戚抱遙悲.15	서글피 긴 슬픔에 잠기네.
悲遙但自弭,16	기나긴 슬픔이야 스스로 풀지만
路長當語誰.17	먼 여행길 누구와 말할거나?
行行道轉遠,	갈수록 길은 점점 멀어지고
去去情彌遲.18	멀어질수록 정은 더욱 미련이 남네.
昨發浦陽汭,19	어제 포양강 물굽이를 출발하여
今宿浙江湄.20	오늘 전당강 물가에서 묵네.

屯雲蔽曾嶺,21	모인 구름은 층층 고개를 덮고
驚風湧飛流.22	세찬 바람은 급한 물살을 솟구치게 하네.
零雨潤墳澤,23	흩날리는 비는 둑가 연못을 적시고
落雪灑林丘.24	내리는 눈은 수풀 언덕에 흩뿌리네.
浮氛晦崖巘,25	피어오른 안개에 깎아지른 봉우리는 어둑하고
積素惑原疇.26	쌓인 눈에 밭두둑은 희미하네.
曲汜薄停旅,27	굽이진 강가에서 잠시 여정을 멈추나니
通川絶行舟.	온 강에 지나가는 배 끊기었네.

臨津不得濟,	나루에 임해 건너지도 못하고
佇楫阻風波.28	배를 멈춘 채 풍파에 막혀 있네.
蕭條洲渚際,29	쓸쓸한 모래섬 가에
氣色少諧和.	날씨는 화창함이 적네.
西瞻興游歎,30	서쪽 바라보니 여정의 탄식만 나오고
東睇起悽歌.31	동쪽 바라보니 슬픈 노래 생겨나네.
積憤成疢痾,32	울분이 쌓여 마음 속 병이 되었건만
無萱將如何.33	원추리도 없으니 어이할거나?

> 주석

1) 이 시는 ≪문선文選≫ 권25와 ≪고시기古詩紀≫ 권49, ≪예문류취藝文類聚≫ 권29 등에 수록되어 있는데, ≪예문류취≫에는 제목이 〈서릉에서 사령운에게 바침西陵獻康樂〉으로 되어 제2장만 인용되어 있고 ≪문선≫에서는 장 구분이 되어 있지 않다.
   康樂(강락) : 사령운謝靈運.

2) 指(지) : 지향하다, 계획하다.
   孟春(맹춘) : 음력 1월. 음력 2월을 중춘仲春, 음력 3월을 계춘季春 또는 만춘晩春이라 한다.

3) 趣途(취도) : 목적지로 향해 가는 길.

4) 漾舟(양주) : 배를 띄우다.
   陶(도) : 흠뻑 취하다. 도취되다.

5) 悰(종) : 기쁨, 즐거움.

6) 闕(궐) : 빠뜨리다, 누락되다. 여기서는 감정상의 아쉬움을 말한다.

7) 仳別(비별) : 이별.

8) 坰林(경림) : 먼 외곽의 숲. ≪이아爾雅·석지釋地≫에 "읍외를 '교郊', 교외를 '목牧', 목외를 '야野', 야외를 '림林', 임외를 '경坰'이라 한다.(邑外謂之郊, 郊外謂之牧, 牧外謂之野, 野外謂之林, 林外謂之坰)"라 하였다.

9) 野亭館(야정관) : 야외의 정자나 객사. 객을 전송할 때 전별연을 베풀거나 여행 중 휴식을 취하는 곳.

10) 分袂(분메) : 이별하다.

11) 悽悽(처처) : 서글픈 모양.

12) 眷眷(권권) : 아쉬움에 미련이 있는 모양.

13) 塘(당) : 둑, 제방.
    艫枻(노예) : 배와 노. 배를 가리킨다. ≪예문류취≫에는 '노예艫栧'로 되어 있다.

14) 靡靡(미미) : 느린 모양.

15) 戚戚(척척) : 슬퍼 근심하는 모양.

16) 弭(미) : 그치다, 멈추다.

17) 語(어) : 말하다. ≪삼사시三謝詩≫에는 '문問'으로 되어 있다.
18) 遲(지) : 미련이 남다.
19) 浦陽(포양) : 포양강. 전당강錢唐江의 지류로서, 절강성 포양현浦陽縣에서 발원하여 소산현蕭山縣에서 전당강에 합류한다.
    汭(예) : 물굽이.
20) 浙江(절강) : 전당강錢唐江.
    湄(미) : 물가.
21) 屯雲(둔운) : 한 곳에 뭉쳐 있는 구름.
    曾(층) : 층층, 겹겹. '층層'과 같다.
22) 驚風(경풍) : 갑자기 불어오는 세찬 바람.
    飛流(비류) : 날듯이 빨리 흘러가는 강물.
23) 零雨(영우) : 이슬비, 가랑비.
    墳澤(분택) : 제방 가의 못이나 습지.
24) 落雪(낙설) : 바람에 흩날려 떨어지는 눈.
25) 崖巘(애헌) : 가파른 산봉우리.
26) 惑(혹) : 희미하다. 구분이 되지 않다. ≪삼사시三謝詩≫에는 '혹或'으로 되어 있다.
    原疇(원주) : 들판의 밭두둑.
27) 薄(박) : 잠시.
    停旅(정려) : 여정을 멈추다.
28) 佇楫(저즙) : 노를 멈추다. 배를 멈추는 것을 의미한다.
29) 蕭條(소조) : 고요하고 쓸쓸한 모양.
30) 瞻(첨) : 바라보다. ≪삼사시三謝詩≫에는 '촉矚'으로 되어 있다.
31) 睇(제) : 흘깃 보다.
    悽(처) : 슬프다, 처량하다. ≪삼사시三謝詩≫에는 '처凄'로 되어 있다.
32) 疢痗(진매) : 근심과 상심의 병.
33) 萱(훤) : 원추리. 근심을 잊게 하는 효험이 있어 '망우초忘憂草'라고도 한다.
    如何(여하) : 어찌할 것인가? ≪삼사시三謝詩≫와 ≪고시기古詩紀≫에는 '하여何如'로 되어 있다.

해설

 이 시는 원가元嘉 7년(430) 봄 사혜련이 시녕을 떠나 도성 건강建康으로 향하면서 절강(浙江, 지금의 전당강錢塘江) 서릉에 이르러 풍랑을 만나 배를 띄우지 못하게 되었을 때 사령운에게 써서 부친 것이다. 사령운은 이 시에 〈종제 사혜련에게 화답하여酬從弟惠連〉로 화답하였다.

 제1장에서는 시녕을 떠나 건강으로 가게 된 상황이 나타나 있는데, 이별의 아쉬움으로 인해 애초 계획보다 오랫동안 지체하게 되었음을 말하고 있다. 제2장에서는 사령운이 멀리까지 따라 나와 전송해 주었음을 말하고 멀리 모습이 보이지 않도록 서로를 바라보는 상황으로 둘 사이의 각별한 애정과 아쉬움을 나타내고 있다. 제3장에서는 헤어진 후 홀로 전당강까지 가는 여정을 묘사하고 있는데, 느릿느릿 떠나는 더딘 여정과 먼 길 가득 이어지는 긴 슬픔을 통해 차마 떠나지 못하는 시인의 미련과 아쉬움을 나타내고 있다. 제4장에서는 서릉에 풍랑이 이는 상황과 주변의 경관을 묘사하고 있는데, 바람에 솟구치는 물살과 언덕에 휘날리는 눈발들이 어지럽고 심란한 시인의 심경을 대변하는 듯하다. 제5장에서는 풍랑으로 인해 배를 띄울 수 없게 된 상황을 말하며 쓸쓸한 모래섬과 궂은 날씨로 자신의 심경을 비유하고 가슴속 치유할 수 없는 울분으로 다시금 이별의 현실을 안타까워하고 있다. (주기평)

16 代古詩[1]
고시를 본뜨다

客從遠方來,	나그네가 먼 곳에서 와서는
贈我鵠文綾.[2]	내게 고니 무늬 비단을 주는데,
貯以相思篋,[3]	그리움이라는 상자에 넣어져
緘以同心繩.[4]	한마음이라는 끈으로 봉해져있었네.
裁爲親身服,[5]	재단하여 몸에 맞는 옷을 만들어
著以俱寢興.[6]	잘 때나 일어날 때나 항상 입으니,
別來經年歲,[7]	헤어지고 세월이 흘렀지만
歡心不可凌.[8]	즐거운 마음 이길 수가 없네.
瀉酒置井中,	술을 우물 안에 쏟아 부으면
誰能辨斗升.[9]	누가 그 되나 말의 적은 양을 분간할 수 있으며,
合如杯中水,	잔 속의 물처럼 합쳐 놓으면
誰能判淄澠.[10]	누가 치강과 승강의 물맛을 판별할 수 있으리.

주석

1) 代古(대고) : 고시를 본뜨다. 이 시는 〈고시십구수古詩十九首〉 중 〈나그네가 먼 곳에서 오다客從遠方來〉의 내용과 유사한데, 이를 본 뜬 것으로 보인다. 이 시는 ≪옥대신영玉臺新詠≫ 권3에 실려 있다.

2) 鵠文綾(혹문릉) : 고니 무늬가 있는 좋은 비단.

3) 貯(저) : 담다.

相思篋(상사협) : 그리움이라는 상자. 임을 그리워하는 마음이 담긴 상자를 말한다.
4) 緘(함) : 봉하다.
同心繩(동심승) : 한마음이라는 끈. 임과 같은 마음이라는 뜻이 담긴 끈을 말한다.
5) 親身服(친신복) : 몸에 맞는 옷. 몸과 닿아서 늘 가까이 할 수 있는 옷.
6) 著(착) : 입다.
寢興(침흥) : 잘 때와 일어날 때. 항상.
7) 經年歲(경년세) : 세월이 흐르다.
8) 歡心(환심) : 즐거운 마음.
凌(릉) : 견디다. 이기다.
9) 斗升(두승) : 아주 적은 양. 우물에 부은 술을 가리킨다.
10) 淄澠(치승) : 지금의 산동성에 있는 치수와 승수. 두 물의 맛이 다른데, 이를 합치면 분별하기 어렵다고 한다.
이상 네 구는 서로 성질이 다른 물질이라도 한데 섞이면 분간할 수 없을 정도로 같아진다는 뜻으로, 자신과 임이 비록 다른 사람이지만 같이 어울리면 하나가 될 수 있다는 뜻이다. 〈고시십구수古詩十九首〉 중 〈나그네가 먼 곳에서 오다客從遠方來〉에서 "아교를 칠에 던지면 누가 이를 뗄 수 있을까?(以膠投漆中, 誰能別離此)"라고 하였는데, 이 내용과 같은 뜻으로 보인다.

해설

이 시는 멀리 떨어진 임을 그리워하는 여인의 마음을 읊었다.

제1~4구는 멀리 있는 임이 나그네를 통해 보내온 비단 선물을 표현하였는데, 그리움과 한마음으로 포장되었다는 말로써 서로 그리워하며 한마음이고자 하는 생각을 공유하고 있다. 이로써 여인은 남자가 여전히 자신을 좋아하고 있다는 확신을 가지게 된다. 제5~8구는 그 비단으로 자신의 몸에 맞는 옷을 지어서 입겠다는 내용인데, 자나 깨나 이 옷을 입고 있으니 비록 헤어진 지 오래되었지만 항상 같이 있는 듯하여 그 즐거운 마음을 이길 수 없다고 하였다. 제9~12구는 우물물에 술을 붓거나 맛이 다른 치수와 승수를 합치면 누구도 분간할 수 없다고 하여, 자신과 임이 일심동체가 되기를 바라는 뜻을 비유적으로 표현하였다. 임이 보내온 선물을 항상 몸에 지닌 채 그 임과 함께 있는 상상을 하며 즐거워하는 여인의 마음을 느낄 수 있다. (임도현)

秋懷詩[1]
가을의 감회

平生無志意,	평생의 큰 뜻이 없었고
少小嬰憂患,[2]	어렸을 때부터 근심 속에 살았다.
如何乘苦心,[3]	애태우고 마음 쓸 때는 어떻겠으며
矧復値秋晏,[4]	하물며 또 늦가을을 맞이함에랴.
皎皎天月明,	환한 하늘의 달은 빛나고
奕奕河宿爛,[5]	밝은 은하수는 찬란하며
蕭瑟含風蟬,[6]	바람을 품고 있는 매미는 쓸쓸히 울고
寥唳度雲雁,[7]	구름을 건너가는 기러기는 맑게 운다.
寒商動清閨,[8]	가을 기운이 맑은 방안에서 일렁이고
孤燈曖幽幔,[9]	외로운 등불은 그윽한 휘장 안에 흐릿한데
耿介繁慮積,[10]	곧은 마음에 번다한 근심이 쌓이니
展轉長宵半.	뒤척이다 한밤중이 되었다.
夷險難豫謀,[11]	안위는 예측하기 힘들고
倚伏昧前算.[12]	화복은 미리 헤아리기 어렵다.
雖好相如達,[13]	비록 사마상여처럼 영달하길 좋아했지만
不同長卿慢.	그처럼 오만하고 싶진 않았으며
頗悅鄭生偃,[14]	관직을 그만 둔 정균을 매우 좋아하지만
無取白衣宦.	백의상서의 벼슬은 취하지 않았다.
未知古人心,	옛 사람들의 마음을 미처 알지 못하나

且從性所翫.15	성품이 즐기는 바를 따를 것이다.
賓至可命觴.16	손님이 오면 술잔을 준비하게 하고
朋來當染翰.17	친구가 오면 붓을 적셔야 하리.
高臺驟登踐.18	높은 누대에 자주 오르고
淸淺時陵亂.19	맑은 물에 때때로 물결 어지러이 일으키리라.
頹魄不再圓.20	달은 기울면 다시 둥글게 되지 않고
傾羲無兩旦.21	해가 진 뒤에 두 번 아침이 오지 않는다.
金石終銷毀,	금석도 결국 닳아 없어지고
丹靑暫彫煥.22	단청도 잠시 아름다울 뿐이다.
各勉玄髮歡,	각각 머리 검을 때 즐기길 힘써
無貽白首歎.	흰 머리 된 뒤 탄식을 남기지 말지니
因歌遂成賦,	그래서 노래하여 마침내 시를 지어
聊用布親串.23	부족하나마 친근한 이에게 보이노라.

주석

1) 이 시를 사령운謝靈運의 것으로 봐야 한다는 견해도 있다. 그 근거로 제2구를 우환을 부친의 죽음으로 해석하고는 사혜련이 부친상을 당한 것은 30세 때였으므로 적은 나이가 아니라는 것이다. 반면 사령운은 4세 때 부친이 죽었으므로 시의에 합당하다고 하였다. 이 외에도 시 후반부의 내용이 사령운의 경우나 성격과 부합된다고도 하였다. 그러나 ≪시품詩品≫도 사혜련의 시라 보고 있으므로, 진위 여부를 떠나 여기서는 그대로 사혜련의 작품으로 보았다.

2) 嬰(영) : 얽어매다.

3) 乘苦心(승고심) : 마음을 태우며 애쓸 때, 가슴 아플 때. '승乘'은 '틈타다'는 뜻이다.

4) 矧(신) : 하물며.
   秋晏(추안) : 늦가을.

5) 河宿(하수) : 은하수.

奕奕(혁혁) : 밝은 모양.

6) 蕭瑟(소슬) : 바람이 나무에 불어 내는 쓸쓸한 소리. 여기서는 매미가 우는 소리를 형용하였다.

7) 寥唳(요려) : 소리가 멀리까지 들리도록 맑음. '요려寥戾'와 같다. 여기서는 기러기 우는 소리를 형용하였다.

8) 寒商(한상) : 가을바람, 가을. 오음五音 중 상商음의 음색이 처량하여 가을 분위기와 어울린다고 여겼다.

淸閨(청규) : 맑은 방.

9) 曖(애) : 희미하다, 어둡다.

幔(만) : 장막, 휘장

10) 耿介(경개) : 바르고 곧다, 강직하다.

11) 夷險(이험) : 평탄함과 험준함. 안위安危를 이른다.

12) 倚伏(의복) : 화복禍福. ≪노자老子≫ 58장에 "화는 복이 의지하는 바이고 복은 화가 숨어 있는 바이다.(禍兮福之所倚, 福兮禍之所伏)"라 하였다.

昧(매) : 어둡다. 여기서는 어렵다는 뜻이다.

13) 雖好(수호) 2구 : '상여相如'와 '장경長卿'은 사마상여司馬相如를 이른다. 장경은 그의 자.

14) 鄭生(정생) : 정균鄭均. 동한 때 정균은 상서尙書의 벼슬에 있다가 병을 핑계로 관직을 그만 두고 고향에 돌아갔는데 황제가 그곳을 지나다가 정균의 집에 들러 그가 죽을 때까지 상서의 봉록을 받게 해주었다. 이로부터 그를 '백의상서白衣尙書'라 불렀다.

偃(언) : 그만 두다.

15) 翫(완) : 즐기다, 희롱하다.

16) 命觴(명상) : 술잔에 명하다. 술상을 차려 손님을 대접하는 것을 이른다.

17) 染翰(염한) : 붓을 적신다. 문장을 짓는다는 뜻이다.

18) 驟(취) : 여러 번, 종종.

登踐(등천) : 오르다.

19) 淸淺(청천) : 물이 얕고 맑다.

陵亂(능란) : 어지럽히다. 배를 타고 노닐며 물결을 일으키는 것을 이른다.

20) 頹魄(퇴백) : 기우는 달. '백'은 월백月魄, 즉 달을 이른다.
21) 傾羲(경희) : 지는 해. '희'는 희화羲和, 즉 해를 이른다.
   이 두 구는 달이 한번 어그러지면 다시 둥글어지지 않고, 해가 한번 지면 다시 뜨지 않는다는 의미로, 젊음도 한번 지나면 다시 오지 않는다는 것을 이른다.
22) 彫煥(조환) : 선명하고 아름다운 모습.
23) 聊(료) : 애오라지. 부족하나마 그대로.
   親串(친관) : 친하여 가까운 사람.

해설

이 시는 가을을 맞아 느낀 정회를 지은 것으로, 전반부에서는 가을 경물이 자아내는 쓸쓸함을 묘사하였고 후반부에서는 뜻대로 되지 않는 인생을 탓하지 말고 좋은 때를 놓치지 않고 즐기고자 하는 인생관을 드러내었다.

전체 32구로 되어 있는 이 시는 내용상 두 단락으로 나눌 수 있는데 전반은 12구이다. 제1~4구에서는 큰 뜻 없이 근심 속에 살아왔으나 늦가을을 맞아 더욱 쓸쓸하고 애가 탄다고 하였다. 제5~8구에서는 늦가을의 경치를 묘사하였다. 밝게 빛나는 달과 은하수는 청량감을, 힘을 잃은 매미와 기러기는 처량함을 전해준다. 제9~12구에서는 가을 때문에 마음이 흔들리고 근심 때문에 잠 못 이루는 모습을 묘사하였는데 그 이유는 자신이 곧기 때문이라 하였다.

후반부의 도입부인 제13~14구는 인생의 궂은 때는 예측하기 어렵다 하였는데, 시인이 곧은 마음 때문에 위험과 화를 입었음을 은근히 드러내었다. 제15~18구에서는 사마상여와 정균을 들어 자신이 오만하지도 않고 거저 벼슬을 취하고 싶지도 않다고 하였는데, 자신의 성격과 생각을 표현한 것이다. 제19~24구에서는 옛사람의 마음을 모두 헤아리기 어려우니 그저 타고난 성품을 따르기로 하면서 손님과 친구와 어울려 술을 마시고 글을 지으며 누대에 오르고 배를 타며 노닐겠다고 하였다. 제25~30구에서는 세월은 머물지 않고 세상에는 영원한 것이 없으니 젊었을 때 후회 없이 즐기자 하였다. 제31~32구에서는 그런 마음을 담아 친한 벗에게 이 시를 지어 보여준다며 마무리 하였다. (이지운)

18 擣衣詩[1]
옷을 다듬이질하며

衡紀無淹度,[2]	북두칠성은 느리게 돌아감이 없고
晷運倐如催.[3]	해의 운행은 재촉한 듯 빠르구나.
白露滋園菊,[4]	하얀 이슬이 정원의 국화에서 생겨나고
秋風落庭槐.	가을바람이 정원의 홰나무에 떨어지네.
肅肅莎雞羽,[5]	치르르 베짱이가 날개를 비비고
烈烈寒螿啼.[6]	왱왱 늦가을 매미가 울어대네.
夕陰結空幕,[7]	저녁 어둠이 텅 빈 휘장에 엉기고
宵月皓中閨.[8]	밤의 달이 규방 안에 환하다네.
美人戒裳服,[9]	미인은 의복을 준비하고
端飾相招攜.[10]	꾸밈을 단정히 하고 서로를 부르며 이끈다네.
簪玉出北房,[11]	옥비녀를 꽂고 북쪽 방에서 나와서
鳴金步南階.[12]	금장식을 울리며 남쪽 계단을 걷는구나.
櫩高砧響發,[13]	높은 처마에 다듬잇돌 소리가 들리고
楹長杵聲哀.[14]	긴 기둥에 공이질 소리 슬프다네.
微芳起兩袖,	섬세한 향기가 두 소매에서 일고
輕汗染雙題.[15]	가벼운 땀은 양쪽 이마를 적신다네.
紈素既已成,	흰 비단은 이미 만들어졌건만
君子行未歸.	남편은 떠나가서 돌아오지 않았다네.
裁用笥中刀,[16]	마름질에는 반짇고리 속 칼을 쓰고

縫爲萬里衣.	꿰매어 만 리를 보낼 옷을 만들었네.
盈篋自余手,17	상자를 가득 채운 옷은 내 손에서 나왔으니
幽緘俟君開.18	잘 밀봉해서 남편이 열어주길 기다린다네.
腰帶準疇昔,19	허리띠는 예전을 따랐는데
不知今是非.	지금은 맞는지 아닌지 모르겠구나.

주석

1) 擣衣(도의) : 옷에 다듬이질을 하다. 도의는 고대 중국에서 여인들의 주된 노동의 하나였는데 여인들이 서서 공이로 절구질을 하는 형태였다. 중국 고전문학에서는 한대漢代부터 이미 다듬이질을 하는 상황이 다수 묘사되었으며, 위진남북조 시대에는 민간과 귀족층에서 두루 다듬이질을 시의 제재로 사용하였다. 사혜련의 이 시는 귀족층에서 다듬이질을 시의 제재로 사용한 작품 가운데에는 그 시기가 이른 작품이다. 이 시는 ≪문선文選≫ 권30, ≪옥대신영玉臺新詠≫ 권3, ≪고시기古詩紀≫ 권49 등에 실려 있다.

2) 衡紀(형기) : 북두칠성을 뜻한다. 형기는 옥형성玉衡星을 뜻하며 북두칠성의 다섯 번째 별이다. 주석에 따라서 '형衡'만 옥형성이고 '기紀'는 성기星紀를 뜻하는 것으로 보기도 한다. 성기는 12성차星次의 하나로 28수宿 가운데에서 북방의 별자리인 두수斗宿와 우수牛宿가 속한다. 어느 쪽으로 해석하든 하늘의 별자리를 의미한다.
淹度(엄도) : 느리게 돌아가다. 느리게 건너가다.

3) 暑運(귀운) : 태양의 운행. 해가 지나가는 것.
倏如催(숙여최) : 누가 재촉하는 것처럼 황급히 빠르다. ≪옥대신영≫에는 '숙여최倏如摧'라고 되어있으며 뜻은 같다.

4) 白露(백로) : 날씨가 추워져 아침에 하얗게 맺힌 이슬. 24절기의 백로白露로 볼 수도 있다.
滋(자) : 생겨나다.

5) 蕭蕭(숙숙) : 새나 벌레의 날개가 움직이는 소리.
莎雞(수계) : 베짱이. '수莎'는 '베짱이'이다.

羽(우) : 날개를 비비다. 이 시에서는 동사로 쓰였다.
6) 烈烈(열렬) : 우는 소리. 열렬은 세찬 정도를 표현하기도 한다.
   寒螿(한장) : 한선寒蟬. 일반 매미보다 크기가 작고 적청색을 띤다. 늦가을 무렵에 운다.
7) 夕陰(석음) : 저녁 무렵 어두워진 날씨.
   結空幕(결공막) : 텅 빈 휘장에 엉기다. 저녁이 되어 어둠이 휘장을 어둡게 만들었다는 뜻이다.
8) 宵月(소월) : 밤의 달. '소월霄月'로 된 판본도 있으며 이 경우 뜻은 '하늘의 달'이다.
   皓(호) : 밝다. 환하다.
   中閨(중규) : 규방. 《예문류취》에는 '공규空閨'로 되어있으며 이 경우 뜻은 '빈 규방'이다.
9) 戒(계) : 준비하다.
   裳服(상복) : 의복. 여기에서는 다듬이질을 하러 나가는 미인이 입은 의상을 가리킨다.
10) 端飾(단식) : 치장을 단정히 하다. 또는 단정히 치장하다.
    相招携(상초휴) : 서로 불러 이끈다. 여기에서는 다듬이질을 하러 나가는 여인들이 서로 부르고 손을 잡는다는 뜻이다.
11) 簪玉(잠옥) : 옥비녀. 여기에서는 옥비녀를 머리에 한 여인을 가리킨다.
12) 鳴金(명금) : 소리를 내는 금장식. 여인이 한 금장식을 아름답게 묘사한 말. 여기에서는 금장식을 몸에 한 여인을 가리킨다. '금장식을 울리다'로 번역할 수도 있다.
13) 檐(염) : 처마.
    砧響(침향) : 다듬이질 소리.
14) 楹(영) : 대청 앞 기둥.
    杵聲(저성) : 공이질 소리. 다듬이질 소리.
15) 染(염) : 적시다.
    雙題(쌍제) : 이마의 양쪽 모퉁이. '제題'는 이마.
16) 笥中刀(사중도) : 반짇고리 속의 칼. '사笥'는 대나무 상자로, 반짇고리를 가리킨다.
17) 盈篋(영협) : 상자를 가득 채우다.
18) 幽緘(유함) : 밀봉하다.
    俟(사) : 기다리다. '후候'로 되어 있는 판본도 있다.

19) 準(준) : 따르다. 기준하다.
疇昔(주석) : 지난날. 이전. 여기에서는 떠나기 전의 남편의 치수를 가리킨다.

> 해설

　전통적으로 '다듬이질'과 관련된 시에서 그 다듬이질에는 여인의 슬픔이 들어있는 작품이 많았다. 그 여인이 민간의 여인이든 귀족의 여인이든 그녀가 다듬이질을 하는 이유는 그녀의 남편이 다른 곳으로 떠났기 때문이다. 그런데 계절이 바뀌어 날씨가 추워졌기 때문에 그녀는 새로 옷을 만들어 멀리 떨어져있는 남편에게 보내려 한다. 그래서 시에 나오는 다듬이질은 많은 경우 슬픈 정서를 불러일으켰다.
　제1~4구는 계절의 급박한 변화를 묘사하였다. 남편이 떠나간 뒤로 시간이 빨리 지나 벌써 가을이 되었다. 제5~8구는 그 가을의 어느 날 저녁 시간이 되었음을 알려준다. 베짱이와 매미가 가을의 슬픈 소리를 들려주는 와중에 날이 저물어서 텅 빈 침실의 휘장엔 어둠이 엉겨들었고 외로운 방안엔 달빛이 환하게 빛난다. 제9~12구에서는 여인이 외출을 준비해서 밖으로 나간다. 쓸쓸하고 정적이던 시의 분위기에 변화가 일어났다. 아름다운 여인이 옷을 차려입고 단정하게 치장을 한 다음 옥비녀와 금장식까지 하고 다른 여인들과 길을 나섰다.
　시간과 장면을 건너뛰어서 제13~16구는 그 여인이 옷을 다듬이질을 하는 것을 묘사하였다. 그녀가 사는 대저택에 슬픈 다듬이질 소리가 퍼지는데 그녀의 향기 나는 섬섬옥수와 땀이 맺힌 이마는 시 속의 형상을 섬세하게 만든다. 제17~20구에서 그녀는 멀리 만 리 밖에서 돌아오지 않는 남편을 위해 손질을 마친 비단을 잘라 옷을 만든다. 반짇고리 속에서 나온 칼은 그녀의 정성스런 마음을 대변한다. 제21~24구는 여인의 말을 옮긴 것이다. 상자를 옷으로 가득 채운 것도 그녀이고 그 상자를 꼭꼭 닫은 것도 그녀이니 그 상자를 열 수 있는 사람은 오직 그녀의 남편뿐이다. 그러므로 상자는 그녀의 마음이다. 다만 그녀는 현재 남편의 상황을 알 수 없다. 마르지도 찌지도 않고 예전 그대로이길 바라는 것은 남편의 허리띠만은 아닐 것이다.
　사혜련의 작품 가운데에서는 역대로 좋은 평을 받은 작품으로 경박하지 않으면서도 정감을 교묘하고 아름답게 담았다고 평을 받았다. 귀족여인의 외모에 대한 묘사는 시의 염려한 분위기를 이끄는 역할을 했다고 할 수 있다. (서용준)

泛湖歸出樓中望月詩[1]
호수에 배를 띄우고 돌아와서 누대에 나와 달을 바라보며

日落泛澄瀛,[2]	해가 질 때 맑은 호수에 배를 띄우고
星羅游輕橈.[3]	별이 펼쳐질 제 가벼운 노를 저어 노닐었네.
憩榭面曲汜,[4]	정자에서 쉬면서 굽은 물가를 향하고
臨流對廻潮.[5]	물을 내려다보며 썰물을 대하였네.
輟策共駢筵,[6]	지팡이 내려놓고 모두 대자리에 모여서는
幷坐相招要.[7]	연이어 앉아서 서로 맞아주고 청하자니,
哀鴻鳴沙渚,[8]	애달픈 기러기 모래섬에서 울고
悲猿響山椒.[9]	구슬픈 원숭이 산꼭대기에서 우네.
亭亭映江月,[10]	환하게 강위의 달이 비추고
颸颸出谷飆.[11]	솨~아 골짜기 회오리바람 불어오니,
斐斐氣冪岫,[12]	희미하게 기운은 산굴을 뒤덮고
泫泫露盈條.[13]	반짝반짝 이슬은 나뭇가지에 가득하네.
近矚袪幽蘊,[14]	가까이 보며 어두운 마음 없애버리고
遠視盪喧囂.[15]	멀리 보며 시끄러운 소리 씻어버리나니,
晤言不知罷,[16]	대화가 그칠 줄 모르고
從夕至清朝.	저녁부터 맑은 아침까지 이르렀네.

주석

1) 泛湖(범호) : 호수에 배를 띄우다.

이 시는 ≪문선文選≫에는 제목이 〈호수에 배를 띄우고 돌아와서 누대에 나와 달을 감상하다泛湖歸出樓中玩月〉로 되어 있다.

2) 澄瀛(징영) : 맑은 호수. 여기서는 무호巫湖를 가리킨다.
3) 輕橈(경요) : 가벼운 노.
   이상 두 구는 제목상의 '범호泛湖'를 서술하였다.
4) 憩榭(게사) : 정자에서 쉬다.
5) 廻潮(회조) : 썰물. 물이 빠지는 조수.
6) 輟策(철책) : 지팡이를 내려놓다.
   骿筵(병연) : 대자리에 모이다. '병骿'은 '모이다'의 뜻으로 대자리에 삼삼오오 짝을 지어 모여 든 것을 가리킨다.
7) 幷坐(병좌) : 연이어 앉다. 서로의 곁에 붙어 앉다.
   招要(초요) : 맞주고 청하다. 서로 앉으라고 청하고 앉는 이를 맞주는 것을 가리킨다.
   이상 네 구는 제목 상의 '귀출누중歸出樓中'에 해당하는 단락으로, 뱃놀이를 마치고 돌아왔어도 흥이 다하질 않자 다시 누대에 나가 술자리를 벌이게 된 일을 서술하였다.
8) 沙渚(사저) : 모래섬.
9) 山椒(산초) : 산꼭대기.
10) 亭亭(정정) : 환하고 아름다운 모습. 여기서는 달이 환한 모습을 형용한다.
11) 飀飀(유류) : 바람소리를 형용한다.
    谷飇(곡표) : 골짜기의 회오리바람. 바람이 골짜기를 휘돌며 부는 것을 가리킨다.
12) 斐斐(비비) : 희미하다. 여기서는 구름이나 안개 따위가 엷고 담박한 것을 가리킨다.
    冪(멱) : 뒤덮다.
    岫(수) : 산굴.
13) 泫泫(현현) : 반짝반짝. 이슬이 빛나는 모습을 형용한다.
    이상 여섯 구는 제목상의 '망월望月'에 해당하는 단락으로, 달빛이 비칠 때의 주변상황을 묘사하였다.
14) 袪(거) : 제거하다.
    幽蘊(유온) : 어두운 마음. 우울한 감정을 가리킨다.

15) 諠嘂(훤효) : 시끄럽다. 시끄러운 소리.
16) 晤言(오언) : 대화하다. 마주보며 말하다. '오晤'는 '만나다'는 뜻이다.

해설

이 시는 호수에서 뱃놀이를 한 후 돌아왔다가 다시 누대에 나와 술자리를 열고 달구경을 하게 된 일을 노래하였다.

시는 크게 네 단락으로 나뉜다. 제1단락은 제1~2구로 제목상의 '범호泛湖'에 해당하는데, 해질녘부터 밤중까지 뱃놀이를 즐겼음을 말하였다. 제2단락은 제3~6구로 제목상의 '귀출누중歸出樓中'에 해당하는데, 집에 돌아왔다가 다시 물가 누대로 나와 술자리를 열게 된 일을 서술하였다. 이때 제1단락과 제2단락의 배경공간은 호수에서 정자로 바뀌면서 내용상의 단절을 가져오는데, 이는 뱃놀이를 마치고 집으로 돌아오는 과정이 생략되어 있기 때문이다. 제목에서도 이를 '귀歸'의 한 글자로만 제시할 뿐 좀 더 구체적인 상황을 제시하지 않아 단절감이 더욱 크게 다가온다. 제3단락은 제7~12구로 제목상의 '망월望月'에 해당하는 부분으로 달빛이 환히 빛나는 주변상황을 묘사하였다. 달빛이 환한 가운데 저 멀리 기러기와 원숭이가 울고 산에는 운무雲霧가 가득하고 가지마다 이슬이 맺히는 풍경을 묘사했는데, 청각과 시각을 통한 섬세한 묘사가 돋보인다. 제4단락은 제13~16구로 이 또한 제목상의 '망월'을 노래했지만 달빛 풍경을 객관적으로 묘사한 제3단락과 달리, 환한 달빛을 받으며 울적한 심사를 달래고 친구들과 한담을 나누며 달밤을 즐기는 심정을 노래하였다. 이 시는 달빛 풍경을 묘사하면서 '정정亭亭', '유류飂飀', '비비斐斐', '현현泫泫' 등 첩자를 많이 사용했는데, 이로 인해 시의 리듬감이 커졌을 뿐만 아니라 달빛어린 풍경이 더욱 생동감 있게 묘사되었다. (김수희)

七月七日夜詠牛女詩[1]
칠석날 밤에 견우와 직녀를 읊다 20

落日隱櫊楹,[2]	지는 해 처마 기둥 사이로 숨고
升月照簾櫳.[3]	뜬 달이 주렴 창을 비출 때
團團滿葉露,[4]	잎에 가득한 이슬 동글동글하고
析析振條風.[5]	가지를 흔드는 바람 솨~아 부네.
蹀足循廣除,[6]	너른 계단 따라 발을 디디고
瞬目瞻曾穹.[7]	눈 깜빡이며 높은 하늘 바라보노라니
雲漢有靈匹,[8]	은하수에 아름다운 배필 있어
彌年闕相從.[9]	한 해가 다가도록 만나지를 못했다네.
遐川阻曜愛,[10]	긴 은하수가 사랑하는 이를 가로막고
修渚曠清容.[11]	긴 물가가 맑은 얼굴을 떨어져 있게 했기에
弄杼不成藻,[12]	베틀을 놀리면서도 화려한 무늬 만들지 못하다가
聳轡鶱前蹤.[13]	고삐를 흔들면서 작년에 갔던 길을 내달리네.
昔離秋已兩,[14]	지난 번 헤어진 후 벌써 두 번째 가을
今聚夕無雙.[15]	오늘 만나도 밤이 두 번일 수 없건만
傾河易回斡,[16]	기울어진 은하수는 쉬이 돌아
欸情難久悰.[17]	사랑하는 마음 오래도록 즐기기 어렵구나.
沃若靈駕旋,[18]	순순히 신령스런 수레를 돌리자니
寂寥雲幄空.[19]	적막한 구름 휘장 속 비었고
留情顧華寢,[20]	아쉬움 남아 화려한 침상 돌아보는데

遙心逐奔龍.21　　마음은 먼 데 향하건만 내달리는 용을 좇아갈 수밖에 없네.
沈吟爲爾感,22　　그대들로 인한 감정 침울히 읊어보니
情深意彌重.23　　정이 깊어 의미가 더욱 중하구나.

> 주석

1) 牛女(우녀) : 견우牽牛와 직녀織女.
   이 시의 제목에서 '야夜'가 빠진 판본, 혹은 〈칠석날 견우와 직녀를 읊다七夕詠牛女〉로 되어 있는 판본도 있다.
2) 欄(염) : 처마. '첨簷'으로 되어 있는 판본도 있으며 뜻은 같다.
   楹(영) : 기둥.
3) 簾(렴) : 주렴. '방房'으로 되어 있는 판본도 있으며 이 경우 뜻은 '방'이다.
   櫳(롱) : 창.
4) 團團(단단) : 동글동글한 모양. 여기서는 잎에 가득한 이슬의 형태를 표현한다.
   滿(만) : 가득하다. '자滋'로 되어 있는 판본도 있으며 이 경우 뜻은 '촉촉하다'이다. 또한 '쇄洒'로 되어 있는 판본도 있으며 이 경우 뜻은 '물 뿌리다'이다.
5) 析析(석석) : 바람이 나무에 부는 소리. '석석淅淅'으로 되어 있는 판본도 있으며 이 경우 뜻은 '비바람이 부는 소리'이다.
6) 蹀足(접족) : 힘을 주어 땅을 디뎌 밟다.
   除(제) : 계단. '도塗'라고 되어 있는 판본도 있으며 이 경우 뜻은 '길'이다.
7) 瞬目(순목) : 눈을 깜빡이다.
   矖(시) : 눈으로 찾다.
   曾穹(층궁) : 높은 하늘.
8) 靈匹(영필) : 신령스럽고 아름다운 배필. 견우와 직녀를 가리킨다. '영靈'이 '괴怪'로 되어 있는 판본도 있으며 이 경우 뜻은 '기이한 배필'이다.
9) 彌年(미년) : 한 해가 다하도록.
   相從(상종) : 서로 따르다. 견우와 직녀가 만나는 일을 가리킨다.
10) 遐川(하천) : 긴 내. 여기서는 견우와 직녀를 가로막고 있는 은하수를 가리킨다.

暱愛(닐애) : 친애하다. 여기서는 사랑하는 사이인 견우와 직녀를 말한다.
11) 修渚(수저) : 긴 물가. 이 역시 은하수를 말한다.
曠(광) : 떨어져 있게 하다.
淸容(청용) : 맑은 얼굴. 아름다운 견우와 직녀의 얼굴을 의미한다.
12) 弄杼(농서) : 베틀 북을 놀리다. 베를 짜는 직녀의 행위를 말한다. '농杼'이 '투投'로 되어 있는 판본도 있으며 이 경우 뜻은 '직녀가 근심에 겨워 베짜기를 던져놓은 것', 혹은 '베를 짜다'이다.
藻(조) : 화려한 무늬. '채彩'로 되어 있는 판본도 있으며 이 경우 뜻은 '무늬 비단'이다.
13) 聳轡(용비) : 고삐를 위아래로 움직이다.
騖(무) : 질주하다. '경騖'으로 되어 있는 판본도 있으며 뜻은 같다.
前踪(전종) : 이전, 즉 작년에 갔던 길.
이 구는 직녀가 칠석을 맞이하여 고삐를 붙들고 내달려 견우에게 향함을 말한다.
14) 昔離(석리) : 지난번에 헤어지다. 작년 칠석에 잠깐 만났다가 헤어진 일을 의미한다.
秋已兩(추이량) : 가을이 벌써 두 번째. 작년 초가을인 칠석에 만났다가 헤어진 후 또 다시 올해 칠석이 되었으니, 헤어진 후 두 번째 가을을 맞이한 것이 된다. '량兩'이 '우雨'로 되어 있는 판본도 있으며 이 경우 뜻은 '비가 내리다'이다.
15) 夕無雙(석무쌍) : 밤은 두 번이 될 수 없다. 견우와 직녀가 하룻밤만 만날 수 있음을 말한다. '밤이 둘 도 없이 좋은 기회이다'라고도 해석할 수 있다.
16) 傾河(경하) : 기울어진 은하수.
回斡(회알) : 돌다. 은하수가 시간에 따라 움직이는 것을 뜻하며 견우와 직녀가 만난 지 얼마 되지도 않아 금세 헤어져야 할 시간이 되었음을 의미한다. '알斡'이 '간斡'으로 되어 있는 판본도 있으며 이 경우 뜻은 '은하수 물줄기가 돌다'이다.
17) 欵情(관정) : 남녀 간의 사랑하는 감정. '정情'이 '안顔'으로 되어 있는 판본도 있으며 이 경우 뜻은 '얼굴을 마주 보며 정담을 나누다'이다.
悰(종) : 즐겁다.
18) 沃若(옥약) : 순종하는 모습.
靈駕(영가) : 신령스런 수레. 직녀가 탄 수레를 의미한다.

19) 寂寥(적료) : 쓸쓸하다. '료寥'가 '막寞'으로 되어 있는 판본도 있으며 뜻은 같다.
    雲幄空(운악공) : 구름 휘장 속이 비다. 견우와 직녀가 함께 있었던 휘장 안이 비었다는 의미로 두 사람이 또 다시 헤어지게 되었음을 말한다.
20) 華寢(화침) : 화려한 침상. 견우와 직녀가 묵었던 침상을 가리킨다.
21) 遙心(요심) : 아득한 곳을 향하는 마음. 헤어진 상대방이 있는 곳을 향하는 마음을 말한다.
    奔龍(분룡) : 달리는 용. 직녀가 탄 신령스런 수레를 인도하는 용으로서 헤어짐을 촉발하는 존재로 보았다. 이때의 용을 해의 신 희화羲和의 수레를 끄는 여섯 마리 용으로 보아서 해가 뜨자 견우와 직녀가 만나는 시간을 앞당기는 존재로 풀이하거나 은하수의 용으로 보아 견우와 직녀를 갈라놓는 존재로 풀이할 수도 있다.
    이 구는 직녀가 견우와 헤어져 용이 인도하는 수레를 타고 떠나지만 아쉬움을 감추지 못하고 뒤를 돌아보는 장면을 그렸다.
22) 沈吟(침음) : 침울하게 읊다. 시인이 읊는 것으로 보았다.
    爲爾(위이) : 그대들 때문에. 견우와 직녀의 일로 인하여 시인의 감정이 일어난 것을 뜻한다.
23) 情(정) : 견우와 직녀의 안타까운 사랑 이야기에 대한 시인의 각별한 감정을 뜻한다. 견우와 직녀 사이의 정을 가리킬 수도 있다.

해설

이 시는 ≪문선≫, ≪초학기≫, ≪세시잡영≫, ≪태평어람太平御覽≫, ≪예문류취≫, ≪옥대신영玉臺新詠≫ 등에 실려 전하는데, ≪초학기≫와 ≪태평어람≫ 등에는 시의 일부만이 실려 있다. 칠석날 만났다가 헤어져야 하는 견우와 직녀의 안타까운 상황을 묘사한 시이다.

제1~4구에서 시인은 칠석날 밤의 주변 풍경을 묘사했다. 제5~8구에서 시인은 밤하늘의 은하수를 바라보다 견우와 직녀의 일을 떠올렸다. 제9~12구에서는 한 해 동안 헤어져 지내던 견우와 직녀가 오늘 밤 만나게 되어도 이내 안타까운 이별을 할 수밖에 없는 처지임을 말하였다. 제13~16구에서는 견우와 직녀가 만난 시간이 짧기만 함을 표현하였다. 제17~20구에서는 직녀가 아쉬운 마음에 뒤를 돌아보지만 소용이 없음을 그렸다. 제21~22구에서 시인은 견우와 직녀의 일에 대한 안타까운 마음이 특별하여 더욱 의미심장한 시를 읊었음을 말하였다. 마지막 두 구로 볼 때 시인은 견우와 직녀의 일을 통해 인간세상에서 떨어져 지내야 하는 남녀의 사랑을 읊고 싶었던 것으로 보인다. (정세진)

喜雨詩[1]
비를 기뻐하다 21

朱明振炎氣,[2]	여름날 더운 기운 일어나고
溽暑扇溫飇.[3]	무더운 날씨가 뜨거운 바람 일으키니
羨彼明月輝,[4]	저 밝은 달 빛나며
離畢經中宵.[5]	필성에 붙어 한밤 지나기를 바랐네.
思此西郊雲,	이렇게 서쪽 교외의 구름을 생각하노라니
旣雨盈崇朝.[6]	이윽고 비가 아침 내내 내렸네.
上天愍憔悴,[7]	하늘에서 초췌해진 것 불쌍히 여기니
商羊自吟謠.[8]	상양이 스스로 울며 노래하였구나.

주석

1) 喜雨(희우) : 반가운 비가 내려 기뻐하다.
2) 朱明(주명) : 여름철.
   炎氣(염기) : 더운 기운.
3) 溽暑(욕서) : 한여름에 날씨가 습하고 무더운 것을 말한다
   扇(선) : 바람 불다.
   溫飇(온표) : 따뜻한 바람.
4) 羨(선) : 부러워하다. 희망을 말하는 것이다.
5) 離畢(이필) : 달이 필성畢星에 붙다. 비가 올 징조를 말한다. '리離'는 '달라붙다'는 의미이며, '필畢'은 28수 중 하나인 '필성畢星'이다. ≪시경詩經·소아小雅·높은 바위漸漸之石≫에

"달이 필성에 달라붙어 큰 비를 내리게 한다.(月離於畢, 俾滂沱矣)"라 하였다.
　　中宵(중소) : 한밤중.
6) 既(기) : 이윽고.
　　崇朝(숭조) : 아침 동안. 해 뜰 때부터 아침밥 때까지의 시간을 주로 가리키나 하루 종일을 의미하기도 한다.
7) 愍(민) : 불쌍히 여기다. 가여워하다.
　　憔悴(초췌) : 초췌하다. 여기서는 무더위에 수척해진 만물을 가리킨다.
8) 商羊(상양) : 전설 속의 새. 큰 비가 내리기 전에 다리 하나를 구부리고 일어나 춤춘다고 한다.

해설

이 시는 더운 여름날 열기를 식혀줄 비가 내린 것에 대한 기쁨을 표현한 작품이다. 제1~2구에서는 여름철 무더운 날씨임을 이야기하였고, 제3~4구에서는 비가 올 징조인 달이 필성으로 달라붙는 모습을 떠올림으로써 어서 비가 내려 이 더위를 식혀주기를 바라는 마음을 드러내었다. 제5~6구에서는 작자의 간절한 바람이 이루어져 마침내 비가 내리게 되었음을 이야기하였다. 마지막 제7~8구에서는 이것이 아마도 하느님이 더위로 초췌해져버린 모습이 안타까워 비를 내려주신 것일 것이라고 말하며 작품을 마무리하였다. (김하늬)

詠冬詩[1]
겨울을 읊는 시 22

七宿乘運曜,	일곱 별자리는 천지의 운행을 따라 밝게 빛나고
三星與時滅.	세 별은 시간에 따라 사라지네.
履霜冰彌堅,	서리를 밟게 되니 얼음은 더욱 단단해지고
積寒風愈切.	추위가 쌓이니 바람은 점점 가혹해지네.
繁雲起重陰,	층층구름이 흐린 하늘에서 일어나고
迴飆流輕雪.	회오리바람에 가벼운 눈이 날리네.
園林粲斐皓,	뜰의 나무는 선명하여 하얗게 반짝이고
庭除秀皎潔.	정원의 섬돌은 빼어나 맑고 깨끗하구나.
墀瑣有凝汙,	뜰과 문에는 고인 물이 얼어붙었고
達衢無通轍.	큰길에는 수레 지나간 흔적 없네.

주석

1) 이 시는 ≪예문류취藝文類聚≫ 권3, ≪고시기古詩紀≫ 권49에 실려 있으며, 사령운의 시로도 알려져 있다. 앞의 사령운 시 〈겨울을 읊다詠冬〉 주석과 해설 참조. (주기평)

讀書詩[1]
독서

賁園奚足慕,[2]	화려한 정원이 어찌 사모할 만하리?
下帷故宜遵.[3]	휘장 내렸던 일을 마땅히 따라야지.
山成由一簣,[4]	산을 이루는 것은 삼태기 하나로부터이고
崇積始微塵.[5]	높이 쌓는 것은 하찮은 티끌에서 시작하는 법.
虞軒雖眇莽,[6]	순임금과 헌원씨가 비록 아득하지만
顔隰亦何人.[7]	안연과 습붕은 진정 어떤 사람이었는가?

주석

1) 이 시는 ≪예문류취藝文類聚≫ 권55에 실려 있다.
2) 賁園(분원) : 화려한 정원.
3) 下帷(하유) : 휘장을 내리다. 독서에 전념하기 위해 바깥일을 끊는 것을 말한다. ≪사기史記·동중서열전董仲舒列傳≫에 따르면 그가 효경제孝景帝 때 박사博士가 되고는 휘장을 내리고 경전을 읽었는데, 어떤 제자들은 그의 얼굴을 보지도 못했으며 그는 3년 동안 정원을 내다보지 않았다고 한다.
   遵(준) : 따르다.
4) 一簣(일궤) : 삼태기 하나. 적은 양을 비유한다.
5) 崇積(숭적) : 높이 쌓다. 진晉 갈홍葛洪의 ≪포박자抱朴子·욱학勖學≫에 "삼태기 하나 쌓는 것을 쉬지 않으면 반드시 높은 산과 같아질 것이다.(崇一簣而弗休, 必鈞高乎峻極矣)"라고 하였다.

6) 虞軒(우헌) : 우순虞舜과 헌원씨軒轅氏. 즉 순임금과 황제黃帝를 가리킨다.
   眇莽(묘망) : 아득하다.
7) 顔隰(안습) : 안연顔淵과 습붕隰朋. 안연은 공자의 제자로서 안빈낙도하며 배우기를 좋아했다. 습붕은 춘추시대 제나라 사람으로 어려서부터 우수한 교육을 받았으며 책을 많이 읽어 이치에 통달했다. 관중과 더불어 제 환공을 보좌하여 패업을 이루게 하였다. 이상 두 구는 아득한 옛 헌원씨와 순임금의 일을 안연과 습붕이 다 궁구했다고 말한 것으로, 이를 통해 자신도 부단한 독서를 통해 이들과 같은 경지에 오르리라는 다짐을 하였다. 이와 달리 부단한 독서를 통해 아득한 헌원씨와 순임금의 일 뿐만 아니라 안연과 습붕의 일까지 다 궁구하겠다는 뜻으로 풀이할 수도 있다.

해설

이 시는 꾸준한 독서를 통해 옛 일을 다 궁구하겠다는 뜻을 표현하였다. 화려한 정원을 노니는 것보다는 동중서처럼 휘장을 내리고 오로지 책만 볼 것을 말한 뒤, 큰 산을 이루기 위해서는 삼태기 하나에서 시작하고 티끌 하나가 중요하다고 말하여 꾸준히 독서를 할 것을 말하였다. 마지막 두 구절에서는 안연과 습붕을 본받아 순임금과 헌원씨와 같은 아득한 옛 일까지 다 궁구하겠다는 의지를 표현하였다. (임도현)

夜集歎乖詩
밤에 모여 어그러짐을 탄식하며 24

詩人詠踟躕,1	시인은 불우함을 읊고
騷者歌離別,2	근심하는 이는 이별을 노래하나니
誠哉曩日歡,3	지난시절은 진실로 기뻤었지만
展矣今夕切,4	오늘 밤은 참으로 절박하도다.
吾生赴遙命,5	내 삶은 요원하기만 한 운명을 좇아
質明即行轍,6	새벽부터 달리는 수레바퀴를 가까이 했었지.
在貧故宜言,	옛날 가난했던 시절 나누었던 마땅했던 말들을
贈子保溫惠.	그대에게 드리나니 따사로움과 은혜를 보존하시길.
曷用書諸紳,7	어찌 큰 띠에 옮겨 쓸 필요 있겠는가,
久要亮有誓.8	오랜 약속에 진실로 맹세가 있거늘.

주석

1) 踟躕(지주) : 머뭇거리다, 망설이다. 여기서는 불우함을 이른다.
2) 騷者(소자) : 근심하는 이.
3) 曩日(낭일) : 지난 날.
4) 展(전) : 진실로, 참으로.
5) 赴(부) : 힘쓰다, 달려가다.
6) 質明(질명) : 날이 밝으려 할 무렵.
   即(즉) : 가까이하다, 나아가다.

7) 書諸紳(서제신) : 큰 띠에 옮겨 적다. ≪논어論語·위령공衛靈公≫에 자장子張이 어떻게 하면 자신의 주장이 수용되어 행해질 수 있는지에 관하여 여쭈어보자 공자가 "말이 충성스럽고 믿음직하며 행동이 독실하고 경건하다면 오랑캐의 나라에서라도 행해지게 될 것이다."라 하자 자장이 그 말씀을 허리에 두르고 있던 큰 띠에 옮겨 적었다.
8) 久要(구요) : 오래된 약속.

해설

이 시는 떠나려는 벗을 위해 밤에 모여 불우함을 개탄하며 이별을 아쉬워하는 내용을 담고 있다. 시의 정조와 내용상 벗은 관직을 얻어 떠나는 상황인 듯하다.

제1~2구에서는 시인과 근심하는 이를 들어 작자 자신이 불우함과 이별을 당하고 있음을 말하였다. 제3~4구에서는 벗과 지난시절 즐거웠지만 지금은 절박한 마음이 든다고 하여 이별이 임박했음을 추측하게 하였다. 제5~6구는 제1구의 불우함에 대한 묘사로, 붙잡히지 않는 운명을 위해 새벽부터 분주했다고 하였고, 제7~8구는 제2구의 이별에 대한 묘사로, 가난한 지난 날 나누었던 이야기를 떠나는 벗에게 들려주며 따뜻함과 은혜를 보존하기를 바라였다. 제9~10구에서는 자장의 고사를 인용하여 나누었던 이야기를 굳이 적을 필요 없다고 하면서, 그 이유는 예전에 나누었던 약속에 굳은 맹세가 있기 때문이라고 하였다. 이 맹세의 내용은 아마도 벼슬하게 되면 펼칠 포부와 이상, 꿈같은 것이 아닐까 싶다. 시인 자신은 운명과 어그러져 실현시킬 수 없으나, 벗은 장차 이곳을 떠나 오래전에 했던 약속을 잘 지키기를 바란 마음을 담아 마무리하였다. (이지운)

與孔曲阿別詩[1]
공곡아와 이별하며 25

淒淒乘蘭秋,[2]	쓸쓸한 음력 7월이 되어
言餞千里舟.[3]	천 리 떠나는 배를 전송하네.
塗屆雲陽邑,[4]	길은 운양현으로 이어지는데
邑宰有昔遊.[5]	운양현령과는 예전에 노닌 적이 있었네.
行人雖念路,	길을 떠나는 사람은 비록 앞길을 걱정하겠으나
爲爾暫淹留.[6]	이렇게 잠깐이나마 머물러주시게.

주석

1) 孔曲阿(공곡아) : 성이 공씨이며 이 시에서는 곡아 현령이 되어 곡아로 가는 사람이다. 공곡아가 누구인지는 알 수 없다. '곡아曲阿'는 지금의 강소성 단양시丹陽市의 옛 이름이다. 전국시대에 처음 세워졌을 때에는 운양읍雲陽邑이라고 불렸고 진秦나라 때 운양현雲陽縣이 되었다가 곡아현曲阿縣으로 이름이 바뀌었다. 동한東漢 초에 다시 운양현이 되었다가 뒤에 다시 곡아현이 되었다.

2) 淒淒(처처) : 처량하고 쓸쓸한 모습.

   乘(승) : 되다. 다가오다.

   蘭秋(난추) : 음력 7월. 난초의 꽃이 음력 7월에 활짝 피기 때문에 이렇게 불렀다.

3) 餞(전) : 이별하다. 보내다.

   千里舟(천리주) : 먼 길을 떠나는 배.

4) 屆(계) : 이르다.

雲陽邑(운양읍) : 운양현. 곡아현과 같은 곳이다.
5) 邑宰(읍재) : 현령縣令. 이 시에서는 운양현의 현령이 곡아현의 현령과 같은 의미이므로
　　공곡아를 가리킨다.
　　　昔遊(석유) : 예전에 같이 교유한 일. '구유舊遊'와 같다.
6) 爲爾(위이) : 이처럼. 이렇게.
　　　淹留(엄류) : 머물다.

해설

　이 시는 곡아현령이 되어 떠나는 공곡아를 전송하며 쓴 시이다. 공곡아는 사혜련과 예전에 교유가 있었던 사람으로 나온다. 사혜련은 쓸쓸한 초가을의 강가에서 배를 타고 떠나는 공곡아를 전송하며 비록 곡아 현령이 되어 가는 뱃길이 걱정스럽겠으나 자신과의 옛 사귐을 생각하여 잠시나마 출발을 늦춰달라고 바란다. 떠나가는 공곡아가 걱정하는 앞길은 여행길 뿐 아니라 관직이나 다른 정치적 미래도 포함되는 것으로 보인다. (서용준)

詠螺蚌詩[1]
소라조개를 읊다 26

輕羽不高翔,[2]	가벼운 깃털의 새는 높이 날지 못하여
自用絃網羅.[3]	절로 그물을 쓰는 데 걸려들고
纖鱗惑芳餌,[4]	가는 비늘의 물고기는 맛좋은 미끼에 현혹되니
故爲釣所加.	그래서 낚시 바늘에 걸린다네.
螺蚌非有心,[5]	소라조개는 속이 차지 않은 데다
沉迹在泥沙.[6]	가라앉은 흔적만 진흙 모래에 있으며,
文無雕飾用,[7]	무늬는 장식으로 쓸 것도 없고
味非鼎俎和.[8]	맛은 솥과 도마의 제기와 어울릴 바 아니라네.

주석

1) 螺蚌(나방) : 소라조개. 조개류의 일종이다.
2) 輕羽(경우) : 가벼운 깃털. 새.
3) 網羅(망라) : 그물에 걸리다. 원래는 새를 잡는 그물을 가리킨다.
4) 纖鱗(섬린) : 가는 비늘. 물고기.
5) 非有心(비유심) : 속이 차지 않다. 속이 비다. 사심이나 욕심이 없는 무심無心의 경지를 말한다.
6) 沉迹(침적) : 가라앉은 흔적. 땅속 깊이 파고 들어간 흔적을 가리킨다. 자신을 드러내거나 과시하지 않는 것을 비유한다.
7) 文(문) : 무늬. 소라조개 껍질에 나있는 무늬를 가리킨다.

8) 鼎俎(정조) : 고대 제사나 제왕의 연회에서 희생 제물이나 음식을 늘어놓는 예식용 제기.
和(화) : 어울리다.

해설

이 시는 소라조개가 제 수명을 다할 수 있는 비결을 노래한 영물시이다.

제1~4구는 새와 물고기가 그물이나 낚시 바늘에 걸려 제 수명을 다하지 못하는 것을 노래하였다. 제5~8구는 새와 물고기와 달리 소라조개는 속을 꽉 채우거나 겉을 드러내지 않으며 또 장식이나 제사에도 쓸모가 없음을 서술하였는데, 이러한 쓸모없음을 통해 소라조개가 제 수명을 다할 수 있음을 노래하였다. 이는 ≪장자莊子·인간세人間世≫에서 큰 나무가 쓸모가 없어 천수天壽를 누릴 수 있었다고 하는 '무용지용無用之用'의 철학을 소라조개를 통해 보여주는 것이라 하겠다. (김수희)

離合詩
떼었다 합치는 시 27

放棹遵遙塗,1	노를 저어 먼 길 가느라
方與情人別.	바야흐로 정인과 이별하네.
嘯歌亦何言,2	휘파람 불 뿐 또 무엇을 말하리오
肅爾凌霜節.3	묵묵히 서리 내리는 계절을 견뎌야 하리.

주석

1) 放棹(방도) : 노를 놓다. 노를 저어 배를 출발시킨다는 의미이다.
2) 嘯歌(소가) : 휘파람 불다.
3) 肅爾(숙이) : 숙연히. 묵묵히.
   凌(능) : 견디다, 무릅쓰다.
   이 구는 배를 타고 떠나가는 사람이 서리 내리는 계절을 견디고 먼 길을 가야함을 의미한다.

해설

이 시는 각 구의 첫 글자가 수수께끼의 실마리가 되는 이합시로서 정인과 이별할 때의 감회를 내용으로 하고 있다. 제1구의 첫 글자 '방放'에서 제2구 첫 글자인 '방方' 부분을 빼고, 제3구 첫 글자 '소嘯'에서 제4구 첫 글자 '숙肅' 부분을 빼서 각각 남은 부분을 합하면 '각各'자가 된다. 다시 말해 배를 타고 떠나가는 사람과 남는 사람이 하고 싶은 말도 다 못하고 헤어져 각각各各의 길을 가게 되었다는 이 시의 의미를 '각各'으로 압축해낸 것이라 하겠다. (정세진)

離合詩
떼었다 합치는 시 28

夫人皆薄離,1　　뭇 사람들 모두 이별을 가벼이 여기지만
二友獨懷古.　　두 벗만 유독 옛일을 그리워하네.
思篤子衿詩,2　　그리움으로 〈그대의 옷깃子衿〉 시를 계속 읊조려 줄 터이니
山川何足苦.3　　내 가야 할 산천 길이 무에 괴로워할 만하랴.

주석

1) 夫人(부인) : 뭇 사람들.
    薄(박) : 가벼이 여기다.
2) 子衿(자금) : ≪시경·정풍≫의 편명. 〈그대의 옷깃子衿〉을 말한다. "푸르고 푸른 그대의 옷깃이여, 내 마음 아득하여라. 나는 설령 가지 못한다 해도, 그대는 어찌 소식 전하지 않는가. 푸르고 푸른 그대의 패옥이여, 내 생각 아득하여라. 나는 설령 가지 못한다 해도, 그대는 어찌 오지 않는가. 몸이 가볍고 방자하여, 성궐에 있구나. 하루 보지 못함이, 석 달과도 같아라.(靑靑子衿, 悠悠我心. 縱我不往, 子寧不嗣音. 靑靑子佩, 悠悠我思. 縱我不往, 子寧不來. 挑兮達兮, 在城闕兮. 一日不見, 如三月兮)"라는 내용으로 그리움을 제재로 한 시이다.
    이 구는 이 시 화자의 벗이 〈그대의 옷깃子衿〉 시를 지은 이처럼 자신을 계속하여 그리워해줄 것임을 뜻한다.
3) 山(산) : ≪시기詩紀≫에는 이 글자가 응당 '삼三'이 되어야 한다고 하였다.
    이 구는 시적 화자가 벗이 자신을 그리워해줄 것이므로 자신은 벗과 헤어져 가야

할 면 '산천山川' 길도 괴로워하지 않을 것이라는 마음을 밝힌 것이다.

해설

이 시는 두 벗이 서로 헤어져 그리워함을 내용으로 하는 이합시이다. 제1구 첫 글자인 '부夫'에서 제2구 첫 글자 '이二' 부분을 빼고, 제3구 첫 글자 '사思'에서 제4구 첫 글자인 '산山' 부분을 빼서 각각 남은 부분을 합하면 '염念'이 된다. 시의 마지막 두 구에서, 한 명은 떠나간 벗을 그리워하며 〈그대의 옷깃子衿〉 시와 같은 시를 읊어주고 떠나는 벗은 상대방을 그리면서도 벗의 돈독한 마음에 힘입어 먼 여정도 괴로워하지 않으리라고 결심을 밝혔듯이 서로를 '그리워[念]'하는 시의 내용을 '염念'자로 압축한 시인 것이다. (정세진)

夜集作離合詩 29
밤에 모여 떼었다 합치는 시를 짓다

四坐宴嘉賓,1 　사방의 자리에 귀한 손님 모셨는데
一客自遠臻.2 　한 손님이 멀리서 왔네.
九言何所戒,3 　아홉 구의 격언이 훈계하는 것은 무엇인가?
十善故宜遵.4 　열 가지 선 본디 따라야 한다는 것이라네.

주석

1) 四坐(사좌) : 사방의 자리.
   宴(연) : 초대하여 잔치를 베풀다.
2) 臻(진) : 이르다.
3) 九言(구언) : 아홉 구의 격언. 춘추시대 정鄭나라 자대숙子大叔이 조간자趙簡子에게 훈계한 아홉 구의 말로 "난리를 일으키지 말고 부에 의지하지 말며 총애를 믿지 말고 동료를 배반하지 말며 예를 어그러뜨리지 말고 능력을 자랑하지 말며 거듭 화내지 말고 덕이 아닌 것을 도모하지 말며 의가 아닌 것을 범하지 마라.(無始亂, 無怙富, 無恃寵, 無違同, 無放禮, 無驕能, 無復怒, 無謀非德, 無犯非義)"라고 한 것을 가리킨다. 이로 인하여 다른 사람의 가르침에 대한 경칭으로 사용되는 말이 되었다.
4) 十善(십선) : 불교어로, 열 가지 악[十惡]을 범하지 않는 것. 즉 살생殺生, 도둑질[偸盜], 음탕한 짓[邪淫], 거짓말[妄語], 이간질[兩舌], 험담[惡口], 꾸며대는 말[綺語], 탐욕貪欲, 노여워하는 것[瞋恚], 요사스러운 생각[邪見]을 하지 않는 것을 말한다.

해설

이 시는 밤에 연회에 모여서 지은 이합시이다. 이 시에서 각 구의 첫 글자인 사四, 일一, 구九, 십十을 합하면 '취醉'자의 이체자인 '취醉'가 된다. 즉, 모두가 모인 연회에서 함께 어울리며 취해보자는 의미를 내포하고 있는 것이다. (김하늬)

三日詩[1]
삼짇날

30

弱柳蔭修衢.[2]　　가녀린 버들 긴 거리에 그늘 드리웠다.

주석

1) 이 시는 ≪초학기初學記≫ 권3에 실려 있는데 단지 한 구만 남아 있다.
2) 蔭(음) : 그늘지다.
   衢(구) : 네거리.

해설

버들을 묘사한 시 내용으로 보아 음력 3월 3일인 삼짇날을 가리키는 듯하다. (이지운)

詩[1] 시 31

有客被褐前,[2]	갈옷 입기 전의 한 사람이 있나니
投心自詢寫,[3]	성심으로 온갖 세상 영리를 꾀한다네.
自言擅聲名,	스스로 말하기를, 명성을 떨칠 수 있다면
不謝嬴甘賈.[4]	어떤 일도 마다 않고 장사도 달가워하리라 하네.
臧否同消滅,[5]	인생의 득과 실은 모두 소멸되어 버리나니
誰能窮薪火.[6]	누가 삶이 다하는 때를 알 수 있으리?
酈生無文章,[7]	역이기는 역사에 기록되지 못했으며
西施整妖冶.[8]	서시는 지금 아름다운 모습만 남았다네.
胡爲空耿介,[9]	어찌하여 헛되이 고결한 뜻을 품고 있는지?
悲哉君志瑣.[10]	슬프도다, 그대의 소소한 뜻이여!

주석

1) 이 시는 ≪오역운보吳棫韻補≫ 권3에 실려 있다.
2) 被褐前(피갈전) : 갈옷을 입기 전. 세상의 영리를 버리고 은거하지 않은 상태를 의미한다.
3) 投心(투심) : 온 마음으로, 성심誠心으로.
   詢寫(순사) : 모든 것을 도모하다. 세상의 영리를 추구하는 것을 의미한다. '순詢'은 도모하다는 뜻의 '모謀'와 같고, '사寫'는 다하다는 뜻의 '진盡'과 같다.
4) 不謝(불사) : 사양하지 않다.
   嬴(영) : 두루 하다. 영리를 얻기 위해 어떤 일이든 하는 것을 말한다.

甘賈(감고) : 장사하는 것도 달게 여기다. 비천한 일이라도 꺼리지 않는 것을 말한다.

5) 臧否(장비) : 득실得失이나 포폄褒貶.

同(동) : 함께, 다같이. ≪강희자전康熙字典≫ '寫'자의 설명에 인용된 시에는 '固'로 되어 있으며, 이 경우 강조의 뜻이다.

6) 能(능) : 능하다. ≪강희자전康熙字典≫ '寫'자의 설명에 인용된 시에는 '知'로 되어 있다. 본문 해석에서는 이를 따랐다.

薪火(신화) : 신진화멸薪盡火滅. 땔나무가 다 타고 불이 꺼지다. 죽음을 가리킨다.

7) 酈生(역생) : 역이기酈食其. 한 고조 유방劉邦의 책사. 유방을 도와 제齊 등 여러 제후들을 설득하여 진秦을 멸망시키고 천하를 통일하는데 기여하였다.

≪문선文選≫의 반표班彪 <왕명론王命論>의 이선李善 주에 "≪한서≫에 다음과 같이 말하였다. 역이기가 만나기를 구했는데 유방이 침상에 걸터앉아 두 여인으로 하여금 발을 씻기게 하고 있었다. 역이기가 절을 하지 않고 길게 읍하며 이르기를, '족하께서 반드시 무도한 진나라를 토벌하고자 하신다면 앉은 채로 어른을 맞아서는 안 될 것입니다.'라 하였다. 유방이 일어나 옷을 당기며 사죄하고 윗자리로 인도하여 앉았다. 역이기가 유세하니 항우가 진류를 공격하였다.(漢書曰, 酈食其求見, 沛公方踞床, 使兩女子洗足. 酈生不拜, 長揖曰, 足下必欲誅無道秦, 不宜踞見長者. 沛公起, 攝衣謝之, 延上坐. 食其說, 沛公襲陳留)"라 하였다.

無文章(무문장) : 역사에 기록되지 않다. 유방의 천하통일에 크게 기여했음에도 소하蕭何나 장량張良 등과는 달리 이름이 알려지지 않음을 말한 것으로, 공업의 불여의함과 무상함을 의미한다.

8) 西施(서시) : 춘추 시기 월越의 미녀. 월왕 구천勾踐이 회계會稽에서 패한 후 범려范蠡로 하여금 서시를 오왕 부차夫差에게 보내어 정사를 소홀하게 하고 마침내 오를 멸망시켰다. 서시는 후에 범려를 따라 함께 오호五湖로 들어갔다고 한다.

整(정) : 지금.

妖冶(요야) : 아름다운 모습. 서시가 비록 오의 멸망에 커다란 공을 세웠음에도 지금은 그저 아름다운 여인으로만 기억되고 있음을 말한 것으로, 앞서의 역이기의 예와 함께 공업수립의 허망함과 무상함을 의미한다.

9) 耿介(경개) : 높고 고결한 뜻. 여기서는 공업수립의 욕망을 가리킨다.
10) 瑣(쇄) : 소소하다, 자질구레하다.

> 해설

 이 시는 세상의 영리를 추구하는 사람들을 비판한 것으로, 인생사의 득실과 부귀영화의 무상함을 말하고 있다.
 제1~4구에서는 세상영리를 위해서라면 무슨 일이든 가리지 않고 비천한 행동마저 거리끼지 않는 사람을 말하며 그의 비루함과 무지한 식견을 비판하고 있다. 이어 제5~8구에서는 죽고 나면 생전의 영화와 득실은 모두 소멸되어 버리며 죽음의 시기 또한 알 수 없는 인간의 무력함을 말하고, 유방을 도와 커다란 공을 세웠음에도 정작 사람들에게 알려지지 못한 역이기와 역시 월왕을 도와 오의 정벌에 커다란 공을 세웠음에도 그저 아름다운 여인으로만 기억되고 있는 서시를 예로 들며 공업수립의 무상함을 말하고 있다. 마지막 제9~10구에서는 세상영리와 공업수립을 향한 세상 사람들의 굳건한 지향을 탄식하며 결국은 공허함으로 끝날 뿐인 세속적 욕망의 추구를 안타까워하고 있다.
(주기평)

詩[1] 시 32

夕坐苦多慮,　　저녁에 앉아 있노라니 진실로 걱정이 많은데
行歌踐閨中.[2]　가며 노래하며 규방을 서성이네.
房櫳引傾月,[3]　방의 창문으로 지는 달을 끌어들이고
步簷結春風.[4]　거닐던 회랑에는 봄바람을 묶어두었네.

주석

1) 이 시는 ≪예문류취藝文類聚≫ 권26에 실려 있는데, 제목이 알려져 있지 않다.
2) 閨中(규중) : 여인의 거처
3) 房櫳(방롱) : 창틀.
   傾月(경월) : 기울어진 달. 지는 달을 가리킨다.
4) 步簷(보첨) : 회랑.

해설

이 시는 봄날 저녁에 여인이 홀로 근심을 삭히려 이리저리 배회하는 모습을 표현하였다. 아마도 여인은 누군가를 기다리고 있는 중인 것으로 보이는데, 지는 달을 끌어들인다고 하여 지나가는 시간을 붙들어 두고자 하는 마음을 표현하였고, 회랑에 봄바람을 묶어둔다고 하여 사그라지지 않는 춘흥을 표현하였다. (임도현)

詩[1] 33

挂鞍長林側,[2]　　긴 숲 옆에 안장을 걸고
飮馬修川湄.[3]　　긴 냇물 가에서 말을 먹인다.

주석

1) 이 시는 ≪초학기初學記≫ 권22에 실려 있는데 제목이 알려지지 않았고 단지 한 연만 남아 있다.
2) 挂鞍(괘안) : 안장을 걸다.
   長林(장림) : 길게 뻗쳐있는 숲.
3) 湄(미) : 물가.

해설

한 연만 남아 있어 전체 면모를 알 수 없는 시이다. 숲 옆에서 말을 타기 시작하여 냇물에 이르러 말에 물을 먹인다는 뜻이다. (이지운)

부록 1. 사령운 전기

≪송서宋書≫ 권67

사령운은 진군陳郡 양하(陽夏, 지금의 하남성 태강현太康縣) 사람이다. 할아버지 사현謝玄은 진나라 거기장군車騎將軍이었다. 아버지 사환謝瑍은 날 때부터 노둔했지만 비서랑祕書郞을 지냈으며 일찍 죽었다. 사령운은 어려서 총명했는데 사현이 매우 기특하게 생각하고는 친척이나 친구들에게 "나는 사환을 낳았는데 사환은 어찌하여 사령운을 낳을 수 있었는가?"라고 말하였다. 사령운은 어려서 배우기를 좋아했고 여러 책을 두루 보았다. 문장의 아름다움은 강좌 지역에서 따라올 자가 없었다. 당숙인 사혼謝混이 특히 그를 알아보고 사랑했다. 사령운은 강락공康樂公에 세습되어 봉해졌으며 식읍은 삼천호였다. 국공의 예에 따라서 원외산기시랑員外散騎侍郞에 제수되었으나 나아가지 않았다. 낭야왕琅邪王의 대사마행참군大司馬行參軍이 되었다. 성격이 사치스럽고 호화스러워 수레와 의복이 화려했으며, 의상과 기물에 있어 대부분 옛 제도를 바꾸었는데 세상 사람들이 그를 으뜸으로 여기고 사강락謝康樂을 칭송했다. 무군장군撫軍將軍 유의劉毅가 고숙姑孰에 진주할 때 기실참군記室參軍이 되었다. 유의가 강릉江陵에 진주할 때는 또 위군종사중랑衛軍從事中郞이 되었다. 유의가 죽음을 당한 뒤 고조高祖가 태위참군太尉參軍에 임명하였으며 조정으로 들어가서 비서승祕書丞이 되었지만 일로 인해 면직되었다. 고조가 장안을 정벌할 때 표기장군驃騎將軍 도린道憐이 수도를 지켰는데, 사령운을 자의참군諮議參軍에 임명하였으며 후에 중서시랑中書侍郞이 되었다. 또 세자중군자의世子中軍諮議와 황문시랑黃門侍郞이 되었으며 팽성彭城에서 고조를 안무하라는 명을 받들고는 〈찬정부撰征賦〉를 지었다. 그리하여 송나라의 황문시랑黃門侍郞을 제수받고 상국종사중랑相國從事中郞 및 세자좌위솔世子左衛率

이 되었다. 갑자기 집안에서 일하는 자를 살해한 일로 인해서 관직이 박탈되었다. 고조가 천명을 받아 송나라를 건국한 뒤 공작의 지위를 내려 후작으로 삼았으며 식읍은 오백호였다. 산기상시散騎常侍로 처음 기용되었다가 후에 태자좌위솔太子左衛率이 되었다. 사령운은 도량이 좁고 언행이 과격하여 예법을 자주 어겼기 때문에 조정에서는 다만 문사의 일만 맡겼을 뿐 실제적인 일은 허락하지 않았다. 스스로는 재능이 의당 핵심적인 업무에 참여할 만하다고 말했지만 알아주는 사람이 없자 항상 울분을 품었다. 여릉왕廬陵王 유의진劉義眞은 어려서부터 문학 전적을 좋아하여 사령운과는 정이 매우 돈독했다. 소제少帝가 즉위하고 권력이 대신들에게 있었는데, 사령운은 반대세력을 선동하여 집정자들을 비방했다. 이에 사도司徒 서선지徐羨之 등이 그를 근심거리로 여기고는 영가태수永嘉太守로 내보냈다. 영가군에는 이름난 산과 물이 있어 사령운이 평소 아끼는 바였는데, 외직으로 태수가 되어 자신의 뜻을 펼치지 못하게 되자 마침내 마음대로 노닐었다. 여러 현을 두루 돌아다녔는데 걸핏하면 열흘이나 한 달을 넘겼으며, 백성들의 송사를 처리하는 일에는 다시 관심을 두지 않았다. 가는 곳마다 시를 읊조리며 자신의 뜻을 말하였다. 영가군에서 일 년이 지난 후 병을 핑계로 사직하였다. 종제 사회謝晦, 사요謝曜, 사홍미謝弘微 등이 편지를 보내 만류하였지만 그는 듣지 않았다.

사령운의 아버지와 할아버지를 모두 시녕현始寧縣에 장사 지내고 아울러 그곳에 옛 집과 전답이 있어 호적을 회계로 옮겨 별장을 수리하고 가꾸었는데, 산이 옆에 있고 강을 끼고 있어서 은거지로서의 아름다움을 다 갖추었다. 은사 왕홍지王弘之와 공순지孔淳之 등과 더불어 마음껏 즐겼으며 그곳에서 생을 마치고자 하는 뜻을 가지게 되었다. 매번 시를 한 수 지으면 도시에 알려져 귀천을 막론하고 다투어 베꼈으며 삽시간에 일반 백성들에게까지 다 퍼져서 먼 곳이나 가까운 곳에서나 모든 이들이 흠모하여 그 명성이 수도를 뒤흔들었다. 〈산거부山居賦〉를 짓고 스스로 주석을 하여 자신의 일을 말하였다.

태조太祖(문제文帝)가 등극하고 서선지 등을 죽이고는 사령운을 비서감祕書監으로 삼았지만 두 번이나 불러도 나아가지 않았다. 주상이 광록대부光祿大夫 범태范泰를 시켜 사령운에게 편지를 보내 독실하게 격려하니 나와서 관직을 받았는데, 비각의 서적을 정리하고 빠진 글을 보충하는 일을 맡겼다. 또 진나라 한 조대의 시작과 끝까지 정리한 사서가 없기에 사령운으로 하여금 ≪진서晉書≫를 편찬하게 하니 대략적인 조목을 잡았다. 책은 결국 완성되지 못한 채 얼마 후 시중侍中으로 옮겨갔는데 낮과 밤으로 황제의 부름을 받았고 대우가 매우 두터웠다. 사령운의 시와 서예는 모두 독보적이고 빼어났는데 매번 문장이 완성되면 손수 베꼈으니, 문제文帝는 이를 '두가지 보물二寶'이라고 칭찬하였다. 애초에 스스로 이름난 선비여서 재능이 응당 정치에 참여할 수 있을 거라고 생각해서, 처음 황제가 불렀을 때 이로써 자부하였지만, 막상 도착했을 때는 문제가 단지 문사로만 그를 접했으니 매번 주상의 연회에서 모실 때 담론하고 품평만 할 따름이었다. 왕담수王曇首, 왕화王華, 은경인殷景仁 등은 명성과 지위가 평소 사령운을 뛰어넘지 못했지만 모두 황제의 신임과 중용을 받았으므로 사령운의 마음이 편치 않아서 자주 병을 핑계대고 조회에 참석하거나 출근하지 않았다. 연못을 파고 울타리를 만들고 대나무와 과실수를 심으면서 공적인 인부를 맘대로 부렸다. 성곽을 나가 유람을 가니 어떤 하루는 1백 6, 7십리를 나가서 열흘이 넘도록 돌아오지 않기도 했다. 표로써 사정을 아뢰지도 않았고 휴가를 요청하지도 않았다. 황제는 대신을 해치고 싶지 않아서 비유적으로 뜻을 나타내어 스스로 이해하도록 하였고, 사령운은 그래서 표를 올려 병에 걸린 사정을 호소하였으니 황제는 휴가를 내려서 동쪽으로 돌아가게 하였다. 사령운은 이미 병 때문에 동쪽으로 돌아와서는 놀러 다니고 잔치를 하며 모여서는 밤으로 낮을 이었으니 다시 어사중승 부륭傅隆에 의해 상소를 당했고 이로 인해 면직되었으니 이 해가 원가元嘉 5년(428)이었다.

사령운은 동쪽으로 돌아와서는 족제인 사혜련謝惠連, 동해東海 사람 하장유何長瑜, 영천潁川 사람 순옹荀雍, 태산泰山 사람 양선지羊璿之와 더불어 문장을 감상하는 것으로 모여서 함께 산과 물의 유람을 했으니 당시 사람들은 그들을 사우四友라고 불렀다. 사혜련은 어리지만 재주와 지혜가 있었는데 성품이 경박하여 아버지인 사방명謝方明에게 인정받지 못했다. 사령운이 영가永嘉를 떠나 시녕始寧으로 돌아왔을 때에, 사방명은 회계군會稽郡 태수였다. 사령운은 일찍이 시녕으로부터 회계에 이른 적이 있는데 사방명을 찾아갔다가 사혜련을 지나가다 보고 서로 상대를 크게 알아보았다. 이 때 하장유는 사혜련에게 책을 읽게 하였는데 하장유도 회계군부 안에 있었고 사령운은 또한 하장유가 뛰어나다고 여기고 사방명에게 말하기를, "혜련은 재주와 지혜가 이와 같은데도 아버님께서는 보통

아이로 여기고 그를 대우하십니다. 하장유는 지금의 왕찬王粲이라고 하겠는데 아버님께서는 하급 식객의 음식으로 그를 먹이십니다. 아버님께서 기왕에 능력 있는 이에게 예의를 차릴 수 없으시다면 마땅히 하장유를 저에게 주십시오."라 하였다. 사령운은 하장유를 수레에 태워서 떠났다.

 순옹은 자가 도옹道雍으로 관직은 원외산기랑員外散騎郞까지 이르렀다. 양선지는 자가 요번曜璠으로 임천내사臨川內史가 되었는데 사공경릉왕司空竟陵王 유탄劉誕에게 대우를 받았으나 유탄이 패하자 이에 연루되어 주살당했다. 하장유는 아름다운 문장의 재주가 사혜련의 다음이었으나 순옹과 양선지가 미치지 못했다. 임천왕臨川王 유의경劉義慶이 문사를 불러 모으자 국시랑國侍郞으로부터 평서기실참군平西記室參軍이 되었다. 하장유는 일찍이 강릉江陵에서 글을 보내어 종인 하욱何勖에게 주었는데 시를 지어 유의경의 주부의 관리에 대해 차례로 이야기하며 말하기를, "육전은 귀밑머리를 염색하고 측실에게 잘 보이려 하지. 검은 머리는 오래갈 줄 모르고, 흰 머리가 줄줄이 다시 나왔네."라 하였다. 이와 같은 것 5, 6구였는데 경박한 젊은이들이 마침내 널리 퍼뜨렸으니, 저 그곳의 인사들이 아울러 제목을 만들어서 모두 심한 말과 거슬리는 구절을 더하였다. 그 글이 유행하자 유의경이 대노하여 태조太祖에게 말하여 하장유를 광주廣州 관할의 증성령曾城令으로 제수되게 하였다. 유의경이 사망하자 조정의 인사들이 관저에 찾아와서 슬픔을 표했는데 하욱이 원숙袁淑에게 말하기를, "하장유가 바로 돌아올 수 있겠습니다."라 하니, 원숙이 말하기를, "나라가 막 황실의 뛰어난 인물을 잃었는데 곧바로 추방당한 사람을 생각하는 것은 적합하지 않습니다."라 하였다. 여릉왕廬陵王 유소劉紹가 심양尋陽에 진주하고는 하장유를 남중랑행참군장기南中郞行參軍掌記로 삼았다. 임지로 가려고 판교板橋까지 갔는데 폭풍을 만나서 물에 빠져 죽었다.

 사령운은 아버지와 할아버지의 자산에 힘입어서 집안의 재산이 매우 풍부하였다. 노비와 동복이 매우 많았고 휘하와 문도가 수백이었다. 산을 깎고 호수를 파는 것에 힘을 쏟는 것이 그침이 없었다. 산을 찾고 골짜기를 오르면서 반드시 깊은 준령을 갔다. 절벽이 천 겹인 험한 산은 갖추어 다 오르지 않은 곳이 없었다. 늘 나막신을 신었는데 오를 때는 앞굽을 뺐고 내려올 때는 뒷굽을 뺐다. 일찍이 시녕의 남산으로부터 나무를 자르고 길을 열어서 곧장 임해까지 이르니 따르는 사람이 수백 명이었다. 임해태수臨海太守 왕수王琇가 깜짝 놀라서 이들이 산적인가 하였는데 이들이 사령운이라는 것을 늦게 알고는 안심하였다. 사령운이 다시 왕수에게 다시 나아갈 것을 요구하였으나 왕수는 거절하였다. 사령운은 왕수에게 시를 주면서 말하길 "태수께서는 땅이 험한 것을 어려워 하시지만 나그네는 산으로 가는 것을 쉽게 여깁니다."라고 하였다. 회계에 있을 때도 무리가 많아서 현읍을 놀라 동요하게 하였다.

   회계태수 맹의孟顗는 부처를 정성스럽게 모셨는데 사령운에게 무시를 당했다. 일찍이 맹의에게 '득도는 모름지기 지혜로운 문인이어야 하나니, 죽어 하늘로 올라가는 것이 사령운 이전이라 해도 성불은 반드시 사령운 다음일 것이다.'라고 말한 적이 있는데, 맹의가 이 말을 깊이 한하였다. 회계 동쪽에 회종호回踵湖가 있었는데 사령운이 물길을 터서 전답으로 만들고자 청하니 태조太祖 문제文帝가 주군州郡에 명하여 시행하도록 하였다. 이 호수는 성과의 거리가 매우 가까웠는데 수산물의 생산지라서 백성들이 이를 애석해하자 맹의는 굳게 지키며 이 일을 허락하지 않았다. 사령운은 회종호의 일을 성사시키지 못했는데도 또 시녕始寧의 비황호岯堭湖를 전답으로 만들려고 했는데 맹의가 또 굳게 지키며 반대하였다. 사령운은 맹의에게 백성의 이익을 마음에 둔 것이 아니라 단지 호수가 터져 넘치게 되면 생명 있는 것들이 많이 상할까 걱정돼서라고 말하였는데, 논쟁하는 중에 그를 헐뜯고 마음 상하게 하여 맹의와 끝내 원수가 되었다. 사령운이 방자하게 굴었기 때문에 백성들이 놀라고 동요하게 되자 바로 그에게 조정을 배반할 뜻이 있다고 표를 올리고 군사를 내어 스스로 지키며 상소문을 써서 상소하였다. 사령운은 도성으로 말을 달려 궁궐에 나아가 표를 올려서 "신이 병이 나서 산에 은거한 지 이제 3년 되었는데, 거주지가 성 근처가 아니어서 일마다 세상이치와 어긋나고 궁벽한 바위계곡에 거한 채 바깥세상과 속세의 인연을 모두 끊고서 분수를 지키고 몸을 보양하면서 여생을 마치기를 바랐습니다. 갑자기 지난달 28일에 회계 태수 맹의의 27일 상소를 받게 되었는데, '요즈음 의론이 분분한데 이 일이 비록 끝나도록 다스렸지만 백성들이 가만히 있기를 허락하지 않기에 지금 좀 그 방비를 하고 있습니다.'라고 하였는데, 상소의 내용이 놀라운데도 그 이유를 밝히지 않았기에 곧장 혜성처럼 말달려서 폐하에게 돌아왔습니다. 산음을 지날 때 방비가 삼엄하였는데 마구간을 방패로 막고 길거리를 차단했으며 순라군들이 종횡으로 오가고 창 들고 갑옷 입은 이들이 길에 깔렸습니다. 미천한 제가 무슨 죄를 지었는지 모르겠습니다. 맹의를 만나게 되면 비록 용서를 바란다고 말하겠지만 이와 같이 방비하니 그저 황망할 따름입니다. 제가 지난날 가까이 모시면서 황은을 입었는데 만약 그 죄가 밝혀지고 상소문에 증거가 있다면 형옥에서 공개적으로 죽여 국법을 바르게 하시고 온 천하에 절로 몸을 보전할 데가 없게 하소서. 이제 거짓으로 죄가 되니 어찌 이처럼 가혹한 것입니까? 예부터 비방과 참언은 성인과 현인들도 면치 못하였으나 참언을 받게 된 유래는 결국 근거가 있었습니다. 혹은 죽음을 가벼이 여기고 의기를 중시하여 무리를 모으거나 혹은 고을에서 용감무쌍하여 검객이 되어 내달렸습니다. 유가의 제사규범을 배운 사람이 반역죄를 저지르려고 한다거나 산에 은거하는 선비가 윗사람을 범하려는 실수를 했다는 말은 들어본 적이 없습니다. 지금 행적이 없는데도 거짓으로 비방하고 헛되이 만들어내니, 예로부터 이러한 잔혹함은 간혹 있지도 않았습니다. 제 인생을 아껴서가 아니라 진실로 그 고통에 슬퍼할 뿐입니다. 정말로 다시 병폐가 있는지 속으로 반성했지만 이치가 있어도 펼칠 길이 없었습니다. 이런 까닭으로 병든 몸을 끌고서 대죄하러 돌아왔습니다. 우러러 폐하께서 하늘같이 굽어 살피시는 데로 따를 것이니 죽는 날이 오히려 사는 날 같을 것입니다. 제가 온종일 걱정하는 것은 병이 발발해서 시신에 당혹함이 남는 것이니 뭐라 말씀드릴지 모르겠습니다."라고 하였다. 태조는 그가 무고를 당한 줄 알고 죄를 주지 않았다. 사령운을 시녕현으로 돌아가게 하지 않으려고 임천내사臨川內史에 임명하고 봉록 중이천석中二千石을 하사하였다.

   사령운은 임천군에서 노닐면서 방종하게 굴어 영가永嘉 시절과 달라지지 않았는데 이에 관리의 감찰을 받게 되었다. 사도司徒가 수주종사隨州從事 정망생鄭望生을 보내어 사령운을 구속하게 하자, 사령운은 정망생을 체포한 후 군사를 일으켜 배반하고 달아나서는 결국 역심을 품게 되었다. "한나라가 망하자 장량張良이 격분하여 일어났고 진나라가 황제라 칭하자 노중련魯仲連이 부끄러워하였네. 본래 강해 출신이라서 그 충성심과 의리가 군자들을 감동시켰네."라는 시를 지었다. 토벌하여 그를 잡으려고 정위廷尉를 보내 죄를 다스렸다. 정위는 사령운이 무리를 이끌고 배반하였다고 상주하고 참형으로 바로잡을 것을 논하였으나 임금은 그의 재능을 아껴 관직만 면하게 하고자 하였다. 팽성왕彭城王 유의강劉義康이 사면은 부당하다고 굳게 주장하고 이에 조서를 올려 "사령운의 죄는 거듭 일어났으므로 진실로 법대로 처리함이 마땅합니다. 다만 사현謝玄의 공훈이 관중管仲의 반열에 있는지라 그 후손을 용서해줌이 마땅하니 죽을 죄를 한 등급 내려서 광주로 옮기심이 가할 것입니다."라 하였다.

그 뒤에 진군秦郡의 부장府將 종제수宗齊受가 도구涂口에 가서 도허촌桃墟村에 이르렀을 때, 일곱 명의 사람이 길가에서 함부로 말하는 모습을 보았는데 보통사람은 아닌 듯하여 돌아와서 군현에 고하였다. 병사를 보내 종제수를 따라 토벌하게 하니 마침내 함께 싸워 모두 잡아 하옥시켰다. 그중 한 사람은 조흠趙欽이었는데 산양현山陽縣 사람이었다. 동향의 설도쌍薛道雙이 먼저 사령운과 공모하여 지난 9월 초 설도쌍과 동향인 성국成國을 통해 조흠에게 알리기를 "이전에 임천내사를 지내다 죄를 짓고 광주로 이송되는데, 사령운이 돈을 보내 활과 화살, 칼과 방패 등의 무기를 사게 하고 설도쌍에게 마을의 건장한 이들을 모아서 삼강구三江口에서 자신을 빼내달라고 시켰다. 만약 뜻대로 된다면 공로는 동일할 것이다."라고 하였다. 마침내 무리를 모아 사령운을 요구하려했으나 따라잡지 못하였다. 또 굶주리게 되자 길에서 도적질을 하게 되었다. 관리들이 또 법대로 다스리길 상주하자 태조가 광주에 조서를 내려 기시형棄市刑에 처하라 하였다. 죽음에 임박하여 "공승龔勝은 남은 삶이 없었고, 이업李業은 스스로 죽음을 얻었다네. 혜소嵇紹의 이치가 이미 핍박받았고, 곽원霍原의 생명 또한 다했다네. 서글프게 서리에 맞서는 측백나무, 옴짝달싹 못하게 꽉 갇혀 바람에 부딪히는 죽순. 만남이란 결국 정해진 때가 없으니, 목숨이 길고 짧은 것이야 근심할 바 아니로다.…참된 깨달음 얻기 전에 목숨을 잃으니, 이 고통을 오래도록 참았다네. 한하노니 나의 군자의 뜻, 얻지 못한 채 바위 가에서 다하는구나."라는 시를 지었다. 시에서 이른바 공승과 이업은 앞 시에서의 장량과 노중련과 같은 의미이다. 이때가 원가元嘉 10년이었으니 그의 나이 49세 때였다. 지은 문장은 세상에 전해졌다. 아들 사봉謝鳳은 그보다 먼저 처형되었다.

사관이 말한다. 백성은 하늘과 땅의 영기를 받고 오상五常의 덕행을 품고 있는데, 강함과 부드러움이 번갈아 쓰이고 기쁨과 슬픔으로 정이 나뉜다. 무릇 뜻이 마음에서 움직이면 노래와 읊조림이 밖으로 나오게 된다. 여기에서 풍風 아雅 송頌 부賦 비比 흥興의 육의六義가 기인하고 풍風 대아大雅 소아小雅 송頌의 사시四始가 연관되는데, 성쇠盛衰에 대한 노래는 시편詩篇에 많다. 비록 우虞와 하夏 시대 이전에 남긴 문자는 볼 수 없지만 정기精氣를 받고 영기靈氣를 품고 있기에 이치상 혹이라도 다른 점은 없을 것이다. 그러므로 노래와 읊조림이 흥기하는 것은 응당 백성에게서 비롯되는 것이다. 주나라 왕실이 쇠한 후, 풍류는 더욱 드러났다. 굴원과 송옥이 앞에서 맑은 근원을 이끌고, 가의와 사마상여가 뒤에서 향기로운 먼지를 떨치게 되었다. 아름다운 언어가 금석문에서 빛나고, 드높은 의기가 운천에 닿았다. 이 이후로 정과 뜻이 더욱 드넓어지게 되었다. 왕포, 유향, 양웅揚雄, 반고班固, 최인崔駰, 채옹蔡邕의 무리들은 궤도는 달리하되 함께 달려 나아가, 번갈아 스승과 시조가 되었다. 그런데 맑은 언어와 아름다운 곡조가 때때로 시편에서 발하였지만 번잡한 소리와 혼탁한 기운 역시 참으로 많아졌다. 장형張衡의 경우, 화려한 시문을 발하여 감정에 따라 문채를 달리하였지만, 그의 절창과 고상한 발자취를 잇는 자가 오래도록 없었다. 건안 연간에 이르러서야 조씨가 천명을 이어 받아, 위무제 조조, 위문제 조비, 진사왕 조식이 모두 성대한 문채를 축적하였고, 비로소 정으로써 문채를 엮고 문채로써 내용을 수식하게 되었다. 한나라부터 위나라에 이르기까지 사백여 년 동안 사인과 재자들은 문체를 세 번 변화시켰다. 사마상여는 형체를 묘사하는 데에 재주가 있었고, 반고는 정과 이치를 말하는 데에 뛰어났으며, 조식과 왕찬(王粲, 자가 중선)은 기세와 질박함으로써 본체를 이루었다. 이들이 함께 능력을 드높이고 아름다움을 자유자재로 다루어 유독 그 당시에 빛났다. 그래서 온 세상 선비들이 각자 흠모하고 익혔는데, 그 폭풍 같은 물줄기가 시작된 곳을 궁구해보면 ≪시경≫과 ≪초사≫를 시조로 삼지 않음이 없었다. 다만 좋아하는 바가 달랐기 때문에 내용과 체제가 서로 달라졌던 것이다. 이후 원강 연간(291~299)이 되자 반악潘岳과 육기陸機가 특히 빼어났는데 율격으로는 반고나 가의賈誼와 달랐고, 체제로는 조식과 왕찬에서 변화한 것으로서, 화려한 뜻이 별처럼 치밀하고 번다한 문채가 비단처럼 모였다. 한나라 양효왕梁孝王의 평대에서 추양鄒陽 등이 지은 사부의 풍격을 이어받고, 남피에서 조비 등이 지은 시문의 고상한 운을 따왔는데, 남은 기풍을 일삼음이 서진西晉 때에 최고조에 달하였다. 진이 중흥한 후로 현담의 풍격이 유독 흥성하였다. 학문으로는 주하사柱下史인 노자老子에서 그쳤고, 사물을 널리 아는 것으로는 ≪장자≫ 내편內篇에서 그쳤다. 문사를 씀에 이치는 여기에서 그칠 뿐이었다. 건무 연간(317~318)으로부터 의희 연간(405~418)에 이르기까지 약 백 년 간, 비록 시문을 지음이 마치 파도가 솟아오르고 구름이 쌓이는 것과도 같이 많았지만 노자의 철학에 의거하지 않은 바와 장자의 도에 기탁하지 않은 경우가 없었기에 강건하고 빼어난 말들이 이때에 들릴 수가 없었다. 은중문殷仲文이 비로소 손작孫綽과 허순許詢의 풍격을 혁신하고, 사숙원謝叔源이 태원 연간(376~396)의 현담한 풍기를 크게 변화시키자 송대에 이르러 안연년顔延年과 사령운의 명성이 드높아질 수 있었다. 사령운의 흥취는 고상하고 안연년의 체재는 면밀한데 모두 전대의 우수한 시문을 따르고 후세에 모범을 드리운 것이다. 한편 허심탄회하게 전대의 작품을 생각해보면 우열을 말한 만한 것이 있을 터이다. 저 오색이 서로 드러나고 팔음이 어울려 퍼지는 것은, 천지의 율려로부터 비롯되어 각자 알맞은 사물에 의탁한 것이다. 궁과 우에 변화를 주고 높낮이를 교차시키고자 한다면, 앞에 가벼운 소리를 두면 뒤에는 반드시 무거운 소리를 따르게 해야 한다. 한 구 안에서도 음운은 모두 다 특별해야 하며, 두 구 안에서도 경중이 모두 달라야 한다. 오묘하게 이 이치에 통달하여 비로소 문채난다고 말할 수 있다. 전대 선배들의 많은 작품들의 경우 풍유가 드높아 높은 평가를 받았다. 조식이 〈정의 왕찬에게 또 드리다又贈丁儀王粲〉에서 "종군하여 함곡관 지나고, 말을 달려 서경을 지난다.(從軍渡函谷, 驅馬過西京)"라고 한 것, 왕찬이 〈칠애시七哀詩〉에서 "남으로 패릉안에 올라, 고개 돌려 장안을 바라보네.(南登霸陵岸, 回首望長安)"라 한 것, 손초(孫楚, 자가 자형)가 〈서쪽 정벌하러 가는 관속들이 척양후에게 전송받으며 시를 짓다征西官屬送於陟陽候作詩〉에서 "새벽바람 기로에 불고, 이슬비는 가을 풀을 덮네.(晨風飄岐路, 零雨被秋草)"라 한 것, 왕찬이 〈잡시雜詩〉에서 "삭풍이 가을 풀 뒤흔들자, 변새의 말은 돌아가고픈 마음 품네.(朔風動秋草, 邊馬有歸心)"라 한 것들은 모두 흉중의 정을 그대로 드러낸 것으로 다른 사람의 시구에 의지해서 쓴 것이 아니다. 진실로 음율로써 운을 조화시켰으니 전인의 법식에서 고아함을 취하였다고 하겠다. 굴원이래로 여러 조대를 거치면서, 비록 문체가 조금 정밀해졌다고는 하나 이러한 비결은 아직 목도하지 못하였다. 빼어난 말과 묘한 구는 음운이 절로 이루어져 모두 모르는 사이에 이치에 부합하였지, 억지로 생각해서 그렇게 된 것은 아니다. 장형, 채옹, 조식, 왕찬은 자연스러운 음운의 미를 먼저 깨닫지는 못했고, 반악과 육기, 안연지와 사령운은 자연스러움에서 더욱 멀어졌다. 세상의 지음이라는 자들이 이 말을 듣는다면 이 말이 잘못된 것이 아님을 알리라. 만약 그렇지 않다고 말한다면 후세의 명철한 이를 기다리겠노라.

謝靈運, 陳郡陽夏人也. 祖玄, 晉車騎將軍. 父瑍, 生而不慧, 爲祕書郎, 蚤亡. 靈運幼便穎悟, 玄甚異之, 謂親知曰, 我乃生瑍, 瑍那得生靈運. 靈運少好學, 博覽群書. 文章之美, 江左莫逮. 從叔混, 特知愛之. 襲封康樂公, 食邑三千戶, 以國公例除員外散騎侍郎, 不就. 爲琅邪王大司馬行參軍. 性奢豪, 車服鮮麗, 衣裳器物多改舊制, 世共宗之, 咸稱謝康樂也. 撫軍將軍劉毅鎭姑孰, 以爲記室參軍. 毅鎭江陵, 又以爲衛軍從事中郎. 毅伏誅, 高祖版爲太尉參軍, 入爲祕書丞, 坐事免. 高祖伐長安, 驃騎將軍道憐居守, 版爲諮議參軍, 轉中書侍郎. 又爲世子中軍咨議, 黃門侍郎. 奉使慰勞高祖於彭城, 作撰征賦.

仍除宋國黃門侍郎, 遷相國從事中郎, 世子左衛率. 坐輒殺門生, 免官. 高祖受命, 降公爵爲侯, 食邑五百戶. 起爲散騎常侍, 轉太子左衛率. 靈運爲性褊激, 多愆禮度, 朝廷唯以文義處之, 不以應實相許. 自謂才能宜參權要, 旣不見知, 常懷憤憤. 廬陵王義眞, 少好文籍, 與靈運情款異常. 少帝卽位, 權在大臣, 靈運構扇異同, 非毀執政. 司徒徐羨之等患之, 出爲永嘉太守. 郡有名山水, 靈運素所愛好, 出守旣不得志, 遂肆意游遨. 徧歷諸縣, 動踰旬朔. 民間聽訟, 不復關懷. 所至輒爲詩詠, 以致其意焉. 在郡一周, 稱疾去職. 從弟晦曜弘微等, 與書止之, 不從.

靈運父祖幷葬始寧縣, 幷有故宅及墅, 遂移籍會稽, 修營別業, 傍山帶江, 盡幽居之美. 與隱士王弘之孔淳之等, 縱放爲娛, 有終焉之志. 每有一詩, 至都邑, 貴賤莫不競寫, 宿昔之間, 士庶皆徧, 遠近欽慕, 名動京師. 作山居賦, 幷自注, 以言其事.

太祖登祚, 誅徐羨之等, 徵爲祕書監, 再召不起. 上使光祿大夫范泰與靈運書, 敦獎之, 乃出就職, 使整理祕閣書, 補足闕文. 又以晉氏一代, 自始至終, 竟無一家之史, 令靈運撰晉書, 粗立條流. 書竟不就, 尋遷侍中, 日夕引見, 賞遇甚厚. 靈運詩書, 皆兼獨絕, 每文竟, 手自寫之, 文帝稱爲二寶. 旣自以名輩, 才能應參時政, 初被召, 便以此自許, 旣至, 文帝唯以文義見接, 每侍上宴, 談賞而已. 王曇首王華殷景仁等, 名位素不踰之, 並見任遇, 靈運意不平, 多稱疾不朝直. 穿池植援, 種竹樹果, 驅課公役, 無復期度. 出郭游行, 或一日百六七十里, 經旬不歸. 旣無表聞, 又不請急. 上不欲傷大臣, 諷旨令自解, 靈運乃上表陳疾, 上賜假東歸. 靈運旣以疾東歸, 而游娛宴集, 以夜續晝, 復爲御史中丞傅隆所奏, 坐以免官, 是歲元嘉五年.

靈運旣東還, 與族弟惠連, 東海何長瑜, 潁川荀雍, 泰山羊璿之以文章賞會, 共爲山澤之游, 時人謂之四友. 惠連幼有才悟, 而輕薄不爲父方明所知. 靈運去永嘉還始寧時, 方明爲會稽郡. 靈運嘗自始寧至會稽, 造方明, 過視惠連, 大相賞知. 時長瑜敎惠連讀書, 亦在郡內, 靈運又以爲絶倫, 謂方明曰, 阿連才悟如此, 而尊作常兒遇之. 何長瑜當今仲宣, 而飴以下客之食. 尊旣不能禮賢, 宜以長瑜還靈運. 靈運載之而去.

荀雍字道雍, 官至員外散騎郎. 璿之字曜璠, 臨川內史, 爲司空竟陵王誕所遇, 誕敗坐誅. 長瑜文才之美, 亞於惠連, 雍璿之不及也. 臨川王義慶, 招集文士, 長瑜自國侍郎至平西記室參軍. 嘗於江陵寄書與宗人何勗, 以韻語序義慶州府僚佐云, 陸展染鬢髮, 欲以媚側室. 靑靑不解久, 星星行復出. 如此者五六句, 而輕薄少年遂演而廣之, 凡厥人士, 並爲題目, 皆加劇言苦句. 其文流行, 義慶大怒, 白太祖, 除爲廣州所統曾城令. 及義慶薨, 朝士詣第叙哀, 何勗謂袁淑曰, 長瑜便可還也. 淑曰, 國新喪宗英, 未宜便以流人爲念. 廬陵王紹鎭尋陽, 以長瑜爲南中郎行參軍掌記. 之任, 行至板橋, 遇暴風溺死.

靈運因父祖之資, 生業甚厚. 奴僮旣衆, 義故門生數百. 鑿山浚湖, 功役無已. 尋山陟嶺, 必造幽峻. 巖嶂千重, 莫不備盡登躡. 常著木履, 上山則去前齒, 下山去其後齒. 常自始寧南山, 伐木開徑, 直至臨海, 從者數百人. 臨海太守王琇驚駭, 謂爲山賊, 徐知是靈運, 乃安. 又要琇更進, 琇不肯. 靈運贈琇詩曰, 邦君難地險, 旅客易山行. 在會稽, 亦多徒衆, 驚動縣邑.

太守孟顗事佛精懇, 而爲靈運所輕. 嘗謂顗曰, 得道應須慧業文人, 生天當在靈運前, 成佛必在靈運後. 顗深恨此言. 會稽東郭有回踵湖, 靈運求決以爲田, 太祖令州郡履行. 此湖去郭近, 水物所出, 百姓惜之, 顗堅執不與. 靈運旣不得回踵, 又求始寧岯崲湖爲田, 顗又固執. 靈運謂顗非存利民, 正慮決湖多害生命, 言論毀傷之, 與顗遂構讐隙. 因靈運橫恣, 百姓驚擾, 乃表其異志, 發兵自防, 露板上言. 靈運馳出京都, 詣闕上表曰: 臣自抱疾歸山, 于今三載, 居非郊郭, 事乖人間, 幽棲窮巖, 外緣兩絶, 守分養命, 庶畢餘年. 忽以去月二十八日得會稽太守臣顗二十七日疏云, 比日異論讙沓. 此雖相了, 百姓不許寂黙, 今微爲其防. 披疏駴惋, 不解所由, 便星言奔馳, 歸骨陛下. 及經山陰 防衛彰赫, 彭排馬槊, 斷截衢巷, 偵邏縱橫, 戈甲竟道. 不知微臣罪爲何事. 及見頸, 雖曰見亮, 而裝防如此, 唯有罔懼. 臣昔忝近侍, 豫蒙天恩, 若其罪迹炳明, 文字有證, 非但顯戮司敗, 以正國典, 普天之下, 自無容身之地. 今虛聲爲罪, 何酷如之. 夫自古讒謗, 聖賢不免, 然致謗之來, 要有由趣. 或輕死重氣, 結黨聚羣. 或勇冠鄕邦, 劍客馳逐. 未聞俎豆之學, 欲爲逆節之罪. 山棲之士, 而構陵上之釁. 今影迹無端, 假謗空設, 終古之酷, 未之或有. 匪吝其生, 實悲其痛. 誠復內省不疚, 而抱理莫申. 是以牽曳疾病, 束骸歸欸. 仰憑陛下天鑒曲臨, 則死之日, 猶生之年也. 臣憂怖彌日, 羸疾發動, 尸存恍惚, 不知所陳. 太祖知其見誣, 不罪也. 不欲使東歸, 以爲臨川內史, 賜秩中二千石.

在郡遊放, 不異永嘉, 爲有司所糾. 司徒遣使隨州從事鄭望生收靈運, 靈運執錄望生, 興兵叛逸, 遂有逆志, 爲詩曰, 韓亡子房奮, 秦帝魯連恥. 本自江海人, 忠義感君子. 追討擒之, 送廷尉治罪. 廷尉奏靈運率部衆反叛, 論正斬刑, 上愛其才, 欲免官而已, 彭城王義康堅執謂不宜恕, 乃詔曰, 靈運罪釁累仍, 誠合盡法. 但謝玄助參微管, 宜有及後嗣, 可降死一等, 徙付廣州.

其後秦郡府將宗齊受至涂口, 行達桃墟村, 見有七人下路亂語, 疑非常人, 還告郡縣, 遣兵隨齊受掩討, 遂共格戰, 悉禽付獄. 其一人姓趙名欽, 山陽縣人, 云: 同村薛道雙先與謝康樂共事, 以去九月初, 道雙因同村成國報欽云: 先作臨川郡、犯事徙送廣州, 謝給錢令買弓箭刀楯等物, 使道雙要合鄕里健兒, 於三江口篡取謝. 若得志, 如意之後, 功勞是同. 遂合部黨要謝, 不及. 旣還飢饉, 緣路爲劫盜. 有司又奏依法收治, 太祖詔於廣州行棄市刑. 臨死作詩曰龔勝無餘生, 李業有終盡. 稽公理旣迫, 霍生命亦殞. 悽悽凌霜葉, 網網衝風菌. 邂逅竟幾何, 修短非所愍. 送心自覺前, 斯痛久已忍. 恨我君子志, 不獲巖上泯. 詩所稱龔勝、李業, 猶前詩子房、魯連之意也. 時元嘉十年, 年四十九. 所著文章傳於世. 子鳳蚤卒.

史臣曰: 民稟天地之靈, 含五常之德, 剛柔迭用, 喜慍分情. 夫志動於中, 則歌詠外發. 六義所因, 四始攸繫, 升降謳謠, 紛披風什. 雖虞夏以前, 遺文不覩, 稟氣懷靈, 理無或異. 然則歌詠所興, 宜自生民始也. 周室旣衰, 風流彌著. 屈平宋玉導淸源於前, 賈誼相如振芳塵於後. 英辭潤金石, 高義薄雲天. 自茲以降, 情志愈廣. 王襃劉向楊班崔蔡之徒, 異軌同奔, 遞相師祖. 然淸辭麗曲, 時發乎篇, 而蕪音累氣, 固亦多矣. 若夫平子豔發, 文以情變, 絶唱高蹤, 久無嗣響. 至於建安, 曹氏基命, 二祖陳王, 咸蓄盛藻, 甫乃以情緯文, 以文被質. 自漢至魏, 四百餘年,辭人才子, 文體三變. 相如巧爲形似之言, 班固長於情理之說, 子建仲宣以氣質爲體. 並標能擅美, 獨映當時. 是以一世之士, 各相慕習. 原其飈流所始, 莫不同祖風騷. 徒以賞好異情, 故意制相詭. 降及元康, 潘陸特秀, 律異班賈, 體變曹王, 縟旨星稠, 繁文綺合. 綴平臺之逸響, 採南皮之高韻, 遺風餘烈, 事極江右. 有晉中興, 玄風獨扇. 爲學窮於柱下, 博物止乎七篇. 馳騁文辭, 義殫乎此. 自建武暨於義熙歷載將百, 雖綴響聯辭, 波屬雲委, 莫不寄言上德, 託意玄珠, 遒麗之辭, 無聞焉爾. 仲文始革孫許之風, 叔源大變太元之氣. 爰逮宋氏, 顏謝騰聲. 靈運之興會標舉, 延年之體裁明密, 並方軌前秀, 垂範後昆. 若夫敷衽論心, 商推前藻, 工拙之數, 如有可言, 夫五色相宣, 八音協暢, 由乎玄黃律呂, 各適物宜. 欲使宮羽相變, 低昂舛節, 若前有浮聲, 則後須切響. 一簡之內, 音韻盡殊. 兩句之中, 輕重悉異. 妙達此旨, 始可言文. 至於先士茂制, 諷高歷賞. 子建函京之作, 仲宣灞岸之篇, 子荊零雨之章, 正長朔風之句, 並直舉胸情, 非傍詩史. 正以音律調韻, 取高前式. 自靈均以來, 多歷年代, 雖文體稍精, 而此秘未睹. 至於高言妙句, 音韻天成, 皆暗與理合, 匪由思至. 張蔡曹王, 曾無先覺, 潘陸顏謝, 去之彌遠. 世之知音者有以得之, 此言非謬. 如曰不然, 請待來哲.

부록 2. 사혜련 전기

≪송서≫ 권53

어려서 총명했으며 10세에 글을 지을 줄 알았다. 친척 형인 사령운과 깊이 알고 지냈는데 그 일은 ≪사령운전≫에 실려 있다. 고향 고을의 주부主簿로 발탁되었으나 나아가지 않았다. 사혜련은 애초에 회계군會稽郡 관리인 두덕령杜德靈을 좋아했는데, 부친상을 당했을 때 오언시 십여 수를 주었으며, 그 문장이 세상에 알려졌다. 일로 인해 관직에서 쫓겨났으며 관직에 오를 수 없었다. 상서복야尙書僕射 은경인殷景仁이 그의 재주를 아껴서 태조와 담화하던 도중 말하기를 "제가 어릴 적에 세상에 떠도는 이러한 글을 본 적이 있는데, 논하는 자들은 모두 사혜련의 것이라고 했는데, 실상은 그렇지 않았습니다."라고 하니 태조가 "만일 그러하다면 응당 연락해 보아야 하리라."라고 하였다. 원가 7년에 비로소 사도司徒 팽성왕彭城王 유의강劉義康의 법조참군法曹參軍이 되었다. 당시 유의강이 동부성東府城을 수리하였는데, 성의 해자에 오래된 무덤이 있어 이장하였다. 사혜련으로 하여금 제문을 짓게 하고는 사자가 글이 다 될 때를 기다렸다가 가져오게 하였는데 그 문장이 매우 아름다웠다. 또 〈설부雪賦〉를 지었는데 또한 고아하고 화려하여 기이함을 보였으며, 문장이 모두 세상에 전해졌다. 원가 10년에 죽었는데 당시 나이가 37세였다. 일찍 죽었으며 경박하고 과실이 많아서 관직이 높지 않았으며 자식도 없었다.

幼而聰敏, 年十歲, 能屬文. 族兄靈運深相知賞, 事在靈運傳. 本州辟主簿, 不就. 惠連先愛會稽郡吏杜德靈, 及居父憂, 贈以五言詩十餘首, 文行於世. 坐被徙廢塞, 不豫榮伍. 尙書僕射殷景仁愛其才, 因言次白太祖, 臣小兒時, 便見世中有此文, 而論者云是謝惠連, 其實非也. 太祖曰, 若如此, 便應通之. 元嘉七年, 方爲司徒彭城王義康法曹參軍. 是時義康治東府城, 城塹中得古塚, 爲之改葬. 使惠連爲祭文, 留信待成, 其文甚美. 又爲雪賦, 亦以高麗見奇. 文章並傳於世. 十年卒, 時年三十七. 旣早亡, 且輕薄多尤累, 故官位不顯, 無子.

작자 소개

- **사령운**(謝靈運, 385~433)

  남조南朝 송宋의 시인이자 문장가로, 진군陳郡 양하(陽夏, 지금의 하남성 태강현太康縣) 사람이다. 진晉의 거기장군車騎將軍을 지낸 사현謝玄의 손자로, 강락공康樂公에 세습되어 봉해졌다. 송 무제武帝 때 산기상시散騎常侍로 발탁되어 태자좌위솔太子左衛率을 지냈으나 영가태수永嘉太守로 좌천되는 등 관운은 불우하였다. 반역죄로 무고를 받아 임천내사臨川內史로 있다가 산수를 유람하며 정무를 소홀한 죄로 탄핵되자 반란을 일으켜 유배되었다. 농민군과 내통하여 반란을 꾀한 죄목으로 처형당해 원가 10년(433) 49세로 세상을 떠났다. 중국 산수시의 대가로 꼽히며, 저작으로 ≪사강락집謝康樂集≫이 있다.

- **사혜련**(謝惠蓮, 397~433)

  남조南朝 송宋의 시인이자 문장가로, 진군陳郡 양하(陽夏, 지금의 하남성 태강현太康縣) 사람이다. 사령운謝靈運의 족제族弟로서, 어려서부터 문재가 뛰어나 사령운과 더불어 '대소사大小謝'로 병칭되었다. 원가元嘉 7년(430)에 팽성왕彭城王 유의강劉義康의 법조참군法曹參軍을 지냈으며, 원가 10년(433) 37세로 세상을 떠났다. 저작으로 ≪사법조집謝法曹集≫이 있다.

역자 소개

- **주기평** 朱基平

  호號는 벽송碧松이다. 서울대학교 중어중문학과를 졸업하고 동 대학원에서 문학박사 학위를 취득하였다. 서울대학교 규장각한국학연구원의 책임연구원을 지냈으며, 현재 서울대학교 인문학연구원의 객원연구원으로 있으며 중국어와 중국 고전문학의 강의 및 중국고전의 연구와 번역을 하고 있다.

  저역서로 ≪육유시가연구≫, ≪육유사≫, ≪육유시선≫, ≪잠삼시선≫, ≪역주 숙종춘방일기≫, ≪당시삼백수≫(공역), ≪송시화고≫(공역), ≪협주명현십초시≫(공역) 등이 있으며, 주요논문으로 〈남송 강호시파의 시파적 성격 고찰〉, 〈중국 만가시의 형성과 변화과정에 대한 일고찰〉, 〈두보 시아시 연구〉 등이 있다.

- **임도현** 林道鉉

  영남대학교 중어중문학과를 졸업하고 서울대학교 대학원에서 문학박사 학위를 취득하였다. 이화여대 중문과에서 박사후연구원을 지냈으며, 현재 서울대·방송대 등에서 강의하고 있다.
  저역서로 ≪이백시선≫, ≪쫓겨난 신선 이백의 눈물≫, ≪협주명현십초시≫(공역), ≪이태백시집≫(공역), ≪이제현 사선≫(공역) 등이 있으며, 주요논문으로는 〈이백의 다원적 이상 추구와 그 좌절로 인한 비애〉, 〈이백의 간알시에 나타난 관직 진출 열망〉 〈역사 인물에 대한 이백의 이중적 태도에 대한 고찰〉 등이 있다.

- **이지운** 李智芸

  이화여자대학교 중어중문학과를 졸업하고 서울대학교 대학원에서 문학박사 학위를 취득하였다. 성균관대학교 전임연구원을 지내며 ≪사고전서총목제요≫를 번역하였으며, 현재 서울대·이화여대 등에서 강의하고 있다.
  저역서로 ≪전통 시기 중국문인의 애정표현연구≫, ≪이청조사선≫, ≪온정균사선≫, ≪세계의 고전을 읽는다-동양문학편≫(공저), ≪당시삼백수≫(공역), ≪송시화고≫(공역), ≪협주명현십초시≫(공역) 등이 있으며, 주요논문으로 〈이상은 영물시 시론〉, 〈당대 여성시인의 글쓰기-이야, 설도, 어현기를 중심으로〉, 〈심의수의 도녀시 연구〉 등이 있다.

- **서용준** 徐榕浚

  서울대학교 중어중문학과를 졸업하고 동 대학원에서 문학박사 학위를 취득하였다. 현재 서울대·경희대 등에서 강의하고 있다.
  저역서로 ≪사시전원잡흥≫, ≪협주명현십초시≫(공역)가 있으며, 주요논문으로 〈이백시의 화자에 대한 연구〉, 〈문심조룡·송찬 편의 분석을 통한 유협의 讚과 贊에 대한 인식 고찰〉, 〈이백의 아내와 자식에 대한 기존 연구의 비교 및 李白詩를 통한 아내와 자식에 대한 고찰〉, 〈이백 악부시 〈오서곡〉 연구-시의 화자를 중심으로〉 등이 있다.

- **김수희** 金秀姬

  이화여자대학교 중어중문학과를 졸업하고 서울대학교 대학원에서 문학박사 학위를 취득하였다. 이화여자대학교 전임연구원을 지내며 명대 여성 작가에 대한 연구를 수행하였다. 현재 서울대·이화여대 등에서 강의하고 있다. 저역서로 ≪풍연사사선≫, ≪명대여성작가총서-이인시선≫, ≪명대여성작가총서-명대여성산곡선≫, ≪협주명현십초시≫(공역), ≪이제현 사선≫(공역) 등이 있으며, 주요 논문으로는 〈남당사의 아속공존 양상 연구〉, 〈蘇軾 詞의 여행공간과 공간인식 고찰〉, 〈宋代 여행문화와 詞의 공간인식 변화〉 등이 있다.

- 정세진 鄭世珍

서울대학교 식품영양학과를 졸업하고 서울대학교 중어중문학과 대학원에서 문학박사 학위를 취득하였다. 현재 서울대 등에서 강의하고 있다.

저역서로 ≪(18세기의) 맛 : 취향의 탄생과 혀끝의 인문학≫(공저), ≪협주명현십초시≫(공역) 등이 있으며, 주요논문으로 〈오산선승들은 소식시를 어떻게 향유했는가?-≪한림오봉집≫의 소식 관련 시를 중심으로〉, 〈오대시안에 연루된 문장에 대한 고찰〉 등이 있다.

- 김하늬

서울대학교 중어중문학과를 졸업하고 동 대학원에서 박사과정을 수료하였다. 현재 박사 논문을 준비 중이다.

저역서로 ≪협주명현십초시≫(공역), ≪이제현 사선≫(공역)이 있으며, 주요논문으로 〈주이준 애정시 〈풍회이백운〉 고찰〉이 있다.

사령운謝靈運 사혜련謝惠連 시

초판 인쇄 2016년 4월 22일
초판 발행 2016년 4월 30일

지　　음 | 사령운·사혜련
역　　해 | 주기평·임도현·이지운·서용준·김수희·정세진·김하늬
펴 낸 이 | 하 운 근
펴 낸 곳 | 學古房

주　　소 | 경기도 고양시 덕양구 통일로 140 삼송테크노밸리 A동 B224
전　　화 | (02)353-9908　편집부(02)356-9903
팩　　스 | (02)6959-8234
홈페이지 | http://hakgobang.co.kr/
전자우편 | hakgobang@naver.com, hakgobang@chol.com
등록번호 | 제311-1994-000001호

ISBN　　978-89-6071-577-6　93820

값 : 35,000원

이 도서의 국립중앙도서관 출판시도서목록(CIP)은 서지정보유통지원시스템 홈페이지 (http://seoji.nl.go.kr)와 국가자료공동목록시스템(http://www.nl.go.kr/kolisnet)에서 이용하실 수 있습니다. (CIP제어번호: CIP2016010246)

■ 파본은 교환해 드립니다.